U0358411

俞辛焞著作集

第七卷

近代日本外交研究

俞辛焞　著

南开大学出版社

天　津

目　录

第一章　辛亥革命时期的中日外交

第一节　辛亥革命初期的中日外交

在辛亥革命中，中国革命势力打倒了封建主义清王朝，并试图建立共和制民国。这次革命纯属中国的内政问题，应由中国人民和革命势力自主进行。然而这次革命竟演变为国际问题，日本和欧美列强均欲对其进行直接或间接干涉。这是因为当时中国是日本和欧美列强的半殖民地，并非完全独立的国家。在中国各地都存在着列强的殖民利益。辛亥革命的爆发，威胁了日本和欧美列强的既得利益。同时，革命造成中国国内暂时的动乱，给日本与欧美列强扩大既得殖民利益以可乘之机。因此，辛亥革命时期日本和欧美列强最关心的是维护各自在华的既得利益和扩大新利益，在整个辛亥革命时期，这一目的贯穿始终。但是在辛亥革命前期，相对以维护既得利益为主，而后期则以扩大新利益为主。

既得利益的维持与新权益的扩大，成为辛亥革命时期国际关系的焦点。清政府、南方革命军以及日本与欧美列强，都围绕这个问题展开了外交活动。

辛亥革命时期的中日外交也围绕上述问题而展开。中国与欧美列强、日本与欧美列强之间的外交，是在复杂的国际关系中展开的。这是因为在对待辛亥革命的问题上，中国、日本与欧美列强之间的外交关系具有二重性质。日本与欧美列强在维护既得利益方面采取了一致合作的外交政策，但是在新权益的扩大上又互相争夺，互相牵制。中国与列强之间是被侵略与侵略的关系，日本与欧美列强在侵略中国的问题上存在着矛盾与对立。中国充分抓住这些矛盾与对立，有时利用欧美列强牵制日本，有时利用日本牵制欧美列强。相反地，日本有时趁中国与欧美列强之间的对立激化之机，利用中国牵制欧美列强；而欧美列强也会趁中国与日本之间的对立激化之机，利用中国对抗、牵制日本。这就是在辛亥革命问题上的二重国际关系。中国与日本的外交也在这种二重关系框架之内进行。因此，这种二重外交论成为研究该时期中日外交和国际关系的基本理论体系。

在这种二重的复杂的中日外交与国际关系中，中国没有以一个统一的整体形象出现，而是呈南北对立之势。在辛亥革命前期，北方的清政府与南方的革命军各自展开外交，后期则是以袁世凯为中心的北京政府和以孙中山为中心的南方革命党势力之间的外交对立。围绕辛亥革命，中日外交与国际关系更趋复杂，这是过去所没有的新现象。

本节以辛亥革命时期中日外交的国际大环境为前提，探讨辛亥革命爆发、袁世凯出山、南北议和、南京临时政府与北京政府时期的中日外交以及该时期日本的满蒙政策。

一、辛亥革命的爆发

辛亥革命时期，当时的最大问题是日本与欧美列强是否会像对待义和团运动那样对革命进行武力干涉？革命最先在武昌、汉口、汉阳等地爆发。该地区是中国贸易集散地，汉口设有5国租界与11国领事馆，有数千外国人居住在那里，也是日本与欧美列强的权益集中之地。因此，是否出兵干涉，这个问题从一开始就被提及。日本与欧美列强从清政府攫取殖民权益，而清政府则以革命危及列强权益为由希望列强武力干涉，并要求财政与军事支援。但是与清政府对立的革命军和军政府为达到推翻清朝的目的，竭力阻止日本与欧美列强的武力干涉，这成为革命外交的最大课题。为此，他们宣布保护列强的在华权益，承认既成的不平等条约等。互相对立的清王朝与革命军均采取了相同的外交手段——保护欧美列强的既得利益，以达到消灭对手的目的。日本与欧美列强是否出兵干涉，对辛亥革命能否成功起着巨大的决定性作用。

那么，日本与欧美列强在出兵干涉问题上持何种态度呢？驻武昌、汉口的领事没有答应清政府武力干涉的要求，而是采取了中立的态度。其原因主要有：（1）他们对辛亥革命的政治目的有一定的了解，认为这次革命不同于义和团运动；（2）革命军保护列强的既得利益与外国人的生命财产安全，秩序井然地向前推进革命。这个时期，革命军并不希望列强支持革命（孙中山除外），而只是希望他们采取中立态度。日本与欧美列强的领事根据当地的实际情况，认为与其对革命进行干涉，还不如保持中立更有利于既得利益的维护，于是他们表明了中立的态度。但是，汉口领事团内部并非一开始就达成一致意见。日本与德国的领事表明了干涉的态度，然而最后仍不得不遵从列强协调一致的原则而采取中立态度。

列强对革命的中立政策仅限于武昌、汉口等局部地区，但是由于革命波及全国各地，独立后的各地军政府也同湖北军政府一样，宣布保护列强的既得利益，所以列强的中立政策扩展为对辛亥革命整体的外交政策。

但是，日本与欧美列强以保护既得利益为借口，向中国沿岸及长江流域增派军舰与军队，这虽并非欲直接干涉革命（日本除外），但是客观上给革命军及其政权施加了政治、军事压力，给南北政权以及孙、袁妥协带来了影响。这是对列强的误解，中国学者过去的对有关辛亥革命的研究，总是过于强调列强所谓的武力干涉。

列强对辛亥革命的中立政策是出于列强对中国的侵略而采取的共同一致的行动，反映了列强对华协调外交的一个侧面。而对华外交的另一个侧面——列强之间的互相争夺，也在协调一致的中立政策背后悄悄进行。争夺是围绕新权益的扩大而展开的。

辛亥革命时期，试图扩大新权益的国家是日本与俄国，而主张积极出兵干涉的首推日本。日本陆军在制定日本大陆政策方面起决定性作用。在辛亥革命爆发前一年，陆军就预测到中国可能会出现"叛乱"，并讨论了对其进行军事干涉的对策。因此，辛亥革命爆发时，陆军首先主张出兵干涉，并开始为出兵做必要的准备工作。外务省与陆军步调一致，向清政府提供武器，开始着手支援清政府。支持清朝廷军队镇压革命军就意味着反对革命，但是与此政治意义相比，他们更多地是想通过支持清政府来获取更大权益。1911 年 10 月 24 日，日本内阁会议制定了对辛亥革命的外交方针，明确表现出日本在满洲与中国本土扩大新权益的野心。

日本政府、外务省与军部在维持、扩大在华权益的最终目标上是一致的，但是达成此目的的手段却不尽相同。参谋本部秘密向革命军提供军需品，海军则对出兵干涉持慎重态度。陆军出兵干涉的主张并没有上升为日本的国策，但中国的革命势力与欧美列强始终对此心存戒备，并表现出牵制的姿态。

以日本陆军为首的出兵干涉主张并没有得以实现，主要有以下几个原因：（1）日本国内海军采取了慎重的态度，政府与外务省也重视与欧美列强的协调外交。（2）日本的伙伴俄国准备出兵干涉，日本也准备与俄国联合行动，但是由于俄国与德国之间矛盾激化，俄国采取了日本先出兵，俄国才能出兵的政策，放弃了与日本共同行动的方针。（3）欧美列强对辛亥革命的性质有一定的了解，并且由于此时欧洲两大军事集团之间的对立激化，第一次世界大战迫近，无法顾及对中国的出兵干涉。（4）因此，欧美列强利用列强间协调一致的原则，牵制妄图单独出兵的日本。（5）英国等欧美列强的在华权益主要集中在革命军管辖之下的南方地区，为保护他们的权益，他们并不想出兵与革命军作对，而且牵制日本出兵干涉。（6）南方革命势力迅速发展壮大，形成与清政府鼎立之势，中国的政局变得越来越不明朗，因此日本迟迟难下出兵干涉的决心。

基于上述原因，日本陆军出兵干涉的主张没能实现。但是此后占领山海关——奉天间的关外铁路，出兵干涉等主张依然存在。这显示出了军国主义国家的特色。

二、袁世凯与南北议和

到 1911 年 11 月，中国南北各省纷纷宣布独立，革命的声势更加高涨，清政府陷入了前所未有的政治危机。为化解此次危机，清政府再次起用被驱逐出北京政治舞台的袁世凯，并任命其为内阁总理大臣。袁的复归与英美的暗地支持有密切的关系。袁再度掌握清政府的政治军事大权，摆出一副主宰中国的姿态。日本与欧美列强为维护和扩大其在华殖民权益，便试图抢先将最高统治者拉至自己麾下。于是，日本与欧美列强，特别是英国开始为袁重登北京政治舞台展开了外交争夺。英国要求袁出山，期待他能够收拾中国的动乱政局，而日本则反对袁出山，对其重返政治舞台提高了警惕。此时，袁世凯也期望英国对其进行支持，同时担心日本出兵干涉，对日本抱有疑心，充满戒备。这形成鲜明的对比。之所以出现这种现象，是因为日清、日俄战争以来，日本与英国在对华外交方面采取了不同的态度。日俄战争之后，日本取代英国成为在华殖民权益最大的国家，成为中国最大的敌国。英国由过去最大的侵略国家变为以维护既得权益为主的国家，对中国的威胁力也渐渐不敌日本。日本与英国在华势力的变化必然影响到中国的对外政策。中国对日、对英政策不得不发生相应的转变。这反映在袁世凯的对日、对英态度上。日俄战争前,袁世凯向日本靠拢;日俄战争后,向英美靠拢,采取"交远制近"的外交政策,与英美联合共同抵抗日本这个最大的侵略国家。这就形成了袁与英美、袁与日本的不同外交关系。在辛亥革命中,这种外交关系得以维持和继续。英国利用袁世凯与日英的这种关系,在围绕辛亥革命的日英之争中,牵制日本,力图排除日本对中国政局的介入与干涉。

日英之间的争夺,在南北停战与议和以及政体选择上更加明显。袁出山之后,首先攻陷了革命军占领的汉口与汉阳,但他没有渡江攻占武昌,仅仅是维持了对反击有利的政治军事局势,对南方的革命军与革命政府施加了政治、军事压力,对其进行牵制。但是同时,袁也承认革命势力的扩张与存在,并利用他们的势力向朝廷施加政治压力,甚至逼迫皇帝退位,企图成为君临中国的最高统治者。为此,从南北停战到议和,从议和到共和制政体的选择,袁世凯积极推进,使之付诸实现,以此来逼迫清帝退位。政体问题是南北对立的焦点,袁为达到其目的,巧妙地利用了这一点。政体和袁世凯的问题交织在一起,而日本与英国对政体选择的不同反应也就形成了他们对袁世凯的态度。两者互相交织,复杂的外交关系也随之展开。

在政体选择上,袁世凯表面上主张君主立宪,但背地里却转向共和制。他并非共和主义者,因此从内心并不赞成共和制,而是将其作为逼迫清帝退位的一个政治手段加以利用。英国最初主张君主立宪制,但后来渐渐转向共和制。不过,与其说英国赞成共和制,毋宁说它是站在现实主义的立场上采取上述对策的:(1)为保护南方军政府下的英国在华权益,没有公然反对革命派强烈主张的共和制。(2)为早日在中国建立一个坚实的统一政权,英国支持被视为中国"强人"的袁世凯,所以不得不赞成袁世凯主张的共和制。可是日本直至最后仍然固执地赞成君主立宪制。原因在于：（1）日本为君主立宪制国家，以元老为首的政治家坚持君主立宪，打破实力主义的日本外交传统，强硬推行意识形态的外交方针。（2）利用君主立宪保持清廷，并以此来牵制妄图君临中国的袁世凯。日本与英国的对策是对立的，形成了鲜明的对比。这显示了两者在中国的争夺，而两者之争也导致了这种对比鲜明的现象。这反映了日本与英国的二重外交的一个侧面。

可是，这个时期围绕袁世凯、南北议和、政体问题等发生的日英之争是在协调的名义下进行的。协调与斗争是对立的。但英国巧妙地利用了日英同盟规定的同盟关系，同日本进行斗争。英国要求同盟国日本协调其对华外交，并且利用协调一致的同盟关系牵制日本单独行动。日本被英国的这种同盟协调一致的方针束缚，对各种问题不得不看英国的脸色行事。这样，英国与日本在协调的名义下，一边寻求两者之间微妙的平衡，一边展开对待辛亥革命的二重外交活动。

袁世凯巧妙地利用上述日英之间的二重外交关系，牵制了企图依赖英国进行无理干涉的日本，同时，英国也利用袁世凯，排除了日本的干涉与介入。相反，日本以坚持君主立宪制为条件，向袁世凯表明支援的意思，试图使袁世凯倒向日本，并对其加以利用。袁虽对日本充满戒心，但是也不能完全无视日本。这是因为，日本在地理上是中国的近邻，是能够出动大批军队进行武力干涉的国家。另外，在政体选择上，也有必要说服日本，排除来自日本的障碍。这样，袁世凯与日本围绕政体选择展开了一场二重外交。

围绕政体问题的南北议和于 1911 年末决裂，共和制的南京临时政府加快了成立的步伐。以孙中山为临时大总统的南京临时政府的成立，对于袁来说一方面是一个威胁，另一方面又可利用其来逼迫清帝退位。袁利用这个有利条件首先逼迫清帝退位，然后利用此来攫取孙中山临时大总统的位子,要求解散南京临时政府。孙中山也以清帝退位为条件,答应了袁的要求。这样,袁世凯与孙中山为达到让清帝退位的共同目的,通过梁士诒、唐绍仪和伍廷芳,进行了秘密交涉,开始妥协。

1911 年末南北议和的中心为政体问题,而此次内部交涉的中心为清帝退位的问题。这是南北方最大的共同点,通过共同努力解决政体问题。在此过程中,袁世凯试图一箭双雕,先逼迫清帝退位,后建立以自己为中心的新政权。孙中山为达到利用袁世凯逼清帝退位的目的,以坚持共和制为条件,将临时大总统之位让于袁世凯,这即是以袁为中心的袁孙妥协与南北妥协。英国在背后支持妥协,而日本则对此加以反对。这是因为正如日本公使馆武官所言,"若与革命军妥协,则天下将为袁之天下"。日本是南北妥协的最大障碍,也是最有可能以武力进行干涉的因素。袁一面试图说服日本,努力排除其干涉,一面利用英国,牵制日本的干涉。

对于秘密进行的袁孙之间的妥协,中国南北双方均存在着反对的势力。在北方,以铁良与良弼为中心的皇族中坚分子展开倒袁活动,并以此反对南北妥协。在南方,激进的革命党人反对南北妥协,并将矛头指向了袁。南方的日本大陆浪人也反对南北妥协。南北势力在反对妥协、反对袁世凯方面是一致的,但在最终目的政体问题上却是对立的。对立势力在达到目的的手段上暂时是一致的,但是他们的反袁活动,特别是南方激进革命党人以袁世凯为对象发动的恐怖活动反而给了清朝廷以威胁,加快了其灭亡的步伐。

南京临时政府的成立带来的政治压力、袁世凯的权谋术数、英国对袁的支持、激进的革命党人的恐怖活动、孙中山等人的妥协政策等诸要素,使清帝被迫于 1912 年 2 月 12 日宣读了退位诏书,宣告了清朝的灭亡以及在中国存续了两千多年的封建制度的终结。

　　袁与孙，南方与北方达到了逼迫清帝退位的共同目的，但接下来围绕着新政权的创建又开始了新的对立。孙中山要求袁世凯南下，强调以南京临时政府为基础组建新政权，但袁世凯则主张以北京为中心在北京建立新政权。从形式上看，好像是新政权首都的选定问题，而本质上却是新政权的性质及走向的问题。孙中山为让袁南下就任临时大总统做了种种努力。袁于 3 月初在北京、天津一带策动士兵叛乱，并以北方的不安定为由拒绝南下，孙中山不得不同意袁在北京就任临时大总统。这样，袁完全掌握了清帝退位后成立的南北统一的北京政权，窃取了辛亥革命的果实。

三、南京临时政府

　　1912 年 1 月 1 日，南京临时政府成立。南京临时政府与日本之间的关系始于辛亥革命爆发后孙中山的对日、对欧美外交。革命爆发后，孙中山利用旅外条件，展开了对日与对欧美外交。他的外交活动是在分析、判断日本与欧美列强对辛亥革命态度的基础上进行的。孙中山认为，日、俄、德三国反对革命，美、法同情革命，而英国的态度不明朗。他向美、英、法呼吁不要干涉革命、保持中立，并希望他们向革命军提供支援。可是，这些国家并未对革命表明态度。他们对北方的袁世凯寄予厚望，而对孙中山与革命军则不屑一顾。孙中山对这三国的期待最终化为泡影，这说明他外交判断上是有失误的。但是，孙中山在欧美的外交活动并非毫无意义。一国革命不能孤立进行，争取国际支援是非常必要的。孙中山为获取国际支援所做的努力应予以积极评价。

　　孙中山对日、俄、德的判断是正确的。如上所述，日本曾经向清政府提供武器，支援清政府镇压革命，也曾试图出兵或武力干涉。德国也从军事上支援清政府，俄国在政治上采取了与日本相同的政策。但是，孙中山认为威胁最大、最应提高警惕的是日本。武昌起义以来日本的对策证明了孙中山上述判断的正确性。为此，孙中山在欧美进行外交活动的一大目的，即利用欧美各国牵制日本的出兵与武力干涉。为阻止日本出兵干涉，在美国他提出渡日的要求，在其渡日的要求遭到日本政府拒绝后，他断然赴欧，利用英国与日本的同盟关系牵制日本，利用法俄同盟关系牵制俄、日。孙中山的上述外交策略从当时的国家关系看是正确的。英、法两国主观上没有应孙中山要求牵制日本，但是他们在分析了东亚国际关系之后，已经自主地实行了对日牵制政策，因此，客观上与孙中山是一致的。这样，欧美列强与孙中山虽然目的不同，但都自始至终牵制日本出兵干涉辛亥革命，日本最终也没能实现它的野心，这是辛亥革命外交活动的一大成功。

可是，对日本警惕心极强的孙中山回国后，却转而对日本有所期待。之所以如此，是因为：（1）孙与宫崎滔天、山田纯三郎等民间人士接触后，了解到日本不能出兵干涉的情况，对日认识与判断开始转化。（2）孙没有得到欧美的任何支援，于是不得不依赖于日本。这两个原因中，前者为前提，后者为客观环境。

最终导致发生上述转变的是在国内指导军队与朝廷官兵进行战斗的黄兴。辛亥革命并未提出反帝口号，但革命是从反对利用外国借款实行铁道国有化的保护运动开始的，所以辛亥革命初期，要求列强采取中立、不干涉的态度。但是此时并没有依赖列强、获取列强支援的愿望。开始转向期待日本支援的事件是 1911 年11 月末汉阳革命军的溃败。黄兴认为，这次失败的主要原因是：（1）德国对清政府官兵的军事支援。（2）革命军武器的落后。所以他通过参加了这次战斗的大陆浪人与日本现役、预备役军人，提出希望得到日本援助的愿望。黄兴游说回国不久的孙中山接近日本，促使了孙中山对日态度的转变。

孙中山与黄兴的这种态度的转变是策略性的转变，而对日本的根本认识并未发生任何改变。但是这个转变对南京临时政府对日外交以及日本对革命政权的政策，均产生了很大的影响。

1912年1月1日，孙中山就任南京临时政府大总统。南京临时政府对外承认列强与清政府缔结的既成条约的有效性以及列强在华的既得利益。这与临时政府废除不平等条约的理想是背道而驰的，但是为了革命能够取得成功，为了排除列强的干涉，获得他们对新政权的承认，不得不作出上述让步。这种对外政策从革命理想与原则来看应加以批判，但从当时的力量对比来看，可以说是适当的。该政策排除了对革命成功有可能造成最大威胁的日本以及其他列强的武力干涉。这是应当给予积极评价的。

新成立的南京临时政府的首要外交课题是获得日本与欧美列强的承认。它不是对国家的承认，而是对新政权的承认。这是因为在辛亥革命中，新旧政权发生交替，而中国在国际法上的主体资格并没发生任何变化。孙中山与南京临时政府对日本寄予了厚望，希望得到日本的率先承认，其中有种种原因。按照国际法，承认新政权或新国家需要以下几个条件：第一，新政权是否具有遵守国际法与国际条约的意识与能力。如上所述，南京临时政府已经显示出了这个意识与能力，所以具备这个条件。第二是有效统治原则。即是否能在领土内确立实际的统治权，有效行使其行政权并承担国际法规定的国家权利与义务。南京政府主要在南方具备上述诸条件，而北方清政府依然存在，南京政府的统治权没有覆盖北方，所以得到列强承认还为时尚早。第三，政权的稳定性。新政权不但其内部仍不稳定，而且经过南北议和，向北方作出妥协，并且准备将孙中山的大总统位子让给袁世凯，所以政权本身的承续也是不稳定的。故这个条件也并未完全具备。这三个条件，是从国际法的角度进行分析的。而比这更重要的是，政治上欧美列强已经寄希望于袁世凯，希望他能够统一南北方，建立一个强有力的政权，所以他们对孙中山的政权不予承认。日本虽对袁世凯存有疑心，不希望他君临中国，但又不认为孙中山是一个能够统一、统治中国的强人；再加上受欧美列强协调外交的牵制，所以日本并未承认南京临时政府。这是后来南京临时政府被袁世凯的北京政府取代的一个重要外交原因。

日本的民间人士及舆论，都支持南京临时政府，并要求日本政府对其予以承认。但这并未成为政府的方针，只是个人或团体的主张，而且也没有形成主流，在日本政府、军部与南京临时政府之间仅仅起到了非正式的桥梁作用。

南京临时政府与孙中山对日本的第二个期待是提供武器和借款。孙中山为武力北伐、打倒清政府，组织了数十万人的军队。要维持军队、新政权，购买武器，更需要巨额资金。为此，尽管在国内想尽种种办法，其大部分仍然不得不依赖日本借款。借款的主要目的是从日本购入大量武器。因此，从这个意义上说，武器与借款是一个问题的两个方面。在这个问题上主动的一方是孙中山、黄兴与南京临时政府。他们为获取借款，以中日合办汉冶萍公司、抵押苏省铁道公司与招商局、租借满洲、创设中日合办的中央银行等条件向日本提出六千万日元左右的借款，但是最终仅得到六七百万日元，其原因是多方面的。其中之一是中方企业股东的抵抗与反对。辛亥革命是资产阶级民主主义革命，它是为了中国资产阶级近代企业的发展而开展的。孙中山与南京临时政府为取得革命的最终胜利而向日本借款，相反却遭到了资本家的抵抗与反对。也因此，两者的矛盾与对立激化。这种现象不仅表现在借款问题上，在抵制日货问题上也时有发生。因此，可以说孙中山是在同"资产阶级"产生对立的同时向前推进资产阶级革命的。为何会发生这种异常现象呢？股东为何抵制、反对借款呢？第一，长远利益和眼前利益的冲突。借款首先用于购买武器等非生产性政治目的，并非用于企业发展所必需的再生产投入，所以作为企业在经济上不仅完全处于不利境地，其一部分经营也会为日本所掌握。因此，企业从眼前利益出发，反对借款。相反，为解决目前紧急问题，夺取最后的胜利，孙中山与南京临时政府认识到，必须牺牲目前利益。这即所谓长期利益与短期利益的冲突。第二，这些企业虽为近代企业，但是仍然残留了一些前近代的因素。特别是在政治上，那些股东是非常保守的。因此，他们不但没有牺牲自己的暂时利益以成全革命的政治自觉，反而有不少人反感共和政治，倒向君主立宪和袁世凯。这说明革命与孙中山的革命运动之基础是非常薄弱的。第三，近代中国特别是日清、日俄战争后，因日本采取激进态度，对中国发动了侵略，中国人在总体上是反日的，这成为中国社会与历史的潮流。在某种意义上说，孙中山是逆历史潮流而动的。孙中山想利用受日本侵略的清政府与日本之间的矛盾与对立，借日本的力量来打倒自己的政敌清朝政府。他的革命战略与中国社会的历史潮流在表面上是相背离的。因此，那些股东作为中国社会的一员，出于对日本的反感而反对借款。这样，国内阶级基础的薄弱反而进一步加强了孙中山的对外依赖性。第四，日方在借款合同上的条件是非常苛刻的，绝非平等互惠，因此，遭到了股东的强烈抵制。股东们此举从反日这一点上应给予肯定，从企业的经济运营角度来看也是合理的。但是没有筹得这笔借款，成为孙中山与袁世凯妥协的原因之一，这不得不说是一个遗憾。

日本对南京临时政府、孙中山、黄兴要求提供武器与借款的愿望作了积极的回应。在日本民间人士的牵线下，政府、外务省、军部与民间企业达成一致，显示了答应借款的姿态，并在大部分合同上签了字。但在合同上签字的只是企业，军部负责提供武器，政府与外务省则在政治外交方面给予指导和提供保障。而南京方面，孙中山、黄兴直接与中国的企业共同签名，从政治上保障合同的执行。这两者之间的区别是，日本政府是为避开欧美列强的反对与牵制而没有签名的，而中国要将大部分借款用作南京临时政府的军事资金，再加上南方在政治上仍不安定，所以为了向日本表示对上述保障和条约的承认而必须签字。

日本给予南京临时政府的借款是对中国的资本输出。资本输出是独占资本的特征之一。日俄战争之后，日本渐渐认识到其重要性，重视对中国进行资本输出。这是因为该时期列强在华之争已经进入到以资本为手段扩大在华经济权益、强化政治发言力的时代。与此同时，日本强化对华借款反映了日俄战争后日本资本主义开始向独占资本转变。

日本的这笔借款是以实利为目的的现实主义，但在政体问题上日本外交则是意识形态的。这个矛盾同时存在于日本对华外交之中，这是该时期日本外交政策的特征之一。日本反对南方共和制，但又通过借款扶植南方革命势力，试图培植能与北方袁世凯对立或牵制他的自己的势力。

日本与中国的借款交涉在国际上受到欧美列强的猛烈反对与牵制，这是一场日本与欧美列强在华权益的争夺战。这种相互争夺在辛亥革命时期是暗暗存在的，后来之所以爆发是缘于它们的帝国主义本质。12月下旬在政体问题上，英国首先改变与日本协调一致的外交，开始转而单方面赞成共和政体，所以在政体问题上处于被动的日本，在借款问题上便避开同英国的协调，采取单独行动，确立其外交主导权，试图在英国势力圈扩大日本的权益。可是，英国利用中方企业对借款的抵制与保守势力，成功地取消了除江苏省铁道借款之外的其他借款。在这场斗争中，可以说总体上英国处于优势。因此，日本并没有顺利实施对中国南方的资本输出。

四、日本对满蒙政策的形成

满蒙政策在近代日本对华侵略中占重要地位，将满蒙结合起来形成满蒙政策始自辛亥革命时期。在辛亥革命爆发后的 1911年 10 月 24 日日本内阁会议上制定的对华外交方针规定，确保日本帝国在满地位，根本解决满洲问题，而没有言及蒙古。对蒙古政策的展开开始于 12 月下旬和翌年 1 月。正是那个时期，"对满""对蒙"政策开始结合起来，发展成为满蒙政策。

日本对满政策发展为对满蒙政策是侵略中国的欲望膨胀的必然结果，但也有其国际环境与条件。第一，辛亥革命爆发后，南方各省宣布从清朝独立。以此为契机，在俄国的支持、援助下，外蒙古王公也起而叛乱，宣布所谓的外蒙独立。俄国承认了外蒙的独立，并将其划归自己的保护国。随着俄国势力在外蒙的扩大，它逐渐向内蒙扩张，这加快了日本势力向内蒙的渗透。第二，由于南北议和与袁、孙妥协使得清帝退位，清朝崩溃，给了日本与俄国扩大满蒙权益与势力圈以可乘之机。这种客观环境与日本的主观欲望相结合，便形成了日本的满蒙政策。满蒙政策制定后，发展成为此后的九一八事变以及包括内蒙古在内的华北侵略，并扩大为全面侵华战争。从此意义上说，辛亥革命时期的满蒙政策在日本对华侵略史上是一个划时代的事件。

将满蒙两政策具体结合起来的是第一次满蒙独立运动与第三次日俄协约。在第一次满蒙独立运动中，川岛浪速等大陆浪人与日本参谋本部派遣的高山公通大佐等人利用清朝皇族肃亲王和蒙古王公喀喇沁王贡桑诺尔布以及巴林王等，欲在满蒙建立以满族与蒙古族为中心的所谓满蒙王朝，但暗地里这些人是受参谋本部与外务省直接指挥的。若上述政权建立，则会成为九一八事变后建立的与满洲国性质相同的政权。从这个意义上可以说，伪满洲国建国的原点即为此次独立运动。

1912 年 7 月 8 日缔结的第三次日俄协约，是 1907 年第 2 次日俄协约的延伸与扩大，它以位于东经 122 度以西的通过西满洲与北京的东外经 116 度 27 分为分界线，将日俄两国在西满洲与内蒙古的势力范围进行了分割。这样，西满洲就与内蒙古东部连接起来，作为满蒙洲并入了日本的势力范围内。因此，这个协约对满蒙政策的形成有着重要的意义。

这个协约是日俄两国在侵略中国问题上合作与争夺的二重外交的产物。日俄为达到侵略满蒙的共同目的而合作，同时，又为了内蒙古的分治而互相争夺。如在划定内蒙古东西分界线时，双方为扩大各自的势力范围而互相争夺。另外，在是否承认俄国在中国西北部势力范围的问题上，日本态度强硬，牵制了俄国。这种牵制是争夺的一个手段，是为了争夺而牵制对方。可是，日俄两国互相争夺的同时，又在分界线问题上互相让步、妥协。结果是将东西内蒙古的分界线从日本主张的库伦、张家口东移到了北京的经度线上。这种让步和妥协是为达到共同侵略的目的不可或缺的，于是第三次日俄协约达成。

如上所述，满蒙政策虽已形成，但该时期日本的中心依然在满洲。日本寻求解决日俄战争后陷于僵局的关东州与满铁租借期限的延长以及南满铁路铺设权等问题。对于内蒙古，虽然已经划为势力范围，但并未扩大具体的新权益，这是缘自日本国力所限。

该时期日本满洲政策上的特别之处表现为，利用孙中山希望向日本借款 1000 万日元之机，试图租借或割让广大的满洲地区。该计划后来虽未能实现，却也显示了日本对满洲的野心之大。

满铁与关东州都督府利用在满铁所属地域活动的革命党人和从南方北上的北伐军，欲扩大日本在满洲的权益，但因日本内部意见相左，最终未能实现。

1912 年 1 月，以山县有朋为首的日本陆军向满洲派出两个师团的兵力，欲占领南满洲，但是也因遭到内外反对而未果。

辛亥革命时期，日本采取策划满蒙独立运动、分割西满蒙与内蒙古势力范围、租借满洲和出兵满洲等多种手段和方法，妄图实现满蒙政策。这些多样性手段说明，当时日本的对满政策并无统一的、缜密的计划，而是具有相时而动的实利性。这是日俄战争后日本在摸索新的满蒙政策过程中出现的现象，同时也是一种过渡性政策。

日本的满蒙政策也是在同欧美列强的二重外交中展开的。欧美列强为了达到侵华的共同目的，对日俄满蒙实利的分割表示了支持与同情。满蒙是日俄两国既有势力范围的延长和扩大，它没有直接危及其他列强的在华既得权益。另外，此时英国也同日本一样忙于在西藏扩大它的势力范围，而法国则在云南、广西扩大其势力范围，所以它们能够互相协调。但是，在出兵满洲的问题上，日本遭到了包括俄国在内的欧美列强的强烈反对。军国主义国家日本主张出兵或武力干涉，因此，欧美列强始终对日本有所戒备，并时刻监视着日本的一举一动。日本准备向满洲派兵的消息泄露到外界时，连从军事上和财政上对清朝进行支援的德国也同其他列强一样表示反对。欧美列强的反对是以牵制日本出兵的形式出现的，因为日本一旦出兵，影响就不仅只限于满洲，其对中国政局的军事、政治发言权必会得到加强。故列强的反对是日本陆军未能出兵满洲的外部原因。

五、北京政府的建立

清帝退位、王朝灭亡后，南北议和，袁世凯就任临时大总统，成立了北京政府新政权。北京政府是继承南京临时政府而成立的，但其并没有继承南京临时政府的共和制传统，而是成立了以袁世凯为中心的北洋军阀政权。

同南京临时政府一样，在国际法上，对北京政府的承认不是对新国家的承认问题，而是对新政府的承认。北京政府在形式上是南京临时政府的继续，但由于该政权是南北统一的，而袁世凯从清朝的内阁总理大臣摇身一变为临时大总统，所以自然就继承了中国的国家主体资格。因此，政权成立的同时，获得日本与欧美列强的承认便成为中日外交的主要课题。不过，在取得列强承认问题上，北京政府具有以下几个不同于南京临时政府时期的特征：（1）南京临时政府时期，孙中山与外交总长主动地、积极地寻求日本与列强的承认；而北京政府时期，只是办理了因政府交替而带来的有关外交机关、外交使节的名称变更手续，没有提出希望获得列强承认的要求。（2）尽管如此，日本与欧美列强仍主动地承认了北京政府。（3）南京临时政府与孙中山希望率先得到日本的承认，但并未成功，而这次日本却相反率先承认了北京政府。这三点是南京临时政府与北京政府的最大不同。

当然，北京政府与南京临时政府在获得列强承认的问题上也有相似之处，即对于日本与其他列强同中国签订的不平等条约以及基于此的列强在华既得权益的承认问题。给予列强上述承认是政府取得列强承认的前提和条件。在这个问题上，相对来讲，南京临时政府和孙中山是主动的，态度是鲜明的，并且孙中山为获得列强承认，曾提出向列强提供新权益；而北京政府与袁世凯则仅仅表明承认已经签订的不平等条约，并没有表明提供新权益。

在承认北京政府问题上引人注目的是日本掌握了主动权。日本对袁世凯存有疑心和戒备，并且坚持君主立宪制，因此与原来的袁内阁的关系越来越僵，外交上也非常被动，在某种意义上可以说处于孤立境地。为摆脱这种外交困境，日本试图通过承认北京政府来改善与袁世凯和北京政府的关系。为此，日本率先向欧美列强提议承认北京政府，欧美列强对此表示赞同，日本也确定了向北京政府提出的前提条件，即不平等条约和既成权益的全面承认等。这表现出在这个问题上，日本和欧美列强从对华侵略的共同目的出发，采取了协调外交行动。但是日本和欧美列强在中国还是互相竞争、互相争夺的竞争对手，因此，围绕北京政府的承认问题，日本与欧美列强特别是俄国之间产生了对立。俄国要求将外蒙与内蒙的新权益也作为承认的前提条件。此时，日本正开始与俄国进行第三次日俄协约的外交交涉，与俄国争夺内蒙古，但是由于担心其他列强也会像俄国那样提出在华的新权益，日本对此表示了反对。

可是，一度进展迅速的北京政府承认问题到当年夏天便被束之高阁了。这是因为列强要求对提供给北京政府的借款进行直接监督，从而直接干涉了中国的政治、经济、军事等内政。对此，北京政府与袁世凯强烈反对，并欲拒绝他们的要求。这就意味着拒绝日本与欧美列强的在华特权。因此，日本与欧美列强将对北京政府的承认问题束之高阁，以此给北京政府施加外交压力。

北京政府与南京临时政府同样面临着财政危机。辛亥革命时期军队庞大，共有 100 万人，要使其中的 50 万人复员需要巨额资金。为此，同南京临时政府一样，北京政府要求英国等四国银行团提供 6000 万英镑借款。英国自袁出山时便支持袁内阁，所以欲向其提供借款，但是由于其权益所在地是南方，受革命军管辖，因此，不得不节制向与革命军对立的袁内阁提供借款。可是，南北统一的北京政权成立之后，英国等四国银行团为支持袁世凯的北京政府，决定向袁提供所谓的改革借款，即善后借款。这笔借款与南京临时政府的借款相比，有以下几个特征：（1）南京临时政府是以实业的名义借款的，而此借款则公然表明其政治性，要求附加政治、军事、财政监督权。（2）南京临时政府仅向日本借款，而这次则向六国（后日、俄加入）借款。这些不同之处，是因北京政府与南京临时政府在中国国内的地位和重要性以及列强在华政策的不同而产生的。

借提供借款之机，六国银行团向北京政府提出要求拥有使用借款的直接监督权，以此来监督北京政府的政治、经济及军事等，干涉北京政府的内政。这说明欧美列强支持袁世凯和北京政府的目的是欲将君临中国的人物及其政权招至自己麾下，加强各自的在华权益以及发言权。这样，辛亥革命以来英国等欧美列强支持袁世凯的目的及本质渐渐明朗起来，袁世凯与北京政府开始了抵制。因为监督权问题是关系到国家主权的重大问题，所以袁世凯与北京政府作出最大的外交努力进行抵制。这种支持与抵制也显示了袁世凯与英国等欧美列强之间外交关系的二重性。不过，两者在让步和妥协之中取得了这种二重关系的平衡。其结果是1913年4月，2500万英镑的借款合同签订，在使用借款的问题上，形式上北京政府拥有主权，实际上银行团获得了监督、干涉的权力。这是由于面临二次革命的爆发，两者有必要在政治上进行妥协，但根本上还是由于强者与弱者之间的力量对比关系，即半殖民地国家中国与日本、欧美列强的力量对比关系而发生的必然结果。

　　围绕北京政府借款的问题，日俄与欧美列强为达到侵略中国的共同目的而互相合作，又为了争夺在华权益而互相竞争，这也是列强之间的二重外交关系。1910年四国银行团成立时，日俄并没有参加，因为涉及日俄在满洲的特殊权益，日俄拒绝参加。但是后来的善后借款问题依然涉及上述问题，而且又将满蒙问题牵扯进来。日本原来是将重点放在对南京临时政府的借款上，但此次为了强化对北京政府的发言权，改善与袁世凯的关系，摆脱对北京政府的被动外交态势，日本对这笔政治借款采取了积极的态度：首先于1912年3月中旬参与借款，6月与俄国一道参加银行团。俄国在参加银行团问题上比日本态度消极。俄国主张，向北京政府提供借款就等于承认了北京政府，而在承认之前应先使北京政府承认日俄在满蒙的特殊权益；并且作为参加借款与银行团的条件，也应得到欧美列强对其满蒙特权的承认。这是日俄共同的要求，但俄国的主张比日本更加强烈。这是因为俄国在蒙古拥有相当于日本3倍大的势力范围，其权益比日本大得多。日俄共同要求欧美四国承认此特殊权益，欧美四国最终也不得不对此予以承认。这样四国银行团发展为六国银行团，但其内部斗争却没有停息。金融帝国法国对监督职位的分配心存不满，遂与德国联合抵抗英美。美国对监督条件提出了异议，并于1913年3月退出银行团，六国银行团成为五国银行团。由于美国与其他列强相比在华权益比较少，所以并没有过于强调保障监督权与既得权益。退出银行团的美国反而在北京政府的承认问题上掌握了主动权，于 1913 年 4 月率先承认了北京政府。

在借款交涉问题上，日本起到了特殊的二重作用。所谓二重作用是指作为银行团的一员，日本参加了交涉，但又在北京政府与银行团的交涉中起了居中调停的作用。如上所述，为达到共同侵略中国的目的，日本采取了与其他列强协调一致的行动，随后又参加了银行团。因为银行团的主导者是英、法，所以围绕监督权，英、法与北京政府的矛盾与对立激化，而日本与北京政府的对立则相对缓和。因此，日本居中调停，一边在支持与监督北京政府的矛盾中寻求两者的平衡，一边为双方的妥协与让步斡旋。这是由日本与欧美列强及北京政府之间关系的二重性决定的，它对日本与北京政府和袁世凯关系的暂时改善起了一定的作用。

1912 年 11 月，俄国与从中国分裂出去的所谓大蒙古国缔结俄蒙协约。围绕此协约，北京政府与俄国经过近一年的交涉，于 1913 年 11 月发表《中俄共同宣言》。俄蒙协约将外蒙以所谓独立国家的名义归为俄国的保护国，但北京政府不予承认。在《中俄共同宣言》中，俄国承认北京政府名义上拥有外蒙主权，其代价是北京政府承认俄国在外蒙的特殊权益，俄国试图将此特殊权益扩大到内蒙古。由于北京政府与俄国的外交交涉涉及日本，日、俄、中三国围绕此问题展开了二重外交。日、俄两国出于向内蒙古进行渗透的共同目的而互相合作，共同对付北京政府。然而他们又围绕内蒙古而互相争夺，产生了矛盾和对立。北京政府欲利用日俄之间的矛盾和对立来牵制俄国，日本则想利用俄国与北京政府之间的矛盾牵制俄国南下。日本有两条路可以选择，要么支持北京政府与俄对抗，要么与俄协调。伊集院公使强调前者，而日本内田外相则强调后者。这样外务省与其派出机构的意见就不一致了。但是，日本满蒙政策的重点在满洲，日本在蒙古虽然也和俄国互相争夺，但还不至于与俄国决裂，所以它并不想与中国联合对抗俄国。

辛亥革命时期的中日外交和各欧美列强的外交是为达到本国的政治、经济、军事目的而频繁展开的。互相对立的中国南北势力为达到各自的目的，而日本与欧美列强为维持和扩大在华政治、经济、军事权益，互相展开了二重的复杂的外交活动。在这场外交活动中，中国国内北方的袁世凯取得了暂时的成功，而在诸列强中主要是英国达到了预期目的，日本和孙中山虽然作出了相当大的外交努力，但是并没有收到预期的效果。这是因为日本和孙中山在中国国内和国际关系中的地位和力量要比欧美列强和袁世凯低而薄弱。

辛亥革命与日本的明治维新一样，是一次从前近代社会向近代社会的变革。日本是在绝对王政或立宪君主制下推行变革的，而中国形式上则欲在共和制下推行变革。这两次变革的国际环境有共同之处，但是辛亥革命是在比明治维新更复杂的国际关系中进行的，并且受到了国际关系的直接、间接的干涉和影响。这两次变革时隔四十年，这是由日本和中国在亚洲的地位以及欧美列强对亚洲的政策决定的。

第二节　二次革命和护国运动时期的中日外交

1912 年 4 月，南北双方妥协，袁世凯就任大总统，北京政府成立。孙中山卸任临时大总统后，为了筹措振兴中国产业和铁路建设的资金和引进外国技术，于 1913 年二三月间以国宾身份访问日本。然而从 3 月开始袁竭力镇压南方革命势力，7 月二次革命爆发，南北分裂，袁、孙再次对立。1914 年 8 月第一次世界大战爆发，日本侵占了中国胶州湾和山东铁路，向中国提出了"二十一条"要求，企图确立日本在中国的霸权地位。正当中华民族处于水深火热中时，袁世凯却破坏了辛亥革命建立的共和制，复辟所谓的洪宪帝制，自命皇帝。于是，孙中山等革命党发动第三次革命，西南诸省和梁启超等进步党掀起护国战争，以反对帝制并推翻袁世凯的反动统治。他们最终推翻了帝制，恢复了共和制，将袁逐出中国的政治舞台。至袁世凯暴死的这 3 年是分裂、对立、复辟和再革命接连不断的时期，也是辛亥革命中帝制和共和制之间斗争的延续，同时又是这两种制度再次对立，保卫共和制的时期。在这一时期，日本利用第一次世界大战之机大肆侵略中国。

本节旨在探讨与这一时期各个历史事件相关的中日外交，同时从中国、日本、欧美列强之间三角二重的外交论出发，考察与中日外交相关的欧美列强的国际关系。

一、孙中山访日

当袁世凯和北京政府疲于应付善后大借款和俄蒙协约等政治外交问题时，孙中山致力于振兴产业和建设铁路，试图根本解决中国的政治、外交、军事等问题。要实现这一目标，中国必须引进外国的资本、技术及经营方法。因此孙中山提出了对外开放政策，主张积极引进外国资本和技术，在中国建立与外国人合营的企业或外国人独营的企业。孙中山向各界阐明对外开放政策的必要性，并介绍邻国日本在明治维新后打开门户，引进外资发展产业的经验，主张向日本学习。从 1912 年 6 月开始，孙中山表露访日意向，并在 10 月明确提出，希望 11 月去日本访问两三周。

孙中山的访日意向促使日本选择新的对孙政策。孙中山访日并非单纯的个人问题，这涉及日本对中国、对袁的政策以及对欧美的外交。孙中山在中国和国际政治舞台上并非孤立存在，他与北方的袁世凯及其后台英国是对立的，而且在袁、俄、日三者角逐蒙古过程中也具有重大影响。因此，日本外务省和驻外机构对孙中山访日非常慎重，但两者意见不尽相同。上海总领事有吉明建议，以视察铁路的名义邀请孙中山，并给予相当的礼遇。他认为，虽然孙中山的铁路建设计划是空想，但不可忽视其在中国政治舞台上的影响，孙中山向日本寻求帮助，可以使其将来与日本保持一定的联系，这对日本是有利的。有吉同时建议，应避免让孙中山与首相、外相、陆海相等军政要人面谈。将于 7 月出任驻华公使的山座圆次郎赞同有吉的看法，并认为，为阻止翌年春孙中山赴欧美各国考察，应同意孙中山的访日要求。他建议，孙中山虽然作为民间代表访日，但应给予相当的礼遇，安排他与首相等要人进行非正式会谈。对此，牧野外相采取了双重对策。为获取日本在中国南方的铁路建设权，牧野决定同意孙中山来日本视察铁路建设，但考虑到孙中山访日会影响日本与袁、英国、俄国之间的协调关系，因此计划在孙中山抵达日本之后，不安排其与首相等政府要人面谈。

但是，这一政策虽可一石二鸟，但会怠慢孙中山。这种冷淡的待遇，反而会刺激孙中山，并可能影响孙中山和日本之间的关系。日本政府、外务省考虑到这种反向效果，打算阻止或延迟孙中山访日。外务省派山座以及民间代表秋山定辅前往上海向孙中山说明推迟访日原因，孙中山的访日计划受挫。这种结果是孙中山的访日目的与西园寺内阁对袁、对列强的协调外交相矛盾造成的。

但是孙中山于次年 2 月 14 日至 3 月 23 日期间，作为国宾访问了日本。在访日期间，孙中山受到了日本朝野的热烈欢迎，与日本的元老、首相、阁僚、军部要人、财界的代表人物等面谈，并视察了军事设施、企业等。孙中山还与曾经热忱支援其革命活动的友人一起叙旧畅谈。通过这次访问，孙中山与日本的关系达到了顶峰。在孙中山 30 年的革命生涯中，有 15 年是侨居国外，而作为国宾正式访问外国，却仅此 38 天。这也是孙中山第一次与外国的政府要人会晤。从这种意义上说，孙中山访日，是其革命生涯中具有划时代意义的一个重大事件。

1912 年 12 月桂太郎内阁第三次上台，接替了西园寺内阁，并促成了孙中山访日。桂太郎政治上的决断使孙中山的访日计划最终得以实现。桂是具有敏锐洞察力和随机应变才能的军人政治家。他敏锐地意识到，在日俄战争后亚洲的日英同盟将发生变化，在欧洲由于德国兴起，德英对立将不断激化，在中国和东亚牵制日本单独行动的日英同盟将被新的日德同盟所代替，日本和德国联合起来对抗英国。这意味着日本外交将由从前的日英协调逐步转向日英对立。同时，桂还打算将过去日本的对袁、对孙政策转换为联孙反袁。桂试图在中国支援孙中山一派，以期将来排除袁的势力。当时在背后支持袁的是英国，袁对英国俯首帖耳。桂内阁反英，在某种意义上来说也必将反袁，反英和反袁是有着内在关系的。桂在中国与孙联合，就是为了完成上述两种目的。这不仅是当前要实现的外交目标，也是个长期的外交课题。

桂为了实现这一外交课题，邀请孙中山以国宾身份访日。由于桂的这一决断，孙中山访日计划在西园寺内阁时期受挫的问题烟消云散，孙中山访日最终得以实现。这是孙中山的访日目的和桂内阁对袁、对英政策从协调转向对抗的产物。

桂邀请孙中山的目的在其与孙中山的会谈中充分体现出来。政治会谈是孙中山访日的最大成果。孙与桂进行了两三次会谈，时间长达十五六个小时。在会谈中，两人谈到以下问题：（1）以日德同盟取代日英同盟，将来与英国斗争，打破其霸权；（2）以日德同盟为核心，结成俄、中、德、奥同盟，解决印度问题，实现有色人种的再生；（3）袁是孙的敌人，但是，现在立即举事有百害而无一利；（4）目前孙全力建设铁路干线，完成之后，将再次夺取政权，桂与孙约定将全力支援孙的事业。参加此次会谈的戴季陶、宫崎滔天、胡汉民、长岛隆二（桂的女婿）等人均对此给予高度的评价，并期待能早日实现这些目标。

在国际政治中，最终目的不同的两个国家或集团，有可能为了暂时的共同目的而联合起来。孙、桂的会谈正是如此。一方是日本帝国的军阀头子，是日本帝国主义的权力代表，另一方是三民主义的领导人，创建民国的革命领袖；截然不同的两个人能如此推心置腹地交换意见的原因何在？这就在于孙中山与中国和桂与日本要联合起来共同对抗英国和袁世凯。

但后来由于大正政变的风暴，桂解除了首相之职，并于1913年10月去世。因此，两人的约定没能直接影响日本的对孙政策。但是，它影响了此后日本的对袁政策和日本联合德国的国际观及孙中山对日本的认识。

孙中山访日的第二大成果是成立了中日合营的金融机构——中日兴业股份公司。孙中山为了振兴中国产业和建设铁路而创建了此公司；日本则是希望通过投资和贷款来扩大在中国的政治发言权和经济权益。在设立这家公司的交涉中，最大的焦点在于应根据哪个国家的法律来设立和运营该公司。孙中山主张应根据中国的法律来设立，但由于中方应出的一半资金是以日方贷款的形式来解决的，日方的资本占了绝大部分，最后不得已只能赞成根据日本的法律来设立。该公司是1913年8月成立的，当时由于暗杀宋教仁事件，袁、孙对立，二次革命爆发，孙试图从该公司筹措讨袁资金，但日本不同意。二次革命失败，孙中山等人逃亡日本。日方为排斥孙中山等人，将袁派引进该公司，1914年4月与袁合营，将公司改名为中国实业股份公司。自此，中方代表由孙改为袁，而日方代表没有丝毫变化。公司名称由中日兴业股份公司改为中国实业股份公司，但日本企图扩大在中国的政治发言权和经济权益的目的始终没变。这说明了日本对孙、对袁政策的根本在于日本的国家利益。同时，根据日本法律成立在中国的合营公司，表明了日本殖民帝国的本性。

　　访日期间，孙中山的对日言论和认识发生了很大的变化。访日前，孙中山的对日认识具有双重性。孙中山在各地倡导振兴中国产业和建设铁路时，既赞扬了明治维新以来日本的对外开放政策和产业的近代化，也谴责了日本对中国和朝鲜的侵略行径。这是对日本双重国家构造的正确认识。日本对内建设近代化国家，对外却作为帝国主义国家侵略近邻各国。但是，在访日期间，孙中山的对日认识和言论，却在日本是否侵略中国这一问题上发生了变化。孙中山一边说，日本绝对不会侵略中国，过去侵略中国也是不得已而为之；一边高度评价日本的国际地位，盛赞日本是唯一有能力维持东亚和平的国家，并高度评价了日本对中国革命运动的影响。同时，表达了对日本的亲近之感。

　　孙中山对日认识的变化与对日期望密切相关。对日期望引起对日认识的变化，对日认识的变化使对日期望极度膨胀。孙中山希望日本帮助中国废除不平等条约，在政治、外交上与日本联合，在经济上得到日本的支持。回国后，孙中山呼吁袁世凯和北京政府与日本联合，获取日本的支持。但袁和北京政府一直对日本怀有戒心，没有同意。

　　那么为什么会发生这样的变化呢？第一，是因为有作为日本帝国的国宾正式访问日本这个特定的历史条件。外交场合的言论大多根据外交礼仪和外交要求而发表，不能认为都是对那个国家的真正心声。这是国际外交礼仪的常识。孙中山作为国宾访日，根据外交礼仪赞美日本，可以说是符合外交礼仪的。第二，孙中山为了振兴中国产业和建设铁路，对付英国、俄国，希望和日本实现政治联合及获得经济提携。孙中山对日本的期望越大，对日言论中赞美的内容也就越多；反之，对日本越失望，对日本的批判也就越严厉。孙中山作为国宾访问日本时，对日期望在孙日关系中达到了最高点，对日本的赞美也达到了顶点。政治家是理想和原则、伦理和哲学的综合体，并且随着政局和政治环境的变化而采取随机应变的策略。因此，策略有时候与其理想、伦理也会自相矛盾。所以在分析孙中山访日期间的对日言论时，不能绝对化，而应根据具体时间、场所、环境来分析。

但是，孙中山在访日期间并没有忘记日本对中国的侵略。他希望日本协助废除日本及欧美列强侵略中国的不平等条约。当回国时，他在长崎发表了最后演说："关于中国的将来，能够置中国于死命者，必为日本"，指出未来中国的最大威胁来自日本。这些都证明了孙中山没有忘记日本的侵略本性。孙中山认为不能靠实力和军事来对抗强敌日本，而应通过外交手段实现政治联合和经济提携，从而阻止日本的侵略。可以说访日期间孙的对日言论也是达成此目的的一个策略。

由于上述原因，孙中山的对日言论和认识发生了"变化"。但1917年，特别是1919年以后，孙比以往都更为激烈地批判日本，谴责日本的侵略主义行径。这表明，孙访日期间的言论和认识只是一时的，是在作为国宾访日的特定环境下发生的"变化"，并不是孙中山对日认识的心声。变化中不变的部分才是事物的本质。访日前后孙中山不变的对日认识才是对日认识的本质，一时的"变化"应视为外交策略。

二、二次革命时期

孙中山从日本回国后，袁等暗杀宋教仁，中国形势剧变。由于袁、孙妥协而一时获得的统一遭破坏，南北分裂，袁、孙再次对立。日本也不得不采取新对策来应付由统一的中国到袁、孙公然分裂，南北对立这种巨大的形势转变。日本对孙政策发生了很大变化，孙中山在访日期间与日本政治联合和经济提携等约定也化为泡影。孙中山被自己的政敌袁夺取了北京政府的大总统位置，在变化动荡的时局中，殷切盼望得到日本的援助。这种盼望和期待随着日本信任孙派的程度和讨袁方法的变化而变化。袁则是一边企图阻止日本对孙的援助，一边以五国银行提供的善后借款作为政治、财政后盾，用军事手段镇压孙中山等革命势力。对此，日本和欧美列强采取各种措施避免南北军事冲突，维持中国现状。维持现状可以确保袁对中国南北的统治地位，从客观上看对袁是有利的，但这并不意味着要镇压孙中山的革命势力。日本为了维持现状，对南北及袁、孙采取中立的方针，再三劝说袁、孙议和、妥协，避免军事冲突。因为南北军事冲突会像辛亥革命一样严重损害日中贸易，损害日本的国家利益。袁政权对日本一直没有好感，客观上日本劝和对袁是一种拥护，有利于改善日本和袁的关系；而劝和对孙中山等革命势力也没有恶意，在某种意义上说还有利于维持、保存南方革命势力。日本之所以这样做，是因为就南北军事力量而言，南方革命势力战胜北方袁军的可能性较小。

这一时期，日本作为五国银行团的一员，给袁的北京政府提供了2500万英镑的善后借款，又与孙中山等创立了中国兴业股份公司。从客观上看，这对孙中山是有利的。为了对抗善后借款，孙中山也积极地筹措设立该公司。同时，日本民间舆论也责怪政府提供善后借款支援袁等政策，强烈呼吁要援助孙中山等南方革命势力。

袁为了压制南方革命势力，1913年6月9日罢免了属于孙中山一派的江西省都督李烈钧，14日又罢免了广东省都督胡汉民。此时，南北冲突一触即发。这时，数十名日本预备役、现役军人自愿参加江西李烈钧的军队，为李烈钧的行动提供方便。李自己也向日本方面表示了暂时侨居日本的意愿。这给袁和欧美列强造成一种印象：日本支援李和革命势力，挑起事端。袁和欧美列强对此采取了牵制政策。日本政府和外务省拼命排除误解，但得不到袁和欧美列强的信任。

孙中山对袁政策一再动摇，在用军事讨袁和在议会上弹劾袁之间摇摆不定，直到7月12日李烈钧宣布江西独立，才最终决定军事讨袁。二次革命爆发。最初，日本政府指示在中国的驻外机构和军队将校，对革命采取一贯的中立方针，不要加以干涉。孙中山等希望日本率先劝说袁退让，宣布独立后的湖南省则希望日本方面提供借款帮助军队调配资金，广东省也希望日本商船帮助军队北上的运输，但日本拒绝了这些要求。而袁和欧美列强依然认为日本支援、挑唆南方革命势力发起革命，因此他们对日本采取牵制政策。孰料这只是一场误会。

在国家关系中绝对中立是不可能的。中立只是相对的，并随着战况的变化而变化。7 月下旬，中国南北战况逆转，南方革命势力处于劣势，最后胜负已经可以预见。至此，日本的中立方针明显向袁倾斜，为袁军输送武器提供方便，8、9 月还卖给袁军大炮等武器。因为支援胜利者袁世凯，可以扩大日本在中国的权益。

7 月末，战况日益恶化，革命势力的失败已成定局。孙中山、黄兴等从南京、上海撤退，打算南下到广东再起义，然而广东形势突变，计划未能实现。南京、上海的日本外务省驻外机构和驻地将校特别是海军将校等帮助孙、黄脱逃，并为他们提供各种方便，但外务省反对这种做法，企图阻止孙、黄逃亡日本。孙、黄在广东未能再次起义，于是经由福建、香港、台湾基隆港及神户、下关，于 8 月 17 日、27 日先后抵达东京。事前，日本外务省和牧野外相指示各地总领事和地方官僚劝说孙、黄逃亡新加坡或美国，试图阻止他们来日本。

外务省为什么要阻止孙、黄逃亡日本呢？对此，牧野外相曾说："内外诸般关系均不利于我方利益。"原因之一，对内不利于日本国内的形势。孙、黄是主张共和主义的革命家，辛亥革命是刺激大正政变的因素之一，如果在其影响尚未消散之时，就邀请孙、黄等革命党领袖及其党员来日本，可能会恶化日本政局。原因之二，如果同意孙、黄来日本，显而易见，对外就是与袁对立。7 月末开始，日本的中立政策已经向袁倾斜，支援袁，而袁也希望日本方面拒绝孙、黄去日本居留的请求。日本答应袁的要求，也是为了向袁妥协献媚。原因之三，与英国等欧美列强妥协一致。欧美列强一直认为日本是唆使革命势力、挑起二次革命的背后黑手。如果日本允许孙、黄来日本，就恰好证明了日本是"支持"孙、黄的。为了否认这一点，日本必须拒绝孙、黄的请求，而与欧美列强保持协调一致。日本的这种做法对自身是有利的，同时也有非常不利的一面。日本政府和外务省再三权衡正负面影响，最后决定，改变 8 月中旬的政策，允许孙、黄来日暂住居留。

那么，允许的理由是什么呢？第一，日本试图将来利用孙、黄势力来扩大日本在中国南方的权益。他们虽然在二次革命中失败了，但还没有完全被消灭，在将来中国的政治舞台上，依然是不可轻视的政治力量。因此，日本不能完全放弃他们。第二，他们是中国的反袁势力。为了当前的实际利益，日本支持袁，与之改善关系，但并不喜欢袁这号人物。孙、黄在今后与袁的外交交涉中，有作为反袁势力而加以利用的价值。第三，如果日本拒绝孙、黄来日本，他们只能去欧美。列强对中国的争夺与对中国首领的争夺有着密切的关系，所以日本要和欧美争夺孙、黄两人。头山满等民间人士之所以帮助孙、黄登陆和暂住日本的原因就在于此。

上述拒绝和允许的第二、三原因似乎是对立的，相互矛盾的。但日本在袁与孙，日本与列强之间的协调和争夺这种二选一的外交选择中，避免绝对的选择，而采取另一种方法来平衡两者，统一两者的对立和争夺。这一方法就是牧野外相所说的对孙、黄的"保护"和监视、管束。在日本所谓的"保护"下，允许他们来日本居留可以达到上面三个目的；另外监视、管束他们在日本的反袁活动，又可缓和拒绝孙的两个原因，以协调日本和袁、欧美列强的关系。这是一石二鸟的伎俩，有利于今后日本对袁、对中国及对欧美列强的外交。

　　在孙、黄来日本的同时，很多革命党员也陆续来日本。孙中山组织他们以东京为核心着手准备反袁的第三次革命。首先是要有足够的资金。为此，孙中山以中国兴业股份公司为渠道，多次与涩泽荣一、山本条太郎、大仓喜八郎等有关负责人交涉，但他们没有答应。当时由于二次革命中孙中山等人的失败，中国兴业股份公司也发生了变化，日本方面与袁等一起将该公司改名为中日实业股份公司，将孙中山等革命派股东驱逐出该公司。

　　孙中山为了获得武器，打算与日本军部接近。1913 年 9 月 21 日，孙中山与日本陆军省经理局长辻村楠造会谈，说服他让军部支援，但军部没有同意。

　　孙中山、黄兴为了培养军事将校、革命干部分别建立了浩然庐、政法学校。这得到了日本民间人士和预备役军人的帮助。这完全出自民间人士个人的意愿，而非政府的命令。

　　孙中山等革命党人在日本的活动受到日本官僚的严密监视。日本警察 24 小时监视孙、黄的一举一动，每天都向外务省报告结果："孙中山的动静""黄兴的动静"。但日本政府又默认他们的反袁活动，并没有镇压的意图。同时，还保护他们免受袁等派遣的刺客的伤害。这种不即不离的微妙政策，从 1915 年末开始，才转变为支援孙等革命党的活动。

　　与对孙政策相对照的是对袁政策。1913 年 7 月末开始，日本边阻止孙、黄来日本，边向袁方面倾斜。而意外的是 8 月在山东省发生了兖州事件，在湖北省发生了汉口事件，9 月在江苏省发生了南京事件。这三大事件可以说是二次革命的副产物。兖州事件、汉口事件的责任在日本方面，南京事件的责任在袁军和北京政府方面。但在日本的强硬要求下，北京政府不问是非黑白，于 9 月 15 日接受了日本对这三个事件的要求条件，袁军的当事人及其上司受到严重的处罚或刑罚，袁军的最高领导直接到日本的有关总领事馆和各驻屯军司令部道歉，事情才解决。挑起兖州事件、汉口事件的日本将校们没有受到任何法律惩罚，而采取正当措施的袁军军士们反而受刑。在南京事件中，袁军军士们受到了与事件本身不相符的重刑和严厉的处罚。这种在遭受列强侵占的半殖民地中国发生的不公平的现象，既表明了袁和北京政府的软弱无能，也深刻体现了日本外务省的强权外交。在这三个事件的交涉过程中，日本政府、外务省、军部和民间采取了一致行动。这是政治、外交上的反袁运动。外务省在逼迫北京政府接受对这三个事件的要求条件时，也最大限度地利用了承认北京政府问题，施加外交压力。

承认北京政府问题曾在 1912 年春被各国搁置，1913 年 5 月美国单独承认北京政府后，其再度作为外交课题被各国提上议事日程。承认北京政府即根据国际法承认袁和北京政府的合法地位，同时，袁和北京政府也需要承认、保障日本和欧美列强在中国的殖民地权益。在维持、扩大各国在中国权益的问题上，日本和欧美列强一直是既互相支持，又互相争夺的。北京政府的承认问题也不例外，多次出现意见相左、行动相悖的情形。同时，二次革命爆发，中国国内动荡不安也使承认问题一时陷入僵局。但最终，日本和欧美列强在维持、扩大中国的殖民地权益及获取袁和北京政府的保障这一共同目的下，相互妥协，于 10 月 6 日一致承认北京政府为合法政府，同时亦承认了袁的大总统身份。这反映了日本和欧美列强二重外交关系中相互协作的一面。

在承认过程中，日本一直为掌握主导权而努力。日本希望通过这一事件掌握对袁和对华外交的主动权，摆脱以往被动的局面。同时，英国、法国亦主动委托日本交涉承认问题。让袁政权保障和承认殖民地权益这项工作并不好做，英法两国将这份苦差事推给了日本。因为日本是军事强国，在承认问题中，日本有能力直接对袁政权施加军事压力。但美国却向日本挑战，争夺主动权，企图搞单独承认，德国也表示要单独行动。之所以这样，是因为这两个国家在中国的殖民地权益比英国、法国少，故在承认问题中不必重视权益保障问题。英法、美德间的这种外交差异是由于它们在中国的利害关系不同而导致的。

日本和欧美列强要求在袁的大总统就职书中，承认它们在中国的一切殖民地权益，即使以前没有明文规定的也要给予承认、保障。日本和欧美列强企图任意解释、无限扩大它们在中国的权益。但袁的北京政府主张仅在就职书中写上已有明确规定（on record）的文字，只承认明文规定、有根有据的权益，尽量抵抗列强的无理要求。双方争辩是否在大总统就职书中写上"on record"，最后妥协为应"根据成案成例"承认保障各国权益。这是折中的字眼，今后发生权益纠纷时，双方均有解释的空间。

日本始终掌握了承认北京政府的主导权，并且试图掌握这一时期对华外交的主动权。但在这一事件中，日本分到的权益与其他欧美列强相同，因而未能改变自辛亥革命以来日本对华外交的被动态势。不过，北京政府和袁世凯通过接受承认条件，在国际上确保了其政权和大总统的合法地位。

三、第一次世界大战

1914 年 8 月初，第一次世界大战爆发。这次大战是列强重新瓜分世界的战争，欧洲是主战场。但由于德国在中国拥有租借地，战争波及中国。日本借机侵占了德国的租借地胶州湾和山东铁路。自辛亥革命以来，日本对华政策一直停滞不前，为积极推进对华政策，日本决定参加世界大战，向德国宣战。为了参战，日本展开了对德国的开战外交。

日本的参战和开战外交遭到了德国和英国的抵抗和牵制。要阻止日本参战的首先是德国。德国为了保持其在中国和太平洋地区的殖民地权益，试图使日本远离战争，保持中立，但其计划失败，日本最终参战。

但最为努力阻止日本参战，以后又最大限度限制日本作战范围的是英国。因此，日本参战和开战外交的主要对手变成了英国。英国与日本的参战、开战外交有双重性。由于英国在中国没有能力与德国进行军事对抗，为了保护自己在中国的权益，其一方面希望日本在中国沿海地区协助自己，牵制德国军事力量；另一方面又不希望日本向德国开战，以至有时欲拒绝日本的协助。英国在对德战争中，如果胜利，它将获得德国在中国的殖民地权益，但如果日本向德国开战，结果将是日本独占胜利果实。此外，英国还担心，欧美各国忙于欧洲战场，根本无暇顾及中国，日本会趁机扩大其在中国的权益。这表现了英国和日本在中国互相协助和争夺的双重外交关系。在大战初期，英国在军事上是被动的，在中国问题上不得不依赖日本，日本强硬地要向德国开战，英国最后只能同意。

日本虽然具有作为主权国宣战的国际权利，但没有任何理由为了侵占当时本来属于中国领土的胶州湾而向德国开战。因此，日本必须以不断变化的英日同盟关系为借口，在英国的希望和同意之下参战。这说明当时日本仍属于二流帝国主义国家。

英国虽然同意日本参战，但同时限制日本的海上军事行动，不允许其摧毁德国的巡洋舰，并阻止日本的陆上军事行动。为此，英国希望日本在宣战时明文规定这些限制条件，但日本没有同意。由于英国不得不依赖日本，最后也只能承认日本的陆上军事行动。这反映了在日英两国的双重外交关系中，二者在相互协助的名义下相互抗争的事实。

抗争的焦点首先是战后胶州湾的处理问题。日本企图侵占胶州湾，据为己有。英国也希望战后作为战胜国继承这块租借地。两者抗争的结果是将胶州湾租借地归还中国。这是双方折中的方法，也是英国为了牵制日本的军事行动，同意日本参战的条件之一。

　　日本迫切希望参战，因此接受了这个条件。日本认为先通过军事占领造成既成事实是最为重要的，于1914年8月15日向德国发出了包含这一条件的最后通牒。

　　日本迫切向德国开战，而英国依然想限制日本的军事行动范围，试图将其行动范围限制在胶州湾50公里以内，但由于日本的强烈反对而落空。接着，英国希望和俄、法一起进攻胶州湾，以限制日本的独占军事行动，但也因日本的反对未能实现，最后仅仅是少数英军参与了这次行动。英国在胶州湾问题上不断与日本抗争，试图限制日本，但又由于在军事上无法限制日本，被迫一步步向日本让步。而日本却排除了英国的制约，逐步获得了在胶州湾和山东自由行动的权利。9月2日，日军在山东半岛北侧的龙口登陆，开始攻击胶州湾。

　　胶州湾是中国的领土，德国用不平等条约将其变为租借地，北京政府本应借此机会收回山东，日本在攻击胶州湾之前也应和北京政府进行外交交涉，可由于中国是半殖民地，北京政府被剥夺了交涉权。与日俄战争时期一样，8月6日北京政府宣布对世界大战保持中立。这一所谓的中立政策本来是欲阻止战争波及胶州湾，但由于遭到列强排斥，中国没能参与有关胶州湾的交涉，导致日本未与中国交涉就侵占了胶州湾。北京政府的中立政策没有任何国际的、军事的后盾，弄巧成拙，适得其反。

　　但北京政府也竭尽所能做了最大努力。第一，希望与英国一道参加对德战争，并增派了山东方面的兵力。但这一行动却遭到日本、英国和法国的反对，最终未能实现。世界大战是列强重新瓜分中国殖民地权益的战争，所以当然不会允许中国参战。第二，北京政府在不能依赖英国的情况下，投靠美国，试图利用日俄战争以来日美在中国东北的对立来牵制日本对胶州湾的军事行动，但由于日本和英国的反对，也没能实现。第三，与德国直接交涉有关收回胶州湾问题。这是德国为了避免与日本发生战争，作为外交手段之一，先向北京政府提出来的。英国认为这样可以阻止日本侵占胶州湾，对此表示支持。但日本和法国表示反对，而英国在中国问题上也要依赖日本，因此最后也不能违背日本的意愿。即使通过与德国交涉，收回了胶州湾，中日关系也会因此恶化。北京政府担心日本会报复，于是也向日本表示不同意与德国交涉。

9月2日日军在龙口登陆。由于中国已经宣布中立，日本的这种军事行动是违反国际法的。北京政府拥有抗议侵害中立的权利，而且作为一个主权国家也应该表示抗议。最初，北京政府拟提出抗议，后来决定改用政府声明来代替抗议，并将声明草案交给了日本方面。但由于英国的劝告和日本的反对，最后连声明也未能发表，只好在法律上默认日本的军事行动。这一方面是由于日本和英国的外交压力，另一方面也与日本对孙中山和革命党的政策有关。当时，日本向袁表示，将严密监视孙中山、革命党及援助他们的大陆浪人。袁以此为条件放弃了抗议声明。这说明，孙中山和革命党成了日本对袁外交的筹码之一。

日本在胶州湾和山东半岛的军事行动已经侵害了中国的中立权，这是违反国际法的行为。北京政府采取中立除外设定的方法，默认或容忍日本的这种行动，9月3日发表声明，宣布龙口、莱州、胶州湾地区为中立除外地。接着，北京政府和日本就有关中立除外地的范围进行交涉。日本为了扩大在山东的军事行动和权益，企图把中立除外地扩大到黄河以南，而北京政府则希望尽量限制其范围，最后双方折中，将潍县和诸县以东地区设为中立除外地。但潍县是山东半岛的要冲，该折中没有明确规定它是否在这个范围之内。

日军在龙口登陆后南下，企图侵占青岛至济南的山东铁路。首先，日军要求潍县以东的中国铁路守备队撤退，然后侵占袁军某旅团驻守的军事要冲潍县，接着进攻西边，占据济南车站。这表明，日本对德开战的目的并不只是胶州湾，而是占据以铁路为中心的山东省要冲，扩大日本的权益。最先提出这一侵占计划的是日本参谋本部。外务省考虑到欧美列强的反对和中国方面的抵抗，一直采取谨慎的态度，但在军队屡次造成既成事实的情况下，外务省与北京政府就占据铁路问题进行外交交涉。北京政府虽然在外交上抵抗，但实际上一次又一次地默认或容忍既成事实。10 月 6 日，日军终于达到目的，占领了济南车站。

日本在对德开战外交中，尽量平衡外交和军事行动，外交上为军事开战制造国际条件和环境，军事上为外交补充实力。因此，无论在外交还是军事上，都达到了预期目的，占据了胶州湾和山东铁路，用军事力量为提出"二十一条"铺平了道路。北京政府虽然在外交上作出了一定努力，但因为没有军事做后盾，其抵抗在某种意义上说只是外交辞令，背后却不得不默认或容忍日本的要求和日本通过军事力量造成的既成事实。一战前，北京政府可以利用日本和英国等欧美列强的对立来抵抗或牵制日本，但一战爆发后，由于英国等对日妥协，反而还受到来自英国的外交压力。

北京政府之所以对日本采取这种态度，一个重要原因是想通过默认和容忍日本的行为，使日本帮助监控孙中山等革命党在日本的反袁活动。袁每次向日本让步，都请求日本加强对孙中山等革命党的管束。但一战爆发，日本对德开战后，国际形势发生了很大变化。孙中山等革命党认为当时是进行反袁第三次革命的绝好机会。孙中山等人作出如下判断：第一，支持袁的英国等欧美列强忙于世界大战，无暇顾及袁；第二，日本对德开战和侵占胶州湾、山东铁路使日本和袁的矛盾激化，日本为施加对袁的政治压力，可能一改对孙中山等革命党的冷淡政策，积极支援孙中山等的反袁斗争。因此，孙中山通过犬养毅、头山满等向日本政府和军部请求援助。一部分民间人士和大陆浪人支援孙中山等革命党，想趁机排斥袁势力。

由于袁、孙对立及双方都对日表示某种期望，日本被迫从袁、孙中作出选择。日本对袁、对孙政策的根本出发点是其是否符合日本的国家利益。这一时期，日本的最大企图是要侵占胶州湾和山东铁路。袁对日本屡次让步，满足日本的要求，所以日本也没有必要支援孙中山等革命党，从背后对袁施加政治压力。如果袁抵抗，日本则会支援孙中山等人，但袁为自我防卫，没有抵抗，而是向日本让步，以缓和与日本的对立。因此，日本没有采取反袁政策，反而加强监视孙中山等革命党的反袁活动，并镇压了东北的反袁起义。这些都是对袁有利的，符合他的要求。但日本也没对孙中山等革命党采取极端的政策，而是采取一种微妙的态度，没有答应袁将孙中山等驱逐出日本，默许了孙中山等革命党人的活动和民间及预备役军人对他们的援助行动。这个政策虽然与袁的要求基本一致，但没有完全满足他的要求。

日本在对袁、对孙采取这一政策之前，与英国进行了内部交涉和妥协。由于当时英国无暇支持袁，担心日本会支援孙中山等革命党而打倒袁，以同意日本参战为条件，与日本约定，如果中国发生革命暴乱，日本要负责镇压。

在列强侵略中国的过程中，最为重要的是牢牢控制最高实权者。此时，日本国内有些人主张，日本应取代英国，与袁签订日中协约，将袁控制在自己手中，利用他来侵略中国。但日本与袁一直都是对立关系，而袁也认为，当时日本是自己的最大威胁，因此双方不可能很快改善关系，甚至签订协约。

这一时期，袁、孙对立关系的激化有利于日本侵略中国，而日本也最大限度利用了他们的对立。在交涉"二十一条"时，更是如此。如上所述，这个时期，袁、孙都没有积极抵抗日本的侵略，而是就"二十一条"的由来互相攻击对方。孙中山等认为袁为了让日本承认他的皇帝地位，唆使日本提出了这样的要求，强调与其反日不如倒袁，才是根本。相反，袁则非难在日本的革命党与日本签订密约，以支援革命党为交换条件，使得日本提出了

"二十一条"要求。中国国内的报纸甚至披露了孙中山与日本缔结的所谓密约，这些都是没有任何史料可以证明的无稽之谈，是袁、孙借民众反对日本侵略中国的"二十一条"的力量来反对自己政敌而散布的谣言。这一现象说明，对袁、孙来说，与反对日本侵略中国的"二十一条"相比，更重要的是采取各种策略打倒自己的政敌。

　　孙中山等革命党以反袁为头等大事，无论袁接受或拒绝"二十一条"，他们都会制定反袁运动的计划，在国内开展反袁斗争。但以黄兴为首的另一派革命势力欧事研究会与孙中山不同，他们强烈呼吁，在国难深重时期，应暂时停止反袁斗争，与袁联合一致对日。袁派趁机对革命党使用怀柔政策，一部分革命党人回国了。在某种意义上，袁和革命党要联合起来反日，所以日本对此严加防备，密切监视。这表明对立双方联合起来对日是对日本的一大威胁，袁、孙应该以反对日本提出的"二十一条"为最大政治任务，联合起来反抗日本。但在这一时期，尚未具备两者联合起来抵抗日本的条件。

　　在日本外交史研究中，最难弄清楚的是外交政策的形成和决定过程。以往，对"二十一条"的形成和决定过程已有众多的研究，但还有许多不明确的地方。可以说"二十一条"是在日本参战和侵占胶州湾、山东铁路的同一时期形成的。表面上，日本对德国开战和侵占胶州湾、山东铁路，背地里却是在促进"二十一条"的形成。前者是局部目的，从这一时期日本对华政策来看，也是达成"二十一条"全部要求的手段；后者则是前者的最终目的。

　　从8月上旬开始，日本陆军、外务省驻外机构、元老、民间人士等积极向有关当局建议对华政策。这些提议既有共同点，也有不同点，它们综合起来就构成了所谓的"二十一条"。因此，二十一条"是这个时期日本各方面对华政策的一个综合体现。外务省和陆军在决定对华政策过程中，具有举足轻重的作用。这个时期，两者的关系十分协调，在"二十一条"形成的过程中都发挥了核心作用。外务大臣加藤高明强调，这个时期外务省的外交应该一元化，重用政务局长小池张造，起草"二十一条"原方案。这个原方案本是 6 号 22 条，经各方面调整，最后确定为 5 号"二十一条"。外务省声明，从第 1 号到第 4 号是要求条款，第 5 号是希望条款，但因在 4 月 26 日日本方面的最终方案中，强烈要求接受第 5 号，所以实际上第 5 号也和要求条款的性质一样。如果将这些要求分类，可以分为 3 类。第一是确保和扩大既得权益，第二是要求新权益，第三是确保日本的独占权益和地位。其中，第三是最重要的，它表明日本要排斥欧美列强，确立其在中国的霸权地位。

为达成"二十一条"，有两种方法，一是采取高压强硬手段，二是采取怀柔手段。最后决定采用强硬手段，通过军事力量施加压力来达到目的。但对于达成目的的手段，特别是对袁政策，其内部又有不同的意见。山县等元老主张应该着眼于改善与袁的关系，使袁信赖日本，而陆军则强调要通过高压反袁手段来达成目的。加藤外相赞同陆军的主张。虽然在"二十一条"的交涉中，主要采取高压手段，但还不至于公然反袁。1916 年春，日本才决定将公然反袁作为国家策略。这是交涉"二十一条"期间，陆军反袁主张的延续。

1915 年 1 月 18 日，日本向袁世凯和北京政府提出"二十一条"要求，至 4 月 26 日为止共交涉了 25 次。交涉初期，中日双方在交涉方法上产生分歧。第一，日本急于达成目的，主张连日交涉；而北京方面则采取拖延战术，主张一周交涉一次。第二，日本要求进行全方面交涉，而北京方面则主张逐条协商。第三，日本希望秘密交涉，而北京方面却背地里向欧美列强和报纸透露了"二十一条"的内容。结果，双方妥协折中，基本上是采用了北京方面的主张。在交涉过程中，日本采取进攻态势，而北京方面却陷入了防守被动状态。这是双方力量对比不同导致的。北京方面一面抵抗，一面又不得不让步。但日本并不满足，于 4 月 26日提出最终方案 18 条，强迫北京方面接受。这表明了在日本方面强硬逼迫的同时，北京方面也竭尽所能顽强抵抗。5 月 1 日，北京方面针对日本的最终方案提出了反提案。这个提案共有 19 条，反映了北京方面妥协和抵抗的两面性。其中，对于日本的 18 条方案完全接受的有 9 条，基本接受的有 3 条，反对的有 6 条。如果将其具体分析，完全接受的条款是当北京方面将来与外国发生任何纠纷时，优先考虑日本的权益。基本接受的条款是虽然同意接受，但要添加前提条件，或以北京方面为主导，表示同意接受。反对的是实际实施并且侵害国家主权的条款。故日本从这个反提案中获得的权益很少，与其所要求的差距很大。

在这种情况下，大隈内阁打算向北京政府发出最后通牒，迫使北京政府接受日本方面 4 月 26 日的最终方案。发出最后通牒意味着如果北京政府不接受日本的要求，两国将断交，诉诸战争。但山县元老对采用这样的方法表示反对。元老们重视与欧美列强的协调，对在这个时期是否提出第 5 号存在异议，因此不赞成采用最后通牒的方式。由于政府、军部和元老之间意见分歧，没能立即发出最后通牒。如果日本发出最后通牒，北京政府将被迫选择接受或是与日本断交、诉诸战争。北京政府为继续拖延，首先于 5 日取消了 5 月 1 日的反提案，表示重新考虑 4 月 26 日日本的最终方案，希望与日本继续交涉，同时北京政府也没表明对于除福建问题外的第 5 号和第 2 号中的土地租借、治外法权、课税等问题有让步的意思。可以说，这是阻止日本提出最后通牒的拖延战术。

日本政府没有答应北京政府的要求，于 7 日发出最后通牒，要求北京政府在 9 日下午 6 点之前必须给予满意的答复，但在最后通牒中删除了除福建问题外的第 5 号条款。当天，北京政府反而不再坚持,对第 5 号表示让步,但日本依然决定删除第 5 号(福建问题除外)。当天深夜北京政府接受了日本的最后通牒。因为,第一,这一时期日本在向北京政府施加强大军事压力,发出最后通牒的同时,陆海军也准备"开战"。第二,欧美列强劝说北京政府接受日本的要求。北京政府之所以一直抵抗,是因为其自身的利害关系和背后英国、美国的支持。当时,这两个国家一方面要求日本删除第 5 号,另一方面劝说北京政府接受第 1 号到第 4 号,所以日本和北京政府都接受了英国、美国的要求和劝告。日本之所以在最后通牒中删除了第 5 号,一方面是因为欧美特别是英国的反对和劝告;另一方面是因为主张与欧美列强协调一致的山县等元老的意见。这表明在"二十一条"交涉的过程中,英国和美国对北京政府和日本的影响并不小。这和在帝制外交上它们的影响力却明显减弱有所差异。

有关"二十一条"的中日交涉不仅仅是两国之间的交涉,英国、美国的参与超出了日本的预想。当时欧美列强忙于欧洲战争,无暇东顾,但由于中国是日本和欧美列强共同的半殖民地,它们在中国的相互利害关系紧密相连,因此日本和欧美列强为了侵略中国,在"二十一条"的交涉中,互相支持协助,又互相争夺牵制。这就是所谓的双重外交关系。日本只是二流帝国,还没能与欧美列强平起平坐,在侵略中国的过程中,必须仰仗欧美列强的鼻息,即使欧美列强忙于世界大战无暇顾及中国,仍无法忽视它们的存在和它们在战后处理时的发言权。所以在"二十一条"的交涉中,日本一面要获得欧美列强的支持协助乃至赞成,另一面又要排除它们的参与干涉。这实际体现出了在"二十一条"的交涉中,日本与欧美列强的双重外交关系。

1 月 18 日,日本向北京政府提出了"二十一条"后,将第 1 号到第 4 号的内容粗略透露给欧美各国,以期获得它们的支持协助。但是所透露的时间、内容及方式因日本与各国的关系不同而有所不同。对此，欧美列强表示基本支持或默许。但也有国家对第 4 号表示异议。因为第 1 号到第 3 号是在欧美列强已承认的日本势力范围内的既成事实或权益的扩大，没有侵害欧美列强在中国的已有权益；但第 4 号则会阻碍欧美列强扩大在中国沿海地区的权益。

此外，日本隐匿了第 5 号的内容，没有向欧美列强透露。因为日本企图从政治、军事方面排除欧美列强在中国的势力，以确立日本的独占霸权地位；在经济方面，侵占英国在中国中部的势力范围，并防止美国入侵福建，以确立日本的独占地位。这个条款自然会遭到欧美列强的反对。北京政府抓住这一点，向欧美列强和国内各大报纸泄漏了第 5 号的内容，于是欧美列强立即向日本质问是否有第 5 号的存在及其内容。起初，日本没有承认，2 月 20 日左右才向欧美列强承认第 5 号的存在，并通报了内容。英国对日本的这种做法十分不满，强调日本有义务从一开始就向它通告，而日本一口否定，并强硬抵抗。但英国也没有让步，2 月 22 日向日本递送了外交大臣格雷的备忘录。在备忘录中，英国要求日本保护其在中国的已有权益；并打着拥护中国独立和保全中国领土完整的幌子，反对日本第 5 号中的霸权要求；同时警告说，会牵制日本的行动。3 月 13 日，美国政府向日本方面表示反对第 4 号及第 5 号中的 1、3、4、6 项条款。美国和英国对第 5 号的态度既有相同之处，也有不同之处，特别是对与本国有直接利害关系的 5、6 项，态度更是迥然不同。美国反对第 6 项的福建问题，对第 5 项的华南铁路问题没有异议；相反，英国则反对第 5 项的华南铁路问题，对第 6 项的福建问题没有异议。这表明两国都是优先考虑、维持或扩大本国的利益。

3 月下旬，在第 5 号问题上，日本与欧美列强的对立争夺愈益激化。日本从 3 月 10 日左右开始向中国增兵，在 27 日的第 15 次会谈上，中日双方开始进行第 5 号交涉。日本边与北京方面交涉，边抵制上述英、美的意见和态度；北京方面表面上与日本交涉，背地里却寻求欧美列强的外交支持和舆论援助。这反映了北京政府与欧美列强一方面是被侵略与侵略的关系，所以欧美列强支持日本第 1 号到第 4 号的要求；另一方面欧美列强与日本又存在利益冲突，为了与日本争夺中国权益，有时也会支持北京政府抵抗日本，特别是抵抗第 5 号，牵制日本在中国确立霸权地位，维护本国权益。这个时期，北京政府利用两者的对立来抵抗日本，特别是通过抵抗欧美列强最关注的第 5 号来获得其援助，阻止日本确立独占霸权地位。由于这种双重关系，4 月 15 日美国直接通告北京政府，依然关注其在中国的权益和中国的政治、经济、福利等，表示要支援北京。

这鼓舞了北京方面，直接影响了"二十一条"的交涉。4 月 17 日中日进行第 24 次交涉，交涉的焦点是第 2、5 号问题，北京政府断然拒绝了日本方面的要求。双方的对立进一步激化。在 26 日的第 25 次交涉中，日本提出最终方案，强迫北京方面接受。4 月 29、30 日美国向日本传达了有关第 2 号第 5 条、第 3 号、第 1 号 1 项的意见。北京方面在美国的支持下，于 5 月 1 日对日本的最终方案提出反提案，表示抵抗。在这种情况下，5 月 4 日，日本政府决定向北京方面发出最后通牒，以达成最终方案。在发出通牒之际，内阁和元老就是否提出第 5 号（福建问题除外）产生分歧，而且 5 月 3 日英外交大臣格雷就第 5 号的通告也刚好送到，这对日本删除最后通牒中的第 5 号产生了决定性影响。7 日，日本向北京政府发出最后通牒，而通牒中已经删除了第 5 号（福建问题除外）。北京政府在欧美列强的劝告下，于 9 日接受了最后通牒。北京政府接受了第 1 号到第 4 号，拒绝了第 5 号。可以说这是欧美列强对日本和中国双重外交的产物。

欧美列强比较满意"二十一条"交涉的结果，祝贺说这是协约国外交的胜利。欧美列强通过删除第 5 号，在与日本争夺中国的斗争中获胜，阻止了日本扩张霸权的行动；通过让北京方面接受第 1 号到第 4 号的要求，支持日本，避免了中日之间爆发战争，亦未对欧洲战场产生不利影响，日本扩大其在华权益的欲望得到一定满足后，暂时难以再次发难。欧美列强通过对日本的双重外交，基本达到了各自的目的。

但中国民众却义愤填膺，表示今后要卧薪尝胆，发愤图强，洗刷这一耻辱。中国民众不仅仇视日本，对欧美列强牺牲中国这一行径也十分愤慨。对于删除第 5 号这一点，尽管其客观效果不能忽视，但中国民众十分清楚欧美列强的真正目的。

虽然"二十一条"的交涉暂告一段落，但日本、欧美列强与中国之间的双重外交却未停止，而后也的确一直在持续。"二十一条"是在第一次世界大战这一特殊历史条件下提出的特殊要求。因此，第一次世界大战的结束也使中日之间与"二十一条"相关的条约和交换公文发生了很大变化。从而，在一战中日本一度膨胀的大陆政策迎来了低潮期。

四、洪宪帝制

国家政体是规定国家性质的根本问题。孙中山革命运动的目标是变革中国政体，辛亥革命的目标是废除封建君主制，确立共和制政体。这在中国历史上是史无前例的大事，也是中国社会的一大进步。但历史的步伐往往都是既有前进，又有后退的。1915、1916 年袁世凯的帝制复辟运动即是历史的倒退。

1915 年，"二十一条"的交涉暂告一段落，中日关系恢复了平静，但从 8 月开始，袁进行帝制复辟运动，波澜再起。北京的袁政权和日本及欧美列强之间围绕帝制问题，展开了长达 11 个月的三角二重外交活动。

这次外交的特征之一是日本始终占据主导地位，掌握对帝制和对袁外交的主动权，欧美列强（德、奥除外）则以追随日本的形式出现。在帝制问题和对袁政策上，欧美列强持有自己的观点，有时也提出自己的政策，但最终都会附和日本的政策，而没能像在交涉"二十一条"时发挥决定性影响。其中一个原因是1915、1916年欧洲战况仍然对协约国不利，与交涉"二十一条"时相比，它们更无暇抽身兼顾中国问题。正如莫里逊所说，欧美列强将在中国的主动权让给了日本，其对帝制政策受日本左右。英国公使朱尔典形容说，欧美列强就像是日本操纵下的一些木偶。

在这一外交过程中帝制问题不仅仅是单纯的维护权益的问题，袁世凯当皇帝、对袁的看法和态度，这些都会极大地影响各国对帝制的外交政策。欧美列强、日本最终都是从对袁的看法和态度来决定对帝制政策的。

1915年8月，当袁的心腹杨度等人制造复辟帝制的舆论时，日本观察帝制运动的动向，采取观望的态度；大隈首相赞赏帝制和袁，并发表谈话说，袁应该当皇帝，但对中国选择君主制或共和制采取不干涉态度。日本和中国的报纸都报道了其谈话和态度。袁政权在帝制复辟中，最担心日本会干涉，大隈首相的这番谈话给了袁及其心腹极大的鼓舞。他们从舆论制造帝制复辟运动向法律决定阶段推进。然而，到了这个阶段，日本对帝制的政策开始转变，在得到英、俄两国赞成后，10月28日一道劝告袁政权暂时停止帝制复辟。袁政权没有接受劝告，而是采取折中的方法，即坚持实施帝制，但不即刻推行。日本对这种做法十分不满，试图用在大战结束之前不承认帝制的方法，来牵制袁政权实施帝制。但袁政权依然进行帝制复辟运动。12月11日，参政院拥立袁为皇帝，12日袁表示同意。这样一来，在辛亥革命后第四年，帝制卷土重来。日本、英国等四国再次劝告袁政权延期复辟帝制，但袁政权打算于翌年2月上旬，举行袁的皇帝即位仪式，宣布实施帝制。在这种情况下，日本妥协，于16日表示在三四个月后承认帝制。此时，爆发了反帝、反袁的护国战争，云南省宣布独立，脱离袁政权。护国战争的爆发，迫使日本就帝制、对袁政策进行新的选择。1916 年 1 月 19 日，日本决定与英国等四国一起提出中止帝制的劝告，这表明日本对帝制政策发生了 180 度转变，从承认转向了反对。由于日本态度强硬，袁于 1 月 22 日被迫取消了皇帝即位仪式，2 月 23 日宣布无限期延迟帝制。但日本并不满意，于 3 月 7 日决定了倒袁方针，其政策从中止帝制转向倒袁。于是，日本从背后支援东北第二次满蒙独立运动、山东孙中山等革命党的起义及西南各省的护国军，南北夹攻袁及其政权。这个时期，中国国内的护国战争进一步扩大，贵州、广西、四川、湖南各省纷纷宣布独立，脱离袁政权。袁受到内外、南北夹攻，6 月 6 日因精神性疲劳和尿毒症猝死。至此，11 个月的帝制复辟宣告结束。

如上所述，日本对帝制、对袁政策发生了 5 次转变。但每次转变的借口始终不变。日本为维护安定，避免中国帝制复辟引起动乱，劝告延期、中止帝制复辟，最后以平定中国动乱为借口实现了倒袁的目的。日本反对动乱，而动乱促进了反帝制和反袁运动的发生。日本和欧美列强延期、中止帝制的劝告和在国际上孤立帝制的举动，为反帝制运动创造了有利的国际形势，鼓舞了反帝、反袁派。同样，它们承认帝制的行动也进一步促进了反帝反袁护国战争的爆发。

那么维护中国安定的借口又是什么呢？这其中虚实相混。如果复辟帝制，中国内部发生对立，内战爆发，动荡不安，那么日本及欧美列强在中国的已有权益和对中国贸易将受到极大影响，蒙受巨大损失。欧美列强尤其如此，所以它们始终强调要"安定"。西南各省反帝、反袁护国战争爆发后，它们迅速承认帝制，加强袁的权威，以期镇压西南地区。日本的对策中有牵涉实际利益的一面，但说到底也只是个借口，为了牵制、孤立袁，最后挑起动乱，迫使袁走上绝路。因此，日本强调的"安定"与欧美列强所言"安定"有所差异。

这一差异是由日本和欧美列强对袁的看法和态度不同引起的。大隈首相曾诋毁袁"为人歹毒狠辣"。袁的政策顾问莫里逊形容，日本和袁的关系正如毒蛇和青蛙一样，是针锋相对的敌对关系。虽然北京政界和袁政府阁僚的表达方式不同，但都认为日本和袁之间的恶劣关系是不可能改善的。这种关系是自日俄战争或辛亥革命以来长期形成的，不仅仅体现在日本和袁个人之间的关系上，也体现在日本和中国之间的国家关系上。这一时期，中日两国的关系因日本侵占胶州湾和山东铁路及强迫中国接受"二十一条"而愈益恶化。袁作为国家大总统，一边对日本侵略中国的行径让步、妥协，一边抵抗，没有爽快地完全满足日本的要求。因此日本认为袁是其侵略中国的障碍，是必须攻击的靶子，于是欲寻机将其排除、打倒。袁复辟帝制的行动，成为日本制造借口、牵制、孤立和打倒袁的机会。这一点是这个时期日本对帝制、对袁政策的根本，始终没有变，但为了实现倒袁目的，日本对帝制政策随着客观形势的变化，发生了5次转变。

自辛亥革命以来，欧美列强一直支持袁，试图依靠袁来维持、扩大在华权益。因此，虽然它们和日本一样，劝告袁延期复辟帝制，但这是为了避免动乱，稳定袁的统治。它们和日本一起承认帝制，也是为了确保袁的权威和地位。1916年1月19日，日本劝告中止帝制时，英国、法国没有赞同的原因也在此。它们是想通过确立帝制，维持袁的统治地位。到了3月，反帝、反袁护国战争进一步扩大时，为了维持袁的大总统地位，与日本的倒袁政策不同，欧美列强采取了劝告袁放弃帝制的策略。这样，欧美列强对帝制政策也发生了数次变化，这源于它们与袁的关系良好，目的是为了维护袁在中国的统治。这一点与日本是根本不同的。

如上所述，日本与欧美列强的对袁政策存在差异，但两者又有共同之处。这就是维护或扩大各自的在华权益。日本为了本国的殖民利益，试图通过帝制问题打倒袁，欧美列强也是为了殖民利益在帝制问题上拥护袁。虽然都是为了国家利益，但实现目的的政策和手段却不尽相同，这具体体现在日本和欧美列强的双重外交关系上。它们为了共同的殖民利益，都对帝制提出劝告，但为了争夺在华权益，却采取了不同的对袁政策。虽然欧美列强参与了共同劝告行动，但其态度是消极的，有时还会采取对立政策，有时又添加保留条件。特别是法国十分在意德国和奥匈帝国优先承认袁的帝制，其在考察了欧洲战场的现状后，主张与这两个国家同时期承认帝制。而日本由于没有直接参与欧洲战场，所以对此毫不在意。

政体问题对中国来说是最根本的问题。辛亥革命、二次革命、护国战争（在日本也称为第三次革命）都是政体之争。日本和欧美列强虽然也关心政体问题，但并不认为这是根本性的重要问题，它们只重视其变化对本国的在华权益有什么影响，并从这个角度来处理中国的政体问题。因此，中国对政体的选择虽然会影响日本和欧美列强的对华政策，但不起决定性作用。例如，由于日本本身是君主立宪制国家，故在辛亥革命中一直坚持君主立宪制，然而当袁要复辟帝制时，却强烈反对君主立宪制。当时张勋、张作霖主张君主制，要求复辟原清朝的宣统皇帝，但日本对此毫无兴趣。1917 年 7 月期间，张勋复辟宣统皇帝时，日本也没有支持。欧美列强虽然是共和制国家（英国虽然是君主立宪制，但实际上是实行共和制），但在思想倾向上，并不强烈反对袁复辟帝制，而是表示默许或承认。它们虽然与日本一起共同劝告袁延期帝制，但背地里却采取其他的行动。美国虽然是完完全全的共和制国家，但根本不干涉甚至默许袁的帝制复辟运动。

如上所述，列强各国的政体性质与中国的政体问题截然相反，从常理看，十分奇怪，但导致这种现象的主要原因不是各国的政体，而是各国对成为皇帝或大总统的袁世凯的态度。日本和欧美列强的在华权益是决定各列强国家对中国的共和制或帝制采取何种对策的主要因素。从这个意义上看,中国的政体对于日本和欧美列强来说,并不是它们对华政策的根本问题。

从日本和欧美列强对帝制、对袁政策的结果看,日本实现了预期目的,相反,欧美列强则没有实现目的,它们所拥立、支持的袁世凯猝死使它们丧失了在中国的最高代理人。其后,日本拥立亲日派段祺瑞,暂时确立了独占地位,左右中国政局。

北京政府在帝制问题外交上,清楚地认识到,日本掌握了对帝制外交的主动权,因而重视日本的态度,把对日外交放在第一位,利用日本和欧美列强对帝制问题态度的差异和矛盾,在朱尔典的暗地支持下,不与日本正面冲突,而是采取让步妥协、暧昧的方法来实施帝制,但没有成功。

那么,日本和欧美列强的对帝制外交在中国的历史潮流中产生了什么影响呢?在人类历史中,很多情况下,动机和目的是一致的,但在特定情况下,又是相反的。这是由当时的客观条件决定的。日本和欧美列强为了维护或扩大本国的在华权益,实施了上述对帝制的外交,最终打破了袁的皇帝梦,客观上阻止了中国历史的后退,使中国在形式上保持了共和制的国家体制。这样看来,企图侵害中国的目的,客观上反而带来对中国有利的结果。这是在历史潮流中有可能产生的奇特现象。

但日本和欧美列强并不是使这一现象产生的决定性因素。决定性因素是西南各省反帝、反袁的护国战争以及山东孙中山革命党的起义,同时东北所谓的满蒙独立运动也对此产生了一定影响。欧美列强因为支持袁而没有与这些战争、起义和运动发生任何援助关系。相反,日本为了向袁施加政治、军事压力,背地里援助护国战争、山东起义和满蒙独立运动,为倒袁而利用这些反袁势力。日本和欧美列强延期、中止帝制的目的不同,虽然采取过相同的行动,但对反袁势力却采取了不同的对策。

日本利用这些反帝制、反袁势力,与其说是为了取消帝制,不如说是为了反袁。为此抛开政体问题，利用他们反袁。例如，肃亲王的宗社党和巴布扎布的蒙古军为了复辟清朝宣统皇帝举兵叛乱，日本边劝告他们延期帝制，边援助和利用了这些复辟宣统帝制的势力。对于掌握奉天省实权的张作霖也一样，虽然他曾经主张复辟宣统帝制，但日本也企图拉拢他作为反袁势力。这表明了日本表里不一的事实，这种矛盾说明了日本劝告袁延期帝制的根本目的并不在于反对复辟帝制本身，而在于反袁。

日本这种表面上的劝告使中国国内反帝、反袁战争和起义风云迭起，而其背地里的政治、财政、军事援助又促进了这些战争和起义的发展，最终达到取消帝制和倒袁目的。

在这个过程中，西南各省的护国军、山东的革命者、宗社党和蒙古军为了打倒强敌袁，纷纷请求日本的援助。他们为了实现各自的目的，向日本请求内容不同的援助，但日本没有给他们充分的援助，而是在能够利用他们的限度内实施有限制的援助。例如，在东北，日本先是援助宗社党和蒙古军，然而当张作霖取代袁的心腹段芝贵掌握了奉天省的实权后，就开始严格限制对宗社党和蒙古军的援助，到了1916年4月甚至要严密监控他们的行动。这时，日本的政策已经由支援宗社党和蒙古军转变为拉拢张作霖。宗社党和蒙古军所谓的满蒙独立是为了打破包含张作霖在内的东北现政权，建立以宣统皇帝为中心的王国，所以这个独立运动与张作霖是对立的，极大地威胁了张的存在。日本在拉拢张的同时，限制、取缔宗社党和蒙古军的活动。如果宗社党和蒙古军使张与袁决裂、宣布独立，就更有利于日本的反袁政策。但张行事机警、狡猾，他采取静观南北事态发展姿态，没有与袁决裂，也没有宣布独立的意图。日本拉拢张的计划没有成功。

6月，袁猝死，日本实现了倒袁目的，排除了日本侵华的一个障碍。由此，日本对西南各省的护国军、山东的革命军以及宗社党、蒙古军的政策又发生了转变。因为日本已经实现了倒袁这

个最大目的，没有必要再利用这些反袁势力。不仅如此，他们的
存在可能还会妨碍日本对北京政府的新政策。袁死后，日本的对
华政策重点从东北、山东、西南各省转移到了北京。日本拥立黎
元洪为大总统，改组段祺瑞内阁，试图以这一政权为中心再度统
一因反袁斗争而分裂的中国。日本为了将西南各省的军务院和护
国军并入北京政权，试图把山东的革命军编入北京政权的军队，
解散宗社党的勤皇军，使巴布扎布的蒙古军向蒙古方向撤退。日
本一反以往的做法，支持北京政权，压制倒袁势力。在这种转变
中，始终不变的是日本的根本目的，即将北京政权及其实权者紧
紧掌握在自己手中，确立日本的在华统治权。这个根本目的具体
充分地体现在其后的援段政策中。

　　这一时期，日本在利用南北的反袁势力打倒袁后，又如愿以
偿地建立了以黎、段为核心的北京政权，这与欧洲战况有着直接
关系。英国、法国等协约国从 1916 年 6 月开始准备反攻，与交涉
"二十一条"时期相比，更无暇兼顾中国问题，不得不把中国问题
全权委托给日本。欧美列强的唯一希望是保持在华既有权益，而
在这个时期能保障这一点的只有日本。欧美列强为了避免在中国
与日本对立，默许或同意日本的举动，被迫将在中国的主动权让
给了日本。接着，袁猝死使英国等欧美列强丧失了在华最高代理
人，在与日本争夺北京政权的斗争中暂时失利，它们在北京和中
国的发言权随之遭到极大削弱，日本从而暂时获得了控制北京政
权的机会。

　　如何评价日本援助南北反帝、反袁势力的问题？日本援助这
些势力的根本目的是为了打倒袁，扩大其在中国的政治、经济、
军事等各种权益，而不是拥护中国的共和制。但日本与反袁势力
却因倒袁这一共同目的联合起来。这种联合的根本目的虽然不同，
但却因倒袁这一共同点而暂时联合。日本和中国的各派反袁势力
也因联合而实现了共同的目的。西南各省势力和孙中山革命党在

形式上阻止了帝制复辟，恢复了旧约法和旧国会，而代价是让日本趁机掌握北京中央政权及其实权者。前者对中国是有利的，后者则是不利的，从日本援段政策中可以看出它加速了日本对中国的侵略。这说明在历史变化中，值得肯定的有利的一面，往往包含着不利的因素，应否定的不利的一面，又包含着有利的因素。

　　在 1914～1916 这三年的中日外交中，特别是在一战爆发后的两年间，日本的外交态势是进攻式的，中国方面则是防卫式的、被动的。这个时期，日本始终掌握了三角二重外交的主动权，暂时最大限度地扩大了在华各种权益，使袁世凯丧失了大总统的宝座，排除了侵华的障碍，控制了北京中央政权，达到了预期目的。英国等欧美列强因卷入世界大战，无暇东顾，不能援助袁，最后丧失了在中国所能依赖的代理人。这样一来，在国际上，中国成了日本的天下。这个时期，中国虽也在外交上抵抗日本的侵略，但由于没有军事力量做后盾，也几乎得不到英国等欧美列强的援助，被迫向日本让步，接受日本的侵略要求，民族危机加深，一步步陷入了半殖民地的深渊。日本公然干涉帝制问题，国内反帝和反袁势力的斗争风云迭起，最终中国阻止了帝制复辟，在形式上暂时保全了辛亥革命的成果——共和制。但这不是北京的袁政权对日外交的成果。袁政权的外交因取消帝制和袁的猝死而失败，它并不像其后的段祺瑞政权外交那样属于亲日外交。

第二章　孙中山与日本

第一节　旅日华侨在孙中山与日本关系中的
地位与作用

对孙中山领导的民主革命与旅日华侨之关系，已有不少研究和论述。本章在继承前人研究成果的基础上，采用比较研究的方法，试将旅日华侨和欧美、南洋华侨与孙中山领导的民主革命的关系加以比较，同时从日本在孙中山的民主革命中所处的特殊地位的角度，论述旅日华侨在孙中山领导的民主革命与留日学生、留日志士及日本大陆浪人、民间友好人士、军政界要人等结成的关系中所占的地位及作用。

一、辛亥革命前

孙中山的革命活动最初是在国外华侨中开始的，这一活动开辟了他革命活动的新天地，成为中国民主革命的历史起点。在孙中山的初期革命活动中，具有重要历史作用的是在美国檀香山的华侨和在日本横滨的华侨。1894 年 11 月孙中山在檀香山创立了中国第一个革命团体——兴中会，翌年 11 月在日本横滨成立了兴中会的第一个分会。此后，在旧金山（美国，1896 年 6 月）、约翰尼士堡、马尼士堡（南非，1897 年冬）、河内（越南，1902 年冬）相继成立了兴中会。现在可查到的兴中会会员共有 286 人，其中檀香山华侨 126 人[①]，横滨的兴中会会员数十人。檀香山兴中会和横滨兴中会会员于同盟会成立前在孙中山的革命运动中起了重要作用。在此先叙述日本横滨兴中会分会和华侨的活动。

20 世纪初旅日华侨有 6890 人，1910 年辛亥革命前夕为 8420 人。辛亥革命时期世界各地华侨总数约五六百万，其中绝大多数在南洋一带。旅日华侨仅占海外华侨总数的 1.3‰。占如此微小比例的旅日华侨，比南洋华侨先成立兴中会分会，并参与和支援了孙中山领导的革命，其意义是重大的。

旅日华侨同其他地区的华侨一样，身居异国，接触异国文化思想，但他们的思想观念和文化心理基本上没有多少改变。他们的心理倾向并不是思变、造反和革命，参与政治意识淡薄，封建意识和保守心态占上风。在这样的社会环境中，孙中山用短暂的时间成立了兴中会组织并发展了 17 名会员，这有力地说明了孙中山非凡的宣传和组织能力，而且他的强烈的爱国心、勇敢无畏的革命精神和宽厚豁达的性格，对旅日华侨有很大的吸引力。

海外华侨身居异国他乡，为求生存，往往以同宗、同乡作为相互联系的纽带和团结对外的基础。横滨华侨多系广东籍，最初加入兴中会的 17 人皆为广东人。孙中山便通过同乡关系和感情上的融合，把他们纯真的爱国爱乡之心提高到革命的理性上。从此横滨的华侨社会打破了以往同宗、同乡和同业结成团体的模式，在推翻清封建王朝、从列强侵略的魔掌中拯救中华民族的政治目标下结成了革命团体。到 1898 年，长崎、神户、马关等地的不少华侨也加入了兴中会，并在长崎成立了分会。这些会员虽在旅日华侨中是沧海一粟，但却在日本华侨社会中埋下了民主革命的火种。

---

① 冯自由著：《革命逸史》，第四集，中华书局 1981 年版，第 23～64 页。

　　日本兴中会组织与檀香山兴中会相比，虽规模小，但在孙中山的革命运动中起了应有的作用。在横滨，孙中山将携来的《扬州十日记》及《原君》《原臣》等交给兴中会分会会长冯镜如印刷，并送海外各埠。这起到了向外宣传革命思想的据点作用。1895年11月20日孙中山离开横滨后，留下的陈少白、冯镜如等继续从事革命工作，会员虽有变动，但这一革命据点依然屹立在扶桑。

　　1897年8月，孙中山周游欧美后回到横滨。此后孙中山先后居住横滨达11次，把该地作为其革命活动的重要基地。孙中山在其革命生涯中共8次赴日，如将短期离日后又返日的次数计算在内，他往返日本共16次，累计达九年半之久。孙中山在三十余年的革命生涯中，十七年半在海外，其中南洋两年半、美洲近四年、欧洲一年半。由此可见日本在其革命活动中的地位和作用。这与广大旅日华侨和兴中会分会的存在是分不开的。横滨华侨社会是这一作用的起点，而起点在任何历史事件中都占有重要的地位。

　　孙中山领导的第一次武装起义是广州起义。其特点是起初在檀香山策划，檀香山兴中会会员捐助2.3万元港币，此地的兴中会会员宋居仁、邓荫南、侯艾泉、李杞、夏百子、何早、陈南等人跟随孙中山回国，直接参加了起义。①1900年第二次武装起义即惠州起义时，孙中山以横滨为基地，进出日本3次，但尚未发现横滨及其他地区旅日华侨参加此次起义和捐助的记载。但曾参加广州起义的檀香山兴中会会员邓荫南直接参加了这次武装起义，捐助者为香港革命党人李柏，他独捐了3万元。李柏为捐助革命而家产荡然，他生平所捐革命经费在100万元左右。②据载，此次起义中孙中山自己拨出2万元，但其来源未载。其实这笔款来自日本，日本民间人士儿岛哲太郎捐助3千日元，福冈的岛田

　　① 冯自由著：《华侨革命开国史》，见中国社会科学院近代史研究所近代史资料编辑组编《近代史资料专刊华侨与辛亥革命》，中国社会科学出版社1981年版，第22页。
　　② 陆丹林著：《革命史谭》，独立出版社，第280页。

经一卖掉自己豪华住宅将款项捐献给了孙中山，煤矿主中野德次郎也借给了 5 万日元。①

惠州起义未能得到横滨华侨的支持，这与康、梁保皇党人有关。戊戌变法失败后，康、梁亡命横滨，在该地兴办《清议报》，保皇势力一时席卷横滨及神户、大阪等华侨聚集之地。横滨兴中会会长冯镜如兄弟为该报的代理人。这时横滨兴中会只剩寥寥数十人，其组织已趋瓦解。在此种情况下，惠州起义不可能得到他们的捐助和参与。因此，孙中山采取了与广州起义时期不同的策略。

惠州起义的一大特征是由孙中山及其革命党人（如杨冲云、陈少白、史坚如、李经堂等）与日本的民间人士宫崎滔天，大陆浪人内田良平、福本日南、原桢、平山周、清藤幸七郎、山田良政等结成一体策划和发动的，而且日人山田良政为起义献出了生命。②这体现了孙中山的大亚细亚主义思想的一个侧面。

作为孙中山革命基地的日本与南洋有一点不同。两地都有华侨，但日本有一批民间人士和大陆浪人直接参与革命，或者直接捐资支持革命。在南洋或者欧美，虽有一二位这样的外国人，但不成为群体。而且日本政府和军部也从其对华政策的需要出发，时而支持，时而限制。此种现象在南洋和欧美几乎是没有的。

那么，旅日华侨在孙中山的革命与日本政府、军部及民间人士、大陆浪人等的关系中的地位和作用是什么？华侨及其社会是孙中山先生在海外的立足点，两者是鱼水之关系，在初期更是如此。孙中山 1894 年 11 月在檀香山华侨社会中组织兴中会时，通过华侨结识了日本政治活动家菅原传③，他是孙中山的第一位日本

---

① 拙著：《孙文的革命运动与日本》，日本六兴出版 1989 年版，第 81 页。
② 拙著：《孙文的革命运动与日本》，日本六兴出版 1989 年版，第 81 页。
③ 菅原传（1863—1937），社会活动家。在日本上过帝国大学。1863 年渡美，在美又读大学，加入主张自由民权的自由党，在旧金山日侨中成立爱国同盟会。回国后，办该协会刊物《十九世纪》。1893 年至 1895 年，又渡美，此时结识孙中山。1898 年在日本宫城县当选为众议院议员，此后连续当选十六次。

友人。这一相识成为后来孙中山与日本政界人物和大陆浪人等结识交往的起点。而日本华侨及其社会在这一过程中起了媒介作用。广州起义失败后，孙中山偕陈少白、郑士良抵横滨组织兴中会时，菅原传也在横滨，旧友相逢格外亲。菅原殷勤招待孙中山。孙中山离横滨赴檀香山时，请菅原多加关照留在横滨的陈少白。于是菅原把陈少白介绍给曾根俊虎①，曾根又把陈介绍给宫崎滔天。1897年8月孙中山抵横滨后，经陈少白和曾根的介绍与宫崎滔天相识，又通过宫崎结识了犬养毅、头山满、大隈重信及众多的日本民间人士及大陆浪人，又通过他们与日本政府、军部等官方机构有了种种联系。孙中山与日本各方面结成的种种关系，虽有其内在的必然性，但横滨华侨及其社会从中起了媒介作用。这一点是南洋及欧美华侨社会所不可比拟的，是日本华侨及其社会的特点之一。

　　旅日华侨及其社会的又一个特点是它与留日学生运动相结合。留日学生运动是近代中国留学生运动的中流砥柱，是孙中山民主革命运动的骨干力量，是推进中国革命的原动力之一。甲午战争前，中国人普遍认为欧美是先进的，对近邻的日本岛国不太关注。但甲午一战日本大胜，清廷大败，从此中国人另眼看待日本。当时中国朝野上下乃至民间都以明治维新后崛起的日本为师，引进外来文化，振兴国势。这是当时中国人的共识。于是在中国形成了留日高潮，1905年同盟会在日本成立时已有八千多名留日学生。他们一边在学校学习，一边从事社会革命活动，他们组织励志社、新华会、编译社、青年会、革命同志会等各种学术社团和爱国革命团体；兴办《国民报》《湖北学生界》《江苏》《直说》《游学译编》《醒狮》《女子魂》《二十世纪之支那》等数十种报刊

---

① 曾根俊虎原是海军少尉，在参谋本部海军部任过职。他曾在中国调查军事，并撰写《中国近世乱志》《诸炮台图》《法越交兵记》等书。他与宫崎滔天的二哥民藏有交往。辞去海军之职后，热衷于中国问题。

杂志，传播新文化和新思想，启蒙民众，宣传反清廷的革命思想。他们撰写出版革命读物，如邹容的《革命军》、陈天华的《猛回头》《警世钟》，这些在传播革命思想、鼓动革命运动中起了非凡的作用。这些留日学生的思想启蒙和革命活动，在南洋和欧美诸国留学生中是很少见的。这些朝气蓬勃的旅日青年，在爱国爱乡方面与旅日华侨有共同之处，这一点促使他们在孙中山的民主革命的大道上并肩前进。留日学生的爱国革命团体及其成员是新文化、新思想的持有者，他们与旅日华侨尤其是横滨华侨的结合，使旅日华侨社会进一步靠向了孙中山的革命事业。

1901 年春，传出法国殖民主义者要求借割两广的消息，东京的粤籍留学生和粤籍华侨为之愤然。粤籍华侨留学生郑贯一[①]、李自重、冯斯乐、王宠惠、梁仲猷、冯自由等发起成立广东独立协会，"倡议反对清廷割让国土及自行宣告独立"[②]。先在东京开会，后因横滨粤侨众多，会议场所移至横滨。每次开会"侨界参加者二百余人"。横滨兴中会分会会员黎炳垣、温炳臣、陈和等热情接待从东京来的留学生，两者为共同的政治目标联合起来。这便是留日学生和旅日华侨相互结合和合作的起点。这是旅日华侨的新创举，亦是旅日华侨革命运动的一大特色。

旅日华侨社会的又一个特点是与留日志士的结合。当时东京有一批留日志士。1902 年留日志士章太炎等人发起支那亡国 242 年纪念会，拟于 4 月 26 日在东京上野精养轩举行。这一天是明崇祯殉国日，主办人希望通过这一纪念集会来鼓励留日学生和华侨的反清运动。这天留日学生程家楼、汪荣宝等数百人和横滨华侨十余人赴会，但日警禁止集会。因为日本与清朝有外交关系，怕清廷不满。于是是日下午，发起人章太炎等四人到横滨华侨街补

---

① 郑贯一，名道，广东香山人，年轻时因贫东渡日本，在太古洋行横滨支店服役，后在大同学校、高等学校学习。

② 冯自由：《华侨革命开国史》，见中国社会科学院近代史研究所近代史资料编辑组编，前揭书，第 36 页。

行纪念会，会议在兴中会会员陈植云开设的永乐酒楼举行，横滨兴中会会员黎炳垣、谭发等数人与华侨六十余人出席。通过这一纪念活动，横滨华侨与东京留日志士、留日学界的关系进一步密切起来。

惠州起义失败后，孙中山回到日本，居住在横滨。1902 年，留日学生从 1901 年的 274 人增加到 608 人，1903 年又猛增到 1300 人。他们开展了种种的爱国革命活动。孙中山开始注意到中国政治舞台上新涌现的这股势力，力图接近他们。孙中山与留日学生的结合，有其共同的政治思想根源。为这两者的接近和沟通搭桥的是横滨兴中会分会和其华侨社会。横滨华侨社会为孙中山的活动提供了场所和机会，孙中山便利用这一点与留日学生及留日志士开始往来。如前所述的广东独立协会在横滨的活动，便是孙中山与留日学生接触的起点，"每次开会之前，诸发起人恒至前田侨总理寓所商谈进行方法"①。在发起人与孙中山先生的结合过程中起重要作用的是郑贯一和冯自由，他们是华侨之子弟，又是留日学生。冯自由于 1895 年加入横滨兴中会。由此可见，横滨兴中会分会和横滨华侨社会在孙中山和留日学生的结合中所起的作用。由于这一作用，东京的留日志士也开始认识孙中山。《国民报》的编辑秦力山和章太炎二人于 1902 年春专程到横滨拜访孙中山，研讨土地税制改革问题，想共同拟订"均田法"。由于这一关系，章、秦二人邀请孙中山出席支那亡国 242 周年纪念会，孙中山也偕横滨华侨十多人赴东京。通过这一活动，孙中山与留日志士、留学生的关系进一步得到发展。这便表现在 1903 年 1 月 29 日的东京留日学生举行的新年团拜会上。是日，驻日公使蔡钧和、公使馆留学生监督王大燮等也出席。孙中山事先得到王、蔡出席之消息，认为这是宣传革命的好时机。他先把马君武和刘成禺等留学生秘

① 冯自由著：《华侨革命开国史》，见中国社会科学院近代史研究所近代史资料编辑组编，前揭书，第 36 页。

密召至横滨寓所，面授机宜，希望能有所为。团拜会开始后，马、刘二位相继登台演说，说当今之中国必须排清廷，始能救国，并揭露清廷的暴政。讲演毕，会场掌声雷动，听者动容，清公使蔡钧和等缄默退出会场。①

1902年4月，借镇压义和团之机强占东三省的俄国，不但不撤兵，反而向清廷提出七项新要求。对此东京的留日学生大为愤慨，组成拒俄义勇队，进行军事训练，准备回国投入反俄斗争。这一运动既是反俄侵略的行动，又是反清廷的斗争。留日学生的刊物《湖北学生界》等鼓励青年学生参加义勇队，报名参加者逾千人。这是留学生运动的第一次高潮，留日志士和旅日华侨也参加进来。通过这一斗争，以孙中山为代表的革命党人与留日学生、旅日华侨汇合成为一股声势渐大的革命潮流。旅日华侨社会也与留日学生运动、以孙中山为代表的革命党人逐渐相汇合。在这一汇合中，旅日华侨社会的革命风气大开，华侨中蕴藏的爱国思想得到升华，其活动也逐渐与留日学生、留日志士有组织的革命活动融成一体。

这一融合是在与康、梁保皇势力论战的过程中实现的。旅日华侨虽然痛心于祖国的衰弱和帝国主义列强的欺凌，但尚未摆脱数千年来维护封建统治的忠君爱国思想。如前所述，戊戌变法失败后，流亡日本的康、梁向华侨募资办《清议报》旬刊，扩大保皇势力影响。于是保皇势力席卷横滨华侨社会，兴中会在横滨的一些地盘被保皇党人所夺走，在旅日华侨的思想上造成很大的混乱。从这一波折中，孙中山和留日学生认清争取宣传阵地、宣传革命思想、肃清保皇毒焰之重要性。这需要报刊。辛亥革命前由华侨出资创办的宣传革命的报刊有三十多种。在这些报刊中，《开智录》是郑贯一、冯自由等华侨知识分子在孙中山的直接支持下

---

① 姜龙昭著：《英风遗烈——田桐传》，近代中国出版社1983年版，第40页。

创办的第一个刊物。该刊"专发挥平等自由天赋人权之真理，欲
以革命学说灌输海外保皇会员"①。在横滨，华侨以《开智录》为
阵地，打响了与保皇党、保皇思想斗争的第一炮。在《开智录》
的影响下，曾受保皇思想蒙蔽的旅日华侨又开始转向革命。此后，
孙中山 1903 年赴美国，改组《隆记报》为革命报刊《檀香山新报》，
并亲自撰写了《驳保皇报书》②和《敬告同乡书》③，在美国揭开
了革命与保皇论战的序幕；1904 年又在旧金山彻底改组《大同日
报》，使之变为革命的喉舌。在南洋地区，1904 年春，陈楚楠、
张永福等创办《图南日报》，1907 年办《中兴日报》，1908 年《中
兴日报》上发表了孙中山（署名南洋小学生）的《论惧革命召瓜
分者乃不识时务者也》④一文，提倡革命，抨击保皇。可见，海外
华侨是在革命与保皇的论战中转向孙中山一边的。在这一次论战
中，从时间的次序来说，横滨华侨与留日学生起了先锋作用。

　　1905 年 8 月 20 日，中国同盟会在东京成立，这不仅在孙中
山的民主革命运动中具有划时代的意义，而且对海外华侨社会也
产生了巨大的影响。同盟会在东京成立时，冯自由、梁慕光、温
炳臣、温惠臣等近十名华侨参加了这一大会，参加人数虽少，但
表达了海外华侨支持同盟会的心声。这是旅日华侨得天独厚的条
件，也是不同于其他地区华侨的一大特点。

　　同盟会的成立，又标志着孙中山的革命运动中心从横滨华侨
社会转向东京，从横滨华侨中的中小商人转移到留日学生和留日
志士等知识分子之中，并和他们密切地结合起来。此时同盟会本
部虽然设在东京，但孙中山的革命活动中心逐渐转移到南洋，从

　　① 冯自由著：《革命逸史》初集，第 83 页。
　　② 广东省社会科学院历史研究所等编：《孙中山全集》，第 1 卷，中华书局 1981 年版，
第 230～233 页。
　　③ 广东省社会科学院历史研究所等编：《孙中山全集》，第 1 卷，中华书局 1981 年版，
第 233～238 页。
　　④ 广东省社会科学院历史研究所等编：《孙中山全集》，第 1 卷，中华书局 1981 年版，
第 380～383 页。

依靠美洲、日本的华侨转向依靠南洋的华侨社会。旅日华侨在孙中山的革命运动中的地位和作用也随之发生了变化。

从建立同盟会到 1907 年 3 月孙中山离日的一年半中，他两次下南洋，在那里的华侨社会中从事革命活动。恰在此时，日本政府也遵照清政府的要求，劝孙中山离日，这使他不能继续留在日本。因此他把南洋作为革命活动的又一基地，而该地区也具备成为基地的条件。南洋地区约有四百四十余万华侨，为旅日华侨的四五百倍。孙中山活动的中心转到南洋后，该地区的同盟会组织发展迅猛。兴中会时期在南洋只有河内有个分会（1902 年成立），但同盟会时期因同盟会会员的宣传和组织有力，至 1911 年成立了 58 个同盟会支部或分会，仅缅甸一处就有 24 个分会[①]，1908 年一年加入同盟会者二千三百余人。他们创办各种报刊和书社，仅荷属东印度就有 50 个书社，马来西亚有 67 个[②]。孙中山依靠南洋华侨中的同盟会会员和广大侨人的支持，于 1907、1908 年，在滇、桂、粤边界地区发动了八次起义。广大华侨捐资 20 万元港币协助起义，不少华侨直接参加了起义。

中心虽然转移，但这并不是说这时期旅日华侨完全停止了活动。孙中山离日后，横滨也成立了同盟会支部。会员横滨华侨缪菊辰在东京留日学生集中的神田区小川町十八号设立大华书局，作为《民报》的代理所，发行《民报》，宣传革命，同时把它作为联络华侨、留日学生及同盟会会员的场所。[③]其中廖仲恺、何香凝、章太炎、马君武、张继、陶成章等常在此地活动。横滨华侨中的同盟会会员在山下町成立研学社，先后吸收数十名华侨加入同盟会，组织他们支援革命活动，同时接待东渡亡命的革命党人。1908 年该社还以其名义，招收华侨子女，教授小学教育。

---

① 杜永镇著：《辛亥革命时期的华侨》，中国华侨出版社 1991 年版，第 41～44 页。
② 杜永镇著：《辛亥革命时期的华侨》，中国华侨出版社 1991 年版，第 48～55 页。
③ 《广东文史资料·孙中山和辛亥革命专辑》，第 18 页。

这时期孙中山在日本主要依靠萱野长知、宫崎滔天、池亨吉、三上丰夷等人，靠他们在日本筹资并购买武器，运往广东一带。

1907、1908 年的起义失败后，孙中山一时在南洋，一时在美国，但他个人的活动中心从南洋移至美国。1909 年 11 月至 1910 年 6 月，1911 年 1 月至 11 月初，共一年零四个月，孙中山先后在美国、加拿大活动，并在美国成立 29 个同盟会分会，在加拿大成立两个，并在两地筹措革命所需的资金。1910 年 11 月广州新军起义时的军费，由美国华侨捐助三万元。[1]1911 年"三二九"起义所需的军资也主要在美、加两地筹集，此两地捐助九万九千元。[2]这一时期孙中山个人的活动中心在美、加两地，但同盟会的主要干部依然在南洋活动，南洋地区仍起革命运动基地之一的作用。这是与同盟会成立后的日本华侨社会不同之点。此时在南洋仍得到八万元港币的捐助，不少南洋华侨工人回国参加起义，黄花岗 72 烈士中 29 人是华侨。[3]

如上所述，中国同盟会虽在旅日华侨所在的东京成立，但同盟会时期旅日华侨与孙中山的革命活动的关系，与兴中会时期相比很不相同。从上述辛亥革命前华侨活动的比较中可归纳出以下几个特点：

一、海外华侨与孙中山在爱国、爱乡及建设繁荣强大的祖国方面有普遍的共识。这是各地区、各大洲华侨的共性。这一共性便是孙中山的革命活动与华侨相结合的思想基础，在这一方面旅日华侨与南洋及美洲等地的华侨是共同的。

二、海外各地华侨与孙中山的革命运动产生联系的先后顺序、时期、紧密程度及华侨对孙中山革命运动的支持的形式、规模及参与方面，是不尽相同，各有差异的，各国、各地区华侨显现出

---

① 洪丝丝等著：《辛亥革命与华侨》，人民出版社 1982 年版，第 66 页。
② 洪丝丝等著：《辛亥革命与华侨》，人民出版社 1982 年版，第 67 页。
③ 洪丝丝等著：《辛亥革命与华侨》，人民出版社 1982 年版，第 200 页。

各自不同的特色。

产生差异的原因诸多，但与孙中山行动的关系极为密切。孙中山在三十余年的革命生涯中，大约一半时间（十七年半）在海外从事革命活动，其中在美国 6 次达 3 年零 11 个月（不包括在檀香山的学习时期）、欧洲一年半、南洋两年半、日本九年半。一般来说，孙中山在哪里，那里的华侨社会与孙中山的革命运动的关系就密切，华侨社会也活跃，参与支持其革命的活动就开展较好。这与孙中山的直接领导有密切关系，孙中山从檀香山到日本，从日本到南洋，从南洋到北美大陆都说明了这一问题。但这是相对而言的。如孙中山 1901 年至 1911 年主要在北美大陆，但南洋一带的革命活动方兴未艾，直至武昌起义。

三、华侨与孙中山革命的关系的另一个重要因素是华侨社会规模之大小。海外华侨最为集中的地区是南洋，其次是北美大陆（二十七万二千余人），规模最小的是日本的华侨社会。人多力量大，这在某种意义上是有道理的。从起义资金的捐助来说，华侨人数多的南洋和北美大陆起很大作用，日本华侨在这一方面的贡献是有限的。

四、在日本有上万的留日青年学生和留日革命志士。孙中山与他们结成一体后，其革命势力迅速壮大，成为不可阻挡的社会政治潮流。旅日华侨中先进的知识分子和中小商人在参与这一汇合过程的同时，为这一结合提供了空间和机会，从中起了一定的媒介作用，兴中会时期尤为如此。他们在这一结合过程中虽然不占主导地位，但这是旅日华侨与孙中山领导的革命的关系中的一大特点，为其他地区的华侨所不及。

五、华侨社会中存在着各种形式的秘密结社。如在南洋各地有义兴会，在北美大陆有洪门致公堂。华侨中十有八九都加入了这些组织。这些结社在华侨社会中占有强大的势力。在北美洲，孙中山则采用利用、改组甚至同盟会与它合并等形式，争得它们的支持。但在南洋未能与义兴会取得联系，如与它取得联系，则可能获得更大的支援。但在日本，秘密结社活动不明显，兴中会、同盟会均与这些结社无关系，这也是旅日华侨社会的特点之一。

六、海外华侨与孙中山革命运动的结合，是在与康、梁保皇势力的论战中实现的。康、梁的保皇思想在华侨社会中具有一定的思想基础。因此在排除保皇思想的过程中，孙中山与广大华侨结成了牢固的关系。这一过程中，旅日华侨和留日学生首当其冲，先在日本发起了与康、梁保皇势力的论战，其他地区稍晚，欧美地区晚两三年，南洋地区晚六七年。

从上述比较中可看出，各国各地区华侨及其社会在孙中山领导的革命运动中所占的地位和作用，看出旅日华侨及其社会在这一场运动中的特点。

二、辛亥革命后

1911 年 10 月爆发了武昌起义。中国人民在孙中山和革命党人的领导下推翻了清朝的封建统治，翌年一月成立了南京临时政府。从此以后，孙中山领导的民主革命进入了新的历史时期。

旅日华侨与其他地区华侨一样，为之欢欣鼓舞，旗帜鲜明地支持这次革命。11 月 5 日，横滨华侨数百人在中华会馆集会，决议支持革命。此日夜晚横滨中华街鞭炮轰鸣，一派欢腾。[①]不少华侨当场剪掉长辫子，以此表明支持民主革命的态度。在神户，11 月 26 日，700 名华侨集会在中华会馆，成立中华民国统一侨商联合会（选王敬祥为会长，周子卿、廖道明为副会长）。在长崎，12 月 9 日，同样成立了中华民国统一侨商联合会。此时采用"中华民国"四字冠前，说明他们对民主共和革命的拥护和支持。华侨青年还组织义勇队和敢死队。12 月 8 日，在神户 600 人集会，欢

---

① 东京《读卖新闻》，1911 年 11 月 10 日。

送 38 名敢死队员回国参加革命。横滨的 48 名敢死队员也与他们一道回国。从日本派去的敢死队员共有 110 名。如果说辛亥革命前旅日华侨回国参加起义较少的话，这时如此众多的青年回国参加革命队伍，这也可称为新时期的新特点。

南京临时政府成立后，旅日华侨支持共和政府。1 月 7 日，神户统一侨商联合会派代表黄卓山携带 11000 日元回国与南京政府取得联系。横滨华侨也筹资五万元，派寥钦仿专程送达南京。①南京临时政府成立后，在首先争取日本的承认和支持上，旅日华侨也配合南京政府做了大量工作。一月中旬，王敬祥陪同临时政府特使上访东京的外务省、内务省及东京市长尾崎行雄等人，争取日本对南京政府的承认和支持。2 月 3 日，王敬祥会长在大阪举行的承认共和政府的演说会上发表演讲，要求日本政府承认南京政府。南京临时政府外交部王宠惠总长于 2 月 14 日致电神户统一侨商联合会：“清帝已退位，临时政府定阳历 2 月 15 日，举行民国统一大庆典。”②王敬祥会长等联合会干部立即决定：一、15 日在中华会馆举行庆祝大会；二、各户悬挂新国旗；三、2 月 18 日（春节）提灯游行。③按照决议，15 日举行 300 人参加的庆祝大会，24 日排除日警的种种阻挠，举行了声势浩大的游行。其盛况空前，充分表现了旅日华侨爱国爱共和之心。此时康、梁还在神户，但其影响已甚微。

上述诸情况，与北美革命华侨基本上一样，认为辛亥革命和南京临时政府的成立，实现了海外华侨多年的共同心愿，海外华侨也通过这些活动表达了他们作为民主共和国的公民和炎黄子孙的民族自豪感。

这时期旅日华侨与其他地区华侨不同的最大一件事是欢迎孙

---

① 《广东文史资料·孙中山与辛亥革命专辑》，第 18 页。
② 陈德仁、安井三吉著：《孙文与神户》，神户新闻出版中心 1955 年版，第 133 页。
③ 陈德仁、安井三吉著：《孙文与神户》，神户新闻出版中心 1955 年版，第 133 页。

中山作为日本的贵宾访日。过去孙中山出访国外都是秘密或半秘密的，没有得到外国政府要人与各界人士的隆重接待。这次则完全不同，旅日华侨作为中华民国公民的一员，在异国他乡大张旗鼓地欢迎自己的领袖孙中山先生，这是破天荒的第一次，长期在日受压抑的华侨扬眉吐气了。2月13日孙中山一行抵长崎时，国民党东京支部长黄伯群、留日学生会会长黄申葡专程去迎接。火车经神户、横滨时，该地华侨倾城而出欢迎孙中山。孙中山抵东京时，受到包括旅日华侨留日学生在内的五六千人的欢迎。2月23日留日学生在神田青年会馆开欢迎大会，孙中山演讲两个多小时，倡勉学生孜孜谋求建设之学问。①3月1日，在东京留日三团体开大会，欢迎孙中山先生。3月5日，孙中山离东京抵横滨。横滨是他兴中会时期从事革命的故地，当晚横滨华侨在中华会馆为他举行隆重的晚餐会。翌日晨孙中山参观华侨子弟学校，倡勉学生好好学习。中午国民党横滨支部举行了欢迎会，会上孙中山作了有关党务的讲话。②3月9日孙中山抵京都，下午出席该地中国留学生欢迎会并作演讲。3月10日，孙中山在大阪出席国民党分部欢迎会，并即席演说，讲述民生政策的意义与必要及政党与政治的关系。③3月13日，抵神户。神户是华侨较为集中的地区，约有二千五百人。下午2时，该地华侨在中华会馆开会，男女老幼1500人出席，华侨学生列队鸣铳致敬。华侨代表马聘三、国民党神户支部长吴锦堂致欢迎词，孙中山倡勉侨人成为中华民国主人，子子孙孙永享主人幸福。他希望包括华侨在内的我四万万同胞应同心同德，力图建设，以谋富强。④继又赴神户国民党交通部欢迎会，支部长吴锦堂、副支部长杨寿彭致欢迎词，孙中山登台

---

① 《孙中山全集》，第3卷，中华书局1984年版，第21～27页。
② 《孙中山全集》，第3卷，中华书局1984年版，第39～41页。
③ 《孙中山全集》，第3卷，中华书局1984年版，第41～43页。
④ 《孙中山全集》，第3卷，中华书局1984年版，第46～49页。

讲述政党的必要和建设问题。[①]14 日上午，参观同文学校并发表
演说。中午出席吴锦堂在别墅举行的午餐会。3 月 20 日抵熊本，
中国留学生开欢迎会，孙中山讲话。21 日抵长崎，长崎有五百余
家华侨，家家户户悬挂国旗，并在市内数处扎牌楼欢迎孙中山。
22 日该地华侨举行午餐会，留学生开招待会欢迎孙中山。23 日，
孙中山结束访日离长崎时，该地华侨群集码头送行。

　　在这次访日中，旅日华侨和各地国民党支部开大型欢迎会 4
次，大型欢迎宴会 3 次，青年和留日学生举行欢迎讲演集会 5 次。
孙中山参观横滨、神户两地的华侨子弟学校，在大型集会上发表
演说 5 次。孙中山 16 次东渡中，唯有这一次是正式访日。2 月 14
日孙中山经由神户时回想过去来该地的情景，大发感慨地说："其
时我被迫逃出故乡，以漂泊之身东渡日本，真所谓沦落天涯之孤
客，加以所到之处必有日本警察尾随跟踪，令人颇为厌恶。遇到
过于讨厌的家伙，即不禁怒喝其即离去。"[②]但这次完全不同，不
仅受到旅日华侨的热烈欢迎，而且受到日本朝野上下及军部首脑
的隆重接待，孙中山在三十余年的革命生涯中，唯有此次在日本
受到如此热烈隆重的欢迎。在海外华侨中只有旅日华侨有机会如
此热烈欢迎自己的领袖人物。这是旅日华侨的骄傲，也是其支持
孙中山的一大证明。这一特色是由孙中山与日本的特殊关系所决
定的。

　　可是，相隔 4 个月，二次革命失败后，即 8 月上旬孙中山再
度来日时情况大变。日本政府从其对华利益出发，阻挠他来日，
但在犬养毅、头山满等日本友人的协助下，8 月 9 日孙中山在神
户港上岸。神户国民党支部（当时党员一百二十人左右）副支部
长王敬祥、杨寿彭、党员黄卓山等去码头看望。同日深夜，旅日

---

　　①《孙中山全集》，第 3 卷，中华书局 1984 年版，第 43～46 页。
　　②《孙中山全集》，第 3 卷，中华书局 1984 年版，第 13 页。

的宋嘉树和胡汉民密访并谈日后行动计划。①国民党东京支部长陈扬镳来神户迎接孙中山。8 月 19 日，孙中山移居东京。②这一切都是为避开袁世凯的刺客，且由日方安排操作，在极端秘密的情况下进行的，因此旅日华侨无法插手。孙中山在东京居住在赤坂区录南坂町 27 番地海妻猪勇彦家。9 月 16 日国民党东京支部杨干事长偕另一位华人来访，此后 9 月 20 日、22 日、30 日，10 月 13 日、20 日、22 日，11 月 1 日、10 日、15 日连续访孙中山，并长时间密谈。其内容虽无记载，但可推测是支援和参与反袁斗争问题。

此次孙中山在日居住两年 9 个月，以东京为据点准备反袁的第三次革命。兴中会和同盟会时期，他先后居住日本 6 年 9 个月，往返日本 9 次，与其他地区的往来频繁。但这次一动不动，一直在日本。其原因诸多，主要是：一、1914 年成立的中华革命党党员与 1905 年的同盟会的学生会员不同，其多数均已成为有革命工作经验的革命党人，他们在四处从事筹资、组织起义等活动，孙中山已勿须亲往各地；二、这时期孙中山的反袁战略有所变化，其重点从西南转移到上海、山东及东北地区，从接近袁世凯巢穴的北京附近发动起义，直接攻击其政权要地。日本在地缘上接近这一地区，且在东北和山东、上海等地便于得到日本的支持。

1916 年，在反袁、反帝制斗争中，中华革命军东北军总司令居正在山东起义，上海和广东地区的革命党人也组织了斗争。为支持这些起义和斗争，旅日华侨捐资 3 万元，有的华侨回国参加起义。③横滨华侨向三井物产公司等交涉，购入武器，火速运向起

---

① 1913 年 8 月 18 日兵库县知事服部一三致牧野外务大臣电，兵发秘第 302 号，日本外交史料馆藏。

② 1913 年 8 月 18 日神奈川县知事大岛久满次致牧野外务大臣之报告：流亡者孙逸仙到东京之事，秘号外，日本外交史料馆藏。

③《广东文史资料·孙中山与辛亥革命专辑》，第 25 页。

义前线，因而获得军总部的奖章。①旅日华侨在这次斗争中虽然作出了不少贡献，但与北美和南洋华侨相比，仍不及他们。孙中山在谈及华侨支援反袁斗争时也说："各埠华侨既捐巨资，以为军资，而回国效命决死，以为党军模范者，复踵相接，其坚忍勇往之忱，诚不可多得者也。计此次回国从军之华侨，可分为两部：其一部为活动于广东方面，主要由南洋英、荷、法领地之华侨组织之，而美洲及日本等处华侨参与焉；他一部则为活动于山东方面者，主由加拿大及北美合众国华侨组织之，而南洋及日本华侨亦参与焉。"②

　　1916 年 4 月 27 日，孙中山离东京回国领导反袁、反帝制斗争。6 月 6 日袁世凯暴死。反袁、反帝斗争一时胜利，但 1917 年 7 月 1 日，张勋搞清废帝复辟闹剧。此时共和思想已在华侨社会中深入人心。国民党神户支部长杨寿彭 7 月 3 日在《神户新闻》上撰文指出：当今"民意是希望共和政体，这是不可争辩的事实"，并痛斥张勋。③接着 7 月 8 日国民党神户支部王敬祥、杨寿彭等在中华会馆举行反复辟演讲会。是日大雨倾盆，但却有四百余人参加，会场挤满了人。会上侨领吴锦堂、郑祝三、王敬祥、杨寿彭等先后上台讲演，不仅谴责张勋，还指责康、梁保皇派为复辟叛国。翌日《神户新闻》以《居留民国人的反复辟演讲会》为题发出了此次大会的情况，称为"近来罕见的激烈的政治集会"④。张勋复辟以 11 日的短命告败。旅日侨人也为反复辟采取了应有的行动。这也是对孙中山共和革命的声援。

　　7 月 6 日，孙中山为反复辟由上海启程赴广州，拟成立临时政府。7 月 14 日，段祺瑞借张勋复辟之际，篡夺了北京政权，由

　　①《广东文史资料·孙中山与辛亥革命专辑》，第 25 页。
　　②《孙中山全集》，第 3 卷，第 399 页。
　　③《神户日报》，1917 年 7 月 3 日，转引自陈德仁、安井三吉著《孙文与神户》，第192 页。
　　④《神户日报》，1913 年 7 月 8 日，转引自上书，第 192 页。

此护国运动又转变成反段的护法战争。为护法，革命党人 8 月 25
日在广州召开国会非常会议，31 日通过"军政府组织大纲"，9
月 1 日孙中山被推选为中华民国军政府大元帅。这时孙中山致函
海外革命党人，告以护法运动进展良好，促其速筹军饷以济急需。
与此同时，积极开展外交活动：一、阻止日本等列强对段政权的
支持；二、争取列国对广东军政府的承认和支持。8 月 2 日孙中
山召见驻粤日本领事及台湾银行广东支行的代表，谈借款之事。①
14 日孙中山会见驻粤美国总领事，希望美国提供财政、军火援助
并承认军政府。②胡汉民也曾会见美国总领事，提出同样要求。

在这些外交举措中，值得注意的是孙中山将前参议院议长张
继和戴天仇派往日本，做对日的外交工作。这时日本支持段祺瑞
上台，并先后八次给他提供一亿四千五百万日元的贷款，即西原
借款。段利用这笔款武装军队，力图用武力消灭广东军政府。孙
中山派他们赴日的目的正如他所说，"说服日本人不要借款给北方
政府"，同时他们"在努力使一笔日本借款成功，以便用来为南方
的舰队购买军火"。③他们从广东出发，往香港，8 月 16 日在上海
乘春日丸赴日，19 日晨在神户上岸，是日晚六时半乘车上东京。④
在东京，他们访日本外务大臣。外务省政务局局长小幡酉吉通知
萱野长知：于 8 月 30 日午前 8 时半外务大臣本野一郎在麻布的私
宅见张继。⑤接见时的谈话无记录，但可推测为阻止对段的援助和
对广东军政府的承认和支持。这是将广东军政府作为交战国体来
承认的问题，日本没有接受这一要求。

---

① 韦慕廷著、杨慎之译：《孙中山——壮志未酬的爱国者》，中山大学出版社 1986 年
版，第 344 页。
② 韦慕廷著、杨慎之译：《孙中山——壮志未酬的爱国者》，中山大学出版社 1986 年
版，第 102～103 页。
③ 韦慕廷著、杨慎之译：《孙中山——壮志未酬的爱国者》，中山大学出版社 1986 年
版，第 102～103 页。
④ 1917 年 8 月 19 日兵库县知事清野长太郎致本野外务大臣电，平 8368。
⑤ 1917 年 8 月 28 日外务省小幡酉吉政务局长致萱野长知电，第 4488 号。

　　9月12日上午，张、戴二人为争得旅日华侨的声援来横滨。横滨的国民党支部党员在山下町华侨俱乐部接待了他们，并与他们密谈五个半小时。①其内容不详。下午五时华侨黄焯民设宴欢迎二人，二十余人出席，②这些短暂的接待表明了横滨对孙中山和广东军政府的支持。晚七时四十二分他们离横滨去大阪、神户。

　　翌日即13日晨，张、戴两人抵大阪。在大阪，由大阪朝日新闻社接待他们，在该社大礼堂举行了讲演会。戴天仇作题为《中国政界之近况》的讲演，张继作题为《中国之民意》的讲演。赶来参加的殷汝耕也作了题为《中国青年之决心》的讲演。这些讲演的中心内容是呼吁日本朝野对广东军政府的支持和中日联合共同对付白色人种的重要性。③

　　在神户，14日下午3时华侨共和维持会在中华会馆举办讲演会，出席者二百余人。维持会副会长王敬祥先致词，戴、张二人及殷汝耕讲话。戴天仇说："中国数次革命尚未成功，但比清朝专制渐渐在进步"，中华民国的实现，靠友邦日本及英美等诸国的援助和海外侨胞的声援。他称赞海外侨胞忧虑国内政情的爱国之心，希望促进国内革命，实现民国的统治。④接着张继讲话，他开头说："中国的统治在各种问题上都有欠缺，因此不得不反对现在的政治。"接着说："日本自明治维新以来取得长足发展之因是先觉人物非常致力于人才的培养，但中国的现代政治阻碍教育事业。对当今政界的革命，不能等闲视之，坚决反对现在的段内阁。"⑤最

　　① 1917年9月13日神奈川县知事有吉忠一致内务大臣后藤新平等函，神高秘收第6102号。

　　② 1917年9月13日神奈川县知事有吉忠一致内务大臣后藤新平等函，神高秘收第6102号。

　　③ 1917年9月14日大阪知事大久保利武致内务大臣后藤新平等的报告：《中国政客往来之事》，特秘别第276号。

　　④ 1917年9月15日兵库县知事清野长太郎致内务大臣后藤新平之报告：《中国□□□演讲会之事》，兵发秘第1256号。

　　⑤ 1917年9月15日兵库县知事清野长太郎致内务大臣后藤新平之报告：《中国□□□演讲会之事》，兵发秘第1256号。

后殷汝耕言及促进中日贸易之意。^①他们的讲演虽然不长，但向旅日华侨传达了国内政治信息，表示了反对段政权的决心，以便争得神户华侨对孙中山和广东军政府的支持。

神户华侨对这次欢迎会事前做了周密的准备，会议的目的是在南北对立分裂的形势下，动员神户华侨支持孙中山和广东军政府，并设法阻止日本寺内内阁援助段政权的西原借款。为此，会前起草了提交给日本外交调查会^②和该会委员的陈情书决议案，并在会上正式通过了这一陈情书。该书先指出日本的银行团与段政府要缔结借款协定，在中国南北对立的情况下，如给北方提供借款则"北方势必以武力压南方，南北双方的战端就此开始，分裂之惨祸迫在眉睫"，因此奉劝贵国政府"在南北政治论争结束之前，不要支付大借款的预付金，不要向北方提供其他种种经济援助"。^③会上一致通过这一决议草案。会后将这一陈情书寄给外交调查委员会及其委员。尽管这一陈情书和张继、戴天仇的在日外交活动未能阻止日本的援段政策，但这是神户华侨配合孙中山的对日外交所做的一次努力，表达了他们对孙中山和广东军政府的支持和声援。

集会后，戴天仇经门司回上海。他回国后于 9 月 22 日向广东国会非常会议做了赴日情况的报告。在报告中他强调日本的对华态度以及对中国外交和内政影响甚大，并指出日本政府承认段政权，在承认广东军政权为交战团体之前不会援助广东军政府的军事行动，但戴天仇对此次访日表示非常满意，认为对交通银行的

① 1917 年 9 月 15 日兵库县知事清野长太郎致内务大臣后藤新平之报告:《中国□□□演讲会之事》，兵发秘第 1256 号。
② 外交调查会的全称是临时外交调查委员会，1917 年 6 月成立，直属于天皇，是调查、审议外交政策之机构。总裁为内阁首相，有关国务大臣为委员，成立时有九位委员，犬养毅是其委员之一。1922 年废除。
③ 1917 年 9 月 13 日兵库县知事清野长太郎致内务大臣后藤新平的报告:《在留中国人开会之事》，兵发秘第 1247 号。

借款等不会再成立，对今后的与日关系较为乐观。①这是对日形势的错误判断。

　　张继、殷汝耕继续在大阪、京都等地活动。9 月 15 日在大阪访问住友财团本部，并访问大阪驻屯军第四师师团长宇都宫。后来张继暂时回国，1918 年 1 月 13 日又抵日本，继续做对日外交。②中国南北的分裂和对立，必然影响旅日侨界，使他们分裂为两派。在神户，以马聘三为中心的部分华侨支持北方的段政权；杨寿彭、何世铝等依然支持孙中山和广东军政府。杨寿彭就张继再度来日之事说，其目的为阻止日本的援段贷款。1917 年 12 月底日本与段的陆军部将缔结一千七百余万日元的武器贷款协定，准备提供步枪四万支。就此杨寿彭说，这就像要讨伐南方而将日本军队直接派往中国南方一样。③杨寿彭虽然支持孙中山和广东军政府，但他也从策略出发，不敢公然谴责日本。

　　1918 年 5 月 21 日，孙中山偕胡汉民等离粤，经汕头、厦门、基隆，6 月 10 日抵日本下关，经国府津去箱根，火车经神户时，华侨代表杨寿彭、郑祝三等在站台迎送孙中山一行。杨还同车到大阪，为孙中山译了一封密电。孙中山这次渡日，与犬养毅、头山满等有关。孙中山想通过他们的协助，解决南北问题。他对杨寿彭说："犬养毅促我来日……内心怀着很大抱负来的，希望以犬养毅等人的援助，揭开有利于自己和南方政界的新局面。"④孙中山抵日后常说，来日之目的是休养治病，但对杨却说了来日的真正目的，这表示了孙中山对他和旅日华人的信任。孙中山在箱根住了一个星期，19 日离箱根，26 日回到上海。回到上海后孙中山

----

①　1917 年 10 月 2 日驻广东总领事太田喜平致外务大臣本野一郎的报告：《关于戴天仇赴日经过情况报告之事》，机密第 39 号。

②　1917 年 9 月 17 日大阪府知事大久保利武致内务大臣后藤新平的报告：《中国政客离阪之事》，特秘别第 294 号。

③　1918 年 1 月 25 日兵库县知事清野长太郎致内务大臣后藤新平的报告：《在留中国人的对中国政变及张继来日的意向》，兵外发第 87 号。

④　日本外务省编：《日本外交文书》，大正七年，第 2 册上卷，第 21 页。

愤怒地谴责寺内内阁的对华政策是"日本政府对南方的征伐"[1]。这句话明确说明他此行不仅未达到预期目的，而且看透了日本政府援段压孙的真面目。这次请其来日不过是日本陆军搞的调虎离山之计。因为此时第一次世界大战也接近尾声，日本想趁战中无暇东顾的欧美列强重返中国之前统一南北，以便建立日本在中国的霸权地位。在推行这一政策中，孙中山是一大障碍，因为孙中山坚持恢复旧国会和《临时约法》，反对段武力镇压南方，进而统一南北的政策。因此驻上海的松井石根中佐与参谋本部次长田中义一等合谋，让犬养毅出面"邀请"孙中山来日。[2]孙中山到箱根的第二天，致电犬养毅告诉他住址，但犬养毅根本没来，陪同的头山满等六位日本人第二天即 12 日也相继离开箱根。箱根是休养之地，就让孙中山留在箱根"休养"。杨寿彭等神户华侨对孙中山来日抱很大期待，但由于日本的阴谋，都变成泡影。

　　1924 年 10 月下旬，即第二次直奉战争时，冯玉祥发动北京政变，把曹、吴势力赶出北京，成立执政府，冯和段祺瑞请孙中山北上，共商收拾局势之大事。这时期即第三次广东军政府时期，孙中山与日本关系大有改善。[3]

　　因此他北上之前，先去日本了解日本朝野对中国局势的态度，并想得到日方对他北上的支持。如得到支援，则对他北上是有利的。所以他决定经神户上东京见日本各界要人。11 月 24 日，孙中山偕夫人宋庆龄抵神户。此次来神户，受到神户旅日华侨的热烈欢迎。24 日抵神户时，驻神户领事柯鸿烈，国民党神户支部长杨寿彭，神户中华总商会会长郑祝三，华强学校（华侨子弟学校）学生，从东京、大阪、横滨来的国民党党员和华侨五六百人举起"欢迎孙总理""中华民国万岁"的大旗在码头与日本友人一起欢

① 东京《朝日新闻》，1918 年 6 月 21 日。
② 参照前揭拙著，第 295～297 页。
③ 参照前揭拙著，第 333～337 页。

迎孙中山先生。孙中山、宋庆龄由杨寿彭等人招待登岸，住东方
饭店。25日晚，神户、大阪、东京的国民党支部在东方饭店举行
欢迎大会。会上孙中山演说中国内乱之因及和平统一之法。[①]与
会的党员和华侨听孙中山的演说后，对国内形势和今后的和平统
一方针有了较为清楚的了解，这为声援国内革命奠定了思想基础。
在神户，孙中山先后接见了旅日华侨联合会会长代理赫兆先及其
副会长陈锦预、劳工部长杨睦凤等。

　　28日，孙中山在神户高等女子学校礼堂做《大亚细亚主义》
的讲演。来听讲者三千余人，其中不少是旅日华侨。孙中山在讲
演中讲述中日关系的过去、现在和将来等诸多问题，指明了中日
两国应如何相处的基本方向。[②]当晚大阪、神户华侨团体和中国驻
神户领事、神户商业会议所、日华实业协会一道设宴招待孙中山
一行。30日上午孙中山一行离神户前往天津。各地来的华侨国民
党党员、留日学生与神户市长等官员及日本友好人士等三千余人
欢送孙中山一行。码头上欢呼声震彻海天，孙中山伫立船头良久，
向华侨和日本人士脱帽还礼致谢。孙中山离神户时说："若时局安
定，想明春到外国游历，最初到欧美，归途再访日本。"[③]但这是
孙中山最后一次访日，也是旅日华侨与孙中山的最后一次见面。
此时孙中山已患肝癌，回天津、北京后病势加重，翌年 3 月 12
日与世长辞。

　　最后将辛亥革命以来孙中山与旅日华侨关系归纳如下：

　　一、辛亥革命后孙中山来日 4 次，在日约两年十个月。这与
辛亥革命前不同。1913 年 8 月二次革命失败后，孙中山渡日时，
日本政府不希望孙中山来日居留，劝他去美国等其他地区，但孙

---

　　① 广东社会科学院历史研究所等编：《孙中山全集》，第 11 卷，中华书局 1976 年版，
第 401～409 页。
　　② 广东社会科学院历史研究所等编：《孙中山全集》，第 11 卷，中华书局 1976 年版，
第 401～409 页。
　　③ 上海《民国日报》，1924 年 12 月 5 日。

坚持选择日本为其革命活动的基地。①这与其说是因为在日本有支
持他的华侨，还不如说是孙中山革命运动过程中形成的两者之间
的关系使然。而两者之间的此种关系是围绕半殖民地中国而形成
的日本与列强之间的双重性国际关系的产物。所谓双重性外交关
系是：日本与欧美列强在维护在华的既得权益时，它们相互协作，
对中国采取统一的侵略性行动；但列强在中国扩大新权益时，尤
其是后进的日本在中国要扩大新权益时，它们相互间进行争夺，
甚至牵制对方的新的侵略行动。协作与争夺，其表现形式相反，
但都体现了列强侵略中国的侵略本性。后进的日本，甲午战争以
后开始逐渐取代欧美殖民帝国，成为侵略中国的急先锋。这便加
剧了日本与北京政权（除亲日政权之外）之间的矛盾。孙中山的
革命战略是把推翻国内的政敌放在第一位，把它作为革命的首要
任务，因此，在自己力量不足时需要借助外国势力的援助来完成
这一任务。日本与欧美列强皆可成为孙中山借助的力量，但日本
与欧美列强在侵华过程中是否选择孙中山和他的革命党为其侵略
服务，这又是另一个问题。这两者的相互选择中，后者的选择起
主导作用。列强除了选择孙中山，还有选择北京政权之余地。欧
美列强最终选择了北京政权（除亲日政权之外），因为这对它们维
护其在中国的殖民权益有利；而日本与维护既得权益的欧美列强
不同，它要疯狂扩大新权益。为此损及欧美既得权益也在所不惜。
因此，日本对中国的新侵略行径，必将在加剧日本与欧美列强的
矛盾的同时，又加剧与北京政权（除亲日政权之外）之间的矛盾。
这一矛盾和孙中山推翻北京政权的革命合拍，孙中山在各列强中
不得不选择日本，力图取得其支援，但这对孙中山来讲并不是理
想的最佳选择，而是最坏的选择。孙中山的理想选择应是欧美列
强，但这不是以孙中山的主观意志为转移的。欧美列强选择北京

---

① 参照前揭拙著，第244～246页。

政权（除亲日政权之外），不选择孙中山是因为在他们眼里孙中山是亲日的，因此不愿意选择他。孙中山对日的选择是超越他的主观意志的不得已的选择。这是围绕中国形成的二重性国际关系的无奈选择。

在这一选择中，旅日华侨的存在不起重要作用，更不占主导地位。起作用的是头山满等大陆浪人、宫崎滔天等民间人士、犬养毅等政界人物、田中义一等军界要人。而且在这一选择中，日方处于主导和主动地位，而孙中山处于被动地位，主导权不在孙中山之手。那么，旅日华侨在孙中山与日本的关系中处于什么地位，起什么作用呢？旅日华侨与其他地区华侨一样，他们在孙中山领导的革命中与其他革命党人及在其影响下或者领导下的国内民众一样，是革命的基本力量，是革命的动力之一。但他们在日本这一特殊性，赋予了他们新的使命和新的活动内容，如为孙中山和革命党人在日革命活动提供社会空间和机会，成为孙中山与留日学生、留日志士及与日方人士的媒介，在异国隆重欢迎孙中山、向日本人显示孙中山和革命党的形象等等，这些是国内的革命党人和民众所办不到的。这一点也是欧美及南洋华侨没办到的。这就是这一时期旅日华侨及其革命党人所起的特殊作用，也是历史赋予他们的历史使命。至于他们捐资、派人回国参与革命起义，从性质上来说，与国内的革命党人和民众的举动是一样的，但其规模不同，而且是自大海彼岸越过惊涛骇浪来的，故显得更加珍贵，更加鲜艳。

第二节　对孙中山"满洲租借"问题的考释

一、问题的提出与研究状况

"满洲租借"问题是辛亥革命时期孙中山与日本关系中的一大悬案。日本学者对此做了大量研究[1]，国内的一些论著也有所涉及。这里先回顾一下此问题的提出和日本学者对此的研究。

首先提出此问题的是山田纯三郎。他在 1943 年出版的《森恪》一书中作为回忆陈述了此问题。他说，1913 年夏天二次革命爆发后，在东京的森恪致电山田，称如孙把满洲割让给日本，日本则提供装备两个师的武器和现款两千万日元。山田与宫崎滔天商议后两人赴宁，与孙和胡汉民谈了此事。孙与隔屋的黄兴协商 30 分钟后，表示同意。山田把孙的意思打电话告诉在东京的森恪，森恪回电指示向南京下关派日军舰，接孙到九州三池，在这里与桂太郎会谈此事。孙则表示，目前情况下本人不能赴日，可派黄兴作为代理。森同意黄兴来日。这样，一切谈妥，只等军舰到来，但军舰并没有来接黄兴。[2]根据这一回忆，包括笔者在内的国外学者都曾认为此事发生于二次革命时期。

1981 年久保田文次在《孙文的所谓"满蒙让与"论》一文中，对山田的回忆提出质疑，并做了一番考证。久保田根据有关人员的当时情况和孙中山的满蒙意识等各方面分析，得出结论：（1）所谓孙"让与满蒙"之事并不是发生在二次革命时期；（2）类似

————————
① 藤井升三：《孙文的对日态度——以辛亥革命时期满洲租借问题为中心》，见《现代借中国与世界——其政治性展开》，《庆应通信》，1982 年，第 109~150 页。久保田文次：《孙文的所谓"满洲让与"论》，见中屿敏先生古稀纪念事业会编：《中屿敏先生古稀纪念论集》（下卷），汲古书院 1981 年版，第 601~624 页。
② 山浦贯一：《森恪》（上），高山书院 1943 年版，第 402~406 页。

的交涉在其他时期存在的可能也不可否定。①久保田从国会图书馆的有关山县有朋、井上馨等人的史料分析，辛亥革命时期孙、黄与井上、益田孝、森恪之间可能有过以提供满蒙权益为条件的借款交涉，但由于山县的反对，没有实现。②

1982 年 3 月和 6 月，藤井升三在《辛亥革命时期孙文关系资料——有关"满蒙问题"的森恪书简》和《孙文的对日态度——以辛亥革命时期的"满蒙租借"问题为中心》等文中，先后发表了他在日本三井文库中新发现的森恪于 1912 年 2 月 5 日和 8 日致益田孝的两封信③，进一步证实了久保田的推测，并断定此事发生在 1912 年 2 月即辛亥革命时期。

"租借"或"让与"满蒙一事是涉及国家主权的重大问题，同时涉及中日双方。但中方却至今未发现可供下结论的有关资料。笔者为解决这个问题，曾去东京三井文库查阅了森恪的两封书简和有关史料。三井文库现供大家阅览的是复印件，而且没有信封。笔者请求该文库工作人员拿出原件查阅，但原件也没有信封。该文库有三井物产公司的《社报》，而森恪是三井物产公司上海支店的职员。《社报》详载了该公司驻外人员回国、出国时间，森是 1912 年 1 月 5 日从上海抵东京的。④不过《社报》没有记载他回上海。鉴于书简没有信封即没有从上海发的邮戳和没有记载他回上海的情况，以及在山田回忆中森恪是坐镇东京并没有直接参加会谈的，我曾怀疑书简是否森在东京写并从东京发的？但后来在盛宣怀档案中发现了 1912 年 2 月 1 日三井物产公司常务董事山本条太郎从上海致孙中山的函件。该函写道："森恪君今日晨（由日

① 久保田文次：前揭文，第 601~624 页。
② 久保田文次：前揭文，第 618 页。
③ 藤井升三：《辛亥革命时期孙文关系资料——有关"满蒙问题"的森恪书简》，见亚洲经济研究所内部资料，调查研究部 No.56~58。此两函由李吉奎译成中文，发表在中山大学《孙中山研究论丛》1990 年第 7 期。
④ 三井物产公司：《社报》1912 年 1 月 6 日。

本）到达，将有很多事须与阁下商谈，尚祈为贵政府之利益与中日两国之关系，予以接待为盼。"①这就证明2月森恪确实在上海、南京，到4月才回日本。②这证实了这两封信的确是从上海发出的。

二、对2月5日函的考释

这里先考证一下森恪于2月5日致益田孝函的内容。该函虽然不直接涉及"满洲借款"问题，但与8日致益田孝的"满洲借款"函有内在联系，对考证8日函的真伪颇有益处。

5日函涉及五个问题。第一个问题是孙、黄2月2日是否与森会谈并在有关汉冶萍公司的合同等文件上签字。该函开头写道：

> 小生于二日晨七时从当地（上海——笔者）出发，下午四时半抵南京，立即往访孙文，并促请黄兴参加。三人鼎足而座，就当前至关重要之汉冶萍公司日中共同经营一事进行了交涉。虽有过三四处异议，但最终照我方希望，同意共同经营，顺利签署契约。③

孙、黄在此签署的是指汉冶萍公司的哪一个契约？1月29日，横滨正金银行的小田切万寿之助与盛宣怀在神户草签了中日合办汉冶萍公司的合同。④根据这一合同，日方向汉冶萍公司提供500万日元，并从中将250万日元给南京临时政府。这时候汉冶萍公司在南京临时政府管辖以内，因此需要南京临时政府也承认这一合同，并保证其实施。所以森恪带着有关的合同草案及认证书乘

---

① 陈旭麓等编：《辛亥革命前后——盛宣怀档案资料选辑之一》，上海人民出版社1979年版，第244～255页。

② 三井物产公司：《社报》1912年4月18日。

③ 1912年2月5日，森恪致益田孝函，三井文库藏。

④ 武汉大学经济学编：《旧中国汉冶萍公司与日本关系史料选辑》，上海人民出版社1985年版，第314～316页。日本外务省编：《日本外交文书》，第45卷第2册，第114～115页。

船离神户，赴沪宁请孙、黄代表南京临时政府在有关中日合办汉冶萍公司合同及其认证、权利合同及其认证、南京临时政府与三井的借款合同等三个文件上签字。①中日合办汉冶萍公司合同及其认证是小田切、盛宣怀、孙和黄三方签字的，权利合同及其认证书和借款合同是孙、黄与三井签署的，其中保存至今的是 1 月 29 日在神户草签的合同②和 2 月 2 日在南京签署的南京临时政府和三井间的借款合同英译本③。这些合同都有中、日、英三种版本，双方约定，"若字句发生疑义时，依附英译文决定"④。因此英译本同样具有法律效力。据南京临时政府与三井的借款合同英译本，签署日期为 2 月 2 日，签有"中华民国总统孙文"和"陆军总长黄兴"的名字，并盖有二人的印。这些事实证明，5 日函件的第一个问题是确实的，孙、黄 2 月 2 日与森会谈并在汉冶萍公司的有关文件上签过字。

　　该函的第二个问题是同一天孙、黄托森恪致日本元老井上馨的电报。5 日函中有孙、黄致井上电文：

　　　　尊意已由森君转告，致谢。万事当遵阁下劝告，今后同日本之关系，一切仰阁下之指导，以期统一。近日将派代表置阁下指挥之下。唯因事急，故以电信恳请，切乞援助，请将愚意转告山县（有朋）、桂（太郎）二公。以上同意与否，乞复电。孙文、黄兴。⑤

　　① 武汉大学经济学系编：前揭书，第 310～316 页。日本外务省编：前揭书，第 45 卷第 2 册，第 132～134 页。
　　② 武汉大学经济学系编：前揭书，第 314～316 页。日本外务省编：前揭书，第 45 卷第 2 册，第 114～115 页。
　　③ 武汉大学经济学系编：前揭书，第 313～314 页。
　　④ 武汉大学经济学系编：前揭书，第 311 页。日本外务省编：前揭书，第 45 卷第 2 册，第 133 页。
　　⑤ 1912 年 2 月 5 日森恪致益田孝函，三井文库藏。

　　该文为日文，是用三井公司密码发的。此电现存于日本国会
图书馆宪政资料室的《井上馨文书》之中。①同一天孙中山又致井
上一函，该函为中文，其内容与上一电相同，仅有一些修辞不同。
此函也收录于《井上馨文书》。②而且在 2 月 5 日函中，孙、黄二
人委托森恪转告井上的四点意见，与孙、黄致井上电、函的内容
大致吻合。

　　第三个问题是该函中所谈的招商局借款及安徽省铜官山铁矿
的合办合同。森恪代表三井洋行与安徽省议会代表、安徽省矿务
总局草签了合办合同。③招商局借款众所周知，此不赘述。④这也
说明第三个问题确有其事。

　　第四个问题是该函第二段中言及的黄兴致函井上馨，希望日
本援助，以及孙中山通过森恪向日本借款。日本是抓住他们的希
望，迫使他们租借或割让东三省的。因此考证这个问题对解决"满
洲借款"之事非常重要。据 5 日函，2 月 2 日会谈时黄对森说，
不久之前第一次写信之后，还研究了井上侯之为人……"⑤这是指
孙中山回国前黄兴致函井上馨，希望日本财政上援助革命党之事。
黄兴是否发过此函，并提过此种希望呢？据《原敬日记》，原敬内
相 1 月 9 日访井上馨时，井上对原敬说，黄兴直接致函给他，希
望他同情革命党，并操心其金融。⑥这便证明此事是确实的。至于
孙中山 1911 年 12 月 25 日抵沪后向三井物产公司上海支店提出借
款一二千万日元的要求⑦，森把此事转告益田孝也是确实的。据《原

---

　　①《日本历史》1987 年 8 月号，第 87 页。此电文是李廷江从日本国会图书馆宪政资料
室的《井上馨文书》中发现的，并登载在此刊上。此刊上的电文，与 5 日函中的电文有三
个不同之处，如"由森[恪]君转告""切[约]乞援助"等。这也许是李抄写或校对时的错误。
　　② 同上杂志，第 86 页。
　　③ 日本外务省编：前揭书，第 45 卷第 2 册，第 91 页。
　　④ 参见拙文《辛亥革命时期日本的对华政策》，《纪念辛亥革命七十周年学术讨论会论
文集》，中华书局 1983 年版，第 1414 页。
　　⑤ 1912 年 2 月 5 日森恪致益田孝函，三井文库藏。
　　⑥ 原奎一郎等编：《原敬日记》，第 3 卷，福村出版株式会社 1965 年版，第 210 页。
　　⑦ 山浦贯一：前揭书，上卷，第 382～383 页。

敬日记》，井上又对原敬说，"益田孝访问（井上）时说，他从三井物产派往汉口（这是上海之误）的森恪那里详细听到上述之事"[①]。这便说明孙的借款要求已通过森恪和益田孝的渠道转达给井上馨。据森的5日函第二段中孙、黄与森的谈话，井上对孙、黄的希望和要求表示支持，孙、黄二人也对此表示满意。于是他们二人3日联名致电井上，表达感谢之意。这又证实该函第二段的谈话也是确实的。

第五个问题是孙、黄托森恪写信禀告井上馨的四件事。5日函的一半涉及此事，其中除"四"的"对满族皇族所作之忠告"之外，其他三件事与孙、黄3日致井上电和孙致井上函的内容基本相同。这也证明确有其事。

以上五个问题的考证，说明森恪5日函及其内容毋庸置疑。该函中不能证实的事只有一件，即5日下午2时森接到的益田孝电及其内容。此电在森恪和益田孝的有关资料中尚未发现，有待发掘。但这不影响对5日函件的总体性考证。5日函为甄别8日森恪致益田函的真伪提供了一个有利的根据。上述5日函的第二、四、五诸问题，与3日会谈和8日函有直接关系。若分析5日和8日函的内容，则知道2日是预备性会谈，为3日关于"满洲租借"问题的正式会谈做好准备。

三、对2月8日函的考释

8日函涉及五个问题，这些问题也是该函的主要内容。

第一个问题是3日在南京是否举行过会谈。据8日函，参加会谈的有孙中山、胡汉民、森恪、宫崎滔天、山田纯三郎五人。[②]此事至关重大，所以森把宫崎和山田作为证人，从上海一起来参加会谈。他们颇受孙、黄的信赖，邀其参加有助于会谈的成功。

---

① 原奎一郎等编：前揭书，第3卷，第210页。
② 1912年2月8日森恪致益田孝函，三井文库藏。

孙中山和胡汉民对此次会谈没有留下任何回忆和资料，山田纯三郎有回忆，虽有忆误，但证实他参加了此次会谈。宫崎滔天的文书或全集中虽未谈到此事，但其全集的年谱中有"2 月 3 日在南京总统府访孙文、森恪、山田纯三郎同道"[1]的记载。年谱编者虽未注明其史料来源，但证实了森、山田、宫崎三人访孙之事，并纠正了山田回忆中森恪没有参加之误。参加会谈的五个人中，有三人证实了会谈之事，说明 3 日孙与森等五人在南京举行会谈是确实的。

第二个问题是森恪在正式谈满洲问题之前力图取得孙中山的信任。按外交惯例，会谈重大问题或缔结条约时，应相互提示证明有权力有资格谈判，或有缔结条约资格的全权代表证书或者相应的文件，以此建立相互间的信赖关系。这是谈判或缔结条约是否有效的前提条件。森是三井的小职员，按其地位是没有资格与孙谈这么重大问题的。因此 2 日与孙会谈时，森先转交井上馨的名片，解释他与井上、山县、桂等日本元老的关系，说明他是接受他们的指令来会谈的，并表示井上馨有意协助孙、黄和南京临时政府。孙、黄二人都相信森是受命于井上、山县、桂而来会谈的。[2]5 日函中的第二、四、五个问题是为取得孙、黄的信任所做的准备，3 日偕宫崎、山田参加会谈，如 8 日函所说也是争取两人的信任。因此 3 日会谈伊始，森再问孙："阁下相信我能接近日本政治中心吗？"[3]孙中山通过 2 日的会谈探知森有来头，相信他背后有日本政界和财界要人的支持，所以孙即答道："相信你背后之力量，增强了完全信赖你的念头。"[4]森再次确认孙对他的信任后才谈出"满洲租借"问题。[5]这符合会谈重大问题的外交程序，

① 宫崎龙介等编：《宫崎滔天全集》，第 5 卷，平凡社 1976 年版，第 703 页。
② 1912 年 2 月 5 日和 8 日森恪致益田孝函，三井文库藏。
③ 1912 年 2 月 8 日森恪致益田孝函，三井文库藏。
④ 1912 年 2 月 8 日森恪致益田孝函，三井文库藏。
⑤ 1912 年 2 月 8 日森恪致益田孝函，三井文库藏。

也解决了交涉满洲问题的前提条件。

该函的第三个问题是 3 日会谈中是否谈了租借或割让满洲及"满洲借款"问题。据 8 日函，森在得到孙的充分信任后提出了此问题，双方会谈也较为具体。森是当事人，他所写的东西无疑是考证此问题的重要依据。山田的回忆虽有几处误忆，但内容与此函大致相同。因此作为当事人的山田的回忆也是考证此问题的有力证据，同时也是森 8 日函的直证。

森与孙开始谈满洲问题时说："我要说的事有一定的根据。"①这是说他谈的"满洲租借"是有来头的，有背景的。其背景是益田孝、井上馨、山县有朋等大人物在东京策划满洲问题，并指示森向孙提出租借或割让满洲之要求。如没有这一指示，作为一个支店小职员的森，不敢也不能与孙谈这么大的问题。这也就是满洲问题出笼的过程和 3 日会谈的历史背景。若不弄清这一点，则无法考证此问题，就像出土文物不知其出土地层一样。

1911 年 12 月 21 日孙抵香港时，山田纯三郎、宫崎滔天等五人去港迎接，并同道乘船去上海。在船上，孙向山田提出希望从三井处得到一千或二千万日元贷款的要求。回到上海后，经山田介绍，孙与三井上海支店长藤濑政次郎、森恪谈了借款问题。当时谈的是中日合办汉冶萍公司的借款，而不是"满洲借款"。②这一巨额贷款，上海支店不能擅自做主，森便回东京与三井的元老益田孝谈了此事。益田向元老井上馨报告。在此之前，井上已接到黄兴的一封信。从此信内容推测，是 1911 年 12 月即南京临时政府成立前写的。此信如今收录于国会图书馆宪政资料室《井上馨文书》之中③，有其日译文。信中黄兴希望"井上同情革命党，

---

① 1912 年 2 月 8 日森恪致益田孝函，三井文库藏。
② 参照《森恪》（上），第 392～396 页。
③ 藤井升三：前揭文，第 120 页。

操心革命党的金融问题"①。这封信又成为当时提出满洲问题的起因之一。黄兴在该信中写道："东三省是与日本有因缘的地方，因此劝戒同志不要在此地骚扰。"②这是革命党保护日本在东三省外的既得权益，而不是把它割让给日本的意思。可是森访问益田转告孙借款要求时，益田则对森说，革命党"如此想依赖我方，则借此机会有必要与革命党定密约：一旦成功就将东三省割让"给日本。③森回答："此事能办到。"④其依据之一是黄兴在致井上函中的那一段话。益田把割让东三省之事向井上馨报告，井上又转告山县有朋。此时，山县、田中义一等军部要人乘革命动乱之际，想出兵两个师占领东三省。这一计划虽然遭到内阁的反对，但山县等为把东三省窃为己有，当然支持他们的意见。井上和山县对来访的内相原敬表示，"赞成借此机会与革命党订立将东三省攫取为己的密约"⑤。贷款、割让东三省之事，按决定政策的程序，一定要经过内阁的同意。因此井上把此事委托给内相原敬。因此时西园寺首相暴病，原敬遂将此事转告内田康哉外相，同时转交了黄兴致井上的信。1月12日，在内阁会议上原敬内相强调了政府对东三省问题采取紧急措施的重要性。⑥对此，海相、法相等表示同意。在16日召开的内阁会议上再次讨论满蒙问题，并作了"适当解决"的决定。⑦森回东京后的上述活动也表明，此时日本是企图由中国割让或以租借方式攫取满洲的，而且森回南京与孙中山谈此事至少是井上、山县等人的授意。这便是8日函的政治背景，它再次证实森在会谈中向孙提出"满洲借款"和"满洲割让"是确实的。

---

① 原奎一郎等编：前揭书，第3卷，第210页。
② 原奎一郎等编：前揭书，第3卷，第211页。
③ 原奎一郎等编：前揭书，第3卷，第211页。
④ 原奎一郎等编：前揭书，第3卷，第211页。
⑤ 原奎一郎等编：前揭书，第3卷，第210页。
⑥ 原奎一郎等编：前揭书，第3卷，第210页。
⑦ 原奎一郎等编：前揭书，第3卷，第212～213页。

　　第四个问题是该函涉及的"满洲借款"与南北议和、南京临时政府的财政情况，信函中有关情况，尤其是孙中山的话都符合当时的历史事实。

　　第五个问题是函中列举的在沪的森和在宁的孙之间以及森与益田、井上之间就"满洲借款"往返的六封电报。这些电报是考证此问题的非常重要的物证，借此能对"满洲借款"下正确的结论。但保存下来的只有函中提到的2月3日下午5时40分森致益田的电报，它被保存在日本国会图书馆宪政资料室的《井上馨文书》之中。[①]这也说明井上阅过此电，知道3日孙、森会谈的情况。据山田的前述回忆，往返的电报等文书其后都烧毁了。[②]当时他们都是用暗号发电报的。在日本爱知大学收藏的《山田纯三郎文书》中有一份暗号，但这不是森交给山田的"MBK Private code的'イ口ハ'暗号"，而是其他暗号。在《山田纯三郎文书》中也没有有关的电报。其他五份电报，有待今后发掘。

　　除上述五份电报外，2月8日益田孝致森恪的电文保存在日本国会图书馆宪政资料室的《井上馨关系资料》之中。这份电报在涉及南北议和及铜官山、招商局借款问题之后写道："关于满洲问题劝一位（指孙或黄——笔者）来日订秘密契约。如订约则有获众多同情之希望。"[③]此电似乎是2月3日下午森致益田电的回电，其内容与2日和3日会谈诸问题相吻合；这再次证实森向孙提出过满洲问题，但并不能说明孙对森的要求采取了何种态度。

四、孙中山对"满洲租借"问题的态度

　　孙中山对森要求租借或割让满洲抱何种态度，这是8日函的关键问题，也是学界意见分歧所在。有人认为孙中山同意租借或

　　① 藤井升三：前揭文，第149～150页。
　　② 山浦贯一：前揭书，上卷，第405页。
　　③ 藤井升三：前揭文，第140页。

割让满洲，其根据就是山田的回忆和森恪的 8 日信函。笔者认为：首先，现在下此种结论为时尚早，要对这么重大的问题下肯定的结论，非有孙、森双方的直证材料不可。尽管森的信函是直证材料，但那只是单方面的，只有发现孙的直证材料才能下确凿的结论。

其次，从森恪的信函中不能看出孙对"满洲租借"的明确态度。乍一看 8 日函，孙似乎是同意租借或割让的，可是再仔细分析一下此函的内容，便知孙的态度前后矛盾，含糊不清。孙先说"当此次举事之际，曾希望将'满洲'委于日本，作为补偿日本对我革命给以援助"；"假如本人在从欧洲返回途中，至少在香港能得知桂公（桂太郎）的意向，我将立即绕道日本，以决定此问题"。但是又接着说，"时至今日，业已丧失时机。当其时，凡革命军之事皆可由我与黄兴决定方针。今则不然，各省均赞成我等之说，任意揭出我等之旗号，加入我等行列，因而缺乏兵权和金权的我等不能任意实行其主义，大事须有众议才能决定。"这里就反映了孙内心的矛盾，并表达了此事不能由他个人决定之意。接着孙说南京临时政府财政穷乏到极点，如数日内筹集不到资金则陷于军队离散、政府瓦解之命运，因此他又希望日本提供 1500 万日元贷款。这又是一层矛盾，即他希望得到日本的贷款，但他无权决定东三省租借。在此种双重矛盾中，他最后表示："机会虽已失去，但万一桂公认清我等之心事，有推行其为日本之所志，无论如何，为防止革命军队离散，供给至危之现金。我等现在之情况，如有金钱则安心，可得军队之信赖。军队问题能确实解决，则如所望，我或黄兴中的一人赴日，与桂公会见，商定满洲问题和革命政府之大计。但鉴于当前情况，不能离开南京一步。"孙中山在会谈中两次表示"机会已失去"，也就是说同意日方所说的"机会已失去"，但为解决临时政府面临的财政危机，防止军队的离散、政府的瓦解以及与袁世凯的南北议和等诸多之事，又希望日本提供贷款，其代价是"与桂公会见商定满洲问题和革命政府前途之大计"。但孙的大计是什么？没有明确表示。孙在会谈后致益田的电文中也没有表示确切的意见。

此电文是森用中文确认其大意之后由孙、胡进行删改的，在某种意义上表达了孙的意向。此电就满洲问题说："孙ハ满洲租借ヲ承知セリ"。"承知"一词在日汉字典中有两种解释：一是应允、同意、答应、允许之意；二是知道、知悉之意。笔者认为，"承知"一词应理解为"知道"或"知悉"比较合适，符合日语的习惯。即使"承知"一词含有允许、同意等意思，但其文字的表现形式是含糊的、模棱两可的。这就是日语的特点，因此不能当作绝对明确的同意或者应允，应将该句译成"孙知悉满洲租借之事"。该电接着又说，"如立即借一千万元，则与袁世凯中止议和，孙文或黄兴赴日，缔结满洲秘密契约"。这里虽提到"满洲密约"，却没有提到内容是什么，这也是含糊的。通过以上的分析，可以看出孙在满洲问题上没有明确表态。

退一步讲，即使孙有可能答应日方的要求，我们从孙和森的会谈及往返的电文中可提出以下几个问题：

第一，满洲"租借"或"割让"要求是益田孝、井上馨、山县有朋等先后提出的，并胁迫孙承诺。森是在他们和内阁授意之下与孙会谈的。在2日会谈中森对孙说：

> 如阁下所知，当今世界乃黄种人与白种人之战场，为遏制白人先锋俄罗斯南下，确保我日本安全存立与东洋和平，日本认为，必须以日本势力保全满洲⋯⋯
> 在俄国企图南下、德国占据青岛之际，满洲终归应由日本保护。今日之大势，满洲若单靠中国政府保护其安全，纵使阁下恐亦无此把握。况且从日本立场来看，将满洲完全委于中国政府更是危险至极。中国政府不可能单独保护满洲，这无疑是贵我双方早已承认的事实。应该说，满洲之命运早

已确定。革命政府之前途，想必有诸多困难，倘若没有在地理上和历史上具有特殊地位之日本的特殊援助，完成革命或属疑问。若阁下放弃命运既定之满洲，决心将其委于日本势力，得日本特殊援助以为其代价，以图完成革命之大业，日本必将应允其要求，立即争取必要手段……

　　不知阁下决心如何？若阁下所思与小生相同，则当从速判断。其实，桂公已向益田[孝]吐露此般密旨。若阁下有断然实行之意，[孙黄]二人中之一人，可秘密前往日本会见桂公。日本派军舰在阁下认为方便之地接迎，直驶[日本九州]三池港，再乘特别列车至京都，尔后促桂公自东京前来会见，往返时日约两周即可。

　　这是想借孙中山和南京临时政府财政穷乏之际，趁火打劫，以提供贷款为名，图谋租借和迫使中国割让东三省。因此在研究和考证"满洲借款"时，应先揭露日本军国主义的这一侵略野心。

　　第二，孙和森在会谈中的主张是对立的。孙始终强调优先提供借款，力图先得资金，然后再谈满洲问题。森则相反，先解决"满洲租借或割让问题"，把它作为提供贷款的条件。此种对立，说明了两者目的不同，由此产生的态度也不同。此种对立又表现在是先孙、黄赴日还是先提供借款上。孙始终主张提供借款为先，在某种意义上反映了他在满洲问题上的抵抗心理。如果没有此种抵抗心理，若孙同意先赴日缔结"满洲契约"的话，"满洲租借和割让问题"也许变成现实了。

　　第三，孙中山对当时形势的判断是错误的。孙把提供贷款的日期限于2月9日，其原因与旧历年有直接关系。1912年的春节是2月18日，2月9日是旧历的12月25日。按旧习，春节是大庆之日，节日前南京临时政府应给政府干部及军人发一笔赏金，让他们愉快度过创建共和国后的第一个春节。若不能发这笔钱，也许会有军队离散、政府瓦解之危险。因此当森提出5日内通知年内能否提供贷款时，孙即反驳道，"如真正到年底才提供，也可能会失去提供援助的意义"①，强调必须25日前送到。其实，后来的事实是虽然未能得到日本的贷款，但并未发生孙所预料的那种军队离散、政府瓦解的情况。这也许与孙同袁世凯在南北议和中的妥协有关。历史证明，中国不是依赖日本援助来完成革命的，而是在反对列强侵略的革命战争中废除了与包括日本在内的列强缔结的一切不平等条约，恢复了国家独立和领土完整。这一历史事实又反过来说明，孙中山依靠日本来实现革命的战略是行不通的、错误的。

第四，日本为什么没有提供一千万日元的贷款呢？如上所述，首先当是孙优先提供贷款的要求使然。这种要求并非孙中山独创，其他政治家也有先例，明治维新前后日本的外交中也有类似的现象。然而，日本不愿在得不到孙的确切允诺前提供贷款。此外还与以英国为首的欧美列强的牵制有关。辛亥革命时期日本与欧美列强要维护在中国的既得利益方面虽然一致，但在扩大新权益方面则相互争夺。此时这一争夺是以牵制对方在中国扩大权益的形式表现出来的。在资本主义世界中，日本是二流帝国主义，对欧美列强的牵制不能不有所顾虑，在未得到他们的承认或默认的情况下，不敢胆大妄为地租借或要求割让满洲。这也是其不轻易提供贷款的原因之一。

第五，如孙同意租借或割让东三省的话，如何分析其原因？如何评价他的这一行动？孙从欧美回国后向三井提出借款要求的主观愿望是为推翻清朝实现共和；2月3日要求日本贷款是为防止军队离散和临时政府瓦解。这种动机是好的，符合革命的利益，可是日本趁火打劫，逼迫孙租借或割让满洲。在这种紧急情况下，

_____

① 以上引文均见1912年2月8日森恪致益田孝函，三井文库藏。

如孙含糊不清地同意了森和日方的要求,是因为孙当时似乎认为,完成共和革命的最终目的和一时丧失国家部分主权这一矛盾,能够在以借款维持军队和政府来完成革命最终目的的过程中统一起来,也就是说他试图在革命成功和国家富强起来以后再逐渐废除不平等条约,恢复丧失的主权。尽管如此,我们在详析此问题时应考虑的是"满洲借款或割让"是否变成现实?如变成现实,对此问题的结论和评价将大不相同,但毕竟未变成现实。这与前述孙的不明朗态度大有关系。经考证和比较,从日本方面看,有关孙中山与所谓"满洲租借"问题的材料较多,提供了重要的直证和旁证。但这些材料所反映的孙中山本人的态度是矛盾的、含糊的,而且缺乏出自孙中山本人的直接材料。因此,我们目前只能说此事可能性较大,但下肯定性的结论为时尚早。

第三节　对孙中山中日盟约问题的辨析

孙中山与日本关系研究中的一大悬案是 1915 年的中日盟约问题。这一问题涉及三份文献的真伪:该年 2 月 5 日孙中山和陈其美与日本的民间人士犬冢信太郎和山田纯三郎签署的《中日盟约》(以下简称《盟约》)及同年 3 月 14 日孙中山致日本外务省政务局局长小池张造之函和其附件《盟约案》。此时恰巧是日本强加给中国"二十一条"的时期,《盟约》的内容与其某些条款相似,而且孙中山这时期也没有公开揭露和批判"二十一条"。因此海内外的一些学者认为,《盟约》和致小池张造函及其附件是真物,确有其事。①但我国台湾的一些学者则认为，那是伪物，系他人所为。②

中日盟约问题是关系到国家主权的重大问题，而且直接涉及对孙中山的评价，因此，应慎重对待，认真考订。真物或伪物之说虽然提出了重要的线索，但尚缺许多直证和旁证及完整的考订，下真或伪的结论为时尚早。本节以此种态度，对真伪两说提出质疑，以便把中日盟约问题的研究引向深入。

一、《中日盟约》

《中日盟约》是中日盟约问题中的核心文献，现保存在日本早稻田大学名誉教授洞富雄先生处。据此《盟约》，1915 年 2 月 5 日孙中山、陈其美和日本的犬冢信太郎③、山田纯三郎在此《盟约》上签字盖印。此《盟约》有中文本和日文本，用毛笔书写，蜡封后盖有封印。

《盟约》内容如下：

> 中华及日本因为维持东亚永远之福利两国宜相提携而定如下《盟约》。
>
> 第一条　中日两国既相提携而他外国之对于东亚重要外交事件则两国宜互先通知协定。
>
> 第二条　为便于中日协同作战，中华所用之海陆军兵器

---

① 藤井升三：《二十一条交涉时期的孙文与〈中日盟约〉》，见市古敏教授退休纪念论丛编辑委员会编：《近代中国研究论集》，山川出版社 1981 年版，第 335～358 页；松本英纪：《二十一条问题与孙中山》，见孙中山研究会编：《孙中山和他的时代——孙中山研究国际学术讨论会文集》（上册），中华书局 1989 年版，第 638～660 页；陈锡祺主编：《孙中山年谱长编》（上册），中华书局 1991 年版，第 933～935 页；段云章、邱捷：《孙中山与中国近代军阀》，四川人民出版社 1989 年版，第 167 页。

② 陈在俊：《〈孙文密约〉真伪之探究——日本侵华谋略例证》，打印稿，1991 年。

③ 犬冢信太郎（1874－1919），佐贺县人，1890 年后在三井物产公司任职，1906～1914 年任满铁理事兼矿业部部长，后在立山水力电气公司、大凑兴业公司任职。曾支持过孙中山的革命活动。

弹药兵具等宜采用与日本同式。

第三条　与前项同一之目的，若中华海军聘用外国军人时，宜主用日本军人。

第四条　使中日政治上提携之确实，中华政府及地方公署若聘用外国人时，宜主用日本人。

第五条　相期中日经济上之协同发达，宜设中日银行及其支部于中日之重要都市。

第六条　与前项同一之日（目）的，中华经营矿山铁路及沿岸航路若要外国资本或合办之必要时可先商日本，若日本不能应办可商他外国。

第七条　日本须与中华改良弊正（政）上之必要援助且速使之成功。

第八条　日本须助中华之改良内政整顿军备建设健全之国家。

第九条　日本须赞助中华之改正条约关税独立及撤废领事裁判权等事业。

第十条　属于前各项范围内之约定而未经两国外交当局者或本《盟约》记名两国人者之认诺，不得与他者缔结。

第十一条　本《盟约》自签订之日起拾年间为有效，依两国之希望更得延期。

中华民国四年贰月五日即

大正四年贰月五日作于东京

孙　文　印

陈其美　印

犬冢信太郎　印

山田纯三郎　印

日本外交史料馆所藏的《孙文动静》是研究孙、日关系的重要档案资料。①签署《盟约》的第二天即 2 月 6 日的《孙文动静》记有 2 月 5 日孙活动情况，为考证《盟约》真伪提供了重要线索。真伪两说都引用此档案资料，但得出的结论则相反。2 月 6 日《孙文动静》记录如下：

上午 11 时，山田纯三郎来访，下午 3 时 50 分离去。

上午 11 时 10 分，孙再打电话，请陈其美持印速来。

上午 11 时 48 分，陈其美陪同藤田礼造来访，参与交谈。陈 11 时 53 分，藤田下午 1 时 2 分离去。

中午 12 时 10 分，陈其美再次来访，参与交谈。下午 1 时 45 分离去。

中午 12 时 10 分，王统一来访，参与交谈。2 时离去。②

（一）据此记录，5 日孙中山、山田纯三郎、陈其美三人于同一时间聚集在孙宅是确实的。至于犬冢不仅这一天未在孙宅，而且这时期几乎与孙无往来。据《孙文动静》，孙只有 1914 年 8 月 12 日在陈其美处与他相会一次。犬冢是 1916 年 1 月 25 日初次访孙宅，其后在 2～4 月往来频繁。这便有了下面的疑问：犬冢的署名和印章是真的还是他人的？如是真的话，犬冢是何时签名的？

（二）"上午 11 时 10 分，孙再打电话，请陈其美持印速来"的记载，与这一天陈其美在该《盟约》上签名盖章是否存在直接关系？日本学者就将这一条记载当作判断真伪的重要依据之一，并断定为真物。尽管如此，若以此断定陈确实在《盟约》上盖章，还得需要其他佐证和旁证。因为还存在孙、陈在同日用它在其他文件上盖章的可能。陈是陪同藤田礼造来访的。藤田在东北沈阳经营火药店，访孙宅只有这次。我国台湾学者认为，陈陪藤田来

① 二次革命失败后孙中山赴日领导革命。日本警视厅以保护为名，派便衣警察日夜监视、跟踪革命党人。警察将其侦察情况于当日或翌日写成《孙文动静》，以"乙秘第××号"的编号，逐日报送外务省政务局第一课（主管中国问题）。

②《孙文动静》乙秘第 300 号（按：从前后的编号分析，300 号为 200 号之笔误），1915 年 2 月 6 日，日本外务省外交史料馆藏（下同）。

访是为签订买卖火药的合同，孙叫陈持印速来的原因也在此。以此否定日本学者的陈持印来在《盟约》上盖章之说。[①]但这是推理，若要证实，则需合同原件等直证材料；另外，即使如此，也还不能排除在《盟约》上盖章的可能性，因为印章在同一时间内是可以盖几次的。

（三）这一天，孙、陈、山田三人在一起的时间是藤田离去的下午1时3分至陈离去的1时45分，共43分钟。这么短的时间内三人讨论、起草这一《盟约》是不可能的。如在此前起草，则需三人在此前有聚会讨论起草的足够时间。此前三人开会的时间如下：

1月27日，午后4时55分至6时35分，共1小时40分钟。[②]1月31日，午后3时40分至4时40分，共1小时，王统一也参加。[③]2月1日，午后4时20分至5时10分，共50分钟。[④]2月2日，午后1时5分至2时55分，共1小时50分，王统一参加。[⑤]2月3日，陈和山田前后两次访孙，但三人在一起的时间是午后3时35分至3时58分，共23分钟，王统一和戴天仇参加。[⑥]2月4日，山田、陈二人都未来访。[⑦]

如上所述，日本外交史料馆所藏的2月6日《孙文动静》为研究《盟约》真伪提供了重要线索，但还有以上的几个疑点，有待用新的直证和旁证材料进一步考证。

关于《盟约》的第二件史料是山田纯三郎的回忆。他在回忆日本海军中将秋山真之的文章中说："中国方面以孙和陈[其美]，日本方面以犬冢[信太郎]和我为名义缔结了密约。现在其〇〇的

---

① 陈在俊：前揭文，第15～16页。
②《孙文动静》乙秘第129号，1915年1月28日。
③《孙文动静》乙秘第164号，1915年2月1日。
④《孙文动静》乙秘第170号，1915年2月2日。
⑤《孙文动静》乙秘第179号，1915年2月3日。
⑥《孙文动静》乙秘第187号，1915年2月4日。
⑦《孙文动静》乙秘第193号，1915年2月5日。

○○还藏在某处的金库里。它是由秋山将军执笔，我拿去亲手交给孙的。"①日本学者认为，这"○○的○○"是指"日中的《盟约》"，"某处的金库"是指参谋本部的金库，并断定此《盟约》由秋山执笔。山田在这一回忆中也曾谈到缔结密约的背景及围绕《盟约》的人际关系。他说，1912年秋山任日本海军第一舰队参谋长时与满铁理事犬冢信太郎相识，并"就中国问题畅谈一番，一下便如十年知己。还有一人是当时的外务省政务局长小池张造，这三人很为各种中国之事担心"。不久，秋山、犬冢、小池三人劝日本财阀久原房之助借款给孙中山100万日元。三人又托陆军教育总监上原勇作做久原借款给孙的工作。久原答应借款，作为其代价缔结了这一《盟约》。②这就是说，《盟约》是久原借款的直接产物。

那么，先考证一下久原借款。关于久原借款给孙之事，山中峰太郎另有记述。山中还说，日俄贸易公司社长松岛金太郎、犬冢信太郎、小池张造、秋山真之及中方的王统一、戴天仇、廖仲恺等人也参与了此事。③山中的记述与1916年3月的《孙文动静》中有关记载相吻合。据《孙文动静》，松岛于1916年3月5日访孙④；孙也于3月7日偕王统一、金佐治（可能是廖仲恺的化名）访松岛，这时山中也在座。⑤3月8日，松岛访孙两次，晚陪同孙访久原之助。⑥3月10日松岛访孙两次并在松岛宅缔结了久原借款之合同。⑦在这一合同上，中方由孙和戴天仇、日方由松岛和

① 此文载于秋山真之会编的《秋山真之》（上卷），见松本英纪《二十一条问题与孙中山》，第654～655页。

② 松本英纪：前揭文，第654～655页。

③ 山中峰太郎：《实录亚洲的黎明——第三次革命真相》，文艺春秋社，第272～273页。引自松本英纪前揭文，第653页。山中峰太郎曾为陆军军官，参加过二次革命。此时任《朝日新闻》记者。

④《孙文动静》乙秘第351号，1916年3月6日。

⑤《孙文动静》乙秘第361号，1916年3月8日。

⑥《孙文动静》乙秘第367号，1916年3月9日。

⑦《孙文动静》及附记，乙秘第375号，1916年3月11日。

山中签字。

3 月 19 日，孙中山偕戴天仇访久原，日本国会议员秋山定辅也在座。秋山也有久原借款之回忆，但其过程与山中有所不同。[①]

孙中山也曾言及久原借款。1916 年 2 月 22 日孙在致久原函中写道："前日所交下日金柒拾万元已收到，当即呈上借款证书。"[②]

根据以上几位的回忆、记述和函件可以确定：首先，久原借款是 1916 年二三月之事，而不是 1915 年的。这便告诉我们所谓的《盟约》与久原借款相隔一年，两者没有直接关系。而且秋山真之于 1916 年 2 月去欧洲，10 月回国[③]，这时不在国内，有关的《孙文动静》中也没有秋山参与的记载。山田在回忆秋山真之的文章中所说的两者关系与历史事实不符。

其次，山中的记述只谈久原借款，不涉及《盟约》问题，这与山田的回忆不同，更接近历史事实。

再次，犬冢信太郎，如山中所说，在交涉久原借款时与孙有频繁往来，而在 1915 年二三月则没有往来。

还有一个问题是山中与孙的关系。这时山中与孙的关系并不密切，《孙文动静》中只记有 1915 年 1 月 23 日下午 3 时 25 分访孙，但孙谢绝会见。[④]1916 年 3 月 7 日山中在松岛宅与孙见了一次面，由此可见山中曾参与了久原借款，他对此借款的记述较为可信。对《盟约》问题，因他那时与孙关系不密切，不大可能知道，所以他在记述中没有涉及《盟约》是符合情理的。

由此看来，山中的记述不能作为判断《盟约》真伪的旁证。山田纯三郎在忆秋山真之的文章中所谈的《盟约》一事是个孤证，

---

① 《孙文动静》乙秘第 370 号，1916 年 3 月 20 日。村松梢风：《金·恋·佛》，关书院 1948 年版，第 40～48 页。
② 《孙中山全集》，第 3 卷，中华书局 1984 年版，第 243 页。
③ 秦郁彦编：《日本陆海军综合事典》，东京大学出版会 1991 年版，第 162 页。
④ 《孙文动静》乙秘第 106 号，1915 年 1 月 24 日。

年代上相差一年，而其中的"其○○的○○"无疑便是"日中的
《盟约》"，以及某处金库就是"参谋本部的金库"的结论①仅为推
测，缺少证实它的直证和旁证史料。而且秋山属海军，参谋本部
是属陆军的，海军的参谋部称为军令部，秋山把它放在军令部的
可能是有的，但放在参谋本部的可能性是不大的。

　　一个人的行为有其政治思想根源，孙中山也不例外。推断《盟
约》为真物者的政治思想上的主要依据是由一句记录——"独孙
先生于此事（按：指'二十一条'）默不一言"②——出发，遂认
为孙中山对"二十一条"认识不清，因而与日方订立与之内容较
为相似的《盟约》是完全有可能的。"独孙先生于此事默不一言"，
出自 1915 年 3 月 10 日中华革命党第八号通告，但同一天孙中山
致美国华侨同志之函中明确指出："足以令我国民恐慌者，即为近
日中日交涉问题；再推远观之，则为将来欧洲战事完结之后，列
强相继而来，效尤日本，则中国瓜分之惨祸立至，尚何疑义？苟
中国目前之交涉，一旦退让，中国亦难再有革命图存之机会矣！
职是之故，我国人当速即起事，以救亡于未亡之际。否则，日本
之吞并中国，如英之吞并埃及，同一破亡，永无复见天日之望
矣。"③上述引文表明孙中山对"二十一条"及其交涉有明确的认
识，而且表示了反对"二十一条"交涉之态度。在此函中，孙中
山还批驳了为驱除袁世凯借助日本之谣言，说："若谓借助于日
本一说，虽至愚之人，亦足以知日本万不可靠，稍有识者亦当知
造谣者立说之谬妄矣！"这批驳了当时社会上流传的对孙中山的
谣言。

　　与"真物说"相反，我国台湾的学者认为，孙中山是伟大的
革命家和爱国主义者，从政治思想上来说，他不会作出签署《盟

---

① 松本英纪：前揭文，第 654～655 页。
② 《中央党务月刊》，第 4 期。
③ 《孙中山年谱长编》上册，第 940 页。

约》的举动，因此《盟约》是伪物。这同样是主观上的推理。

一切行为都有其政治背景。先把具体问题考证清楚后再下真物还是伪物之结论，然后根据结论再分析其政治思想根源，这是处理实证性考证与政治思想关系的程序。中日盟约问题的考证也应该遵循这一程序，前两者的提法都违背了这一程序。

考证《盟约》之真伪的另一重要途径是关于它的来历问题。如前所述，该《盟约》至今还保存在洞富雄教授处。据洞富雄教授说，《盟约》是早稻田大学文学部某教授病危时交给他的，而文学部的那个教授又是从东京的岸家那里拿来的。岸家先辈中有一个叫岸清一的，那一时期在日本的北越和山东一带与犬冢信太郎共同策划开矿，但没有成功。大概由于这个关系，《盟约》从岸家传下来的吧。

洞教授还有两张借据：1915 年 1 月 13 日孙中山从犬冢那里借用 13 万日元的借据和同年 3 月 15 日"收到犬冢先生交来金五千日元"的收据。这两件也是从岸家传下来的，都有孙文的签名和图章；图章大小与《盟约》的孙图章一样，都是 2.3 厘米，签名也大体相同。1 月 13 日的签名与《盟约》的中文本签名相似，3 月 15 日的签名与日文本的签名相似。但据《孙文动静》，这个时期孙中山与犬冢并没有直接往来。没有来往却有借条，而且签名和图章都与《盟约》的非常相似，如何解释？这便提出了另一个问题，即此《盟约》与犬冢是否没有直接关系？而且《盟约》上的签名又不像他本人的。为了弄清《盟约》产生的背景和过程，应该通过岸家族进一步调查。

山田纯三郎的有关回忆，虽然在久原借款问题上有一年之差，但尚不能以此完全否定该《盟约》是由秋山真之起草之说。应先将《盟约》与秋山的笔迹加以比较，进而甄别《盟约》是否由秋山执笔。如前所说，从时间角度来说，2 月 5 日及其以前，孙、陈、山田三人没有时间充分讨论和起草《盟约》。如果这样的话，这与山田的说法即"由秋山将军执笔，我拿去亲手交与孙的"是否有什么关系？山田是 2 月 5 日上午 11 时访孙，孙是 10 分钟后打电话，"请陈其美持印速来"的。如山田的回忆是真的话，他是否拿着秋山起草的《盟约》上午 11 点到达孙宅？这些都是疑问和推测，需要材料来证实。可是日本爱知大学所保存的《山田纯三郎文书》中却没有收录有关材料。

据我国台湾学者考证，《中日盟约》（指中文本——笔者注）是依据《日中盟约》的日文译成中文的，文字欠通，完全是日本人自作自译的东西。①那么，这与山田的上述说法又有何种关系？

这一《中日盟约》不是唯一的，当时国内报刊也刊载过《孙文之日支攻守同盟条约》②、《孙文与犬养毅订结协约》③等。其内容与《盟约》有共同之点，也有不同之处，其真伪需要考证。④

二、致小池张造函与《盟约案》

据日本外务省外交史料馆所藏《各国内政关系杂纂——中国之部·革命党关系》第 16 卷，1915 年 3 月 14 日孙中山致函日本外务省政务局局长小池张造，并附上《盟约案》。

该函用日文撰写，其中写道：日本政府向袁世凯政府"提出之所谓日中交涉事件，乃以日中亲善及东亚和平为谈判之目的者。此点与不肖所倡尊之主张相一致，虽欣喜不已，至于贯彻此目的

---

① 陈在俊：前揭文，第 14 页。
② 《申报》1915 年 4 月 22 日。
③ 《申报》1915 年 4 月 24 日。
④ 《盟约》上有孙、陈及山田、犬冢四人的签名和图章，考证他们的签名和图章是甄别《盟约》真伪的重要环节。但现在常见到的《盟约》是复印件、缩小的复印件或者两次复印件，有的是用摄像机或照像机拍照的，与原件不大相同；有的明显变形，1991 年 4 月 24 日日本 NHK 电视台播出的签名和图章更是如此（有关这方面的情况，可参考陈在俊前揭文之附录 5 及附录 7）。而且我们当作原件的签名和图章也不是原件，而是铅字制版印制的或者印刷品的复印件，因而不能把这些当作原件来与《盟约》的签名和图章加以比较。加之人的签名不是固定的，在不同时期、不同条件下笔调、笔法都有变化，而且签名和图章可以仿冒，在考证时应该考虑这些因素。因此对签名和图章的考证和比较，在某种意义上是相对的比较，而不是绝对的结论。

之手段方法，则不能不使人失望灰心，诚所不堪焦虑者也。且如欲求东亚之和平，则舍实行真正之日中提携以外，决无其他途径"；"惟关于交涉事件，对于将真正提携问题置之度外且缺乏诚意之敝国政府当局，采取始终一贯之强硬交涉，将出现可悲之事实，至为明显，此与吾人最终目的之日中提携之本旨相背离之手段，不肖等至感遗憾"。"欲得巩固之同盟，尝起草如左之《盟约》草案，秘密就教于贵国之有司焉。从今日之形势，欲实现如此理想，虽属不易，然今日世界大势动乱、欧洲战局变化极大之秋，更是需要日中提携不可一日或缓之际。"因此，应"尽一切方法以挽回局面""兹谨披沥满腔之诚意，以请教于阁下"。

《盟约案》有 11 条，其内容与《中日盟约》基本上一样。

致小池函、《盟约案》和《中日盟约》这三者皆用毛笔书写，三者之笔调、笔法颇为相似，国内外学者对其真伪判断虽有分歧，但公认三者出自一人之手。这便说明三者有内在联系，对其中一个原件的甄别牵涉到其他原件。

下面试列举考证致小池函和《盟约案》的若干可循途径。

（一）函原件的右上角附有"王统一"三个字的名片，名片左侧用毛笔写有"大正四年（1915 年——笔者注）三月十四日王统一持参"的毛笔字。这就是说此函是 3 月 14 日王统一递上来的。这是考究该函的物证。王统一的原名为王统，是海军军官，这一时期与孙的关系较密切。我们应该进一步考察这时他是否使用过此种名片？是否系王的真正名片？

（二）在孙文签发信函和王统一向日本外务省递交信函的 3 月 14 日，王并没有访孙。

（三）3 月 14 日前王统一和孙中山没有单独聚在一起充分讨论起草函件和《盟约案》的时间。据《孙文动静》，王统一访孙时间如下：

（1）2 月 28 日下午 4 时 15 分至 45 分。陈其美、王静一、丁仁杰等在座。①

（2）3 月 2 日下午 4 时 30 分至 5 时 10 分。陈其美、叶家声、周应时等在座。②

（3）3 月 4 日下午 3 时 35 分至 4 时 15 分，谈 40 分钟。金佐治、叶夏声、韦玉、夏重民、吴叶刚、戴天仇等在座。③

（4）3 月 6 日下午 3 时 10 分至 55 分，谈 45 分钟。陈其美、何天炯、萱野长知、蒋介石、韦玉、丁仁杰等在座。④

（5）3 月 7 日上午 9 时 50 分至 10 时，谈 10 分钟。余祥辉在座。后再次来访（不知时间），12 时 58 分离去。余祥辉、陈其美、韦玉、欧汤豪、夏重民等在座。⑤

（6）3 月 11 日上午 9 时 30 分来访，谈 20 分钟后离去。上午 11 时孙至民国社，与王统一、肖萱、丁仁杰等数人面谈 1 小时 18 分钟。下午 4 时 20 分，王偕富永龙太郎来访，富永汇报中国国内运动情况，孙大为不满，6 时 15 分离去，共谈 1 小时 55 分钟。⑥

（7）3 月 12 日，上午 10 时 50 分陪同东京《日日新闻》记者来访，11 时 20 分离去，共谈 30 分钟。⑦

如上所记，王访孙时其他革命党人或日人也在座，没有时间与孙单独谈话。这便说明孙与王单独在孙宅谈致小池函和《盟约案》的条件是不具备的。当然也不排除其他时间起草的可能性。

（四）该函错字较多，如"敝国"的"敝"字，5 处误写为"弊"；"交涉"的"涉"也 5 处误写成"埗"；"荏苒"的"苒"字写成"苒"；"旷日"的"旷"字误写成"旴"。⑧如孙中山起草或校阅则不会出

---

① 《孙文动静》乙秘第 434 号，1915 年 3 月 1 日。
② 《孙文动静》乙秘第 454 号，1915 年 3 月 3 日。
③ 《孙文动静》乙秘第 473 号，1915 年 3 月 5 日。
④ 《孙文动静》乙秘第 491 号，1915 年 3 月 7 日。
⑤ 《孙文动静》乙秘第 498 号，1915 年 3 月 8 日。
⑥ 《孙文动静》乙秘第 535 号，1915 年 3 月 12 日。
⑦ 《孙文动静》乙秘第 544 号，1915 年 3 月 13 日。
⑧ 陈在俊：前揭文，第 4 页。

现这些错字。这样，该函与孙似乎没关系。

（五）如《中日盟约》由秋山执笔，致小池之函也应该由他执笔。但据日本《东亚先觉志士记传》和《对支回顾录》，秋山真之文藻丰腴，日俄战争时期替联合舰队司令长官东乡平八郎写的战报，"字字金玉，读之如无韵之诗"①。但致小池之函，辞意芜冗，错字连篇，岂是出于文豪秋山真之的笔下？②这也是个疑点。

（六）《中日盟约》和致小池函及《盟约案》，从其内容和笔法、笔调来说是有内在联系的。那么缔结《中日盟约》后为什么又致函小池，并重新提出《盟约案》呢？这是否意味着《中日盟约》的无效呢？如果是无效的话，那么缔结《中日盟约》的意义何在？《中日盟约》是与日本民间人士缔结的，《盟约案》是向外务省的局长提出的，局长的权威当然比民间人士大。向局长提出《盟约案》，在一定意义上是否否定了山田、犬冢背后有秋山真之及上原勇作等军界要人之说？这些都是疑点。

对以上几个疑点，真物说或伪物说都不能解明。而且讨论起草这一函和《盟约案》的过程也非常不明。这是更大的疑点。鉴于这种情况，目前真物或伪物证据不足，有待进一步考订。

为了搞清中日盟约问题，需要根据上述及其他线索继续发掘有关的直证和旁证材料。如无新材料，对此问题的考证也无法深入，真伪之争也无意义。其次，需要进一步追查岸清一家族这一条线索，弄清《中日盟约》原件的来历。这会为解决盟约问题的真伪提供重要的依据。

本文虽然对真伪没有下肯定的意见，但对真物或伪物之说提出的质疑，可算是一家之言，在真伪之争中可谓第三种意见。

---

① 东亚同文会编：《对支回顾录》（下），原书房1967年版，第756页。
② 陈在俊：前揭文，第14页。

第四节　孙中山的反帝斗争与列强的对策

——以关余、商团事件为中心

1923、1924 年，孙中山和广东政府进行了争取关余、平息商团叛乱的斗争。这两大斗争，都把矛头指向以英国为首的帝国主义列强及其国内代言人。我国学术界主要研究商团事件与孙中山的关系，对关余问题研究甚少。而且这些研究侧重于国内问题，甚少涉及与列强关系。这两大斗争既然是一次反帝斗争，就应着重研究孙中山和广东政府如何与列强做斗争，列强又如何对待这次斗争等问题。这对研究孙中山的反帝思想和列强对孙的政策是颇有意义的。

一、争取关余的斗争

海关属国家主权管辖，但在半殖民地的中国，海关管理权却被以英国为首的列强所把持，海关收入用来支付庚子赔款，偿还以关税担保的外债及其利息。其剩余部分称关余，自 1917 年开始交与北京政府，至 1919 年其总额的 13.7%拨给西南护法政府。但 1920 年 3 月，因该政府内部分裂而暂停支付。

孙中山要求继续支付这一关余。这虽然不是收回海关主权，但与过去关余全归列强相较，无疑是个变化，是为收回海关主权迈出的第一步，有可能发展成为收回海关主权的斗争。因此，日本和欧美列强十分惧怕这一斗争。

从这种意义上来说，孙中山和广东政府争取关余的斗争是其反帝斗争的一个组成部分。

孙中山在解决关余的斗争中，极力争取日本的支持。7 月 20 日他派广东政府外交部长伍朝枢走访日本驻粤总领事天羽英二，要求日本以 1919 年西南护法政府为例,向驻北京公使团及总税务司安格联(英国人)提议将关余的 13.7%拨给广东政府,并请天羽将这一要求转告内田外相,"诚望日本予以承诺"[①]。此后,广东政府非正式地将此意通告驻粤领事团和总税务司安格联。孙中山和广东政府做了上述外交准备之后,9 月 5 日通过驻粤领事团正式向驻京公使团提出了关余问题的照会。该照会写道:"以关余之处分,纯属中国内政问题,非列强之权限所能及,各国对关税之关余,仅还付于关税作抵之各外债而已。用特商请公使团,饬令银行委员会,立将关余交与总税务司,由总税务司摊分与本政府,且须拨还民国九年三月以后西南应得之积存关余。"[②]

对此照会,驻粤领事团附加了两条意见:一,如同意拨付,因其辖地比过去缩小,其分配额也应减少;二,如不同意,孙中山则收回海关,或者把广州港变成自由港,如其他各省均仿效,则中国海关制度有遭根本破坏之可能。[③]驻粤领事团虽然未表示明确态度,但天羽总领事却支持了孙中山和广东政府的要求。9 月 7 日和 11 日,他分别向驻京公使芳泽谦吉和山本权兵卫外相[④]建议:自 1920 年以来未交付的部分尚有相当商量之余地,没有理由拒绝将现今及将来关余拨付广东政府之要求。[⑤]接着他又陈述,13.7%的分配额是根据当时护法政府辖粤、桂、滇、黔四省而定,今日之广东政府辖地已大大缩小,因此当依据实情再议其分配额。[⑥]天羽为什么支持孙中山和广东政府要求呢?一是"立于公正之见地";二是顾忌到"如公使团拒绝此要求,广东政府可仿盐税之例,断然收回海关"。[⑦]

---

① 《日本外交文书》,大正十二年,第 2 册,第 596 页。
② 《孙中山全集》,第 8 卷,第 549~550 页。
③ 横山宏章著:《孙中山的革命与政治领导》,研文出版 1983 年版,第 326 页。
④ 1923 年 9 月 2 日山本权兵卫内阁成立,山本首相兼外相。
⑤ 《日本外交文书》,大正十二年,第 2 册,第 597~598 页。
⑥ 《日本外交文书》,大正十二年,第 2 册,第 597~598 页。
⑦ 《日本外交文书》,大正十二年,第 2 册,第 597~598 页。

　　10 月 6 日，日、英、美、法四国公使在京英国公使馆会晤，商议广东政府的要求。会上各公使的意见不一。英国公使麻克类是公使团首席公使，他提议："广东政府要求言之有理，故应敦促北京政府与其协商，我等暂时静观形势之发展。若两者间不能达成协议，则由公使团确定两者间的分配额。"①对此日本公使芳泽表示赞同。美国公使舒尔曼则提议："暂不答复广东政府，俟安格联归后，请他于两者间斡旋。"②对此法国公使表示赞同，英国公使则持异议。鉴于公使团内部的分歧，美国公使又提议："鉴于事态之变化，暂取观望之态度。"③对此意见，各国公使均表示赞同。公使团会议没有达成任何实质性决定，也没有正式答复广东政府。尽管如此，日、英公使大致同意广东政府的要求。日本公使芳泽同意之理由与天羽相同。至于英国公使麻克类，因为 1922 年香港海员大罢工时，孙中山和广东政府曾支持他们的斗争，英国因此蒙受了巨大的经济损失，因此不敢轻易与孙中山和广东政府作对。

　　可是，总税务司安格联则不然。他从欧美回上海后，驻粤英总领杰弥逊 11 月 2 日向他转告了广东政府的要求。安格联说，无商量之余地，当面拒绝了广东政府的要求。④其理由是当地的外国银行团担心上海地区因此产生财政恐慌。当时上海商团、天津银行公会正用关余整顿国内债券，如将关余的一部分拨交广东政府则对己不利，因此纷纷发表声明反对广东政府的要求。于是，广东政府与英国关系日趋恶化。

　　11 月 19 日，广东政府外长伍朝枢拜访英总领事杰弥逊，就关余问题提出质询，并警告："如拒绝广东政府之要求，非常遗憾，只能诉诸最后之手段。"⑤这一"最后之手段"是指收回海关之意。

---

① 《日本外交文书》，大正十二年，第 2 册，第 597～598 页。
② 《日本外交文书》，大正十二年，第 2 册，第 597～598 页。
③ 《日本外交文书》，大正十二年，第 2 册，第 597～598 页。
④ 《日本外交文书》，大正十二年，第 2 册，第 600 页。
⑤ 《日本外交文书》，大正十二年，第 2 册，第 601 页。

此时主张废除不平等条约的孙中山虽有立即收回海关之志，但此时其实力尚不足，且其革命运动的主要任务也不在此。伍外长虽说出此意，但这是为解决关余问题所施加的一种外交压力。可是列强却惧怕关余问题发展成为收回海关主权的斗争。这样，关余和收回海关问题便联结在一起。列强唯恐孙中山和广东政府收回海关主权。他们力图以军事实力阻止孙中山和广东政府的这一举动。杰弥逊总领事威胁伍外长说："若如此，英国将断然实行经济封锁。"①

在广东政府与英国的对立愈益激化的形势下，孙中山致书犬养毅②，表示了寄希望于日本的意愿。同时，为了对抗英国的恫吓，希望日本给予具体协助。当时，广东从西贡进口大米，向国外出口生丝，如英国等列强实行经济封锁，进出则受阻，广东经济将遭受严重打击，因此，求助日本船只承运这些进出口物资。③11月20日，孙中山的日人顾问井上谦吉将此意转告天羽；但他拒绝提供船只。井上又劝天羽就此问题与李烈钧面晤，但仍遭拒绝。天羽托他转告孙中山和广东政府：日本及诸国政府均反对收回海关。④24日，孙中山又派邹鲁走访天羽，重提前述要求。天羽仍予拒绝。这表示，天羽在关余问题上对孙中山和广东政府虽然有所支持，但在收回海关问题上断然反对。孙中山和广东政府对日的这一希望遂成泡影。

此时，孙中山积极推进国民党的改组。11月12日，发表《中国国民党改组宣言》和党纲及章程草案，并加强了广东政府的革命化。对此，帝国主义列强怀恨在心。恰在此时，孙中山和广东政府收回广东海关之说广为流传。这就更加深了列强对孙中山和广东政府的敌意。首先掌管中国海关大权的英国，变得态度强硬

① 《日本外交文书》，大正十二年，第2册，第601页。
② 致犬养毅书，见《孙中山全集》，第8卷，第401～406页。
③ 《日本外交文书》，大正十二年，第2册，第599页。
④ 《日本外交文书》，大正十二年，第2册，第599页。

起来。11 月 30 日英国公使麻克类提出封锁广州港的计划，但因其他各国公使的反对而作罢。可是，日、英、美、法、意五国公使又决定：把各国军舰集结在广州港，对广东政府施加军事压力。

12 月 1 日，北京公使团在荷兰公使馆召开会议，以武力为后盾，向广东政府提出了警告："不得对中国海关有任何干涉，如加干涉则将采取必要的强硬手段。"[①]会议还提议各国公使，电告泊于广州的各国军舰"应与领事团商量，采取必要之措施"[②]。芳泽公使表示"将禀告本国政府，争取与各国协同行动"[③]。伊集院外相[④]则指示："万一广东政府方面无视外国之意向，擅行非法之措施，我方不妨与领事团取一致之态度；与军舰联络，采取适当之措施，阻止此种事态。"[⑤]自华盛顿会议以来，由于《九国公约》的牵制，日本采取了与列强协调一致的对华政策。伊集院外相的指示是此种协调政策的表现。但伊集院又指示："要避免取主动之态度。"[⑥]这表明日本虽然与列强协调一致，但为日后与广东政府的交往留下了一定的余地。

12 月 3 日，驻粤英国总领事杰弥逊将北京公使团的 1 日之警告通知伍外长，并要求广东政府迅速作出答复。对此，12 月 5 日，广东政府着伍朝枢向英国总领事杰弥逊回复如下：

一、"中国海关始终为中国国家机关，本政府辖境内各海关，自应遵守本政府命令。"二、"关税之汇交北京，不啻资助其战费；以肆其侵略政策。本政府今欲令税关官吏，以后不得将此款交与北京，应截留为本[地]方之用。"三、本政府"声明并无干涉税关及迫胁收管海关行政之意。此乃完全中国内政问题，无与列强之

① 《日本外交文书》，大正十二年，第 2 册，第 602 页。
② 《日本外交文书》，大正十二年，第 2 册，第 602 页。
③ 《日本外交文书》，大正十二年，第 2 册，第 602 页。
④ 1923 年 9 月 19 日，伊集院彦吉任外相。
⑤ 《日本外交文书》，大正十二年，第 2 册，第 604 页。
⑥ 《日本外交文书》，大正十二年，第 2 册，第 604 页。

事。"四、两星期内"不作任何举动，以再待使团之解决"。①这一答复再次表明了孙中山和广东政府争取关余的决心和暂不收回海关的意向。

英、法总领事接到广东政府这一答复后，以保护海关为借口，想派水兵登陆沙面，进行武力恫吓。但日本总领事天羽却采取了与英法不同的态度，主张接受广东政府 5 日的答复。12 月 6 日，天羽向伊集院外相建议："如公使团大都不倾向于拒绝引渡关税，则由我方主动承认关余的引渡，并根据情况，诱导公使团作出此种决定，此乃良策。"②天羽之所以如此主张，是出于以下考虑，即"据理论或先例，并无必须拒绝广东方面要求之强有力依据"，且国民党"事实上对日本存有好感，因此帝国在考虑北方政府立场的同时，不可忽略与南方的关系"③。

可是，北京公使团于 12 月 11 日召开会议，讨论广东政府 5 日答复。公使团认为"根据《辛丑条约》，列强对于关税，只有还付以关税作抵孙之各外债本息，及该约第六条所订之赔款本息之优先权，而无处分关余之权"④。列强以"无处分关余之权"为借口，再次拒绝了广东政府的要求。12 月 14 日，北京公使团通过驻粤领事团将此意见通告广东政府。领事团预计，这一意见对孙中山和广东政府的要求无任何承诺，他们可能因此采取收回海关或命令现任税务司立即辞职等非常手段。13 日，领事团在英国领事馆商量对策。当时已有 9 艘军舰停泊在广州港。日本决定紧急向广州派遣两艘驱逐舰。美国则从马尼拉调 6 艘驱逐舰至香港待命。香港、澳门的驻军也做好随时出动的准备。英美的两艘军舰分别配备于广州沙面的南北两端。其他军舰则准备封锁广州港。

孙中山和广东政府并未屈服于列强的武力恫吓。15 日，孙中

---

① 《孙中山全集》，第 8 卷，第 550 页。
② 《日本外交文书》，大正十二年，第 2 册，第 606 页。
③ 《日本外交文书》，大正十二年，第 2 册，第 606 页。
④ 《孙中山全集》，第 8 卷，第 550 页。

山派其顾问诺曼面谒英总领事杰弥逊，要求将关税收入全部留于广东。①同日，又向来访的日人佐藤安之助阐明了彻底贯彻这一要求的决心。②16 日，广东政府动员民众，在西瓜公园召开工人、学生等参加的一万人民众大会，抗议列强的武力威胁。会后，举行了示威游行。24 日，又举行了同样的集会和示威。孙中山和广东政府虽然抗议列强，但没有实力抗击列强。1924 年 2 月 24 日，孙中山在三民主义民族主义讲演中对敌我双方的力量作了清晰的分析。就英国而言，它经营香港几十年，"练得有陆军，驻得有海军，以香港的海陆军来攻，我们一时虽然不至亡国，但是没有力量可以抵抗"，中英两国如果绝交，最多在两个月之内，英国便可以下命令。与此同时，孙中山也发表声明，重申前命令：（一）关款除应付赔款及利息外，余款解交西南政府；（二）自民国九年 3 月起，西南关余均应照交；（三）限 10 日内答复，如不遵命，即另委关员。③并称庚子赔款乃是战前的一种惩罚性措施，现已过时，切实予以废弃。④

21 日，驻粤各国领事和军舰的首席军官在英国总领事馆商议孙中山的命令和声明。首席总领事杰弥逊鉴于孙中山和广东政府无意收回广东海关情况，便提出："诸国军舰是否尚有留住之必要？"⑤日本总领事天羽则一反常态，声称目前"尚未得到孙中山放弃管理税关企图之保证，且其在《声明》中有自行任命关员之意向。作为领事团，依惯例，无权令军舰撤走"⑥，强调继续泊于广州港之必要。其他领事对此均表示赞同。17 艘外国军舰于是仍泊于广州，继续向孙中山和广东政府施加军事压力。

①《日本外交文书》，大正十二年，第 2 册，第 616 页。
②《日本外交文书》，大正十二年，第 2 册，第 616 页。
③《孙中山全集》，第 8 卷，第 547 页。
④《日本外交文书》，大正十二年，第 2 册，第 625 页。
⑤《日本外交文书》，大正十二年，第 2 册，第 624 页。
⑥《日本外交文书》，大正十二年，第 2 册，第 624 页。

　　孙中山和广东政府无力与列强进行武力对抗，加之，请日本调停之要求也未实现。因此转而委托葡萄牙公使符礼德居中调停。12 月 24 日，葡公使路过香港时，孙中山派代表与其接触，并说明委托之意。27 日，正式向他递交了希望调停的备忘录。其主要内容有："广东政府保留对关税剩余之权利，同时，如总税务司不服从 12 月 19 日之命令，广东政府则将另委关员。如外交团认为采取此种措施妨碍中国海关制度的有效实行，则应就此事召开有广东领事团及北京政府代表参加的会议。"①葡公使将此备忘录转交驻京公使团首席公使麻克类。麻克类随之与美、法等国公使商议。他们一致认为，该备忘录是基于广东政府是独立之政府的前提下提出的，如召开这种会议则"有事实上承认广东政府之虞"，因此拒绝其要求。②31 日，英公使麻克类和荷兰公使访芳泽公使，说明此意。芳泽对此表示赞同。1924 年，芳泽接替麻克类任公使团首席公使。他代表驻京公使团通知驻粤领事团首席领事：孙中山交给葡公使的备忘录不可能提交公使团研究，并指示将此意通告孙中山。③

　　葡公使的调停也未能成功，但孙中山和广东政府并未放弃争取关余的决心，继续寻求解决的方法。1924 年 1 月 4 日驻京美国公使舒尔曼来粤。他来粤的过程和目的不太清楚，但其第二天就关余问题与伍朝枢外长举行了会谈。伍表示广东政府无意挑起冲突。言外之意是无收回广东海关之意。舒尔曼则希望广东政府把关余用于治水和市民福利事业。伍表示赞同。双方就关余达成了一致意见。6 日，舒尔曼拜会孙中山。孙中山对伍、舒会谈不持异议，但称如不接受广东政府之要求，则将海关接管。舒尔曼反问，何时接管？孙中山虽然难以说出准确时间，但表示在自己这

　　①《日本外交文书》，大正十二年，第 2 册，第 629 页。
　　②《日本外交文书》，大正十二年，第 2 册，第 629 页。
　　③《日本外交文书》，大正十二年，第 2 册，第 630 页。

一代一定要接过来。这便表明孙中山争取关余的斗争是收回海关的第一步，收回海关是其最终的目标。

舒尔曼回到北京，便与公使团、总税务司及北京政府商议与伍外长会谈的情况。北京政府外交总长顾维钧在不用于军费之条件下同意将关余的一部分拨给广东政府。总税务司安格联也赞同。于是广东政府和列强之间的对立缓和，停泊在广州港的外国军舰也从1月起陆续撤走；4月1日，驻京公使团最终决定将关余之一部分拨交广东政府。孙中山和广东政府争取关余的斗争终获胜利。

二、平息商团叛乱

始于1924年8月的广东商团事件是广东买办资本的代表陈廉伯与英国勾结妄图颠覆广东政府，扼杀革命的一次叛乱。孙中山和广东政府平息商团叛乱的斗争是一次反对英帝国主义和广东买办阶级的斗争。

孙中山在平息商团叛乱中要反对英国，这必然使他联合日本。1923年以来孙中山一再劝告日本放弃追随欧美的政策，与中国及亚洲各国人民联合起来反对欧美列强。这便反映了孙中山的联日思想和策略。孙中山早已从香港获悉陈廉伯等偷运军械的消息，但他一时认识不清他们的反革命面目，想跟他们调和、妥协。8月5日，孙中山让来访的日本驻粤总领事天羽居中调解。[①]可是，由于孙中山扣押商团偷运的武器，广东政府和商团之间的固有矛盾更加激化。为防备意外，8月28日陈友仁通知天羽：沙面附近之商团军为置政府于窘境，有向沙面外国人居留地发炮，挑起涉外事等之虞，望作戒备。[②]当时，天羽任驻粤领事团首席领事。他召集英、美、法领事和各国首席海军军官会议，决定以口头通告广东政府："（一）不得危害外国居留民之生命财产；（二）不得对

---

① 天羽英二日记·资料集刊行会编：《天羽英二日记·资料集》，第1卷，第1400页。
② 《日本外交文书》，大正十三年，第2册，第528页。

未设防之城区射击；（三）外国居留民生命财产遭危害时，应由广东政府负责，受损害国可采取必要之手段。"[1]会后，天羽立即将这三条要求通告广东政府。这三条要求是保护居留民权益的措施，而不是对广东政府的挑衅。广东政府也对这一通告表示理解，孙中山的秘书韦玉也对天羽说这一通告是"稳妥的"[2]。

然而，英、法总领事及海军军官对此通告却不满。他们秘密协商，作出下列决定：（一）在城区开战时，沙面全面警戒；（二）沙面遭炮击时，判明其发射地后予以回击；（三）中国军舰应停泊在沙面之外，如其军舰发射的炮弹飞越沙面，将视之为对沙面的敌对行为，英法军舰将派士官阻止之，必要时鉴于情况不辞应战。[3]这意味着当商团军开始军事行动时，英、法两国军舰和海军陆战队将与之相呼应，直接采取军事行动，支持商团军。29日，英国总领事杰弥逊致函广东政府："现接英国[驻粤]海军长官通知，云他已奉香港海军司令官之令，如果中国当局向城内开火，则所有可动用的英国海军部队将立即采取行动来对付他们。"[4]这露骨地表明了英国对孙中山及广东政府的敌意和公然干涉商团事件的企图。

面对英国的恫吓，孙中山于9月1日发表《为广州商团事件对外宣言》，抨击了以英国为首的帝国主义。在对外宣言中，他向全世界揭露和宣布：

　　从十二年多的时间里，帝国主义列强一贯给予反革命以外交、精神上的支持并给以数以百万计的善后及其他名目的借款。可以明白，对帝国主义的行动，除了是摧毁以我为首

---

① 《日本外交文书》，大正十三年，第2册，第528页。
② 《日本外交文书》，大正十三年，第2册，第531页。
③ 《日本外交文书》，大正十三年，第2册，第529页。
④ 《孙中山全集》，第11卷，第1页。《日本外交文书》，大正十三年，第2册，第531页。

的国民党政府的蓄谋而外，不可能有别的看法……帝国主义
企图加以摧毁的这个国民党政府是什么呢？它是我国唯一的
力求保持革命精神使之不致完全不绝的执政团体，是抗击反
革命的唯一中心。所以英国的大炮对准着他……扫除完成革
命历史任务的主要障碍——帝国主义对中国的干涉，以此为
其议事日程的时期已经到来。①

同日，孙中山致电英国首相麦克唐纳，提出："对于帝国主义
干涉中国内政的这一最新行动，我不得不提出最强烈的抗议。"②
这时期日本内阁是加藤高明的政党内阁。其外相币原喜重郎
主张与列强开展协调外交。但对英国的这一军事恐吓却采取了不
合作的自主态度。孙中山也注意到日本的此种态度。9月2日，
他派其秘书韦玉拜访天羽总领事，向其展示8月29日英国总领事
杰弥逊的函件，并陈述孙中山对英国异常愤慨之情。③弦外之音是
对日本所采取的态度表示满意。此时，孙中山决定北伐的同时，
拟派大本营参谋长李烈钧东渡日本"驻日本联络彼中朝野之士，
为发起亚洲大同盟以抵抗白种之侵略"④。为此，9月7日晚，李
烈钧设宴招待天羽；12日晚，天羽招待将渡日的李烈钧等16
人⑤，天羽还致电币原外相，对李的访日提供方便。⑥此外，广东
政府还希望得到日本的贷款。9月10日廖仲恺的代表何品佳访天
羽，交涉借款事宜。10月，广东政府与商团之间的矛盾进一步激
化。商团军于10月10日蓄意制造流血惨案，蓄谋发动大规模武
装叛乱，形势十分紧张，孙中山和广东政府为争取日本的支援，

① 《孙中山全集》，第11卷，第2页。
② 《孙中山全集》，第11卷，第3页。
③ 《日本外交文书》，大正十三年，第2册，第531页。天羽英二日记·资料集刊行会编：前揭书第1卷，第1405页。
④ 《孙中山全集》，第11卷，第180页。
⑤ 天羽英二日记·资料集刊行会编：前揭书，第1卷，第1405、1406页。
⑥ 1924年9月23日，驻粤总领事致币原外务大臣电，第244号，日本外交史料馆藏。

频繁活动。10 月 10 日，胡汉民、伍朝枢设宴招待天羽，伍和天羽致贺词祝辛亥革命十三周年。[①]翌日，胡汉民和傅秉常访问天羽，要求日本提供大炮 8 门乃至 10 门、短枪 5000 支及子弹。[②]这些事实说明，孙中山和广东政府对日本抱有期待，利用日本的援助来抗衡英国。

10 月 15 日清晨，孙中山和广东政府出动黄埔学生军、工团军、农民自卫军及滇、桂、湘、豫、粤各军，如疾风扫秋叶，仅仅经过几小时战斗，便平息商团军叛乱。此时，驻粤领事团首席领事天羽未采取干涉战事和支持商团军的措施，仅向广东政府提出"政府应对外国人生命财产所遭受的损失负责"[③]。泊于广州港的英、法、葡军舰，因日本拒绝参加统一行动，未敢轻率援助商团军，只派少量水兵在沙面登陆。

商团军被镇压后，其头子陈廉伯逃进沙面英租界。陈深知天羽与孙中山及广东政府关系较好，因而乞求天羽居间调停。15 日下午，天羽会见了陈的代表，他表示："作为外国领事，责任在于保护本国居留民的生命财产，此外，不欲干预中国内部之争端。今出于对广东市民悲惨状况之同情，在不损害政府及商团利益并无外国人干涉内政之嫌疑的范围内，如有良方，可作非正式斡旋。"[④]商团方面立即向天羽送交调停书。其内容有：（一）如政府停止进攻，商团则立即开市；（二）如政府坚决主张解除商团武装，在商团决定改组之前，可将武器担付给持公正的第三者保管，并商议商团改组及武器处理问题。[⑤]当晚，日本领事馆的有久、松波二人访胡汉民，可能转告了调停之意。[⑥]翌日上午，胡汉民访天

---

① 天羽英二日记·资料集刊行会编：前揭书，第 1 卷，第 1410 页。
② 天羽英二日记·资料集刊行会编：前揭书，第 1 卷，第 1410 页。
③《日本外交文书》，大正十三年，第 2 册，第 542 页。
④《日本外交文书》，大正十三年，第 2 册，第 544 页。
⑤《日本外交文书》，大正十三年，第 2 册，第 544 页。
⑥ 天羽英二日记·资料集刊行会编：前揭书，第 1 卷，第 1411 页。

羽，天羽向他询问广东政府对商团军的意向。胡表示坚决解除商团军的全部武装。鉴于此种情况，天羽不敢提及调停之事。①由此可见，日本对商团事件所持的微妙态度。

商团事件以广东政府的胜利而告终，这一胜利，沉重地打击了英帝国主义及广东地区的反动势力，巩固了广东革命根据地。

商团叛乱被平息后，尚留列强索赔问题。10月17日，日、英、美、法等九国领事在日本领事馆开会，商讨赔偿问题。各国领事主张采取统一行动。但天羽总领事却持反对态度。他表示："因为各国政府之方针不一致……所以大致合拍即可，各领事可分别与中方交涉。"②由于天羽的坚持，会议最后决定"各领事可分别提出适当之要求"③，未采取统一行动。

列强在赔偿交涉中遇到的另一个问题是如何处理北京政府和广东政府之间的关系。现实情况是，京粤两个政府互不承认，日本和列强均承认北京政府为中国的唯一合法政府。17日的领事团会议决定："鉴于北京政府认为孙派为叛乱集团，当地各领事在与孙中山政府交涉的同时，各公使也应与北京交涉。"④这反映了中国南北政权鼎立的复杂情况。

当时，日本承认北京政府为中国合法政府，因此从国际法的角度来说，反对北京政府的团体应属"叛乱团体"。但是，币原外相于10月24日指令天羽总领事："我方并不认为孙派是叛乱团体，从主张上不能同意将索赔与叛乱团体问题联系在一起"⑤，并对17日的领事团决议表示不满。币原还指示：赔偿问题"此时应与孙中山方面交涉，以求就地解决"⑥。理由是，这一问题发生在北

① 《日本外交文书》，大正十三年，第2册，第544页。
② 《日本外交文书》，大正十三年，第2册，第545～546页。
③ 《日本外交文书》，大正十三年，第2册，第545～546页。
④ 《日本外交文书》，大正十三年，第2册，第545～546页。
⑤ 《日本外交文书》，大正十三年，第2册，第550页。
⑥ 《日本外交文书》，大正十三年，第2册，第550页。

京政府实权无法涉及地区，即使与北京交涉也无济于事，且索赔额也不大。

在平息商团军叛乱后，海关问题再起。孙中山和广东政府欲借平息商团军的有利时机，想收回广东海关。这是关余斗争进一步发展的必然。10月17日，孙中山任命罗桂芳为广东海关监督，令其接受粤关，罗桂芳率军准备接受沙面的海关。同日下午，驻粤各国领事开会研究对策。23日又在日本领事馆，日、英、美、法、葡五国领事研究。会上，粤关税务司埃德兹说，如中方收回海关则放弃它，并在九龙或香港新设征收机关。①欧美列强还仿效去年关余争端时的做法，由各国派遣军舰和海军陆战队，以军事行动与孙中山接收海关对抗，英、美、法、葡8艘军舰很快集结于广州港。英、美提议列强一致行动，并要求日本派遣军舰参加。对此，10月25日日本答复英美："广东领事团应先向广东政府提出严重抗议，只有此抗议遭无视并有确切证据之时，方可采取积极措施。在采取最后手段时，日本虽有与列国共同示威之意图，但北京形势急变，孙中山恐怕不会收回海关。"②这一答复实际上是不同意派遣军舰参加统一行动。因此，在此次海关争端中，与商团事件一样，列强不能像以往那样采取统一行动了。

三、孙中山的反帝策略与斗争的性质

在关余和商团事件中，列强力图用武力干涉，但最终未能得逞，其原因是多方面的。而日本未采取与欧美列强完全一样的政策是其主要原因之一。日本与欧美列强在对华政策上具有二重性：一是一致性，为了达到侵略中国的共同目的，日本与欧美列强有时采取统一行动；二是争夺性，日本与欧美列强在瓜分中国和扩大在华权益时相互进行争夺。这两者在同一个事件中互相交错在

---

① 天羽英二日记·资料集刊行会编：前揭书，第1卷，第1412页。
② 藤井升三著：《孙文研究》，劲草书房1983年版，第256页。

一起，但相对来说，前者在关余问题上，后者在商团事件中表现得较为明显。日本与欧美列强之间的争夺性，在一定程度上牵制了欧美列强用武力干涉的企图。

第三次广东政府时期，日本为抗衡由英美支持的直系军阀吴佩孚和曹锟执掌的北京政权，改变援助皖系军阀段祺瑞、压制孙中山的政策，采取了南北夹击北京政权的政策。在北方，支持张作霖；在南方，想支持孙中山和广东政府。由于日本政策的改变，这时期日本与孙中山、广东政府的关系较前一个时期大有改善。①因此，孙中山和广东政府在关余斗争中希望得到日本的支持，而日本也采取了与欧美列强有所不同的态度。但日本毕竟是帝国主义国家，与欧美列强共同维护在华权益，当孙中山和广东政府以收回海关对列强施加外交压力时，日本也调动军舰，与欧美列强一起恐吓孙中山和广东政府。可是在这一共同行动中，日本与欧美列强又有区别。欧美的行动具有率先和主动的特点，而日本的行动则有追随和被动的特点。

那么，日本在商团事件和接收海关问题上为什么要采取与列强不同的政策？此时恰值第二次直奉战争和冯玉祥发动北京政变前后时期。第二次直奉战争和北京政变的结果是，吴、曹从北京败退，由张作霖和段祺瑞重新执掌北京政权。孙中山曾为反吴、曹欲与张、段结成三角同盟。北京政变后，冯玉祥邀请孙中山北上，协商收拾北京政变后的中国政局。张、段是日本支持的军阀势力。在此种形势下，日本如向孙中山和广东政府施加军事压力，无异从背后牵制孙中山与张、段同盟的形成，对日本利益无益。日本从自身利益考虑，拒绝参加统一行动。这是其帝国主义本质决定的，并非真要支持孙中山和广东政府。可是，在客观上，有利于孙中山所领导的平息商团军叛乱和收回海关的斗争。

---

① 参见拙文《孙中山对日态度再认识》，《历史研究》1990 年第 3 期。

　　孙中山在关余、商团事件中，既要反对帝国主义，又要依赖帝国主义，尤其是日本帝国主义。这似乎是相互矛盾的，甚至可以说孙中山对帝国主义尤其是日本帝国主义本质认识不清楚，反帝斗争不彻底。但其实不然，孙中山从1919年以来对帝国主义的认识更加提高，对帝国主义在中国的相互争夺也看得清楚。因此，他采取了既要反帝又要依赖和利用帝国主义的策略，利用日帝等一切可利用的其他列强，重点打击主要敌人英帝。这正是利用矛盾，各个击破的策略。历史上，资产阶级革命家也好，无产阶级革命家也好，都曾采取过此种策略。孙中山在关余和商团事件中正是采用了此种策略，他对日帝的期待和利用并不是由于对日帝的认识不清楚，或者反帝不彻底。

　　孙中山在争取关余的斗争中主要采用外交交涉的形式。他想通过日本、葡萄牙的调解，与总税务司安格联及北京公使团交涉关余问题，并且最后通过美国公使团及北京政府达成了关于关余问题的协议。能不能说此种交涉是对帝国主义的妥协，或者是对帝国主义的调和？反帝斗争，甚至彻底的反帝斗争也并不排斥外交交涉。况且在孙中山和广东政府尚不具备用武力抗击帝国主义列强的情况下，采取外交手段达到其革命目的的确是一个理想的方法，而且最后也真的是用外交手段达到了争回关余的目的。可是在外交交涉中为达成协议，作出一定的让步和妥协是难免的，也是必要的。列强和北京政府同意拨给广东政府关余时附加了两个条件，孙中山和广东政府也接受了这个条件。这是让步和妥协，因为关余的使用权理应归广东政府，列强和北京政府不得干涉。孙中山和广东政府口头上做了让步和妥协，实际上争回的关余先用于军费，没有完全执行妥协条件。

　　对平息商团叛乱斗争的性质，学界没有疑义，但对争取关余斗争的性质则有不同的意见。一些学者认为，争取关余斗争是解决广东政府财源的一次运动，并不是反帝斗争。其主要根据是在这次斗争中没有提出收回海关主权问题。的确孙中山在关余斗争中只争关余没有正式提出收回海关主权问题。在斗争中，孙中山和伍朝枢外长曾说过"诉诸最后之手段"，如不同意要求，"另委关员"等话。这些虽然具有收回海关之意，但并不是立即收回，而是为争取关余施加的外交压力。由此我们能不能说争取关余的斗争不是反帝斗争，孙中山的反帝斗争是不彻底的呢？是的，争取关余不等于收回海关，如先收回海关，关余问题也随即得以解决。由此而言，关余斗争似乎是不彻底的斗争，甚至是仅仅解决广东政府财政困难的权宜之计。其实不然。

1923年，广东政府财政十分困难，但又要筹集北伐的军费，因此该政府急需一笔巨款。这是孙中山和广东政府迫不及待地要解决的一大难题。孙中山的革命斗争，孙中山的反帝斗争，是为了实现三民主义。三民主义不仅包含政治内容，而且包含经济、财政等经济内容。具体的经济、财政问题本身就是所倡导主义的具体表现。如一个主义不包括此种具体的经济、财政内容，它便是空洞的理论，不成其为具有强大号召力的主义。因此，解决经济、财政问题本身就是三民主义的具体内容。对这一点，孙中山说得很清楚。他说："此次广东和外国争关余，关税余款本该是我们的，为什么要争呢？因为中国的海关被各国拿去了。"①他还说，"中国的关税，中国人不能自收自用，所以我们便要争。现在各国对于外来经济力的压迫，又是怎样对待呢？各国平时对于外国经济力的侵入，都是用海关作武器，来保护本国经济的发展。好比在海口上防止外来军队的侵入，便要筑炮台一样"，但"中国关税不仅不保护自己，并且要去保外人，好比自己挖了战壕，自己不但不能用去打敌人，并且反被敌人用来打自己"②。孙中山是在三民主义的民族主义中讲这一番话的。在这次讲演中，孙中山除关

①《孙中山全集》，第9卷，第202页。
②《孙中山全集》，第9卷，第202~204页。

余、海关之外，还列举了外国银行、运费、租界和割地的赋税、地租、地价及特权经营、投机事业等经济压迫的问题。这便说明关余等具体经济及财政问题就是民族主义的内容之一。关余也好，海关也好，都是民族主义的具体内容。孙中山把收回海关当作废除不平等条约的两大课题之一，在战略上要收回海关主权，在战术上先争回关余。正确的政策并不在于其理想多么高，其方法多么彻底，而在于其政策是否符合于当时的客观实际，是否符合于当时敌我力量的对比。孙中山争关余，正符合当时敌强我弱的情况，符合广东政府所面临的客观实际，是可行的、可完成的任务。事实也证明孙中山和广东政府胜利地完成了这一任务，争回了广东政府应争回的关余。

孙中山争回关余后，并没有故步自封，停止不前。1924 年 10 月 17 日，他乘平息商团叛乱的有利时机，力图收回设在沙面的粤关，而粤关税务司也一时想放弃此关。这便说明，孙中山是根据客观形势的发展和敌我力量对比发生新变化的情况，提出了收回海关的更高的反帝任务。这说明孙中山的反帝斗争开始从初级形态向高级形态发展，前者是后者的准备，后者是前者的必然。列强出动军舰和陆战队力图干涉关余斗争的主要目的，是为了阻止争取关余斗争进一步发展成为收回海关的斗争。这说明列强早已预计到争取关余斗争会进一步发展成为收回海关的斗争。这从反面再次说明了争取关余是收回海关斗争的前奏，其必将发展成为收回海关主权的反帝斗争。孙中山在这两次斗争中掌握了革命发展的客观规律，自觉地运用了这一条规律。由此我们可以明确：争取关余是收回海关主权的反帝斗争的组成部分，孙中山在关余问题上的反帝策略是正确的。

第三章　黄兴与日本

第一节　黄兴与日本关系绪论

黄兴是中国近代杰出的民主革命家，是近代民主革命运动的领袖之一。他毕生致力于反帝反封建的斗争，为推翻清朝封建君主制度，建立民主共和国，振兴中华，立下了不朽的历史功勋。

中国近代民主革命家的一个共同特点是皆与外国有这样和那样的关系。这首先是因为他们早期都留学国外，其民主思想也来自国外，从国外吸取了新的革命思想，并以此为思想武器，展开反封建的民主革命运动。其次，他们在国内的革命起义遭到清政府镇压后，在国内无立锥之地，不得不流亡国外策划新的起义，寻机从国外打回国内再次发动起义。于是形成从国内到国外，从国外到国内，再次从国内到国外的反复过程。孙中山、黄兴皆如此。孙中山在三十多年的革命生涯中，在国外达十七年半之久，其中在日本九年半（占54.2%），在欧美五年半（31.4%），在南洋两年半（14.28%）。黄兴则在十五年的革命生涯中，在国外八年两个月，其中在日本五年半左右，在美国一年九个月，在南洋十一个月。孙中山与黄兴相较，孙在国外时间占其革命生涯的58%，黄则占54%，大体相同。其中在日的时间，孙占54.2%，黄则占67.4%，黄比孙多13.2%。孙中山往返日本16次，其中8次是在日本长期居留时临时往返的。黄兴则往返9次，没有孙那样长期居留时期的临时往返。

这仅仅是数字上的比较，但也说明黄兴与日本的关系同孙中山与日本关系有共同之处。但黄兴的革命生涯比孙中山短一半，其在中国民主革命中的领导地位虽然与孙中山并称，但位于孙之后，且在革命党的外交活动中远不及孙中山。因此，黄兴与日本的关系呈现出与孙日关系不同的特点。本节将黄兴与日本的关系加以论述，同时，适当比较黄兴和孙中山的对日关系的异同点。

一、同盟会成立时期

近代中国青年接触和学习外国，都通过留学。孙中山留学美国，黄兴留学日本。两者留学地点不同，但追求的都是欧美的近代文明和近代民主思想政治，希望以此改造中国。黄兴于1902年在两湖书院读书时被张之洞选派，东渡日本，6月初入东京的宏文学院速成师范科。在宏文学院留学的整一年中，黄兴做了三件事：一是与杨笃生等人创办《游学译编》，任该刊教育栏译员，翻译了日本教育家山田邦彦著的《学校行政法论》，连载于该刊第二至四期。这一工作对黄兴来说是学习和研究日本近代教育的机会。日本维新后大兴教育，实行六年制小学义务教育，开始教育兴国。中国近代新教育深受日本影响，不少教师曾为留日学生。黄兴说，"夫欲谋国家之发展，莫先于教育"，主张"自宜竭全力运筹，而以国家资财充其经费"[1]。他还主张"学以专而精，以久而成，增长年限亦其要点"[2]。他举日本把四年义务教育改为六年来说明这一道理。[3]这些言论和主张表明，黄兴的近代教育思想是在日本近代教育影响下形成的。二是在宏文学院学习时，黄兴极

---

[1] 湖南社会科学院编：《黄兴集》，中华书局1981年版，第295页。
[2] 《黄兴集》，第295页。
[3] 《黄兴集》，第295页。

留意军事技能之学习，课余听日本退役军官的讲授，暇则参观士官联队的各种兵操，每日早晨去武术会参加射击比赛。这对其以后的军事思想及军事指挥技能无疑产生了积极的影响。黄兴提倡军事教育，认为"中学而上，令学兵学二年，俾军事教育普及全国，则不待养兵而全国皆兵矣"[①]。八国联军镇压义和团后，俄国继续霸占东三省，拒不从东北撤兵。黄兴与留日学生于 1903 年 4 月在东京组织拒俄义勇队，由黄兴给义勇队教授枪法。后拒俄义勇队改名为学生军和军国民教育会。三是经一年留日实践，黄兴决心投身于反清革命，迈开革命的第一步。1902 年留日学生 608 人，1903 年猛增到 1300 人。他们在日本组织各种爱国革命团体，创办众多期刊杂志，出版革命书籍，宣传反清的革命思想，组织爱国革命活动。黄兴参与这些活动，并在其中起了重要作用。

1903 年 5 月 31 日，黄兴毅然回国，一面在明德学堂、经正学堂、湖南实业学堂、湖南民立第一女学任教，一面从事革命活动。同年 11 月 4 日组织革命团体华兴会，翌年 10 月策划长沙起义，但事泄失败。起义虽失败，但这是黄兴等策划的第一次革命起义。他愈挫愈奋，坚韧不拔，直至革命成功。

长沙起义失败后，黄兴逃往上海租界，再谋起义，但因万福华刺王之春案牵连入狱。获释后，于 1904 年 11 月第二次来日。此次渡日与上次不同，不是来留学，而是将日本作为革命基地，大力开展反清的革命活动。从此，日本在黄兴的革命活动中的地位和作用发生了变化，黄日关系也发生了质的变化。黄此次在日活动有两件大事：一是与宫崎滔天等大陆浪人和声援中国民主革命的民间人士相识，开始得到他们的声援和支持。宫崎滔天是自由民权派的大陆浪人，与国粹主义大陆浪人不同，其受西方民主思想影响，在思想上与黄兴等有共鸣之处。当时宫崎是以说唱浪

---

① 《黄兴集》，第 295～296 页。

曲为生的平民，但他具有民主思想。他在黄兴与孙中山的相识、
孙中山革命运动与留日学生的爱国革命运动的结合，乃至同盟会
的成立中起了不可磨灭的作用。当然，黄、孙、留日学生这三者
的结合有其内在的必然性，但宫崎的存在和居中活动起了促进的
作用。宫崎于1897年在横滨与孙中山结识。两人一见如故，思想
共鸣、肝胆相照，成了推心置腹的好友。从此，他协助孙中山的
革命活动，亲身参与了支援菲律宾独立运动、两广独立运动、惠
州起义等革命活动。他将自身的经历和所见所闻撰写成文，自
1902年1月30日至6月14日连载于当时较为进步且在亚洲发行
量最大的《二六新报》上，共连载123次。同年又将其编辑成册
为《三十三年之梦》，8月由东京国光书房出版发行。该书颇受日
人和留日学生的欢迎。同年12月发行了第八版。在中国，全一（全
天翻）将它译成为《三十三年落花之梦》，1903年由国学社出版。
另一个版本由黄中黄（章士钊）于1903年译成《孙逸仙》，作为荡
房丛书的一分册来出版。此书分量不大，仅为《三十三年落花之梦》
的五分之二。如将孙中山的《伦敦被难记》作为介绍和宣传孙中山
的第一本书的话，《三十三年之梦》则为宣传孙中山革命运动的第
二本书，其影响远远大于《伦敦被难记》。宫崎滔天写的《三十三
年之梦》系日语，文字半文体，留日初学日语者皆不易读。因此留
日学生读的多半是全一和黄中黄之译本。这本书不仅介绍和宣传了
孙中山其人和他的革命论，而且给读者以革命勇气。由于此书，宫
崎滔天在留日学生中的影响和威望加大，黄兴和留日学生纷纷登门
拜访宫崎。①黄兴与宫崎初次见面的日期学界有不同的说法②，但
无论如何，两者是通过《三十三年之梦》相识并结成知音的。

　　黄兴与孙中山是在近代中国民主运动中可以并称的领导人。
这两位领导人的相识与结合，有它的必然性，但宫崎滔天在其中

---

①《宫崎滔天全集》，第4卷，平凡社1973年版，第299页。第5卷，第511页。
② 毛注青编《黄兴年谱》认为是1902年下半年或1903年上半年。

起了桥梁和促进作用。1905 年 7 月 19 日，孙中山周游欧美后回
到日本。此时宫崎向孙推荐黄，并陪孙来东京与黄面晤。这是两
位伟人的初次见面，这次见面促进了孙中山的革命运动与留日学
生的爱国运动的结合，这一结合促进了中国同盟会的成立。黄兴
是在建立同盟会的过程中起了重要作用的领导人之一。这虽与黄
兴本人的思想、革命经历及组织能力有直接关系，但也不可忽视
宫崎滔天等众多日人的支持和协助，也不能无视日本政府间接地
为他们提供了活动的空间，并默认了在日本成立这种团体的行为。
这是黄兴与日本关系中具有重要意义的一件事。

　　黄兴与日本关系的第二个重要时期是 1905 年同盟会成立至
1911 年 4 月广州起义时期。这一时期孙、黄的主要任务和活动是
筹集军资和军械，发动西南和华南地区武装起义。黄兴与日本的
关系也是围绕这一革命任务和革命活动展开的。这时期，黄兴往
返日本五次，在日两年七个月。1907 年黄兴来日两次，这是自 1902
年初次赴日以来的第四次和第五次。日本警视厅和外务省从这一
时期开始侦察、跟踪黄兴，同年 5 月 27 日在日本警视厅和外务
省档案中第一次出现有关黄兴举动的简报。接着 6 月 18 日第二次
出现黄兴离日赴港之简报。该简报写道，黄兴于 6 月 13 日离日赴
港。[①]黄赴港后，又转入钦州，策动 9 月的钦州、防城起义和 12
月的镇南关起义。据宫崎夫人槌子回忆，黄兴离日时带走手枪 300
支、日本刀 70 把。[②]这时黄兴得到日人宫崎滔天、三上丰夷、萱
野长知的协助。1907 年 9 月宫崎和三上租用幸运丸（2800 吨），
将在日购买的步枪 2000 支和手枪 30 支送往在广东省汕尾策划起
义的许雪秋处。但在汕尾海面被清军发现，把军械扔入海中。[③]这
些军械是黄在日借债购入的。1908 年夏天，黄兴来日后，债主登

---

① 《关于清国亡命者》，乙秘第 707 号，1907 年 6 月 18 日，日本外交史料馆藏。
② 《宫崎滔天全集》，第 5 卷，平凡社 1976 年版，第 514～515 页。
③ 冯自由著：《革命逸史》，第四集，中华书局 1981 年版，第 110～111 页。《宫崎滔天全论集》，第 5 卷，第 689 页。

门催债，他为避债，在宫崎宅隐藏了五十余天。

这一时期，孙、黄虽然从日本购买了军械，但这是与军火商之间的交易，而不是日本政府和军部对中国革命运动的支援。因为 1907 年 3 月日本政府应清廷肃亲王的要求，劝孙中山离日，所以这时日本政府是不会支持他们的。

1907 年春天，日本政府劝孙中山离日后，不许孙再回日本，但对黄兴尚未采取这种措施。于是，1907～1908 年西南边陲的起义相继失败后，黄兴于 1908 年夏天由新加坡经香港又回到东京，这是其第六次来日，在日一年半，也是其在日时间最长的一次。此时东京同盟会组织涣散，意见分歧，无政府主义甚嚣尘上，章炳麟等又攻击黄兴等在西南的失败，革命形势陷入低潮。而且日本政府从 1908 年开始对黄兴的举动严加监视，各地警察和地方政府遵照政府之令，跟踪黄兴及支持革命党人的日本友人及大陆浪人的活动，因此在日本的档案中有关黄兴的材料屡见不鲜。这说明，经西南地区的起义，黄兴在中国民主革命中的地位和作用显著提高，因而日方也加强了对黄兴的监视。

这一时期，日本对黄兴等革命党人监视的目的是：及时掌握他们活动的动向，以便掌握对他们采取对策的主动性，使他们在日的举动不至于影响日本的对清外交。如前所述，这一时期日本力图改善与清政府的关系，故在一定程度上满足了清廷驱逐压制革命党人的要求，但又不敢也不必彻底镇压革命党人，同时还把他们当作一种潜在的势力，允许除孙中山之外的革命党人继续留在日本。

但革命党人在日本从事革命活动是较难的。黄兴于 1909 年春说，此时"在日本完全不能从事革命运动，其理由有三：（一）日本政府之保全清政府政策。（二）警察之严密取缔。（三）在日同志操节薄弱。其中，第三点颇令人痛心"①。在日同志是指在日的

---

① 《清国革命党人之谈话》，乙秘第 963 号，1909 年 3 月 25 日，日本外交史料馆藏。

革命党人和留日学生等。在日革命党人的涣散情况，已如前述。对留日学生，黄兴也不抱多大希望。黄兴说："留日学生大致抱有归国后当官之希望，不能称他们为革命之友。"①因此，黄兴此时对张之洞、袁世凯等抱有希望。此时，清政府内部满汉之间的矛盾和对立加大。1907年5月，黄兴想利用这一矛盾，达到推翻清朝统治的目的。他说："在国内的友人及其他革命党派正在等待时机。例如张之洞，预测清国革命早晚难免，他企图反抗现政府之际，即我得以实行革命之时。张之洞果然作这一反抗，其益友袁世凯亦将随之举反旗。"②不过，张之洞没有造清朝的反。可是到1908年情况发生了变化。是年11月光绪帝和西太后相继死去，清廷内部权力之争白热化。袁世凯预感"天祸"即将降临，力图采取对抗措施。袁企图与革命党人联络，增强自己的势力。黄兴对光绪帝和西太后死之后的北京形势有所估计，他说："北京政府若有动摇，必生一大事变，果尔，则对我党有直接影响。"③据宫崎滔天之记述，袁密派使者程家柽到京都。黄兴接到从京都发来的电报后，1月1日启程赴京都，与在那里的程家柽、宋教仁商议联络袁之事。④但此时北京形势剧变。1月2日摄政王载沣策划，以袁"患足疾，步履维艰，难胜职任"为借口，让他解甲归田。袁1月6日仓皇出京，回河南老家，袁势力急转直下。袁电程："万事均为时已晚，速归。"⑤此故，黄兴和袁相互借用对方势力的计划和设想都变成泡影。可是，武昌起义爆发后袁东山再起，重任钦差大臣和内阁总理大臣，掌握清朝大权，与南方革命势力进行南北议和。他借助革命形势，迫使清帝退位，称为临时大总统，君临于神州。这并不是偶然的。辛亥革命时期南北议和，实质上

---

① 《清国亡命者之言论格行动》，乙秘第528号，1907年5月27日，日本外交史料馆藏。
② 《清国亡命者之言论格行动》，乙秘第528号，1907年5月27日，日本外交史料馆藏。
③ 李云汉编：《黄克强先生年谱》，台北1973年版，第137页。
④ 《宫崎滔天全集》，第4卷，第303～304页。
⑤ 《宫崎滔天全集》，第4卷，第303～304页。

是南方的革命党与北方的袁世凯之间的较量，也是相互利用对方势力，以达各自目的的一种手段，其渊源便在这一时期。从此种意义来说，黄兴借助袁势力的幻想变成事实。

联袁未成后，黄兴致电宫崎滔天来京都。宫崎3日离东京赴京都。黄对宫崎说："万事均为时已晚，无法进行。"①既然如此，黄兴和宫崎决定去九州的鹿儿岛，参拜西乡隆盛的墓。他们先到神户，从三上丰夷处借旅费300日元，11日抵鹿儿岛。黄兴参拜西乡墓时挥笔作诗：八千子弟甘同冢，世事唯争一局棋。悔铸当年九州错，勤王师不扑王师。②

回途，12日到熊本，去宫崎老家荒尾村。13日晚抵长崎。在长崎先后访问了《东洋日出报》的记者福岛熊次郎和酒井泉、《长崎新报》记者山本彦郎、《九州日出报》主编岩永八之亟。长崎的警察侦探两人的行踪，但未发现异常，从岩永处"仅得此时非举事之时机"③之情报。

1月18日下午，黄兴和宫崎抵下关。19日中午抵神户，投宿于站前的吉田旅馆。他们拜访三上丰夷两次，并谈了今后的革命计划："我革命党在最近之将来将演出惊天动地之重大活动，但现在尚非其时机。吾党正致力于先召集留学美德两国的多数学生，并渐次在陆军内扶植势力，等待内外呼应，颠覆现政府之时机。在海外之留学生致力于鼓吹党之宗旨，并在便利之际，断然在边陲之地举义，以此使国民有志加入革命党，并在陆军内部发展势力。如此，一朝举事，便可内外呼应，变敌之军需为吾党所用，以此持久。"④

1月20日，黄兴偕宫崎离神户，经由大阪和京都，22日晚回

---

① 《宫崎滔天全集》，第4卷，第303～304页。
② 《黄兴集》，第8～9页。
③ 1909年1月19日长崎县知事荒川义太郎致外务大臣小村寿太郎函：《清国革命党员之来去》，高秘第28号，日本外交史料馆藏。
④ 1909年1月22日兵库县知事服部一三致外务大臣小村寿太郎函：《清国革命党员之来去》，兵发秘第20号，日本外交史料馆藏。

到东京。①他们离神户去鹿儿岛时，是从三上宅后门偷偷走的，因而，甩掉了尾随之警察。②但回来时则完全不同。从黄兴和宫崎抵鹿儿岛开始至回到东京的十几天，日本警察一直跟踪，侦探其行踪。

2 月 5 日，宫崎又去神户访《神户日报》主编国木田收二、尾崎行雄的弟弟尾崎行昌（大阪商船会社职员）和尾崎行武。宫崎来神户之目的不明，但他透露："孙逸仙之密使（某清国人）将从新加坡来东京，但未带立即举事之使命，在东京的同志仅服从孙之指挥亦尚非时机。"③宫崎夫人回忆九州之行时说，"设法银根"④。

综上所述，黄兴和宫崎的鹿儿岛之行，似乎是一次旅行，途中对日本友人谈了革命党的近况及今后计划，联络同志。至于革命党的现状和今后计划，正如沿途所谈的那样，等待时机，无举义之计划。黄兴本人也说，"在日本完全不可能从事革命运动。其理由有三：（一）日本政府之保全清政府政策；（二）警察之严密取缔；（三）在日同志操节薄弱。其中，第三点颇令人痛心。"⑤这番话再次证实了黄兴在日等待时机的实际情况。这一"在日同志"是指在日的革命党人。此时章太炎等在东京掀起第二次倒孙风潮，内部矛盾激化，组织分裂，无法展开革命活动。（第一、二理由，已在前所言，无须再述。）但各地的工作并未停顿。1909 年 10 月，胡汉民等在香港成立同盟会南方支部，统筹南方起义的准备工作，并策划广州新军起义。

广州新军起义是同盟会南方支部策动的第一次新军起义。该支部邀请黄兴来港主持起义军事。黄兴于 1910 年 1 月 23 日离东

---

① 1909 年 1 月 23 日警视总监龟井英三郎致外务大臣小村寿太郎函：《宫崎虎藏和黄兴归京之事》，乙秘第 23 号，日本外交史料馆藏。

②《宫崎滔天全集》，第 4 卷，第 303 页。

③ 1909 年 2 月 16 日兵库县知事服部一三致大臣小村寿太郎函：《关于所需监视人宫崎虎藏之行动》，兵发秘第 51 号，日本外交史料馆藏。

④ 李云汉编：前揭书，第 140 页。

⑤《清国革命党人之谈话》，乙秘第 963 号，1909 年 3 月 25 日，日本外交史料馆藏。

京赴港，主持起义军事，但没有旅费和军事资金。萱野长知致函神户的太田信藏，请他设法筹集。黄兴持函到神户找太田时，太田已赤贫如洗，无可奈何。太田找其兄中岛胜次郎帮忙。中岛是小企业家，与黄初面，但慷慨解囊给黄提供了旅费和军费若干，并在神户常盘花坛设宴欢送黄兴。①黄兴离神户前致函萱野长知，告以"此次前途元气甚旺，如能得手，万事可弃，兄当速来助我"②。黄于1月29日抵港，2月4日致函宫崎说："革命军不日大起，人才缺乏，乞速召集步炮工佐尉官多名前来助援，不胜感祷！"③这表明黄兴在策划此次起义时，期待日本的援助。

这次起义原定2月15日发动，但因兵卒与巡警之冲突，提前三天爆发。黄兴在港得知这一情况后，急欲前往督战，但措手不及，起义宣告失败。但它产生了深远的影响。

如前所述，此次起义是同盟会南方支部策动的第一次新军起义，反映了革命运动的新趋势。这便引起日本军部的重视。此时在桂太郎内阁任陆军大臣的寺内正毅大将通过长谷川好道军事参议官的介绍和推荐，派宫崎滔天、儿玉右二（《东京日日新闻》的记者）赴港调查革命党人的这一新动向，宫崎偕儿玉右二于4月22日离东京，经神户于5月初抵港。此时宫崎自称《万朝报》记者，在港与黄兴晤谈数日。知音相见，格外亲热，推心置腹地谈了中国革命的诸多问题。首先谈的是4月在长沙发生的"抢米"风潮。长沙数万群众为生活所迫，奋起捣毁粮店，焚毁巡抚衙门和外国洋行及教堂。宫崎问长沙"抢米"风潮与革命党的关系。黄兴极力说明该风潮与本党没有关系，本党制止革命党人介入此类风潮，表明革命党与那些贫民的不同之处。④其次，1910年4月汪兆铭等在北京图谋暗杀摄政王载沣之事。汪等受无政府主义思潮影响，提倡暗

① 萱野长知著：《中华民国革命秘笈》，帝国地方行政学会1970年版，第359～361页。
② 罗家伦主编：《黄克强先生书翰墨迹》，台北1973年版，第70页。
③ 罗家伦主编：《黄克强先生书翰墨迹》，台北1973年版，第73～75页。
④ 《宫崎滔天全集》，第1卷，平凡社1971年版，第513～514页。

杀活动。黄兴说，他们事先与我们没有商议，他们的行动违背了本党的方针，并深表遗憾。①再次，广州新军起义。黄兴谈了此次起义爆发的经过，说明失策之处。接着谈了革命党与军队的关系。黄兴谈了从1905年5月萍乡、安源煤矿工人罢工至1907、1908年西南边陲起义与军队的关系，以及4月安徽军人骚乱。黄兴说："这对吾党来说实在本是一大进步，吾等在广州[起义]失败之后不仅不悲观，反而颇为乐观，其所以就在此。"②黄兴满怀信心地说："吾党通过前次失败大有觉悟，知道了非常慎重地准备之必要，今后不会有过去那样的惨败。"③黄兴通过此次晤谈不仅向宫崎介绍了革命党的革命方针及现状，而且表达了革命必定胜利的信念。

宫崎于5月17日回到日本。他将与黄兴谈话的部分内容以《革命党领袖黄兴——于热带之地》为题，发表在6月15日发行的《日本及日本人》杂志上，将中国革命党的革命方针及状况介绍给日本读者。

黄兴也于5月13日致函孙中山，及时向他汇报了宫崎和儿玉来访情况，并言及利用日本与欧美列强争夺革命党可采取的方针。④从这一汇报和与宫崎的谈话中可以看出，黄兴依然对日本抱有希望，希望日本政府改变对革命党人的政策，支持他们的革命活动。

1910年6月7日，黄兴从香港秘密抵达东京。这是他第七次来日，停留一个月又十天，是时间最短的一次。此次来日的目的是，在日与孙中山会合，共商起义大事。孙中山于1908年西南边陲的起义失败后，经新加坡和欧美大陆，于1910年6月10日抵达横滨。孙此次来日的目的是在日本策划和组织南方沿海地区的革命活动。孙在美国结识《无知之勇》的著者荷马里及财界的布

① 《宫崎滔天全集》，第1卷，平凡社1971年版，第515页。
② 《宫崎滔天全集》，第1卷，平凡社1971年版，第516页。
③ 《宫崎滔天全集》，第1卷，平凡社1971年版，第516页。
④ 《黄兴集》，第21～22页。

思，与他们商议决定在南部东京湾沿海之地建立革命军的训练基地及弹药库，由美派军官训练革命军，为此由布思在美筹集 350 万美元的军费。[①]这次孙在美国认识了容闳，他是最早的留美学生，协助孙与美国人的这一合作计划。黄兴也曾透露过"先召集留美德两国的多数学生"来准备起义的计划。[②]由此推测，黄兴此次来日时，大概知道孙中山的这一行动计划。黄兴与孙在横滨一宿后，第二天转移到东京，准备长期居住。对孙的来日，日本外务省鉴于日清关系表示为难，但陆军大臣寺内正毅却支持孙留在日本。在东京，孙中山与黄兴及宋教仁、赵声、谭人凤等人商议行动计划，他们也赞同孙的计划。但日本政府在清廷的强烈要求下，令孙于 6 月 25 日之前离日。孙被迫于 24 日离东京，25 日由神户离境，前往南洋。黄兴也随之于 7 月 17 日离东京赴香港。孙、黄二人皆未达到来日的目的，这与此时期日本对革命党的政策有关。

　　这时期（1905 年同盟会成立之后至 1911 年辛亥革命爆发之前），日本对中国革命党的政策和态度，与前一个时期有变化。这集中地表现在：（1）1905 年 11 月 12 日日本政府公布了取缔留日学生的 15 条规则；（2）1907 年 3 月劝孙中山离日；（3）1908 年 10 月 19 日下令禁封《民报》；（4）1907 年 6 月第二次驱逐来日的孙中山。这一变化与中国国内局势和国际形势的变化有关系。一是同盟会成立后，在同盟会成员的直接领导和间接影响下，全国各地的起义连绵不断。这冲击了清朝统治。于是清政府数次交涉日本政府要求取缔在日的革命党和留学生的活动。而日本政府为改善日俄战争后因日本进一步加强对中国侵略而激化的双方矛盾，以压抑革命党和留学生的方法，向清政府献媚，以便改善与清政府的关系。二是日俄战争前留日学生的爱国革命运动与日本

---

　　① 参照韦慕廷著：《孙中山——壮志未酬的爱国者》，中山大学出版社 1986 年版，第 74～79 页。
　　② 1909 年 1 月 22 日兵库县知事服部一三致外务大臣小村寿太郎函：《清国革命党员之来去》，兵发秘第 20 号，日本外交史料馆藏。

的对外政策在客观上有一致之处，两者利害相同。1903 年留日学
生的拒俄运动和反俄的潮流，对日帝的反俄外交有利。日帝为扩
大在满蒙的权益，在东北与俄国争夺。1902 年日本与英国缔结对
俄国的军事同盟，并以它为后盾，于 1904 年 2 月发动了日俄战争。
同盟会在东京成立时，日俄正在美国进行媾和交涉，反俄的留日
学生和革命党人的存在对日本的反俄政策是有利的。但日俄订立
《朴次茅斯和约》后，日本继承和扩大了俄国在东北的殖民权益，
并迫使清政府承认其在东北的权益。这便激化了日本与清政府乃
至包括留日学生和革命党人在内的中国人民的矛盾。中国人民的
反帝斗争的矛头转向了日本，清政府为对抗日本和俄国开始采取
联美措施。而昔日敌人日本与俄国战后订立了瓜分满蒙的新协
约——为对付清政府和美国，昔日敌人重新结成友好关系。形势
的这种变化，便影响了日本对革命党和留日学生的政策。

　　黄兴与孙中山的一个共同点是，革命愈挫愈奋，坚韧不拔，
毫不气馁，直至革命成功。1910 年 11 月孙、黄又在南洋的槟榔
屿开会，决定翌年春在广东发动新的起义。会后，黄兴一边策划
起义，一边筹集军资，购入军械。为此，黄兴派黎仲实在日本购
步枪 628 支和弹药，共花费三万五千余银两。[①]黄兴之子黄一欧和
宫崎滔天及其内弟前田九二四郎在日购几十支手枪和一万多发子
弹，运往香港。[②]这一时期革命党人也从西贡、香港及其他各地购
进武器，但由日本购进的占一半以上。[③]这些武器的供应，是一种
秘密的商业性交易，不表明日本政府和军部对中国革命的支持。4
月 27 日广州起义爆发，黄兴等率敢死队向两广总督署发起进攻，
浴血奋战，但终因实力悬殊而失败。

　　综观辛亥革命前黄兴与日本的关系：

---

　　① 黄彦、李伯新编：《孙中山藏档选编》，中华书局 1986 年版，第 34～35 页；《黄兴
集》，第 57 页。
　　② 毛注青编：前揭书，第 113～114 页。
　　③ 参照《黄兴集》，第 57～59 页。

（一）在黄兴的革命活动中，日本具有多层次的重要意义。一是留学之地，是学习和吸收西方近代文明之地；二是军事学习和训练之地；三是联络、团结留学生和革命同志，开展革命活动的基地；四是逃避清廷镇压的隐藏之地；五是购入军械之地。

（二）与孙中山相较，黄兴进出日本较为自由，日本基本上没有阻止他入境，也没有强迫他离境。这与孙不同。日本对黄兴的监视，1907年前较松，此后较为严密，但显然不及对孙中山。这与孙、黄在革命运动中的地位、作用及清廷对两个人的重视程度也有关。

（三）这时期黄兴主要与宫崎滔天等大陆浪人、退役军人和民间友好人士往来，与日本官厅及军部无直接联系。他对日本的期待也集中于大陆浪人及民间人士身上，尚未上升到对日本政府及军部的期待。这与这时期的孙中山不同，也与辛亥革命时期不同。这与其在革命运动和国内外政治舞台中的地位及其变化有直接关系。

（四）这时期黄兴对日本侵略问题已有正确的认识。1911年11月他致暹罗同志书中写道："日并高丽，而与强俄协约，满洲、蒙古势已不保。"①对英、法、美、德侵略中国的行径也有深刻的认识。②辛亥革命前黄兴文稿较少，言及日本之处虽然不多，但却反映了黄兴对日的认识。对于日本政府对包括黄兴在内的革命党人的政策和态度，黄兴也有正确的认识。1910年5月宫崎滔天和儿玉右二来港晤谈时，他讽刺地说："贵国（指日本——笔者注）警察被评为世界第一""与前西园寺内阁相比，现在的桂内阁更为严厉""若将吾等视为大人物而注意一举一动，则可产生感谢之念。但若过分则扰乱别人，相互添麻烦"。③这表明了他对日本政府和

---

① 《黄兴集》，第27页。
② 《黄兴集》，第27页。
③ 《宫崎滔天全集》，第1卷，第156～157页。

警察的反感。黄兴对日本的认识与孙中山大体是一致的。只是孙中山留下的文稿较多，言及日本的次数比黄兴多。

孙、黄对日态度的不同之处，表现在对待国内抵制日货运动的态度上。1908 年初，孙中山托日本贸易商安宅弥吉从粟谷商会购枪 1460 支和子弹 94 万发，租借日商船第二辰丸，运往中国南部沿海。但该船 2 月 5 日在澳门海域被清军抓获。就此日本政府向两广总督提出谢罪、赔偿损失、惩罚官员、无条件释放该船等五条要求。两广总督接受这一要求，并释放了第二辰丸。广东及香港商界对此表示不满，以抵制日货来表示对日本无理要求的愤慨。这一运动持续到年底，日本在这一地区的贸易遭受巨大损失。于是日本政府召请内田良平和宫崎滔天，让孙中山出面镇抚这一运动。孙答应了这一要求。①黄兴虽然没有直接说孙，但他指责当时反对抵制日货运动的何天炯："失去了国内同志对他的信任，实际上现在的处境已经不佳。他用从事革命运动来施展其抱负，终归无望"，并预言他将变成清政府的人。②

为什么对同一问题，孙、黄之态度不同呢？中国近代民主革命运动面临两大革命任务：对内反对清朝的封建统治，建立民主共和国；对外反对日本和欧美列强的侵略，争取民族独立。在这两大任务中，孙中山在任何情况下都将推翻清朝统治的任务放在第一位，认为完成对内革命任务后，实现对外争取民族独立的任务不难完成。因此，他将反对日本侵略的任务放在次要地位。为完成对内的革命任务，他利用清政府与日本之间的矛盾，求援于日本。孙中山对国内抵制日货运动的态度，便是他这一革命战略的具体体现。黄兴则有所不同。他有时将对外反对日本侵略的任务放在第一位，如在第二辰丸事件中他就站在国内民众一边，支持反对日本的抵制日货运动。这是孙、黄二人的革命战略有所不

---

① 参见拙著《孙中山与日本关系研究》，人民出版社 1996 年版，第 88～90 页。
② 《清国革命党员之谈话》，乙秘第 963 号，1909 年 3 月 25 日。

同而产生的现象。

二、辛亥革命时期

辛亥革命是推翻清朝封建统治的一次革命，其规模空前，革命党及其领导人在国内外的地位也迅速提高。这一特点对这时期黄兴与日本的关系产生了直接的影响。

武昌起义爆发后，黄兴赶赴武昌，任中华民国军政府战时总司令，在汉口和汉阳督师。敌我间的战争空前激烈。鉴于战斗的需要，他赴武昌途中，致电萱野长知，让他带着大量的炸药速到武汉。[①]萱野长知从梅屋庄吉那里拿着七万日元并偕金子克己等一批大陆浪人来中国。他们在上海和武汉得到了驻在该地的参谋本部武官本庄繁和寺西等人的协助。[②]这表明，驻华的日本军人支持革命党的反清斗争。接着，日本的现役军人也赶来汉阳前线。日本的《大阪每日新闻》等大报记者也在汉阳采访。梅屋庄吉派摄影记者拍摄汉阳前线革命军的战斗。头山满、犬养毅、内田良平等在日本国内组织声援革命的活动，劝日本政府支持革命党。但这时期，黄兴对日本政府和军部不仅不抱多大的期待，反而警惕日本出兵干涉革命。他对一位日人翻译波多野说："甚为关心日本对革命军之态度。"[③]他还坚持表示："如外国干涉，一是在湖南，二是在广东与它抗战到底。"[④]武昌起义爆发伊始，日本试图出兵干涉，但因革命形势的迅猛发展和欧美列强的牵制，未能出兵。由此可见，黄兴对日的判断和担忧是正确的。

可是，11月底汉阳的失陷关系到革命前途，对革命党和黄兴是个很大冲击。黄兴回到上海后便转变了对日的态度，开始争取

---

① 萱野长知著：《中华民国革命秘笈》，第148页。
② 萱野长知著：《中华民国革命秘笈》，第150页。
③ 1911年11月6日驻汉口川岛第三舰队司令官向海军大臣斋藤实提出的清国事变警备报告要领，第18次，日本外交史料馆藏。
④《南京特派员情报甲》，日本外交史料馆藏。

日本政府及军部的支持和援助。黄兴为何改变对日的态度？究其原因有二：一是在汉阳，德国军事顾问亲临前线指挥清军，德国供给清军的新式武器威力大，因此黄认为在汉阳失利的原因是革命军的武器远不如清军，急切需要日本在筹资和武器上的援助。[①]黄兴希望日本先提供步枪 2 万支，野炮 54 门，机关枪 70 余挺以及相应的弹药。[②]但缺乏资金，未能实现。二是，此时日本政府和军部对革命势力的态度发生变化，暗中予以支持。鉴于此种情况，黄兴在上海决定派何天炯前往日本。黄兴给何写了委任状："兹因军事需财孔亟，特委任何君天炯赴东借募巨款，所有订立条件悉有全权，但不得损失国权及私利等弊。"[③]何带黄的这一委任状，经神户、横滨，12 月 11 日抵达东京。[④]在东京，何通过友邻会访犬养毅等政界人士，希望日方提供贷款、军资、军械及防寒用具等，并请大陆浪人渡清参加革命。[⑤]何还请铁路工程师原口要渡清协助革命势力，并通过他向日本政府的内务大臣原敬拜托了替南方革命势力在日筹款之事。[⑥]原敬同意原口赴清，并赞成提供以江苏铁路（也称苏省铁路）为担保的贷款。其原因是正如他所说的那样，"这对我国（指日本——笔者注）将来在南方拥有据点有利"[⑦]。原敬将黄兴之意又转告内田外相和铁道院总裁，并取得他们的支持。内田外相 1 月 11 日特意电训驻上海总领事有吉明，就此事"予以必要关切，尽力促其实现"[⑧]。其结果，1 月 27 日日本大仓组和江苏铁路公司订立 300 万日元的贷款协定，其中 250

---

① 1912 年 12 月 7 日驻上海总领事有吉明致内田外相电，相密第 104 号，日本外交史料馆藏。

② 参谋本部：《清国事变特报附录》第 28 号，日本外交史料馆藏。

③ 《黄兴集》，第 96 页。

④ 自 1911 年 12 月 13 日开始在日本档案中有有关何天炯行动的记录。

⑤ 《清国革命党员来日之事》，乙秘第 1917 号，1911 年 12 月 13 日，日本外交史料馆藏。

⑥ 《原敬日记》，第 3 卷，福村出版社 1965 年版，第 196 页。

⑦ 《原敬日记》，第 3 卷，福村出版社 1965 年版，第 196 页。

⑧ 日本外务省编：《日本外交文书·清国事变》，第 185 页。

万日元贷给南京临时政府，以它偿还从大仓组购买的武器之款。

黄兴还致函日本外交界元老井上馨，希望他同情革命党，并为革命党筹集资金。①此函发出日期不明，也许是12月何天炯赴日时带去的。12月25日回到上海的孙中山也向三井驻上海支店长提出向日本借款之要求。上海支店的森恪带着孙的此一要求，于1912年1月5日抵东京，将此意向三井财阀的益田孝转达。向南京临时政府提供贷款是日本政府对外政策的大事，财团不能擅自决定。于是益田孝将此意报告井上馨。黄与孙在不同的时间通过不同的渠道向日本提出了贷款之希望和要求，但在日本皆汇集到井上馨那里。日本的元老在决定对外政策中起决定性的作用，井上又向元老山县有朋汇报并决定，借孙、黄要求贷款之机会"与革命党订立化东三省为我有之密约"②。1月9日井上把此事的经过及意见转告来访的原敬，托他将此意转告西园寺首相和内田外相。此时，井上借机将大冶矿山办成日中合资企业。③此事后来变成中日合资汉冶萍公司问题④，东三省问题成为"满洲借款"或者"满洲让与"问题⑤，即以租让东三省换取1000万日元的贷款问题。孙、黄为完成革命事业向日本提出了贷款之要求，但日本却提出损害和侵犯中国主权和领土完整的苛刻条件。对此，黄兴采取了与孙中山同样的态度。

关于汉冶萍公司借款问题，黄兴直接参与，分别于1月22日、24日两次致电盛宣怀，迫使其在日与日方的小田切万寿之助签订中日合办该公司之协定。黄在24日电中称："兹已电授全权于三井洋行直接与执事交涉，请勿观望，即日将借款办妥，庶公私两

① 《原敬日记》，第3卷，第210页。
② 《原敬日记》，第3卷，第210页。
③ 《原敬日记》，第3卷，第210页。
④ 参照拙著：《孙中山与日本关系研究》，第394~397页。
⑤ 参照拙著：《孙中山与日本关系研究》，第501~516页。

益，否则民国政府对于执事之财产将发没收命令也。"①从这一电文中可以看出，黄兴从日本借款之急切心情和坚决态度。盛宣怀在黄的催促下，1月29日与小田切签署了中日合办汉冶萍的协定。②三井物产公司上海支店的森恪带着这一协定来华，2月2日在南京临时政府会晤孙、黄，让他们二人在保证协定实施的文件上签字。③此外，黄兴亲自出面就招商局借款问题与日方交涉，于2月5日与日本的日邮船公司订立了借款一千万两的合同。条件为担保招商全部财产。④

这些借款，在日本主要由外交界元老井上馨和金融界的益田孝直接策划，黄兴对井上馨的所谓支持感激万分。2月2日签署汉冶萍公司借款合同的保证书后，黄对森说："不久之前第一次写信后，还研究了井上侯之为人，除认为侯之意更加倾向于我党外，并认为侯之意思是，若今后革命政府之行动不对日本造成国际上之恶因，侯之同情将永远不变。由是我政府欲通过侯爵，得以在日本发表我政府最有效之意志，是我政府最近之一大成效，谨谢森君，务请向为使获得此良好结果付出重大辛劳之益田氏转达我等之感谢。过去在日本长期受警察之冷遇，当其时无适当途径发表余等之意见可想而知。"⑤翌日又与孙联名致电井上，表示"感谢由森君处获悉之好意，万事皆依劝告。今后凡与日本之关系皆仰阁下之指导，以期统一。近日将任命代表置于阁下指挥之下，惟因事态紧急，故恳发电报，乞为切实援助。请向山县、桂两公转达愚意。以上同意与否，乞复电"。⑥

森恪此次来南京访孙、黄的重要目的是让他们将东三省租让

---

① 《黄兴集》，第107页。
② 参照拙著：《孙中山与日本关系研究》，第394~396页。
③ 参照拙著：《孙中山与日本关系研究》，第504~505页。
④ 参照拙著：《孙中山与日本关系研究》，第392~393页。
⑤ 1912年2月5日森恪致益田孝函，三井文库藏。
⑥ 1912年2月5日森恪致益田孝函，三井文库藏。

给日本。关于满洲租让和借款问题笔者写过专题论文[①]，在此不再重述。2月3日，森在南京继续与孙、胡汉民会谈满洲租让。是日黄兴患病，未参加会谈。此问题主要由孙中山负责。但黄兴在致井上馨的信中就东三省问题写道："东三省是与日本有因缘之地，劝诫同志不要在此地骚扰。"[②]这就是革命党在辛亥革命中不触动日本在东三省的权益之缘由。森恪鉴于黄兴的此种态度，对益田孝保证以借款"租让满洲"问题能办成。这便成为日本提出"租让满洲"问题的起因之一。此问题最后未能办成，但成为辛亥革命时期的一大历史问题。

辛亥革命时期，黄兴与日本关系具有以下两个特点：

第一，从这一时期开始，他积极主动地求援于日本，且与日本元老、官厅和财界的上层人物往来，与他们交涉关系到革命大局和国家权益的重大问题。之所以会这样，是他在辛亥革命中所处的位置所决定的，并非缘于他对日本的侵略本性认识不足。

第二，这时期他对日本的期待和向日本的求援活动比孙中山早一个来月。武昌起义爆发后，孙中山对日颇有戒心，怕它出兵干涉。他先去欧洲的目的之一是欲利用英法来牵制日本的武装干涉。但回国后，在黄兴的说服和影响下转变了对日态度，积极争取日本的援助。在这方面，孙、黄基本上是一致的。

第二节　二次革命时期黄兴的对日策略与活动

二次革命时期，孙中山与黄兴推翻袁世凯独裁统治的总目标始终是一致的，但在反袁的具体策略上有分歧。以往研究皆认为，这一分歧是自始至终的。但笔者认为，孙、黄二人在前期（1913

①　参照拙著：《孙中山与日本关系研究》，第501～516页。
②　《原敬日记》，第3卷，第211页。

年 3 月下旬至 4 月上旬）和后期（1913 年 6 月下旬至 7 月初）的
反袁策略大体一致，都主张用议会等和平手段反袁，在中期（1913
年 4 月中旬至 6 月中旬）孙主张武力讨袁，黄则依然主张和平解
决，两者存有分歧。本节试图在分析二者反袁策略的异同的同时，
进一步阐明黄兴对日的期待和日本对二次革命的外交政策及革命
失败后黄兴赴日时日本对其的政策。

一、1913 年 4～7 月黄兴的对日策略

1913 年春，孙中山访日时，袁世凯唆使武士于 3 月 20 日暗
杀了宋教仁。宋的被暗杀便成为二次革命的导火索。孙中山获悉
此消息后，3 月 23 日离日，25 日抵上海，通过访日，孙中山与日
本的关系进一步发展。这时期，孙中山与日驻上海总领事有吉明
及其他日人往来密切。据日方的有关资料，孙中山会见日人 24
次，其中与有吉明 14 次，在这时期与日关系中，孙占主导地位。
但黄兴也与孙一起或单独会见日人。据现有资料，黄兴会见日人
14 次，其中与有吉明总领事 7 次。

孙、黄二人这时期会见日人的总目的是排除或者打倒袁世凯，
维护共和体制。在这一点上两人是相同的。但在达到这一目的的
形式和手段方面，两者有所不同。黄兴负责军事，因此主要与驻
华日军和日本军部的联系较多，4 月 5 日，黄兴将其部下杨廷溥
派往日本。日参谋本部驻上海的熊中大尉陪同他乘上山城丸赴日，
向参谋本部第二部即情报部部长宇都宫太郎少将等说明他对当前
形势的态度，并争取日本的理解和支持。参谋本部第二部在日本
陆军决定对华政策中占有重要地位，因此黄兴重点做宇都宫太郎
的工作。

这时期黄兴的反袁策略，与孙中山 3 月下旬至 4 月上旬的反

袁策略大体相同。①据日本参谋本部 4 月 26 日根据黄兴的谈话及其他情报写成的调查报告，其反袁策略如下：

> 1. 绝对不推荐袁世凯为大总统。2. 在国会上大力揭露袁世凯的罪行，堂堂正正地弹劾他，坚决排斥他。3. 如打击袁世凯等施展的各种苦肉计,同志议员在国会中占据多数时,袁世凯等终究采取出动军警干涉的非常手段。这时黄兴等同志议员则速撤回南方，采取分庭抗礼之举措。4. 如袁世凯的苦肉计奏效，黄兴等同志议员未能占据国会中多数，则见机速退却，在南方采取分庭对抗之措施。5. 推荐黎元洪为大总统候选人。6. 为打倒袁世凯，不辞利用宗社党。黄兴等下这种决心后，必然加强自己党的团结，蚕食其他党，同时纠合军队，秘密备战。②

　　简而言之就是：（1）靠议会弹劾袁，坚决不让他当总统；（2）袁武力干涉国会，或革命势力在国会中未能占据多数时，国会议员立即撤回南方，采取与他对抗的措施，准备武力讨袁。

　　到 5 月，国内形势发生了变化，与袁的对立更加激化。随之，黄兴的反袁策略和对日希望也发生了变化。黄兴继续争取日本对反袁的支持。5 月初，他又通过参谋本部驻上海的武官斋藤少校向宇都宫少将传达他对日的希望，并请宇都宫将其意转告日本的元老，因为元老在决定日本对华政策中起关键性作用。据 5 月 6 日斋藤少校致宇都宫电,黄兴对日本提出了以下几点意见和希望：

　　（1）批判日本对袁世凯的态度。黄表示，曾通过驻上海总领事和斋藤少校向日方表示了他反袁的意见，但"日本当局如今还将袁当作维护东亚大局不可缺少的人物，对袁为维护其地位，将

---

　　① 参照拙著：《孙中山与日本关系研究》，人民出版社 1996 年版，第 440～445 页。
　　②《日本外交文书》，大正二年，第 2 册，第 387～388 页。

欧美引入中国危害东亚，尚无觉察。而且怀疑我们的决心，这令人遗憾至极"。

（2）黄兴亲自渡日，实现两国之间的提携。黄兴希望"此际他渡日，向日本当局和元老转达他们（指孙、黄——笔者注）的真意，缔结解决两国间诸悬案的密约，取得暗中的有力援助，决心实现两国间的真正提携"。

（3）反袁的具体策略。将徐州的兵力向南调动，集中于长江附近，海军协同阻碍袁军渡江，取持久之策，以便等待我方（指日本——笔者注）武器的到来。这是利用长江天险采取防守的战略，而不是主动出击的态度。据斋藤少校报告，黄派胡瑛向袁表示：黄将离开政界，出游日本和欧美，以此隐蔽其用意，但内部当然进行反袁的准备。①

据此电，黄兴的（1）和（2）点与孙中山的策略大体相同，一面对日本的对袁态度极为不满，一面为争取日本的援助采取了积极的态度。至于与日方缔结解决悬案的密约，其内容尚不清楚，但为争得其援助可能在密约中对日有所让步，牺牲部分权益。孙中山也在 3 月底提出过赴日的希望，但没有提缔结密约问题。

日本参谋本部对黄兴的意见和希望较为重视。5 月 8 日参谋本部次长大岛访外务省次官松井，提示对斋藤电的回电稿，并争取松井的意见。松井大体上赞成②，但其回电的电文尚未发现，其内容不明。当时日本军部和外务省对中国南北冲突问题的态度和方针，基本上一致，采取不偏不倚的所谓中立政策，劝双方尽量避免武力冲突，因此，没有同意黄来日。这与对孙的政策一样。孙中山 3 月底也曾提出过访日，但日方予以拒绝。③

当时，孙中山主要与驻上海总领事有吉明接触，通过他向日

---

① 1913 年 5 月 6 日斋藤少校致宇都宫少将电，日本外交史料馆藏。
② 1913 年 5 月 6 日斋藤少校致宇都宫少将电，日本外交史料馆藏。
③ 参照拙著：《孙中山与日本关系研究》，第 441～443 页。

本外务省表达自己的意见和要求，但未能达到目的。因此，黄侧重于军部，并不让斋藤将上述之意见告诉有吉明总领事。

到4月上旬或者中旬，孙中山与黄兴间的分歧公开化了。孙中山开始主张武力讨袁，而黄兴则坚持和平解决的策略。驻上海的有吉明总领事也觉察到他们间的分歧。一般情况下，孙中山与黄兴一起见有吉。但5月9日，黄兴单独会见有吉，两人单独谈了一次。据有吉当日致牧野外相的电文，黄兴在反对袁当总统问题上与孙中山一样，表示"坚决不同意袁当总统"[①]，但在反袁的策略上，黄兴注重用和平手段解决。他说，"不到非自卫不可的地步，尽量用和平手段解决，此种想法至今尚没有变""议会存在的情况下，在议会上决一雌雄。袁虽然采取卑劣手段，但难以获得以和平方法当正式大总统的绝对多数。他最终将诉诸武力，此外别无他法，我只是防备这万一""袁虽然借黄兴种种口实，制订用其兵力压迫南方之计划，……但为国家，予希望和平解决"。[②]据有吉的印象，黄兴"大体上持比较稳当的意见"，因此他劝黄务必和平解决。[③]当时日本的方针是尽量维持现状，避免冲突，和平解决南北对立。按此种方针，有吉明总领事和日本政府肯定对黄兴抱有好感，支持他的主张。有吉总领事与黄兴单独见面的用意也在此。5月15日有吉总领事会晤孙中山后，5月19日又单独会见黄兴。与两人谈话，有吉便发现"黄兴对孙的激进论持慎重说"。5月25日他致电牧野说，"黄兴持慎重论"。他们之间虽然在具体问题上有不同之处，但"在主义上素来无分歧"[④]。有吉继续游说黄兴。5月21日夜，有吉又访黄兴，再次劝他避开冲突。对此黄兴回答说："如对方不先动手，我方也绝不会先动手。"[⑤]

① 1913年5月9日驻上海总领事有吉明致牧野外相电，第90号，日本外交史料馆藏。
② 1913年5月9日驻上海总领事有吉明致牧野外相电，第90号，日本外交史料馆藏。
③ 1913年5月9日驻上海总领事有吉明致牧野外相电，第90号，日本外交史料馆藏。
④ 1913年5月25日驻上海总领事有吉明致牧野外相电，日本防卫研究所藏。
⑤ 1913年5月22日驻上海总领事有吉明致牧野外相电，第94号，日本防卫研究所藏。

5月25日或26日，将要接替伊集院任驻华公使的山座圆次郎专程来沪，劝孙、黄不要以武力抵抗袁。对此，孙与黄表示的态度就不同了。孙反复讲"以和平的方法终究不能抵抗袁"，而黄则提出和平解决的具体方案：

  1. 继续维护共和政体，不干涉国会；

  2. 将宋案交法庭公平裁决；

  3. 五国借款提交国会审议；

  4. 北方撤回南遣的军队，南方也同时解除军备，一切恢复正常状态。[①]

  而且黄兴希望"如贵国公使与美国合作，以此为条件劝告袁，我方也绝不主动地发起事端，时局也能以和平得以解决"[②]。但日方未改承诺，黄兴方案也未能实现。

  到6月上旬，南北双方剑拔弩张，武装冲突一触即发。此时，老外交官加藤高明[③]来华，6月1日经由上海时，孙、黄访问了他。加藤依然劝他们"要十分忍耐，和平解决时局，谋求长远之策"[④]，不要轻举妄动。对此，黄兴表示"坚持忍耐，不误大局"[⑤]。6月9日袁罢免李烈钧江西都督一职。6月14日又革胡汉民广东都督职。有吉明非常关注孙、黄在李被革职后的动向。6月11日有吉访孙、黄，并探寻他们的反应和对策。据有吉观察，孙、黄两人持不同的态度。孙主张一举排除袁，但对袁用五国借款收拾李烈钧部下表示担忧，说推翻袁比推翻清朝更难。[⑥]黄则表示坚决采取

---

  ① 1913年5月27日驻上海总领事有吉明致牧野外相电，第99号，日本防卫研究所藏。

  ② 1913年5月27日驻上海总领事有吉明致牧野外相电，第99号，日本防卫研究所藏。

  ③ 加藤曾在第4次伊藤博文内阁（1900年10月至1901年1月）、第1次西园寺内阁（1906年3月至5月）、第3次桂太郎内阁（1912年12月至1913年2月）时期任外相。

  ④ 1913年6月1日驻上海总领事有吉明致牧野外相电，第105号，日本外交史料馆藏。

  ⑤ 1913年6月1日驻上海总领事有吉明致牧野外相电，第105号，日本外交史料馆藏。

  ⑥ 1913年6月11日驻上海总领事有吉明致牧野外相电，第114号，日本外交史料馆藏。

和平主义，昨日已派特使赴江西，劝李圆满处理此事。[①]但孙中山依然坚持武力讨袁，拨 500 万元给黄兴，部署讨袁军事。此时，孙、黄的分歧依然明显。

6 月 17 日，孙中山乘毕约号秘密赴广东，与胡汉民和新任都督陈炯明磋商武力讨袁之事。孙离沪的翌日即 18 日，有吉明总领事又访黄。此时的黄兴对日本大为不满，他说："唯独对南方不予援助，而且由于伊集院[驻华公使]和小田切[万寿之助]的特别周旋，五国借款成立。"[②]这是对日的谴责。赴粤的孙中山 21 日在澳门海上与胡汉民、陈炯明商谈了讨袁军事，但二人鉴于广东形势，都不同意武力讨袁。孙 29 日回沪，此时孙武力讨袁的思想发生了波动。30 日孙对有吉说，目前除观望形势、等待时机、在国会上对峙外，别无其他办法。[③]他准备让张继等有影响的国会议员回到北京，在议会上继续与袁斗争。由于此故，黄兴与孙中山在反袁问题上的分歧，暂时消失。但陈其美等少壮派却极力主张武力讨袁。在此种形势下，有吉总领事 7 月 7 日、8 日分别访问黄兴和陈其美，劝他们不要轻举妄动。但陈其美坚决主张武力讨袁，公开对有吉说，我党现在分为温和、过激两派，公然指责孙、黄。[④]黄兴则说，我们对李、胡两位都督的革职没有进行反抗，这证明我党采取了和平手段，但他担忧如袁在江西等地一再施加压力，就难免在各地发生小纠纷，这便发展成大事。这说明，此时黄兴仍然坚持和平手段，但也担心发生冲突。有吉明总领事通过与他们的谈话分析认为，孙、黄因无成功的把握而不主动举事，陈其美、李烈钧等少壮派则想抓住任何机会举事。[⑤]

① 1913 年 6 月 11 日驻上海总领事有吉明致牧野外相电，第 114 号，日本外交史料馆藏。
② 1913 年 6 月 18 日驻上海总领事有吉明致牧野外相电，第 122 号，日本防卫研究所藏。
③ 1913 年 6 月 30 日驻上海总领事有吉明致牧野外相电，第 128 号。见《日本外交文书》，大正二年，第 2 册，第 362～363 页，日本防卫研究所藏。
④ 1913 年 7 月 8 日驻上海总领事有吉明致牧野外相电，第 132 号。见《日本外交文书》，大正二年，第 2 册，第 363～364 页，日本防卫研究所藏。
⑤ 1913 年 7 月 8 日驻上海总领事有吉明致牧野外相电，第 132 号。见《日本外交文书》，大正二年，第 2 册，第 363～364 页，日本防卫研究所藏。

　　不出有吉明预料，7 月 12 日李烈钧在江西举兵讨袁，二次革命爆发。在此种情况下，黄兴不得不放弃和平解决的主张，立即投入了武力讨袁的战斗。黄兴与孙商议赴宁讨袁之事后，7 月 14 日抵南京，被举为江苏讨袁军总司令，部署讨袁军事。这时黄兴与孙中山在武力讨袁问题上达成一致，但战事失利，陷入四面受敌的境地。到月底情况紧急，黄兴弃宁南下，赴广东与孙会合，再图举兵。但广东的新都督陈炯明不欢迎孙、黄来粤，在粤会合之计划未能实现。

　　以往的研究认为，这个时期除反袁策略之外，孙、黄在联日问题上也有分歧。孙曾说："日国亚东，于我为邻，亲与善邻，乃我之福，日助我则我胜，日助袁则袁胜。"①孙主张联日反袁，黄却予以反对。②这一反对便成为二次革命失败的又一个原因，黄兴应负其责任。但此种说法没有事实根据，是不正确的。据日本档案材料，这时期孙、黄皆欲联日，他们对日的态度及期待几乎相同，有些问题上黄兴更有过之。下面举几个例子：

　　（1）1913 年 3 月下旬和 6 月下旬至 7 月初，孙、黄皆想通过国会反袁，因此对日本没有提出更多的要求和希望，只希望日本和列强对袁施加压力或者"启发"袁，让他主动辞去大总统之职。③

　　（2）4 月上旬至 6 月中旬，孙主张武力讨袁，要求日本提供财政援助。4 月 7 日他向横滨正金银行上海支店长提出借款要求；4 月 25 日再向有吉明总领事提出这一希望。④黄兴也于 5 月 17 日和 22 日向日本东亚兴业公司提出一千万日元的贷款要求；6 月 2 日黄、孙又共同提出，并得到该公司的同意，但因日本政府的干涉，贷款未成立。⑤

---

① 湖南社会科学院编：《黄兴集》，中华书局 1981 年版，第 401 页。
② 薛君度、萧致治共编：《黄兴新论》，武汉大学出版社 1988 年版，第 318 页。
③ 1913 年 4 月 1 日驻上海总领事有吉明致牧野外相电，第 42 号，日本外交史料馆藏。
④ 参照拙著：《孙中山与日本关系研究》，第 445～446 页。
⑤ 白井胜美著：《日本与中国——大正时代》，原书房 1972 年版，第 32～33 页。

（3）孙中山 3 月底向有吉明总领事提出赴日的希望，希望 4 月上旬赴日。黄兴则于 5 月上旬向日本军部提出渡日的要求。孙渡日的目的是暂时避开政局，黄兴则要求得到日方对反袁的理解和支持。

（4）孙黄皆反对包括日本在内的五国银行团给袁提供 2500 万英镑贷款。黄兴于 6 月 18 日，孙则于 7 月 21 日，分别向日方提出批评和指责。这并不是要与日本决裂，而是意在得到日本的援助。

（5）孙黄联日活动都是通过上海总领事有吉明向日本外务省汇报的，孙利用其地位有时直接致函日本元老井上馨等，表达其联合之意，而黄兴则利用其军事上的地位，通过参谋本部驻沪军官直接向参谋本部传达其反袁和联日的意愿。孙黄联日，既有统一，又有不同之处，即在方法、形式和渠道以及联合的程度上都有不同之处。

如上所述，黄兴为争取日方的援助，向日方提议缔结密约，解决两国间的各种悬案，实现中日提携。但孙中山未提出过此种意见。在此问题上，黄比孙有过之。但是日本政府和军部及财界没有支持和援助孙、黄，他们对日的希望都化为泡影。之所以这样，与这一时期日本政府对二次革命的政策有关。

那么，这一时期日本政府对二次革命采取了什么样的政策呢？3 月 31 日，日本山本内阁在首相官邸研究中国局势，并决定：帝国政府对中国南北纠纷"全然采取中立不偏的方针。且无意乘此争端谋求特殊利益"[①]。这也是日本政府对孙、黄采取的基本方针。军部也采取同样方针。4 月 1 日陆军省次官本乡房太郎给驻中国日军的命令中指出："帝国政府此际取不偏不倚的态度和方针，贵官也遵照此方针行动。"[②]二次革命爆发后，外务省和军部

---

① 1913 年 3 月 31 日牧野外相致上海总领事有吉明电，第 23 号，日本外交史料馆藏。
② 1913 年 4 月 1 日陆军省次官本乡致汉口驻屯军司令官与仓电，日本外交史料馆藏。

三令五申：日本文武官员不许参与中国黄兴内乱，保持中立。"中立"或者"不偏不倚"的实质是什么呢？据这一时期日本的有吉明、山座圆次郎、加藤高明等人对孙、黄的劝告可知，日本的基本方针是避免冲突，维持现状，反对武力讨袁。言外之意，便是维护袁君临中国的现状。这就是二次革命时期孙、黄与日本的最大分歧点。日本希望袁继续任大总统，而孙、黄则反对袁当大总统，想把他拉下马。因而这时期孙、黄对日的第一个不满是日对袁的这一政策，而这一政策又决定了这时期日本对孙、黄的政策，即不支持他们反袁。不支持反袁，就无形和有形地支持袁继续任大总统。这是对袁的无形支持。日本参与的五国借款显然是对袁的有形的巨大支持，政治上壮大了袁的胆量，财政上帮了袁的大忙。6月1日日本前外相加藤高明在沪会见孙、黄时，孙问：如南方发生革命，日本将采取什么态度？加藤毫不犹豫地回答：作为个人，同情革命派，但政府一贯和列强协调，为确保袁政府的安定而努力。[①]这就一语道出日本维护袁统治的原因。首先，日本对袁不抱多大好感，但欧美列强在背后支持他，这就牵制了日本的对袁政策，因为日本是二流帝国，不敢贸然反对欧美，只能与它们协调。其次，正如驻汉口总领事芳泽谦吉所说，此次冲突可能以袁的中央政府胜利而告终。[②]日本参谋本部这时调查南北军事力量，已估计到袁胜孙败的结局。因此，日本必然采取远孙近袁的政策。如国际形势发生变化，南方的革命力量远远超过袁势力时，日本当然支持南方反袁。1916年上半年护国运动时期正是如此。再次，正如芳泽总领事所说的那样，"鉴于中国现状，支持和利用中央政府对扩大我权益是有利的，实际情况也是朝这一方向

① 臼井胜美著，前揭书，第32页。
② 1913年7月26日驻汉口芳泽谦吉总领事致牧野外相电，第212号，日本外交史料馆藏。

发展的"①。日本与欧美列强在中国的权益争夺，首先体现在对北京政权和其当权派人物的争夺上。辛亥革命时期日本对袁有戒心，没有搞好与袁的关系。因此，借这次机会，改善与袁的关系，以便维护和扩大在华权益。最后一个原因是经济原因。中国国内局势的安定对日本的对华贸易等经济利益是有好处的，如又出现辛亥革命那样的第二次动乱，首先受到冲击的肯定是对华贸易，其进出口总额锐减。②因此日本力求安定，避免冲突。这便是日本的国家利益。日本的国家利益是其对华政策的基础和原则，在任何时期任何情况下，这都是不会变的。但具体到某一特定政策，又是根据内外形势的变化及具体情况有些许调整。二次革命时期，日本从自身利益出发，先决定对北方袁政权的政策，根据这一政策再决定对南方的政策。这就是说在这时期日本的对华政策中袁在先，孙、黄在后，日本的对袁政策决定了日本对孙、黄的政策。由于此故，二次革命时期日本没有支持和援助孙、黄，孙、黄也没有达到其对日的希望和要求。

二、1913 年 3 月至 1914 年 6 月黄兴的在日活动

7 月底 8 月初，由于袁军的猛烈攻势和反袁势力内部一些人的叛变，二次革命不可避免地遭遇失败。此时，黄兴和孙中山决定离开大陆，分赴日本，以便保存自己，卷土重来。在赴日的行程中，孙、黄与日本关系既有共同之处，又有不同之点。

黄兴在讨袁前线，7 月 28 日晚偕其参谋长黄恺元乘日舰嵯峨号离宁赴沪、在沪换乘商船静冈丸赴香港。在这一过程中，黄兴得到日海军的协助和保护。7 月 29 日，日海军省次官财部彪指令游弋在长江和东海的第三舰队司令官川岛：如南方领袖要求避难

---

① 1913 年 7 月 3 日驻汉口芳泽谦吉总领事致牧野外相电，第 202 号，日本外交史料馆藏。

② 参照拙著：《孙中山与日本关系研究》，第 143～148 页。

时，虽然不采取主动保护措施，但根据外交惯例，不能不收容，并把他们转移到他要求的地方。①但日海军又怕此事泄露。7月31日，日海军大臣斋藤实又指示第三舰队司令官川岛，根据情况可采取如下对策：1. 尽可能否认收容黄兴的事实；2. 如情况不能完全否认时，则言明黄兴为脱险曾来龙田舰要求保护，但是情况不算危险紧迫，帝国军舰遵照以往采取的公平态度，拒绝了这一要求；3. 如收容之事已泄露，采取第二项措施不利时，则言明：黄兴为脱险投奔龙田舰要求保护，而我舰队从人道主义出发，一时加以保护，时隔不久他便离开。②日海军的此种做法，一面是为自己解脱，一面也有保护黄兴之意，但这并不是协助黄兴流亡日本。外务省则持与此不同的态度。28日牧野外相致电南京领事船津，要他不要对黄予以协助；7月29、30日接连电训有吉总领事和船津领事，要求阻止黄兴来日，但可请他去香港或其他地方，万不得已时可暂时前往冲绳。③

如上所述，黄兴离宁赴港过程中得了日海军和驻宁沪领事的协助，但孙中山8月1日乘德国船约克号离沪赴港时，没有得到日军方和总领事的协助。其原因不详。

孙、黄离宁沪时，皆想赴港面晤，以图再举兵。黄兴于8月3日抵港。同日，孙中山抵福建的马尾港。但此时广东形势发生逆转。广东的新都督陈炯明不欢迎孙、黄来，不同意派军舰到香港接回孙、黄二人。孙中山4日在马尾换乘抚顺丸赴台湾基隆。黄兴也原拟乘静冈丸赴基隆。黄兴开始想赴日，但牧野外相于8月1、2日连续三次电训驻港领事今井："绝不准来日。"④今井总领事遵照牧野外相的指示，先找张继和马君武，转告牧野外相之

---

① 1913年7月29日海军省次官致第三舰队司令官电，日本外交史料馆藏。
② 1913年7月31日牧野外相致上海总领事有吉明电，第69号。见《日本外交文书》，大正二年，第2册，第385～386页。
③ 1913年7月31日牧野外相致上海总领事有吉明电，第69号。
④《日本外交文书》，大正二年，第2册，第387～388页。

指示，让他两人劝说黄兴。今井希望劝黄赴新加坡，因为黄曾在新加坡等南洋一带活动过。但黄不同意，希望去欧洲或者美国。今井总领事通过张、马二人说通黄后，3 日晚登上静冈丸，与黄兴进行了较长时间的谈话。结果，黄拟 4 日换乘芝加哥丸，准备赴美。但赴美需要护照。今井致电请示牧野外相，让黄兴装作日人，给他发日本护照。此事便说明今井总领事对黄兴的热情。但牧野外相不许这样做。①黄兴停留在香港海域较为危险，港方来搜查静冈丸。今井当即让黄改乘第四云海丸，4 日下午 3 时 30 分离港。②据今井致牧野外相之电，第四云海丸于 8 月 5 日晨抵基隆港，今井也用大阪商船之暗号将此事电告台湾总督府。③但尚未发现该船在基隆停泊之材料。

　8 月 9 日凌晨 2 时，黄兴抵日本门司外的六连岛，经检疫后在下关登陆。与他同行的是其参谋长黄恺元。原计划黄恺元在香港上岸，但怕他泄密，让他继续跟随黄兴赴日。

　黄兴按计划先到神户，在那里一是与孙中山会面，二是等候来自上海的同志，拟 8 月 21 日与他们同赴美国。但黄兴一时改变计划，暂时停留在下关。在下关，由三井物产公司门司分公司接待黄兴，给他提供生活费一万日元，并将其安排在下关市外滨町天野龟次郎（经营服装店）的别墅。④12 日，又迁移到丰浦郡长府町的小泽富熊之宅。

　孙中山 8 日上午 9 时抵门司港，比黄兴早到一天。孙中午离门司，9 日晨抵神户港。但日方不许孙上岸。在神户，先由三上丰夷和松方幸次郎迎接，后由东京赶来的萱野长知、古岛一雄、寺尾亨等登船拜访。孙在山本首相同意下，晚 11 时上岸，留宿于常盘花坛别墅。黄兴与孙中山不同，未经日政府许可直接上岸。

---

①　1913 年 8 月 4 日牧野外相致香港今井总领事电，第 45 号，日本外交史料馆藏。
②　1913 年 8 月 4 日驻香港今井总领事致牧野外相电，第 62 号，日本外交史料馆藏。
③　1913 年 8 月 4 日驻香港今井总领事致牧野外相电，第 62 号，日本外交史料馆藏。
④　1913 年 8 月 9 日山口县知事致内务大臣电，秘第 3141 号，日本外交史料馆藏。

黄、孙虽在日本登岸，但日本政府劝两人速离日赴美。黄兴此时
依然表示赴美，只待行李的到来。黄兴计划，经神户到横滨，在
该地乘船赴美。孙中山则不同，希望留在日本，观察国内形势。

如上所述，黄兴与孙中山离开中国后的去向虽然不同，但日
本政府对他们的政策是一样的。即不许他们在日居留。可是8月
12日前后，日本政府对他们的政策发生了变化。8月12日，牧野
外相称："若他们不听劝告，强行驱逐亦非上策，故或许万一留在
日本，亦尚难意料。在此情况下，一则对其严加监督，以免使日
本成为邻国动乱之策源地，同时亦不得不对其人身安全予以适当
保护。"①这实际上是允许他们居留日本。鉴于日本政府的这一新
政策，孙、黄二人离开暂住地，前往东京。

孙中山8月16日离神户，经神奈川观音海角的富冈，19日
午夜零时40分抵东京。黄兴于20日凌晨离住地长府町，乘小汽
船到门司换乘来自中国的静冈丸驶向东京方向。②此时黄兴依然拟
经东京赴美国。负责接待和安排黄兴行程的是河原林桱一郎，他
是三井物产公司中的职员。黄兴23日经神户，25日经清水，26
日抵横滨港，27日凌晨1时乘小汽船从孙上岸的观音海角富冈上
岸。在此地，由古岛一雄和三井物产公司的石田秀二和神奈川县警
察迎接，并当夜把黄护送到东京芝区琴平町13号的信农屋（旅馆）。

黄兴的妻子及子女3人偕随从4人，8月22日乘春日丸抵门
司。他们在三井物产公司职员的陪同下，下午7时10分乘火车追
赶黄兴。③他们一行经神户，23日晚8时20分抵达东京的新桥车
站，住宿在筑地的精养轩。④

---

① 《日本外交文书》，大正二年，第2册，第400～401页。
② 1913年8月21日山口县知事马渊锐太郎致牧野外相函，高密第5175号，日本外交
史料馆藏。
③ 1913年8月22日山口县知事致牧野外相电，秘第4434号，日本外交史料馆藏。
④ 1913年8月23日警视厅总监安乐兼道致牧野外相函，甲秘第131号，日本外交史
料馆藏。

　　如前所述，黄兴计划经东京赴美国，但不知何故，暂未赴美，留在东京。

　　在孙、黄相继来东京的情况下，日本政府也默认了他们在日本居留。8 月 27 日，牧野外相致电驻华公使山座圆次郎，通告北京政府和袁世凯："对既来之而又不能离去者，正严加监视，不准其以我领土为据点策谋邻国动乱……在我国权保护下之地区，已命官宪充分切实地取缔流亡者，对此，中国官民均可放心。"①

　　黄兴自 1913 年 8 月 27 日至 1914 年 6 月 30 日在东京居留。日本政府为什么最初不许黄兴在日居留？我们从牧野外相的训电中可以找到其原因。牧野说："与此次中国骚乱有关之南方领袖此时居住日本，鉴于内外种种关系，于我不利。"②不利于哪方面？

　　一、对日本国内政局不利。黄兴是革命党人，主张共和，反对帝制。辛亥革命时期，日本政府非常惧怕辛亥革命的共和风暴波及日本。1912 年末 1913 年春，日本国内爆发了大正政变即第一次护宪运动。辛亥革命作为亚洲第一次共和革命，无疑对此运动起了推波助澜的作用。因此，在护宪运动激荡的时期，日本政府惧怕黄兴等革命党人来日，会直接影响日本国内政局。

　　二、怕开罪袁世凯。日俄战争后，袁世凯转向亲欧美。因此，辛亥革命时期日本怕亲欧美的袁上台掌权，因此一直在抵制他上台。这时期日本内阁更迭三次，这三届内阁都没有支持过袁。但袁毕竟是君临中国的最高统治者，日本内阁试图改善与他的关系，希望靠他来维护和扩大在华权益。因此，日本政府通过驻华公使向袁表示了阻止黄兴来日的决心，以便向他献媚。

　　三、怕承担挑起二次革命的责任。当时日本一些退役的军人和大陆浪人参与了革命势力的反袁战斗，因此，国际上误认为，日本怂恿和支持革命党人挑起反袁的二次革命。如日本同意和协

---

① 1913 年 8 月 27 日牧野外相致山座公使电，第 416 号，日本外交史料馆藏。
② 1913 年 8 月 12 日牧野外相致山座公使电，第 390 号，日本外交史料馆藏。

助孙、黄来日，则正"证实"日本怂恿他们的事实，由此影响与袁和欧美列强的关系。[①]

四、国际上受英国等欧美列强的牵制。辛亥革命时期英国等欧美列强是支持袁世凯而不支持孙中山等革命党的。他们认为，革命党不可靠，其背后有日本。这一不同的态度，反映了欧美列强与日本在中国的争夺。在这一争夺中，日本一直比较被动，在二次革命失败的情况下，若支持黄兴等革命党人来日，必然开罪欧美列强，使日本处于更被动地位。

基于以上四种原因，日本采取了阻止黄兴等革命党人来日的措施。在这一方面，对黄兴和孙中山的政策基本上一致，没有区别。

那么，为何又同意黄兴久留日本？几天内何以发生此种变化？

首先，辛亥革命时期，日本政府、军部、财界和大陆浪人在资金和武器方面"支持"过革命党，1913年二三月间也曾邀请革命党的领袖孙中山作为贵宾访日。这说明，日本对革命党抱有希望。二次革命虽然失败了，但革命党在中国依然是不可忽视的力量，日本不愿将其完全放弃。黄兴是革命党领导人之一，日本也不敢完全抛弃他。这当然不是出自善意，而是为了维护和扩大日本在华权益的一种表现。

既不愿完全抛弃黄兴和革命党，又不愿开罪袁世凯，这是互相矛盾的。按理，两者必选其一。但日本没有采取绝对的措施，而是力图平衡两者的关系，从中找出统一这一矛盾的方法。"保护"就是让黄兴等革命党人久留日本，"保护"其人身安全；"监视"就是力图把他们的一举一动置于日本的严密控制之下。这是一箭双雕的伎俩，日后对日本颇有好处。此后的一个时期，日本政府把黄兴和孙中山等革命党人当作和袁世凯讨价还价的筹码，或者是威迫袁的王牌。例如1915年日本政府向袁提"二十一条"时，

---

① 1913年7月28日牧野外相致驻南京领事船津电，第10号，日本外交史料馆藏。

驻华公使日置益向加藤外相建议，利用革命党对袁软硬兼施。他建议，煽动革命党，以颠覆袁政府之势威迫袁全盘接受"二十一条"；或者严厉取缔革命党，以便诱引袁接受"二十一条"，1915年至1916年袁在称帝时，日本如支持他称帝，则压制革命党人借机掀起革命；如反对他称帝，则"支持"革命党进行反袁运动。以上事实说明，对己有利，为我所用，这便是日本对革命党政策的原则和目的。至于"支持"或者镇压是达到这一原则和目的的一种手段。原则和目的是不变的，但手段却是常变的。

其次，日本政府希望并也劝黄兴改赴美国，黄兴也表示要赴美。但日本又怕美国等列强把黄兴掌握在手中。因此，最后还是同意黄兴留在日本。对孙中山也如此。[①]这便说明黄兴、孙中山等革命党领袖居留何地是列强争夺中国的焦点之一。列强争夺中国，先要争夺中国的当权者。这是因为列强维护和扩大在华权益都要靠中国的当权者。日本认为，在风云莫测的中国政治舞台，黄兴等革命党领袖是不可忽视的人物。因此，日本预测未来，让黄兴留居日本，以便日后对己有利。1914年6月黄兴一行离日赴美，但1916年在中国国内兴起反袁的护国运动时，又于5月9日返回日本。此时，日本为利用黄兴等革命党人推翻袁世凯，便给黄兴提供了贷款，对孙中山也如此。[②]

综观二次革命时期黄兴与日本关系可以看出，牧野外相、有吉明总领事、加藤高明、山座圆次郎等从日本国家利益和这时期日本对华外交政策出发，一再劝黄兴：南北融合，避免冲突，不要动武，保持安定。黄兴也针对他们的劝告，发表了他的反袁策略。黄兴的策略在一定程度上迎合了日本，日本也对他产生了好感。但黄兴的策略并不是一味追求和平，但只是自己先不动手，但以武力防备袁。山座曾劝黄"要十分忍耐，和平解决时局，请求

---

① 参照拙著：《孙中山与日本关系研究》，第467～468页。
② 参照拙著：《孙中山与日本关系研究》，第198～203页。

长远之策"①。此意便是自始至终不要动武力，保持安定。这便与黄兴的武力防备策略产生了矛盾。因为其根本分歧就是要不要将袁从大总统的宝座上拉下来。在这一问题上，黄兴与日本之间始终存在着分歧。孙中山与黄兴在反袁策略上时有分歧，但和平解决也好，武力讨袁也好，都需要日本的支持和援助。因此，两者在联日的问题上是一致的。

孙、黄在赴日行程中，两者间虽有不同，但日本对他们赴日和居日的基本政策是一致的。因为他们都是有影响的、有潜力的革命领导人。但两人在国内外的地位和影响上有主次之分，因而日本在对他们的具体政策上有所区别。

第三节　护国运动时期黄兴与日本的关系
——兼论孙中山、黄兴对日战略的异同

黄兴在其 15 年的革命生涯中，在国外居留长达 8 年 2 个月，其中在日 5 年半（出入日本 9 次），占其旅居国外时间的 67.4%。可见黄兴与日本的关系较为密切。但过去侧重于对黄兴在国内的革命活动的研究，较少注意他与日本之间的关系。本节试图通过分析护国运动前后（1914 年 8 月至 1916 年 10 月）日本对山东半岛的侵略、中日对"二十一条"的交涉以及护国运动等三大问题，探讨黄兴所采取的对日策略。并就此与同时期的孙中山加以比较，从中找出同一代革命领导人黄兴对同一个问题所采取的革命策略的异同，进而分析这种异同与孙、黄二人革命战略的关系。

---

① 1913 年 6 月 1 日驻上海总领事有吉明致牧野外相电，第 105 号，日本外交史料馆藏。

一、黄兴与孙中山对日"二十一条"的异同

1914 年 7 月，第一次世界大战爆发后，日本对德宣战，并乘机占领胶州湾和胶济铁路，攫取了德国在山东的殖民权益。这激化了日本与北京政权及袁世凯的矛盾。同时，英国等列强因卷入欧战，无暇顾及东方，袁世凯一时失去了支持和援助。孙中山等认为，这是反袁的好机会。他说："刻下欧洲战乱确为中国革命之空前绝后的良机。"①孙中山动员在日的革命党人回国策划起义，同时走访犬养毅、头山满，要求日本在外交、经济及军事上支持中国革命党的反袁斗争。②此时，黄兴正在旧金山，他虽然身居太平洋彼岸，却密切注视国际、国内风云的变化。他对一战爆发后的形势及反袁策略持有与孙不同的看法。他说："人谓乘欧乱吾人可起而击袁，不则失此时机，吾人终无倒袁之日。此似是而非之说，观察不到，理解不真，最足以偾事……如利用此少数人之激烈心理，逞一时之愤，或一部之力，必终归无效，徒自减杀其势力。"③这显然是指孙中山的上述反袁行动，不同意其主张。黄认为，因欧战爆发，欧洲列强无暇东顾，难以助袁，"观此，袁贼将来之破产可必。或袁贼以无外援之助，于国内必横加诛求，国民既负担之不胜，其积怨必甚。吾国国民之性质，必待其身受痛苦然后求援，此时吾人乘其不备而掊之，袁贼将不受一击也"④。此时欧事研究会在东京成立，黄被推为该会的首领。该会的主张与黄的这一反袁策略似乎相同。黄致函在东京的欧事研究会的李根源和谭人凤等："尚望蓄远势毋狃于目前，计全局毋激于一部。袁氏自失外款，本不足倒，惟在吾人一致进行，庶预备方有所

---

① 《犬养毅与孙文会见之事》乙秘第 1651 号，1914 年 8 月 27 日，日本外交史料馆藏。
② 参照拙著：《孙中山与日本关系研究》，人民出版社 1996 年版，第 191～196 页。
③ 湖南省社会科学院编：《黄兴集》，中华书局 1981 年版，第 390 页。
④ 湖南省社会科学院编：《黄兴集》，中华书局 1981 年版，第 390 页。

着。"①对外政策方面，黄兴认为："袁贼以德、日之冲突，转乞怜于美，内容想亦许以特别权利，故美亦极欢迎。"②因此，他在美努力制止美国对袁的援助。他"一面揭开袁贼黑幕，渐图挽回外人之议论，使表同情于吾党"③。一面筹集反袁所需之资金。但美国政府"颇取慎重态度"，对美工作进展不大。

对外的另一个大问题是日本问题。日本乘机侵占德在山东的殖民权益及赤道以南的德国岛屿后，在一段时间内仍采取了拉拢袁世凯的政策。黄认为："惟日政府态度已定，于吾党行动必多掣肘。"④这一判断是正确的。但 11 月 7 日日军攻占青岛后，他先后致函宫崎滔天和萱野长知探查日本的对华政策是否有变化。1914 年 11 月 10 日致宫崎函中问道："欧洲战乱，扰及亚东，贵邦仗义兴师，得收青岛，均势局面或有变迁。贵政府态度，得似（视）海陆两部。前已得青岛后，于吾人可与便利，不知能否实践？乞为一探，速示方针。"⑤二次革命以来日本政府重视与袁关系，不敢也不想支持孙、黄等革命势力反袁。日本对孙、黄革命势力的政策并不是根据孙、黄对日的期待和希望来决定的，而是从日本对袁世凯的政策来决定的。这一时期袁世凯已镇压了孙、黄势力，独自君临于中国，因此，日本力图修好与袁关系。但另一方面，日本为侵占山东半岛，迫使袁世凯同意在山东半岛东部设立中立区时，又有利用孙、黄的革命党胁迫袁世凯的意图。结果因袁屈服于日本的威胁，同意设立中立区，日本政府没有支持革命党反袁。这时期，日本执政的是大隈内阁。日本占领青岛后，黄兴虽然对日本抱有希望，但他认为在大隈内阁执政下难于实现。他指

---

① 湖南省社会科学院编：《黄兴集》，中华书局 1981 年版，第 390 页。
② 湖南省社会科学院编：《黄兴集》，中华书局 1981 年版，第 390 页。
③ 湖南省社会科学院编：《黄兴集》，中华书局 1981 年版，第 390 页。
④ 湖南省社会科学院编：《黄兴集》，中华书局 1981 年版，第 389 页。
⑤ 湖南省社会科学院编：《黄兴集》，中华书局 1981 年版，第 393 页。

出："隈阁与袁亲交，只顾目前小利，于黄种前途，毫不思及。"①他在致宫崎函中又写道："贵国政府方针（指亲袁言）倒执，于敝国之改革，颇生障碍，即将影响于将来东亚之前途。"②这些表明黄兴不满于大隈内阁的对华政策，对他不抱很大希望。他将希望寄托于大隈内阁的对立面，即犬养毅的立宪国民党和政友会等在野党。立宪国民党当时反对大隈的对华政策。因此黄兴认为："识微瞩远，是在民党诸君，不知足下等已谋及否？"③此意就是让萱野、宫崎等做一做在野党的工作，"能倒之派或可与图。请速谋之，详示方略为幸"④。在东京，萱野等协助孙中山做了犬养毅及头山满的工作。头山满虽然认为大战的爆发对中国革命有利，对日本政府对中国革命党人的政策颇为不满，但无能为力。犬养毅也认为"如周围条件允许，现在是举革命大旗之大好时机"，但对筹款之事，没有明确表示态度。⑤有鉴于此，黄兴对萱野、宫崎及犬养、头山的期待变成泡影。这些活动反映了黄兴力图利用日本的支持和援助来反袁的策略，这与孙中山是一样的，但孙在日，黄在美，两人联日的迫切性和活动情况有所不同。

1914 年下半年，日本占据胶州湾和胶济铁路后，1915 年 1 月 18 日又向袁世凯提出了"二十一条"，妄图独霸中国。这使民族危机进一步加深，中华革命党人的反袁斗争也随之加剧。加之当时革命党人内部分成两大派别，他们的革命策略各异。在这种错综复杂的条件下，如何处理对袁和对日关系及反帝和反对国内政敌的关系，便成为黄兴及革命党人需要解决的迫切问题。当时革命党人有三种选择的可能：（1）联日制袁；（2）待袁制日；（3）不讨袁，不待袁，亦不联日。大体来说，孙中山与中华革命党属

① 湖南省社会科学院编：《黄兴集》，中华书局 1981 年版，第 393 页。
② 湖南省社会科学院编：《黄兴集》，中华书局 1981 年版，第 395 页。
③ 湖南省社会科学院编：《黄兴集》，中华书局 1981 年版，第 394 页。
④ 湖南省社会科学院编：《黄兴集》，中华书局 1981 年版，第 393 页。
⑤《犬养毅与孙文会见之事》乙秘第 1651 号，1914 年 8 月 27 日，日本外交史料馆藏。

于第一类；何海鸣等属于第二类；熊克武、程潜、李根源等也接近于第二类，但两者又有所区别；黄兴等则选择了第三类。下面分别叙述孙与黄的具体情况：

孙中山在中日交涉"十一条"时期，对"二十一条""默不一言"。柏文蔚面见孙中山，要求他表态时，他表示：各同志可自行通电反对，他自己"另有对策"。①交涉时期孙中山对"二十一条"和对袁、对日的直接谈论不多。但其在 1915 年 3 月 19 日致康德黎夫人函中指责："袁世凯作风之暴戾，对权力之贪婪，其本性之自私，与德皇毫无二致"，并称袁为"彻头彻尾亲德人物"，希望英国不要支持他。②这是对袁的一种牵制施施，力图在国际上孤立袁。这是孙反袁的一种表现。在该函中，他言及日本："由于英国政府的干预及其保守影响，日本政府未敢给我们以友好支持。我们正不靠外援，独立工作，深信必能成功。"③这表明孙抱有谋求日本支持和援助的希望，并将日本未予支援的原因归结于英国的牵制。1915 年 4 月 7 日，孙中山对日本太阳通讯社社长波多野春房说："现在正通过某日本人（姓名秘而不言），谋求日本政府之援助，正在活动中"，倘若日本政府不援助，则赴欧美各地争得他们的支持，并筹集军资。④以上事实说明，孙中山欲利用日本与袁矛盾的激化，争取日本的支持和援助，以便打倒国内政敌袁世凯。这时期孙中山的言论也证实了这一点，他对波多野说，"在日中交涉问题上……袁进退维谷，处境愈益窘迫，予将乘此时机，以遂平生夙愿。"⑤在美的同志马素等致函孙中山，请示孙：可否暂停国内革命运动，实行一致御侮？孙复电称："袁世凯蓄意媚日卖国，

---

① 柏文蔚：《五十年经历》，转引自《近代史研究》增刊《黄兴研究文集》，1994 年，第 206 页。

② 《孙中山全集》，第 3 卷，第 163 页。

③ 《孙中山全集》，第 3 卷，第 163 页。

④ 《孙文之谈话》乙秘第 657 号，1915 年 4 月 8 日，日本外交史料馆藏。

⑤ 《孙文之谈话》乙秘第 657 号，1915 年 4 月 8 日，日本外交史料馆藏。

非除去之，决不能保卫国权。"①这些再次说明，孙中山在选择策略时，都是以反袁为其出发点的。孙中山在三十余年的革命生涯中始终把反对国内政敌放在首位，为完成这一革命任务而利用包括日本在内的各列强。"二十一条"交涉时期也正是如此。其原因并不是因为他对"二十一条"和日本帝国主义的侵略本性认识不足，而是他上述的革命战略使他选择了这种策略。

黄兴在"二十一条"交涉时期对袁和对日的策略则与以前又有所变化。二次革命以来，黄一直是反袁的，但这时他却改变了对袁的策略。1915年2月25日黄兴等联名发出的通电称："兴等流离在外，无力回天，遇有大事与吾徒有关者，亦惟谨守绳墨，使不危及邦家而已。"②这是不与袁合作，但亦不干扰之意。这与欧事研究会一些成员的"停止革命，一致对外"的主张也有所区别。黄兴对袁不予干扰，并不是由于他对袁的认识不清楚，而是根据内外形势所采取的一种策略。黄兴之所以采取这种策略，是与他对"二十一条"和日本帝国主义的侵略本性的认识有关。黄兴闻讯袁接受"二十一条"后，气愤不已，与李烈钧等17人联名发出通电，痛加申斥："外交失败，丧权蹙国""条约既成，国命以绝"。③这明确表现了他对"二十一条"和日本帝国主义本性的正确认识。因此，这时期他改变力图争取日本援助之想法，明确表示："兴等固不肖，然亦安至国家大义蒙无所知？窃览世界诸邦，莫不以民族立国。一族以内之事，纵为万恶，亦惟族人自懂理之。倚赖他族，国必不保。"④与以往任何时期都不同，这时期黄兴确定拒绝采取联日的举措。但是，黄兴所采取的上述策略，未能取得预期的效果。其原因何在？黄兴认为："实由吾国自始无死拒之心，而当局尤有不能死拒之势，外人审此，恫吓以乘，至不拟吾

---

① 李云汉编：《黄克强先生年谱》，台北，1973年，第386页。
② 《黄兴集》，第399页。
③ 李云汉编：前揭书，第387页。
④ 《黄兴集》，第397页。

于困兽蜂趸之论，其所以然，则一国政权集结一人之身，与吾接者只见一人不见国民，人以一国而敌一人。"①这里，他将外交交涉失败的原因归结于袁的独裁专制，把斗争的矛头重新指向袁。

"二十一条"交涉时期，如将黄兴与孙中山的策略相比较，两者则不同：一、孙将反袁当作首要的国民任务，而黄不干扰袁或暂停反袁运动；二、孙力争日本的支持和援助，而黄暂不要求日本的援助。产生此种不同策略之原因，不在于两者对袁和对日认识的不同，而是两者持不同的革命战略所致。黄兴在中国近代社会的两大矛盾中，当民族矛盾上升为主要矛盾时，选择将反对国内政敌的斗争放在次要的地位。孙中山则始终把反对国内政敌的斗争放在首位。

但袁接受"二十一条"并欲称帝时，孙中山和黄兴在反袁问题上重新达成一致，从而消除了两人自二次革命以来的分歧，重新团结，共同反袁。

二、1915 年 5～6 月黄兴的对日态度

时至 1915 年，形势发生了急剧变化。5 月，袁世凯继接受"二十一条"之后，又复辟帝制。这激起全国人民的强烈反对。12 月 25 日，唐继尧、蔡锷、李烈钧等在云南宣布独立，反对帝制，武力讨袁。接着贵州、广东、广西、浙江、陕西、四川等省先后宣布独立，通电要求袁退位。日本和欧美列强也鉴于形势劝袁延期实行帝制。迫于内外压力，袁于 1916 年 3 月 22 日撤销帝制，企图平息事态。但是，反袁声势愈加高涨，孙中山也决定在山东、上海、福建等地发动起义，袁的统治出现了崩溃的征兆。在这种形势下，日本的对华政策发生了变化。1916 年 1 月 19 日，大隈内阁决定不承认帝制，并通过了"注视南方动乱发展"的决议。②3

① 李云汉编：前揭书，第 388 页。
② 《日本外交文书》，大正五年，第 2 册，第 13 页。

月7日又进一步决定："袁氏掌握支那之权力，不能不成为帝国完成上述目的（即维护和扩大在华权益——笔者注）之障碍。为完成帝国的上述方针，要袁氏退出支那权力圈是为适宜"，如果南方的反袁势力进一步发展，可以承认它为交战团体，并默许日本民间人士对中国反袁运动的援助。[①]这表明日本支持包括孙黄革命党在内的西南地区的反袁势力。[②]

此时，黄兴在美从事反袁的宣传活动，致函各地的同志表示讨袁的决心，并指示讨袁的具体策略。但他并不急于回国投入反袁运动，其原因之一是对日的认识和态度。1916年1月4日，他在致彭丕斯函中写道："昨接电云，东南各省亦相约保滇。除彼独夫，为期当不在远。兴义当归国，效力战场。惟今欧战方酣，不暇顾及东亚，能为我助以抵制日人之侵入者，厥为美国。势不得不暂留此，以与美政界接洽，或为将来财政之一助。"[③]其意是为抵御日本侵略，要争取美国的援助。由此可见，黄兴对日本借大战疯狂侵略中国有明确的认识，企图依靠美来抵制日本。黄兴于1915年12月撰写《辨奸论》（英文），发表在26日的《费城新闻》上。在此文中，黄兴在揭露袁的独裁统治的同时，大谈中美友好，呼吁美国公民："吾因是代表吾国四万万同胞，敬求伟大共和国之代表，予吾人以道义上之协助。"[④]但黄兴在美未能得到预期的支持和援助。这便成为他再返日本的原因之一。

1915年11月26日，他在致张孝准函中陈述讨袁策略时，言及外交："外交绝不必先有所顾虑，以起与不起，利害均相等，惟须尽力图之。日本近日真意如何，能探得否、可要一欧探问宫崎，即由宫崎详函与我为要。"[⑤]这表明，二次革命后，黄兴对日失望，

① 《日本外交文书》，大正五年，第2册，第45～46页。
② 详见拙著：《孙中山与日本关系研究》，第198～203页。
③ 《黄兴集》，第423页。
④ 《黄兴集》，第423页。
⑤ 《黄兴集》，第411～412页。

但形势发生变化时，又注意日本的动向。如上所述，日本对袁和对孙、黄的政策是 1915 年底或 1916 年初开始转变的。黄兴获悉此消息后，决定先回日本，争取日本的援助。4 月 22 日他自旧金山起航回国。孙中山闻及黄准备回国之消息便电告檀香山的吴铁城，转告黄"直乘原船到沪相会"[①]。但黄兴经檀香山驶奔日本，5 月 9 日抵横滨港。头山满、宫崎滔天、萱野长知等协助黄兴秘密上岸，暂住日本。黄兴暂住日本的另一个原因是与孙的分歧。宫崎滔天说："黄兴认为，在日争吵不像话，不愿被日本人嘲笑，虽然从美国归来，但十分踌躇。不过，最后，在日的同志不用说，上海的亦要求黄兴早日归来。因此，黄兴又归来。船抵达时，孙不在，黄到檀香山时已知孙要离日，即使他在亦无可奈何，若自己能忍耐即无妨，所以归来了。"[②]孙中山也知道黄兴来日。宫崎回忆道："我对孙说，一周后黄能抵此地，请等待，但他无法等待，先行于 4 月 30 日回国了。"[③]

在日争取日本的援助是黄兴的一项重要活动。这与武昌起义爆发后孙中山在海外所做的工作相似。在日本的这 56 天中，黄兴做了以下几件事：

（一）1915 年 5 月 26 日拜访原敬。访原敬是由日人寺尾亨安排的。原敬是日本政友会系的政治家，辛亥革命时期任西园寺内阁的内务大臣。该内阁在革命时期暗中支持过南方革命党。[④]因此革命党人认为原敬是同情和支持革命党的，曾拜托他协助革命。此时他是在野党政友会的总裁，是大隈内阁的对立面。如前所述，1914 年欧战爆发后黄兴对大隈的对立面抱有希望，希望他们打破大隈内阁的现行政策，支持中国的反袁斗争。因此，5 月 26 日晚，黄兴在寺尾亨陪同下亲自登门拜访了原敬。原敬问了这次反袁运

---

① 毛注青编：《黄兴年谱》，湖南人民出版社 1980 年版，第 276 页。
② 《宫崎滔天全集》，第 4 卷，第 312~315 页。
③ 《宫崎滔天全集》，第 4 卷，第 312~315 页。
④ 详见拙著：《孙中山与日本关系研究》，第 353~412 页。

动的性质及有关的各种问题。在谈话中黄兴"数次请求日本援助，并举美国独立战争之时法国人援美之例"①。原敬认为："他（指黄兴——笔者注）的衷情应予以同情，但能否成功尚有疑问。"②因此，他采取"极为中立的态度"，回答说："现在为在野党，当然无所作为……即使日本予以援助，其力量也有限，如中国人本身没有充分的决心，他人援助也没有效果。"对此黄兴称："固然如此，[我们]应下充分的决心，但一时除日本之外没有可依赖的国家。"③这次访原敬没有具体的成果，只是表达了他个人和反袁势力对日的希望。

　　（二）访问了外务省政务局局长小池张造。孙中山与小池没有直接往来，但黄兴与小池关系非同一般。1913 年至 1914 年黄兴在日时曾两次拜访过小池。1914 年 11 月 11 日致萱野函申请萱野代他去"小池君处并希致意"④。这表明，黄兴与小池之关系较为密切。这次回到日本后，于 6 月 24 日上午会见石井菊次郎外务大臣时，黄兴说："借款之事已拜托小池政务局长，希望阁下亦予以考虑。"⑤7 月 3 日即他离门司归国之前一天，黄兴致电小池："感谢好意。个人借款之事请尽力，拜托。现在启程。请向大臣（指石井外务大臣——笔者注）转达致意。"⑥根据以上事实可以断定，6 月 24 日前黄兴访问过小池，并委托他为革命势力筹集资金。小池是在外务省中积极主张大陆政策的实权派官员，这次在支持革命势力反袁问题上采取积极态度。他每周与参谋本部次长田中义一和该部情报部长福田雅太郎会合一次，讨论中国形势，黄兴推进了支持南方反袁势力的政策。此次他与黄兴谈的也是反袁及援

①《原敬日记》，第 4 卷，福村出版社 1965 年版，第 177～178 页。
②《原敬日记》，第 4 卷，福村出版社 1965 年版，第 177～178 页。
③《原敬日记》，第 4 卷，福村出版社 1965 年版，第 177～178 页。
④《黄兴集》，第 394 页。
⑤《日本外交文书》，大正五年，第 2 册，第 186 页。
⑥ 1916 年 7 月 3 日黄兴致小池张造电，日本外交史料馆藏。

助南方反袁势力问题。

　　（三）6 月 24 日上午 9 时至 11 时访问外务省，与石井菊次郎外相会谈了两个小时。在此之前，黄兴访问小池，托他为革命势力筹集贷款，并且与石井外相会谈时又言及拜托小池贷款之事。可以说，黄兴访石井外相是访小池的延续，如无小池这一外务省实权派人物做引线，黄兴是不可能见到石井外相的。黄兴访石井外相，石井外相见黄兴，是在反袁问题上两者有共同利益。黄兴先揭露袁世凯"专制之弊害不亚于前清室"之罪行；石井外相也指责袁"采取了借欧美势力抵制、排斥日本的方针"，并说明了这次日本支持南方势力反袁的原因。①两者在反袁的表面现象上虽然是一致的，但反袁的目的和性质是不同的。石井是为了控制中国，而黄兴是为了维护共和体制，这一不同之处，便反映在他们会谈的第二个问题上。

　　会谈的第二个问题是袁死之后如何收拾时局问题。袁死后副总统黎元洪继任大总统。石井外相认为黎"有一改袁世凯方针之迹象"，因此，"日本亦应援助之"。②当时日本政府的对华政策是先支持和援助黎元洪，以此稳定局势。稳定局势对日本和其他列强是有利的，因为反袁运动，中国金融陷入混乱，货币失去信用，财政陷入窘境，对日本和欧美列强在华的经济利益有不利影响。因此，石井外相认为"收拾时局为当务之急，相信此最为紧要"③。为此，石井外相主张南北求同存异，相互妥协。④石井以 1840 年普法战争后的法国为例，提出不要只是纠缠政体问题，南北双方应相互让步，迅速寻找妥协之途径，以便稳定时局。⑤但黄兴却持不同看法，黄兴认为，黎元洪身边皆为段祺瑞等袁世凯之余孽，

　　① 《日本外交文书》，大正五年，第 2 册，第 183 页。
　　② 《日本外交文书》，大正五年，第 2 册，第 183～184 页。
　　③ 《日本外交文书》，大正五年，第 2 册，第 185 页。
　　④ 《日本外交文书》，大正五年，第 2 册，第 185 页。
　　⑤ 《日本外交文书》，大正五年，第 2 册，第 184 页。

"袁死后，仍有众多小袁，反对南方之主张。妥协难以推进"①。但黄兴口头上不能不表示"本人之主意为尽力谋求双方之调和"②。

第三个问题是希望以让步争取日本贷款，支持南方的反袁势力。黄兴虽然在口头上表示了南北调和之意，但心中仍然希望以让步谋求援助，以便增强革命势力，抗衡北方。他们具体谈的是东亚兴业公司借款问题。该公司成立于1909年，主要对中国进行投资。黄兴与小池政务局长会谈时提出过从该公司借款的问题。但该公司提出了较高的担保条件，此事没有谈成。因此，石井表示"此时立即再次提议借款，将难以成立，只能暂且等待时机"③。黄兴通过石井外相借款之目的未能达到。

第四个问题是就日本是否侵略中国这一问题各自作出解释并表示某种姿态。石井认为在中国"仍有人误解日本，认为日本欲侵略中国，特别是怀疑日本有分割并吞并满蒙之计划"④。他对黄兴一再解释，说"日本对支那毫无领土野心"⑤，希望黄兴"为消除此误解，随时加以说明"⑥。对此，黄兴本应反驳，但他却说："非常理解阁下之言意，在我国人中有误会日本者，本人逢有机会即会加以说明，以贯彻阁下之意，促进两国之和睦。"⑦这是外交辞令，而不是黄兴之本意。如前所述，黄兴对日本侵华早有清醒的认识，但此时黄兴为求日本的支持和援助，迎合石井，说出了违心之言。

（四）在日筹集资金，购买军械。在这次反袁运动中给孙中山等反袁势力提供贷款的是久原财团。久原房之助1915年3月10

① 《日本外交文书》，大正五年，第2册，第183、185页。
② 《日本外交文书》，大正五年，第2册，第185页。
③ 《日本外交文书》，大正五年，第2册，第186页。
④ 《日本外交文书》，大正五年，第2册，第185页。
⑤ 《日本外交文书》，大正五年，第2册，第186页。
⑥ 《日本外交文书》，大正五年，第2册，第186页。
⑦ 《日本外交文书》，大正五年，第2册，第186页。

日向孙中山提供了六十万日元贷款。[①]黄兴来日后，他又给黄兴提供了十万日元的贷款。[②]黄兴利用这些贷款在日购枪二千、炮六门，准备运往国内。[③]据李书城回忆，日本政府"提出借给黄先生五百万日元，作为召集旧部编练军队之用"[④]。据柏文蔚回忆，"日本政府允以克强私人名义借款日币三百万元，练兵一军即刻成立"[⑤]。

黄兴在日的这些活动，与孙中山的指示有关系。孙中山获悉黄抵日后，于5月20日致函黄兴，通报国内反袁形势，希望黄兴在日筹资购买军械。居正在山东举义是孙中山领导的武力讨袁。孙认为，若有两个师的兵力，可以先取齐鲁，尔后迫近北京。为此他在上海与日参谋本部派来的青木宣纯少将和松井石根商议[⑥]：东京方面由黄兴活动，两者密切合作。[⑦]但其具体情况尚不清楚。

这一时期黄兴与孙中山之所以克服长达两年之久的分歧和隔膜，相互协作，共同反袁，是与这一时期两个人的革命战略和策略有关的。袁世凯接受"二十一条"并图谋称帝之后，黄兴随即调整前一个时期的战略和策略，适应形势的变化，将反袁作为革命的首要任务。而孙中山在"二十一条"交涉时期的革命战略和策略，未经变化继续延续到这个时期，两者的反袁战略和联日策略形成一致。这时期为推翻袁，只能依靠日本的援助，欧美列强绝不可能，也不会支持孙、黄反袁，因为正是他们在背后支持袁的。这时期黄兴在美未能得到支持和援助也从一个侧面说明了这一点。因此，这时期孙、黄选择正在疯狂侵略中国的日本为求援对象，是最不理想的、不得已的选择。这一选择变成现实，主要不是由于孙、黄对日的期待和乞求，而是日本与袁之间长期存在

---

① 参照拙著：《孙中山与日本关系研究》，第199～200页。
② 栗原健编：《对满蒙政策史的一个侧面》，原书房1981年版，第148页。
③ 《黄兴集》，第435页。
④ 毛注青编，前揭书，第281页。
⑤ 毛注青编，前揭书，第281页。
⑥ 《孙中山全集》，第3卷，第290页。
⑦ 《黄兴集》，第434～435页。

的矛盾，这一矛盾在中国国内反袁护国运动形势下，公开化为日本的反袁政策。这样孙、黄与日本在反袁问题上暂时达成一致，日本于是援助其从事反袁运动。

　　袁世凯于 6 月 6 日暴死，袁政权顷刻瓦解。日本支持孙中山的目的既然已经实现，其对华，对孙、黄政策再一次出现变化。日本不再支持孙、黄，并反过来支持黎元洪新总统及段祺瑞的北京政府。在这种情况下，黄兴继续留在日本已无意义，遂于 7 月初回国。[①]黄兴回上海后，与孙中山一起继续与驻上海的青木宣纯中将和有吉明总领事往来，其目的仍然是争取日本的支持。7 月 23 日，黄兴与孙中山、张继、伍廷芳等四十余名革命党人一起赴青木和有吉的宴会，25 日与孙中山一起回请青木和有吉。[②]但这时日本已不再支持孙、黄，以往短暂的支持成为昙花一现。

三、孙中山与黄兴对日策略的异同

　　综观护国运动时期黄兴与日本的关系，黄兴对国内政敌袁世凯的战略决定了他的对日策略。坚决反袁时，即利用日本与袁世凯的矛盾，积极争取日本对其反袁运动的支持和援助。不急于反袁或不反袁时，则不积极争取日本的援助。这就是说，黄决定对日政策时，其对袁的战略起决定性的作用。而日本亦是根据每个时期或者每个事件中的对袁政策如何，决定对黄政策。如需要与袁改善关系或保持一定关系时，则不会支持黄兴反袁；如需要反袁时，即利用黄兴，并给予一定的支持和援助。这就是说，日本决定对黄政策时，其对袁的政策也起决定性作用。黄兴与日本在决定政策与策略时，都将不同时期对袁的态度放在首位，对袁的战略与政策决定黄兴对日策略和日本的对黄政策。这是辛亥革命

---

　　① 1916 年 7 月 4 日福冈县知事谷口留五郎致石井外务大臣电，高密第 9321 号，日本外交史料馆藏。

　　② 神谷正男编：《宗方小太郎文书——近代中国密录》，第 241 卷，原书房 1975 年版，第 689 页。

以来黄兴与日本关系的一种规律。

这时期孙中山始终把反袁的革命任务放在革命战略的首位，而且始终坚决反袁。因此，他始终争取日本对反袁斗争的支持和援助。黄兴则不同，一战爆发后日帝侵占山东时期、"二十一条"交涉时期和护国运动时期，他对袁的战略有所不同，因此他对日的策略也随之发生变化。孙、黄对日策略不同的根源在于对袁战略的异同上。两者的对袁战略一致时，他们的对日策略也大体一致；他们的对袁战略不一致时，他们的对日策略也就不同。

护国运动前后是日本加紧侵略中国的时期。1914 年 11 月至12 月，日本先后侵占胶州湾和胶济铁路，1915 年春又强提称霸中国的"二十一条"，此时黄兴求援于已成为中国头号敌人的日本并不是由于他对日本的侵略本性认识不清，而是由围绕中国形成的双重国际关系所决定的。日本与欧美列强维护在华既得利益时往往能够采取一致行动，但在扩大新权益时，又相互争夺，相互牵制。中国与日本、欧美列强的关系是被侵略与侵略的对立关系。但中国利用日本与欧美列强在中国扩大新权益时产生的矛盾，采取"以夷制夷"的政策，或利用欧美列强抵抗日本，或利用日本牵制欧美列强。护国运动时期，中国出现南北对峙，南北当局便都是利用日本和欧美列强在华利益上相互争夺、相互牵制的矛盾来为自己的目的服务的。日本与欧美列强也为各自的在华目的巧妙地利用中国的各种势力。这种错综复杂的国际关系，不仅决定了黄兴对日本和欧美的策略，而且决定了日本及欧美列强对黄兴的政策。

黄兴是中国革命党的代表之一，他与日本某些政府官员的交涉实质上关系到各自所代表的政治利益。黄兴要实现其革命的理想，日本企图维护和扩大在华利益，两者在为实现各自的目的时，都采取了现实的灵活态度，在对袁的态度与举措上暂时找到了某种契合点。

黄兴对日本采取这种灵活和实用的政策是有其必然性的。这时期黄兴及其革命党势力是夹在袁世凯与日帝之间的第三种势力，他们的首要任务是推翻袁世凯的统治。但他们力量薄弱，不得不利用列强。袁亲欧美，欧美列强也支持袁，而不会支持反袁的黄兴等。黄兴在美国曾尝试寻求援助，但没有得到回应。因此，黄兴不得不争取日本的支持。这时期日本因侵占山东和强提"二十一条"而进一步激化了与袁及与欧美列强的矛盾。黄兴则利用这两对矛盾，争取日本的支持和援助。而日本的政策则是当北京政权掌握在亲欧美的袁手上时，如果客观条件允许，即支持反袁的黄兴等革命势力。如北京政权掌握在亲日的人物手中，日本则反过来压制黄兴等反对北京政权的势力。

护国运动前后时期，中国国内阶级矛盾和民族矛盾交织在一起。这就给孙、黄提出了如何处理对内革命和对外革命任务关系的问题。如上所述，孙中山始终将推翻袁世凯的对内革命任务放在首位。他认为，将卖国的袁世凯统治推翻后，就不难完成收回丧失的国家主权、实现民族独立的对外革命任务。因此，他不仅把反对日帝侵略放在次要的地位，而且极力利用袁与日本之间的矛盾，争取日本对反袁运动的支持和援助。黄兴则有所不同。日本侵占胶州湾、胶济铁路，强提"二十一条"时，他不急于展开反袁斗争。主要原因便是由于日帝的疯狂侵略，与日帝的民族矛盾上升为中国社会的主要矛盾。此时黄兴暂时调整了二次革命以来的反袁革命战略，由于这一调整，1914 年 8 月至 1915 年 5 月上旬黄兴没有争取或者不积极争取日本的援助。5 月 9 日，袁接受"二十一条"并欲称帝时，黄兴随即调整革命战略，将反袁的对内革命任务放在首位，并为此积极争取日本的援助。与孙的战略相比，黄兴的战略更具灵活性，更适合于那个时期的实际需要，并能争得广大民众的同情与支持。在日帝侵占山东半岛，强提"二十一条"，中国人民的反日运动此起彼伏的情况下，反对日本侵略应成为进步政治势力义不容辞的责任。孙中山对战略和策略不做任何调整，一味求助于日本，很难为中国广大民众所接受，反而对争取民众的支持和扩大革命力量产生了不利的影响。

护国运动时期，孙、黄最关注的是居正领导的山东起义。孙、黄从日本得来的军资和军械，优先供应给起义军，而且起义的背后有占领山东半岛日军的直接支持。应该说，这一起义在孙、黄的革命运动发展史上具有重要的历史意义。但当时的中国社会潮流总体是反日的，孙、黄在日本的支持和援助下发动起义，与中国广大民众的反日情绪发生抵触，对社会产生了消极影响，响应起义的民众极少。因此可以说，山东起义类似广州起义、惠州起义，既有积极的意义，又有消极的意义。

其实，在近代中国民主革命运动中，黄兴与日本之间的关系亦有这种双重性。从革命运动的短期利益来看，日本对黄兴革命运动的支持，尽管是短暂的，但对革命任务的完成却起到了一定的作用。这是黄兴等迫在眉睫的革命利益与利用日本援助的策略在短暂的历史时期内的相互统一。因此，应当予以适当的积极评价。

但从长远来看，黄兴未能把革命的长远利益、整体利益和最终理想与利用日本援助的策略统一起来。统一需要一个条件，即自身力量的增强，只有这样，才能实现革命理想与策略的统一，完成对内对外的两大革命任务。

但黄兴在15年的革命生涯中未能把两者统一起来。这与中国近代社会潮流有关。甲午战争以来，日本替代英国逐渐成为侵略中国的最危险的敌人，因此近代中国社会潮流是反日的。黄兴的对日策略从某种意义上说是逆潮流的。如辛亥革命时期他坚决要将汉冶萍公司改为中日合办，遭到股东的反对。这表明黄兴是在与民族资产阶级利益相对立的情况下推行这一举措的，这便脱离了民族资产阶级，削弱了自己所依存的阶级基础。护国运动时期，社会舆论虽然反袁，但日本侵占山东半岛、强提"二十一条"后，社会反日潮流日盛，但黄兴转而依靠日本，这一策略不能不说是脱离了广大民众，削弱了其革命所依存的群众基础。而这又使他反过来加强了对日的期待和依靠，这是一种恶性循环，对中国革命的发展极为不利。

第四章 20世纪20年代中国与日本的外交

第一节 巴黎和会与五四运动

中国在第一次世界大战结束后召开的巴黎和会上遭到的屈辱和失败，是五四运动的直接导火线。这个事实，鲜明地揭示了这个伟大运动的反帝反封建性质。有关这些问题，许多学者已做过深入的论述，有了明确的答案，无须赘述。本节只是根据近几年日本等国公布的外交文书和档案材料，对巴黎和会的内幕，帝国主义列强相互勾结、相互争夺以及中国北洋政府的外交等问题进行一些揭露。这对于进一步了解五四运动爆发的历史必然性不是没有益处的。

一、关于山东问题

第一次世界大战是帝国主义国家瓜分殖民地和重新划分势力范围的战争。大战爆发伊始，日本便侵占德国所霸占的中国胶州湾和胶济铁路，它夺取了德国人在山东的权益。但这并不等于日本就把山东牢牢地窃取到手。日本要想牢牢地占据山东，就必须在战后的和会中重新同列强争夺并得到它们的最后承认。于是，日本政府于1915年8月成立以币原喜重郎为主席的和会准备调查委员会。1917年1月12日，日本政府又通过了本野外相所提出的《帝国政府在战争中应执行的外交方针》。为了达到最后攫取山东的目的，日本政府决定事前同英国、法国和俄国进行秘密交易，以保证实现它在和会中的目标。

当时，英国在欧洲战场上顾此失彼，力不从心。早在 1914 年欧战爆发伊始，英国外交大臣和海军大臣借日英同盟条约，曾多次请求日本派军舰赴欧参战。可是，日本拒绝了这一请求。当日本占领山东后，目睹英、法、俄等国瓜分君士坦丁堡和达达尼尔海峡的协议成交，感到在战后和会角逐中需要英国的支持，于是 1917 年 1 月答应英国的请求，并趁机要英国在战后和会中支持日本攫取山东。1 月 26 日，本野外相召见驻日英国大使，说"帝国政府就帝国政府具有最大利害关系的山东中省及现在占领中的赤道以北德国诸岛向敌国政府提出要求时，期待英国政府的支持。希望英国政府现在予以保证"①。对此，英国外交大臣格雷于 2 月 14 日正式复函日本："对于在和会之际日本提出对德国在山东省的诸权利和德属赤道以北诸岛屿的要求时希望得到［英国］支持的保证，英国政府在此表示欣然应诺之意"；同时，"英国政府要求日本政府在和会召开时，也以同样精神欢迎英国对赤道以南德属岛屿的要求"。②对此，日本政府于 21 日便向英国政府表示："贵国政府在和会中就德属赤道以南诸岛屿提出要求时，帝国政府也欣然以同样的精神，慨然予以支持。"③

接着，日本和法国、俄国及意大利也进行了同样的秘密交易。2 月 19 日，本野外相召见法、俄驻日大使，要求两国政府效法英国，在战后和会上支持日本对山东的要求。④对此，法国政府于 3 月 1 日、俄国政府于 3 月 5 日分别复函保证支持日本。意大利政府也在 3 月 28 日表示了同样的态度。

---

① 日本外务省编：《日本外交文书》，大正六年，第 3 册，第 639 页。
② 日本外务省编：《日本外交文书》，大正六年，第 3 册，第 644～660 页。
③ 日本外务省编：《日本外交文书》，大正六年，第 3 册，第 655 页。
④ 日本外务省编：《日本外交文书》，大正六年，第 3 册，第 653 页。

同年 9 月，日本政府又派前外相石井东渡赴美，就中国问题和美国国务卿蓝辛进行交易。在双方谈判时，石井一再强调日本在中国的特殊利益；而蓝辛则强调对中国的门户开放和机会均等。经两个月的舌战，双方达成妥协。11 月 2 日以换文的形式发表了"蓝辛—石井协定"。协定规定："合众国承认日本国于中国有特殊之利益"；"两国政府声明，在中国支持所谓的门户开放和对工商业的机会均等主义"。①这就是说，日本承认了美国在中国的机会均等的原则。协定虽然没有具体涉及山东问题，但美国以日本承认美国在华的机会均等为交换条件，默认了日本在山东的既得权益。

这样，大战尚未结束、和会尚未召开之时，就瓜分山东问题，日本和欧美列强已达成了肮脏的秘密交易。

1919 年 1 月 18 日，巴黎和会在法国外交部会议厅正式开幕。帝国主义列强都野心勃勃地力图按照自己的贪欲来瓜分战后的世界。它们在争夺和勾结中，血淋淋地宰割了约有一千三百万居民和三百万平方公里的殖民地和战败国的领土。最后，它们竟悍然践踏国际法，瓜分战胜国中国的领土山东。

巴黎和会关于山东问题，除在 1 月 27、28 日两日的第十、十一次的"十人会议"上进行讨论之外，主要是在 4 月 22、29、30 日的三次"四人会议"上决定的。"四人会议"由美国总统威尔逊、英国首相劳合·乔治、法国总理克里孟梭和意大利总理奥尔朗多组成。日本全权代表列席会议，而主权国家中国的代表却被拒之于会议大门之外，连会议记录也无权参阅。

在会议上，英国和法国按照战时诺言，支持日本对山东的要求，反对将山东归还中国。4 月 22 日，英国首相劳合·乔治在会议上公然表示："关于本问题，英国政府有支持日本的公约"，并

---

① 日本外务省编：《日本外交文书》，大正六年，第 3 册，第 813～817 页。

提醒在座的法国总理克里孟梭，"记得法国、意大利也订了同样的公约"。①他私下也对日本全权代表牧野斩钉截铁地表示："约定终究是约定，英国是遵守约定的。"②在会议上当日本和美国唇枪舌剑争夺山东时，他不是貌似公正居中调解，就是公然偏袒日本。英国的这种态度是日本在和会上胜过美国，攫取山东的重要因素。1月29日，法国总理克里孟梭对日本全权代表松井表示，关于山东问题"政府间已有约定，因此当然照此履行"③。3月4日，克里孟梭和日本首席全权代表西园寺密谈山东问题，克里孟梭再次表示，他作为日本的老朋友，当尽力帮助日本攫取山东。

美国是在"一战"中获万利而无一损的唯一国家，它通过战争获得了巨大的利润，从欠债国变成拥有达一百多亿美元的债权国。美国凭借膨胀的经济势力，到处伸手，妄图实现争霸世界的野心。在中国问题上，美国企图继承德国在山东的殖民权益，从而削弱远东的竞争者日本而加强自己的力量。甚而连"蓝辛—石井协定"也不顾，反过来又和日本争夺山东。4月15日举行五国外长会议时，美国国务卿蓝辛提议，德国的一切殖民地应先归属于即将成立的国际联盟，然后由它处理，山东也包括在其内。4月21日，美国总统威尔逊再次对日本全权代表牧野和珍田重申："对德国所放弃的领土，按着蓝辛的方案，先把它让渡给即将成立的国际联盟，然后由国际联盟商议决定其所属。"④

日本当然不甘心吐出山东，甚至以不参加国际联盟相威胁。4月21日，日本外相内田训令日本全权代表："若不彻底贯彻我方上述主张，则拒签国际联盟章程。"⑤这也就意味着拒签和约。在

① 日本外务省编：《日本外交文书——巴黎和会经过概要》，1971年版，第723页。鹿岛守之助著：《日本外交史——巴黎和会》，第12卷，鹿岛研究所出版会1971年版，第141页。
② 日本外务省编：《日本外交文书》，大正八年，第3册上卷，第804页。
③ 日本外务省编：《日本外交文书》，大正六年，第3册，第116页。
④ 日本外务省编：《日本外交文书——巴黎和会经过概要》，1971年版，第721页。
⑤ 日本外务省编：《日本外交文书》，大正八年，第3册上卷。第242页。

翌日的会议上，日本全权代表的态度异常强硬，宣称"鉴于本国训令，对于不包括满意地解决[山东]问题内容的条约草案，不能签字"[①]，同时提出了草拟写入和约的两条山东条款。

威尔逊在日本全权代表的讹诈下，立即表示退让，态度变得更加温和。从此他不再提国际联盟对山东的委任统治，而把斗争目标限制于日本在山东的权益不得超过德国的权益上。德国霸占胶济铁路时，未明文规定聘用德国人当铁路警察的教官。但1918年9月24日订立的《关于山东问题换文》却规定："巡察本部及枢要驿并巡警养成所内，应聘用日本国人。"[②]警察掌握在日人手里，就是确认日本垄断胶济铁路。因此，威尔逊力图限制日本的警察权，表示对于"承认日本超越德国既得权益的要求"[③]有困难。弦外之音是可以承认日本攫取山东，但其权益不得超过德国的既得权益。

威尔逊态度的转变，事实上是接受了劳合·乔治和克里孟梭的意见。4月22日，三国首脑召见中国全权代表时，英国首相劳合·乔治曾问道："拟将胶州问题分两层办法：一、添中日协定凭据；二、使日本继承德国权利。中国于两法中何者为愿？"克里孟梭也同意劳合·乔治的意见，并说"此层固可虑"[④]。中国全权代表对于有损于中国主权的两项办法均拒绝接受。威尔逊倾向于英、法的意见，指令顾问专家们去研究。顾问专家们于4月29日第二次山东问题会议前就呈报其意见："与其履行1915年中日'二十一条'内有条件交还中国之约文，毋宁将山东移交日本，以酬劳之为有利。"于是在4月29日会议上三国首脑决定日本继承德国在山东的一切权益，同意把日本提出的山东问题条款写入和约。但是，作为交换条件，日本必须发表由威尔逊起草的一则声

---

① 日本外务省编：《日本外交文书——巴黎和会经过概要》，1971年版，第726页。
② 日本外务省编：《日本外交年表及主要文书》，上卷，第464页。
③ 日本外务省编：《日本外交文书——巴黎和会经过概要》，1971年版，第747页。
④ 王芸生辑：《六十年来中国与日本》，第7卷，大公报社1934年版，第315页。

明:"日本的政策是将山东半岛归还中国主权之下,仅保留许以德国的经济特权和一般所实行的条件下设置青岛居留地的权利""铁路所有者仅为保障运输安全使用特别警察,不得为除此之外的目的而使用""警察队以中国人组成,中国政府任命铁路公司董事所选的日本教官"。①

日本政府自从占领山东以来,从未表示愿将山东归还给中国。这时日本表面上同意发表此声明,不过是敷衍美国。早在 1914 年 8 月,即日本占领山东前夕,加藤外相致小幡驻华代理公使的电文中就曾明确指出:"鉴于各种关系,帝国政府不能做将胶州同意归还给中国之保证。"②这就是说,日本要永远霸占山东。至于警察,名为由中国人组成,实为日人掌管。劳合·乔治也说,胶济铁路的董事,华人无力承管,只能由日人担任。由日人董事选日人教官,其结果"实质上日本掌管铁路警察,而中国的地位也没有毁损"③。由此可见,美国和日本以伪善的外交辞令,牺牲中国,达到了妥协。

美国和日本何以妥协?

日本当时属于第二流的帝国主义国家,仰承欧美列强的鼻息,况且和会大权由英、法、美首脑掌管。日本深恐三国首脑最后否决日本的要求,因此不得不同意发表口是心非的上述声明。④

美国屈从日本的主要原因是:首先,它怕日本退出和会,拒绝加入国际联盟。当时意大利由于瓜分殖民地的贪欲未得满足,业已退出和会。如果日本再行退出,国际联盟便要夭折,美国通过国际联盟争霸世界的希望也会变成泡影。4 月 29 日晚,威尔逊彻夜未眠。第二天,他对其新闻秘书巴克尔说,"唯一的希望在于

① 美国国会图书馆复制:《日本外务省档案(1868~1945)》(Checklist of Archives in the Japanese Ministry of Foreign Affairs, Tokyo, Japan, 1868~1945, microfilmed for the Library of Congress),P50 卷,PVM16,第 413~414 页。
② 《日本外交文书》,大正三年,第 3 册,第 174 页。
③ 《日本外交文书》,大正八年,第 3 册上卷,第 277 页。
④ 《日本外交文书》,大正八年,第 3 册上卷,第 806 页。

把世界集合在一起，让日本加入国际联盟"①，倘若"日本退出会议，不仅会议破裂，而且会毁掉国际联盟"②。美国舆论也承认："总统过于想成立国际联盟，因此屈服于日本的强硬态度。"③牧野对天皇的奏文中也认为，威尔逊之所以同意日本的要求，原因在于"把此事（指国际联盟——笔者注）放在考虑之中"④。

其次，美国希望和英、法、日等帝国主义国家结成一条共同对付世界无产阶级革命的联合战线，这是其在山东问题上的又一个重要考虑。这时德国、法国、英国、意大利、匈牙利等国在十月革命的影响下先后爆发了革命和罢工。这使"威尔逊对欧洲局势感到忧虑。弥漫全欧的工人运动可能推翻法国和意大利，布尔什维克主义在全欧洲的影响更使威尔逊伤脑筋，而威尔逊要盟国在这个威胁面前保持坚强的团结一致"⑤。为了保证日美共同出兵西伯利亚干涉苏俄，也有必要满足日本的要求。

最后，美国在中国的利益也从这种妥协中得到了保证。威尔逊迫使日本发表的声明中有"一般实行的条件下设置青岛居留地"的内容，而"一般实行的条件"一词究竟是什么意思？他在4月29日起草的声明草案中曾写道：日本拥有"在青岛设置不垄断的居留地的特权"⑥。所谓"不垄断"者，即美国也在胶州湾同日本机会均等之意。

在决定山东问题后，三国首脑和日本以威逼利诱的手段迫使中国代表签字。5月1日，英国外交大臣白尔福对中国全权代表说："政治权交还中国，经济权给予日本，谅中国必可满意"⑦，

---

① R.S. 巴克尔：《伍罗德·威尔逊与世界的和解》，纽约1922年版，第266页。
② R.S. 巴克尔：《伍罗德·威尔逊与世界的和解》，纽约1922年版，第262页。
③《日本外交文书》，大正八年，第3册上卷，第298页。
④《日本外交文书》，大正八年，第3册上卷，第807页。
⑤ R.S. 巴克尔：《威尔逊在巴黎做了什么？》，纽约1920年版，第102～103页。
⑥ 日本外务省编：《日本外交文书——巴黎和会经过概要》，1971年版，第748～749页。
⑦《陆专使参与欧和会经过概要》，见张一志编：《山东问题汇刊》，上海欧美同学会1921会年版，第212页。

要中国代表无条件签字。但中国代表在国内人民的压力下，不敢冒天下之大不韪，对山东条款持保留态度。中国代表"最初主张（把保留意见）注入约内，不允；改附约后，又不允；改在约外，又不允；改为仅用声明不用保留字，又不允；不得已改为临时分函声明，不能因签字而有妨将来之提请重议云云，又完全被拒"①。6月28日上午，中国代表终于决定不签字，并派代表将拒签的文件送给三国首脑。对此，号称"老虎"总理的克里孟梭怒气冲冲地斥责道，"在首相会议决定不许保留签字的今天，没有考虑的余地"②，不仅拒绝会见中国代表，而且连中国代表交付的文件也不屑一顾。下午，和约签字后，克里孟梭还对西园寺说，"中国人终于没签字，但我却感觉不到何等的痛痒"③，一语道破了把中国作为分赃会议上的牺牲品的嘴脸。

列宁曾经指出，帝国主义战争只能导致帝国主义和约，也就是说，"只能巩固、扩大和加重财政资本对弱小民族和国家的压迫"④。中国虽然以战胜国的名义参加了和会，但是和约不仅没有把山东的权益归还中国，反而更加扩大和加重了帝国主义列强对中国的欺压。

二、北洋政府对山东问题的态度

中国北洋政府是封建阶级的政府。1916年袁世凯死后，北洋政权落到皖系军阀段祺瑞手里。段祺瑞的统治，和袁世凯一脉相传。此时，欧战方酣，西方列强无暇东顾，日本对华影响独盛。日本看中段祺瑞，以重金和武器全力扶植他，以便达到独霸中国的目的。段祺瑞完全投靠在日本的怀里，公开拍卖国家主权，换取日本对他"武力统一"中国的支持，步袁世凯的后尘，把山东

---

① 北洋政府编：《巴黎和会关于胶澳问题交涉纪要》，第3部分，北洋政府档案。
② 《日本外务省档案（1868~1945）》，P50卷，PVM16，第1709~1710页。
③ 《日本外务省档案（1868~1945）》，P50卷，PVM16，第1709~1710页。
④ 《列宁全集》，第22卷，第163页。

的权益继续奉送给日本。

日本懂得，如果中国参战，它在山东的权益在法律上就要处于被动不利的地位。所以日本一直阻止中国对德宣战。后来在美国的压力下，才不得不同意中国参战。北洋政府1917年8月对德正式宣战。宣战书宣布："所有以前我国与德奥两国订立之条约、合同、协约及其他国际条款、国际协定属于中德、中奥间之关系者，悉依据国际公法及惯例一律废止。"[①]据此，1898年3月德国与中国订立的《胶澳租借条约》也随即废止；1915年5月日本基于该条约和袁世凯政府签订的《关于山东省之条约》及其换文，也自然失其效用。这正如中国代表在山东问题的说帖中所说："德国人所享之租借权利，按法理言之，即业已回复于领土之主权国。易言之，即德国人业已丧失其租借地等各项权利，故已不复享有所谓关于山东省之权利可以让与他国者（指日本——笔者注）也。"[②]这是中国收回山东的最有利的法理根据，是日本词穷理亏之所在。日本的全权代表也不得不承认，日本在山东问题上"从国际公法的观点来说，多少有弱点"[③]。因此在和会中，日本最怕中国和列强提及此事。

可是，北洋政府于对德宣战一年后的1918年9月24日，又与日本订立了济[南]顺[德]、高[密]徐[州]两条铁路借款两千万日元的协定。这一借款是西原借款的组成部分，是日本收买段祺瑞的一步棋。据统计，从1917年以来，日本和段祺瑞政府先后订立了各种名目的借款达五亿日元的协定。段祺瑞为了捞取"武力统一"中国的政治和军事资本，在订立这一铁路借款的同时，又和日本订立了关于山东问题的新协定，再次出卖了胶州湾和胶济铁路。这是日本为弥补山东问题上的理亏而设置的圈套。这一协

---

① 王芸生辑：《六十年来中国与日本》，第7卷，大公报社1934年版，第91页。
② 王芸生辑：《六十年来中国与日本》，第7卷，大公报社1934年版，第263页。
③《日本外交文书》，大正八年，第3册上卷，第805页。

定不仅为日本攫取山东提供了口实，而且使中国重新认可了因对德宣战而废止的 1915 年 5 月订立的"二十一条"中有关山东的条约及其换文。这就给中国在巴黎和会上立于不败之地的地位造成了困难。日本在和会上抓住这一点不放。日本全权代表说，"该宣战在任何情况下，对于 1918 年 9 月 24 日的协定即宣战后缔结的协定之效果，不能产生影响""中国缔结 1918 年 9 月 24 日协定这一事实本身，就承认了 1915 年 5 月 25 日条约的无可争辩性"。[①]而且公然扬言"中国现在根据上述协定已经接受了两千万元的预支金"[②]。克里孟梭也为虎作伥地说："这一事实对日本颇为有利。"[③]威尔逊也挖苦中国代表说："1918 年 9 月，当时，协约气势甚张，停战在即，日本决不能再强迫中国，何以又欣然同意与之订约？"[④]这样，1918 年的两个协定便成为日本在和会上攫取山东的把柄。

北洋政府尚不止此。在和会进行期间，外交次长曹汝霖竟数次对驻华公使小幡交底说，政府对和会代表的训令中未提及山东问题，只涉及废除治外法权、撤出外国军队、关税自主等问题。[⑤]这就表明北洋政府不打算把山东问题提交和会。据《巴黎和会中国代表团会议记录》记载，中国代表团对山东问题事前确实毫无准备，在 2 月 21 日举行的中国代表团第十四次会议上才讨论了山东问题，并起草提交和会的文件。中国代表团在和会期间的七十余次会议中，讨论山东问题仅有八九次。而且，中国首席全权代表陆征祥赴法路经东京时，还登门拜会日本外相内田和牧野。据牧野说："会见时约定在和会中协力和衷，并在 1 月 25 日的预备

①《日本外务省档案（1868～1945）》，P29 卷，12528，第 56～57 页。
② 日本外务省编：《日本外交文书——巴黎和会经过概要》，1971 年版，第 734 页。
③《日本外务省档案（1868～1945）》，P29 卷，12528，第 71 页。
④ 王芸生辑：《六十年来中国与日本》，第 7 卷，大公报社 1934 年版，第 314 页。
⑤《日本外交文书》，大正八年，第 3 册上卷，第 200 页。

会议上再次确认其态度不变。"①此事当时在巴黎闹得满城风雨，在中国代表团内部也引起轩然大波。陆征祥身居首席全权代表，经常不出席事关大局的重要会议，却去瑞士"治病"，甚至扬言要辞去外交总长和首席全权代表之职。

在和会上，中国全权代表王正廷和顾维钧在中国人民的压力下，有一个阶段确为山东问题进行了力争。在1月28日的会议上，他们首次舌战日本，据理阐明胶州租借地和胶济铁路以及其他一切权益应直接交还中国之理由。对此，日本政府深感震惊。驻华公使小幡惊讶地说，这"使日本委员狼狈不堪"②。小幡遂于2月2日奉日本政府之命向北洋政府施加压力，扬言"顾氏欲假外国之势力以抑压日本，殊与日本以不快之感"③。外交次长曹汝霖卑躬屈膝地答道："本部所得电报，亦知28日会议上顾、王两氏与贵国珍田、松井两氏颇有辩论，当呈明大总统。大总统注重两国邦交，已嘱外交部电令该代表等勿得过于激烈。今日贵使既来提及此事，本国政府应更注意。"④对此，小幡"极为满意""希望贵国政府以本国政府训令之意，电达贵国代表"⑤。小幡这种态度，激起了中国人民的强烈愤慨。但北洋政府却于2月10日发表声明，隐瞒日本对中国施加压力的真相，说什么"此系不明真相之误传""中日两国现在谋亲善之实现，更不应有何误解，盼望两国代表在巴黎会议场中，勿再生何等之误会"⑥。这就是说，不许中国代表在和会上同日本代表争辩山东问题。日本对此颇为满意。小幡公使立即电告内田外相说："该声明缓和北京各报的反日论锋的积极作用是十分明显的。"⑦

　　①《日本外交文书》，大正八年，第3册上卷，第799页。
　　②《日本外务省档案（1868～1945）》，P51卷，PVM16，第1368页。
　　③ 王芸生辑：《六十年来中国与日本》，第7卷，大公报社1934年版，第246页。
　　④ 王芸生辑：《六十年来中国与日本》，第7卷，大公报社1934年版，第245页。
　　⑤ 王芸生辑：《六十年来中国与日本》，第7卷，大公报社1934年版，第247页。
　　⑥ 王芸生辑：《六十年来中国与日本》，第7卷，大公报社1934年版，第249～250页。
　　⑦《日本外交文书》，大正八年，第3册上卷，第167～176页。

中国代表团向和会提交关于山东问题之说帖，理直气壮地摆出中国要求归还山东的七条理由及应该直接归还中国的五条理由，曾一度压下了日本的气焰。日本不得不请国内外的所谓专家来研究说帖，忙得不可开交。可是曹汝霖却跑到日本使馆去，诽谤中国代表，竟说"将青岛问题及山东的德国权利直接收回问题最先提交会议，并未与北府商量，纯属顾、王二人擅自行动"；并向小幡公使转达大总统对日的诚意，助长日人的气焰。[①]顾维钧、王正廷等和会代表和北洋政府对山东问题的不同态度，一方面反映了广大人民群众的爱国和北洋政府的卖国之间的矛盾与斗争；另一方面，又反映了美国和日本在山东问题上的争夺。中国代表团的主将顾维钧等是亲美派，他们在 4 月 24 日向和会提了一个新方案，要求把德国在山东的权益先移交五大国，将来由五大国交还中国。[②]这实质上迎合了美国的国际联盟委任统治的需要，反映了美国的利益。

签署和约的日期日益逼近。中国人民纷纷打电报给中国全权代表，要他们拒签和约。可是北洋政府却背着全国广大民众，于 5 月 21 日密电中国代表无条件签字，不得保留。

6 月 5 日，日人西田登临总统徐世昌的大门，劝他无条件签字。徐世昌俯首帖耳，当即表示"我最初的主张即是如此，全然同意"[③]。6 月 11、12 日，陆宗舆连续两天跑到日本使馆，对小幡公使大献殷勤，密告徐世昌的意图。他说："大总统决心依然无保留签字，对其决定毫无动摇，并已将其意电训巴黎。"[④]他又说，假若中国国内各省督军发生异议，大总统也坚持原意，表示"除辞职之外，别无他法"[⑤]。小幡对陆的密告十分满意。上述种种表

①《日本外交文书》，大正八年，第 3 册上卷，第 200 页。
② 张一志编：《陆专使等参与欧和会报告》，第 210～211 页。
③《日本外务省档案（1868～1945）》，P52 卷，PVM16，第 1642～1644 页。
④《日本外务省档案（1868～1945）》，P52 卷，PVM16，第 1642～1644 页。
⑤《日本外务省档案（1868～1945）》，P52 卷，PVM16，第 1642～1644 页。

演，一笔勾销了中国代表为力争山东而做的一切努力。

在这种形势下，中国代表团内部逐渐分化。王正廷[①]等主张拒签。他在 5 月 28 日的代表团会议上表示："就英、法、美方而言，如果欲分划中国，此次虽签和，也无可挽回。"[②]顾维钧则开始踌躇，说："不签字则全国注意日本，民气一振，签字则国内将自相纷扰。"[③]胡惟德等主张签和，说："签字一层，苟利于国家，毅然为之，不必为个人毁誉计。"[④]这一分化，实际上是反映了帝国主义之间的争夺与妥协。亲日派主张签和；亲美的顾维钧等人开始力争山东，但随着美、日的妥协，随即改变态度，表示妥协。日本全权代表看出顾维钧的态度有变化，便设宴招待他。顾在席间对日本全权代表伊集院说，通过会谈很好地理解了日本的诚意，对相互间所引起的误会深表遗憾。[⑤]

这时，北洋政府一面电令在巴黎的代表签约，一面派陆宗舆去日本使馆告密，告诉日本人说若王正廷等拒签，则叫施肇基签和[⑥]，并嘱小幡公使保守机密。

日本政府得到上述保证后，更加有恃无恐。当 28 日下午中国代表拒签和约时，早已洞悉中国内情的日本全权代表毫不在意，电告内田外相说，拒签全然是当地中国代表的擅自行动，非该国政府之意。[⑦]徐世昌惊悉拒签消息后，马上和段祺瑞策划对策。他怒气冲冲地说，这次拒签对列国似乎造成中国政府命令之误解，事关政府威信，不可等闲视之，速免和会专使，以便列国周知此次拒签并非政府之意。[⑧]同时，他派徐树铮把此意通知日方。迄于

① 王正廷是南方政府的外交次长。
② 张一志编：《巴黎和会中国代表团会议记录》，《山东问题汇刊》，第 200 页。
③ 张一志编：《巴黎和会中国代表团会议记录》，《山东问题汇刊》，第 203 页。
④ 张一志编：《巴黎和会中国代表团会议记录》，第 203 页。
⑤ 《日本外务省档案（1868～1945）》，P52 卷，PVM16，第 1810 页。
⑥ 《日本外务省档案（1868～1945）》，P52 卷，PVM16，第 1627～1628 页。
⑦ 《日本外交文书》，大正八年，第 3 册上卷，第 355 页。
⑧ 《日本外务省档案（1868～1945）》，P52 卷，PVM16，第 1752 页。

7月初，段祺瑞还准备任命主签派的胡惟德、王广圻为全权代表，补签和约，并希望日本全权代表帮忙。①但此时和会已结束，此事也就不了了之。在巴黎和会期间，中国南北和会于2月20日在上海召开。段祺瑞一方面派代表参加和会，另一方面利用他参战督办的职权，依靠日本提供的军火和教官，火速建立了参战军三个师和西北边防军四个混成旅，准备推翻南北和会，再走"武力统一"中国的老路。所以，段祺瑞是以奉送山东来换取日本对他的军事援助的。这是段祺瑞和北洋政府在巴黎和会期间，投靠日本、出卖山东的国内原因。

三、新时代——五四运动

和会外交的失败，置中国于战败国的地位。消息传来，全国群情激奋，学界情绪尤为激昂。5月4日下午，北京13所学校的三千多名学生在天安门前集会，举行了声势浩大的示威游行。学生们手持旗帜，上书"争回青岛方罢休""拒绝和约签字""头可断，青岛不可失""外争国权，内惩国贼"。游行队伍冲向赵家楼，火烧卖国贼的巢穴，痛殴章宗祥。这就是中国近代革命历史上伟大的五四运动的开端。它以中国在巴黎和会外交的失败为导火线，揭开了中国人民彻底反帝反封建的新民主主义革命的序幕。

天安门前的星星之火，迅猛形成燎原之势，席卷了大江南北、长城内外。5月7日，天津、上海、南京、武汉、长沙、广州、重庆等地的学生分别举行集会和示威游行，全国二十多个省的几十万学生相继投入了五四革命风暴之中。6月3日，中国工人阶级也投入了斗争，作为一支独立的政治力量登上了政治舞台。

中国在巴黎和会上的外交失败与五四运动的爆发，两者具有深刻的内在联系。五四运动是1911年辛亥革命失败以来中国社会

---

① 《日本外务省档案（1868～1945）》，P52卷，PVM16，第第1728页。

阶级矛盾和民族矛盾日益激化的必然产物。五四运动爆发的历史必然性中包含着和会外交失败的原因，因此，和会外交的失败能在较短的时间内迅猛地点燃新的反帝反封建运动的革命烈火，并且使它具有彻底的反帝反封建的历史意义。

和会外交的失败打破了部分国人对和会和威尔逊的幻想，极大地提高了中华民族反对帝国主义的民族觉悟。当巴黎和会开幕时，中国有一些资产阶级和小资产阶级知识分子在帝国主义的宣传和"威尔逊十四条"的迷惑下，为巴黎和会的召开庆幸，对英、美等国抱有不切实际的幻想。代表资产阶级改良派的上海《时事新报》，在一篇社论中写道："欧战结束，和会开始，凡为弱小之国，莫不思借威尔逊之宣言，力求国际之平等，如民族自决，外交公开，国际弭兵等项，尤为着者也。"①陈独秀和他主编的《每周评论》也曾对和会和威尔逊抱有很大的幻想，要求和会通过取消中国和外国订立的丧权辱国条约，承认中国收回山东的权利。他还主张，亚洲各国联合起来，向和会提出"人类平等一概不得歧视"的意见，如这一意见能通过，那"他种欧美各国对亚洲人不平等的待遇，和各种不平等的条约，便自然从根消灭"②。他甚至把威尔逊捧为"现在世界上第一个大好人"③。巴黎和会上帝国主义分割弱小民族的丑恶嘴脸以及和会对山东问题的无理决定，这些严酷的事实，彻底打破了某些中国人对和会和威尔逊所抱有的幻想。陈独秀说："巴黎的和会，各国都重在本国的权利，什么公理，什么永久和平，什么威尔逊总统十四条宣言，都成了一文不值的空话。"④由此他进一步认识到，和会是分赃会议，"分赃会议，与世界永久和平、人类真正幸福，隔得不止十万八千里，非

---

① 《时事新报》，1919 年 2 月 11 日。
② 《每周评论》，第 20 号。
③ 《每周评论》，第 20 号。
④ 《每周评论》，第 20 号。

全世界的人民都站起来直接解决不可"①。李大钊也愤怒地揭露："巴黎会议所议决的事，哪一件有一丝一毫人道、正义、平和、光明的影子，哪一件不是拿着弱小民族的自由、权利，作几大强盗国家的牺牲！"②而且质问威尔逊道："威尔逊！你不是反对秘密外交吗？为什么他们解决山东问题，还是根据某年月日的伦敦密约，还是根据某年月日的某某军阀间的秘密协定？"③对和会和威尔逊的这种新认识，激发了中国人民反对帝国主义的民族觉悟，点燃了熊熊的五四革命烈火。

这时，以李大钊为代表的初步具有共产主义思想的知识分子，在十月革命和马列主义的指引下，用无产阶级宇宙观观察帝国主义世界，从巴黎和会失败的教训中得出帝国主义世界是强盗世界的结论。五四前，人们认为"抱侵略主义的日本人，是我们莫大的仇敌"④，李大钊于和会外交失败不久的 5 月 18 日，在《秘密外交与强盗世界》一文中明确地指出："日本所以还能拿他那侵略主义在世界上横行的缘故，全因为现在的世界，还是强盗世界。那么不止夺取山东的是我们的仇敌，这强盗世界中的一切强盗团体，秘密外交这一类的一切强盗行为，都是我们的仇敌。"⑤这强盗集团就是包括欧美列强在内的一切帝国主义国家，中国人民要反对日本的侵略，就要反对在其幕后支持它的一切帝国主义。李大钊根据对于帝国主义强盗世界的新认识，进一步提出了"把这强盗世界推翻""改造强盗世界"的彻底反帝的革命口号，这就使得中国人民对帝国主义本性的认识从感性认识上升到理性认识，完成了一次具有重大历史意义的飞跃，给五四运动赋予了彻底反帝的革命性质，推动了五四运动的发展。

---

① 《每周评论》，第 20 号。
② 《李大钊选集》，第 212 页。
③ 《每周评论》创刊号。
④ 《李大钊选集》，第 213 页。
⑤ 《李大钊选集》，第 214 页。

中国和会外交失败，不仅剖示了帝国主义侵略、瓜分中国的本质，而且也把北洋军阀政府在山东问题上出卖民族主权的行径，赤裸裸地暴露在光天化日之下，使中国人民进一步认清了封建军阀政府的本性。《每周评论》严词斥责北洋军阀"引狼入室""有意卖国"，卖国不仅是曹、章、陆三人，而且是整个反动军阀。通过1914年日本侵占山东到1919年中国和会外交失败的全过程，中国人民认清了帝国主义勾结中国封建买办阶级侵略中国的实质，同时也认清：要彻底反帝就必须彻底反封建，要彻底反封建就必须彻底反帝的道理。

不仅如此，李大钊等从帝国主义强盗世界这一认识出发，进一步揭露和批判了封建阶级的所谓"以夷制夷"的本质。袁世凯1914年让日本占领山东时曾辩解说是为了以东洋的黄种人驱逐西方的白人，结果引狼入室，日本不费吹灰之力占领了胶州湾和胶济铁路。李大钊指出："这回青岛问题，发生在群'夷'相争，一'夷'得手的时候。"[1]在"群'夷'相争"的时代，"以夷制夷""是根本的大错""在那'以夷制夷'四个大字下讨一种偷安苟且的生活，这真是民族的莫大耻辱"。[2]这是对封建阶级的投降主义的新认识，它提高了人民群众反帝必反封建的觉悟。中国人民从和会外交失败这一莫大的刺激中总结出了新思想、新认识。五四运动就是在这一新认识、新思想的指引下，以历史上不曾有的彻底的、不妥协的姿态，猛烈地冲击了帝国主义和封建主义，为中国人民的大革命开辟了一个新的时代。

---

① 《李大钊选集》，第213～214页。
② 《李大钊选集》，第213～214页。

第二节　吉野作造与五四运动

吉野作造（1878—1933）是日本的民本主义者，是大正民主运动的主要宣传者。

当前，日本史学界对于他的评价褒贬不一。松尾尊允、增岛宏等认为，吉野的民本主义是反对日本帝国主义对中国的侵略，反对殖民主义，主张民族自决；而宫木又久、小林幸男等与此相反，认为它起了"拥护帝国主义的作用"和"帝国主义精神支柱的作用"①。

由此可见，对民本主义和吉野作造的研究及其评价，是直接涉及中日关系史的一个重要问题。吉野作造对中国和日本帝国主义侵略中国的态度可分为三个时期：一是五四运动之前；二是五四运动时期；三是五四运动之后。本节拟就吉野作造对五四运动的态度及其民本主义思想基础等问题加以探讨。

一、吉野对五四运动的认识

1919 年五四运动的革命洪流犹如大浪淘沙，不仅使中国而且使日本的各阶级、阶层显现出对它的态度。

日本统治阶级从其侵略本性出发，极端仇视五四爱国运动，一面通过外交途径提出"抗议"，要求北洋政府采取坚决措施取缔学生运动；另一方面则指使日本特务分子和亲日派对学生运动进行直接破坏。

日本国内则舆论大哗。5 月 6 日，大阪《每日新闻》发表社论，攻击和诬蔑五四运动，说什么它"好比妇女犯精神病后，放

---

① 由井正臣编：《论集日本历史第 12 卷——大正民主》，有精堂 1977 年版，第 243 页。

火烧家，自身投井”①；5 月 10 日，该报又攻击五四运动是“华人自危其国家”②。

6 月 3 日后，中国工人阶级作为独立的政治力量登上政治舞台，五四运动进入新的阶段。大阪《每日新闻》又叫喊，运动激化后变成第二个俄国革命，要求政府与中国军阀相勾结镇压爱国运动③，甚至主张借此向中国宣战。对此，当时日本内部意见分歧。有的主张袖手旁观，有的则坚决反对日本对中国的侵略，反对灭亡中国的“二十一条”，满腔热情地声援朝鲜的三一爱国运动。但对五四运动却无动于衷，仅想通过四国借款团来解决山东问题。④

这便说明，日本在巴黎和会上攫取山东为己有的帝国主义外交的“胜利”，引起了日本朝野的民族沙文主义的狂热。

此刻，担任东京帝国大学教授的吉野作造博士，伸张正义，挥笔撰写《勿要谩骂北京学生团的行动》，发出正义心声：“中华民众一般反日，不过是对官僚、军阀以及财阀代表的日本的反感”“邻邦的一般民众恐怕不知道我国有‘侵略的日本’和‘和平的日本’。如果知道了，他们必定立即会隐忍反日的声音的”。⑤接着他又在《东方时论》7 月号上撰写《中国的反日骚乱与根本解决之策》一文，进一步阐述了他的两个日本论。他写道：“在中国排斥日本的事实是排斥侵略的日本。但日本本身绝不是侵略主义国家，官僚军阀的日本具有浓厚的侵略色彩……可是，现在[日本]国民的多数是爱好和平、爱好自由、爱好共存主义的。这就是说，今日的日本有侵略的日本和和平的日本。”⑥吉野先生的这些论述说

---

① 吉野作造著：《中国、朝鲜论》，平凡社 1974 年版，第 371 页。
② 《五四爱国运动》，上卷，中国社会科学出版社 1979 年版，第 303 页。
③ 吉野作造著：《中国、朝鲜论》，第 371 页。
④ 井上清、渡部彻著：《大正时期的急进的自由主义》，东洋经济新报社 1972 年版，第 165 页。
⑤ 《勿要漫骂北京学生团的运动》，见《中国、朝鲜论》，第 207 页。
⑥ 《中国的反日骚乱与根本解决之策》，见《中国、朝鲜论》，第 226 页。

明，他通过五四运动而对日本有了新的认识。吉野从这种认识出发，进一步探讨中国人民为什么反对日本的官僚、军阀？中国人民所反对的日本和中国的官僚军阀是个什么关系？他认为，两国的官僚、军阀互相狼狈为奸，日本的官僚、军阀在中国政府中扶植中国的官僚、军阀，通过他们图谋自己的利益；而中国官僚、军阀依靠日本官僚、军阀的御用商人主义外交的支持，巩固自己的地盘。[①]因此，他再次指出："他们呐喊的反日是反对操纵和笼络中国官僚、军阀的官僚、军阀的日本，而不是怀疑和他们（指中国人——笔者注）产生共鸣的日本国民的公正性"[②]，进而承认和支持中国人民反对日本官僚军阀的行动。

不仅如此，吉野从这种认识中进一步发现日中两国人民之间是存在共同点的。他说："在冷静地想一想他们的要求时，认识到他们和我们之间有一个共同的生命的萌芽。"[③]这一生命的萌芽是两国人民联合起来共同反对日本官僚、军阀的可能性。他指出："这一侵略性日本，就是我们和平的日本极力要反对的。他们要反对的和我们要反对的完全是一样的。"[④]此外他还从五四运动中看出两国人民结成友好的萌芽。他说："我们从藏在邻邦青年暴动影子中的精神中不能不看出，发展日中真正友好的种子。据[我]考虑，同官僚、军阀一起进行着恶战苦斗的我们与他们，以同一个精神进行着同一种工作。"[⑤]他殷切地"期待他们和我们两国民众之间出现站在和平主义、自由主义、人道主义的基础上逐渐地共同开展改造社会的运动"[⑥]。吉野的这种建立友好的种子和改造社会的想法，当时和中国人民的想法有相近之处。"五四"时期的周

①《中国的反日骚乱与根本解决之策》，见《中国、朝鲜论》，第226页。
②《关于北京大学骚乱事件》，见《中国、朝鲜论》，第215页。
③《中国的反日骚乱与根本解决之策》，见《中国、朝鲜论》，第228页。
④《中国的反日骚乱与根本解决之策》，见《中国、朝鲜论》，第226页。
⑤《确立日中人民友好的曙光》，见《中国、朝鲜论》，第231页。
⑥《中国的反日骚乱与根本解决之策》，见《中国、朝鲜论》，第229页。

恩来于 1919 年 8 月谈及日本学生，谴责日本军阀的侵略主义时说道，"实在让我们觉得东亚两国国民的前途，尚有一点亲善的希望""两国国民真正的亲善，万不是口舌、文字所能表达出的，紧要的就是双方国民对内对外，要有一个社会根本改造的实现"。[①]

　　吉野认为，解决中国反日问题的途径，是从官僚、军阀统治下解放两国人民。[②]这一看法是很高明的。他迫切地希望两国人民"取得成功"[③]。他指出：两国官僚、军阀的"友好"，实际上是阻碍真正友好的大障碍。[④]

　　一个人的正确认识，来源于对一个历史事件的正确理解。吉野之所以同情、声援五四运动，是因为他认识到五四运动是中国千疮百孔的社会各种矛盾激化的必然产物，是在十月革命的号召下发生的。

　　他曾写道："骚扰直接发端于山东问题的巴黎外交的失败。但根本的原因在于最近一两年北京学界的飞跃性的确信。由于欧洲战争而引起的思想激变的波涛也波及中国，对青年学生中的启发显著……其结果对社会各方面的事物进行敏锐的批判，进而成为对最毒害中国的官僚政治的剧烈的不满。这是理所当然的。而且很明白，今日的北京官僚政府久久依靠我国阀族的支持而存在，因此邻邦青年把矛头指向我国也是不得已的……如果站在中国人的立场来考虑，就有可以谅解的理由。"[⑤]

　　吉野从对五四运动的这种认识出发，批驳所谓五四运动是"某国煽动"的谬论，说"他们的运动全然是自发的，不被任何人煽动"。[⑥]并指出日本报刊的宣传是无事生非。同时他又抨击五四运

①《天津学生联合会报》，1919 年 8 月 9 日。
②《勿要漫骂北京学生团的运动》，见《中国、朝鲜论》，第 207 页。
③《勿要漫骂北京学生团的运动》，见《中国、朝鲜论》，第 207 页。
④《勿要漫骂北京学生团的运动》，见《中国、朝鲜论》，第 207 页。
⑤《确立日中人民友好的曙光》，见《中国、朝鲜论》，第 230～231 页。
⑥《关于北京大学骚乱事件》，见《中国、朝鲜论》，第 209 页。

动是"盲目反日运动"①的错误说法。他认为"他们首先着眼于革除认为是祸根的东西"②，其目的是消灭官僚、军阀；其反日原因是因为日本援助他们的官僚政府；在他看来如果中国青年知道日本有帝国主义日本和和平主义日本，"他们必然高兴地不推辞和后者友好的"③。不仅如此，他还认为五四"在精神上仍然不外乎是政治性的启蒙运动"④。吉野对五四运动的这种看法基本上是正确的。他虽然没有直接用反帝反封的词句，但基本意思是反对帝国主义、反对封建军阀官僚的。

正确认识是正确行动的先导。吉野不仅思想上同情、声援五四运动，而且付诸行动。他为了声援中国的青年运动，为了建立两国人民的友好往来，6月5日在黎明会讲演会上提出邀请北京大学一名教授和两三名青年学生访日的倡议，并勇敢地给李大钊写了一封信。写信本身就说明了他对李大钊的理解和相信。这一珍贵的书简如今已失传。《东方杂志》1919年7月号刊载了《日人吉野作造之中国最近风潮观》一文，其中引用了吉野博士致北京大学某君书。中国的全国学生联合会致日本黎明会的信也引了吉野信的一段。两者基本上相同："我知贵国虽盛倡排日，所非之日，必为野心的、侵略的、军阀主义的日本，而非亲善的、平和的、民主主义的日本。侵略的日本，不独为贵国青年所排斥，亦我侪所反对者也。侵略的日本，行将瓦解；未来平和人道之日本，必可与贵国青年提携。"⑤这是充满战斗情谊和友好之情的信。此信在中国人民中引起强烈的反响和共鸣。全国学生联合会致日本黎明会书中写道："博士此语，我国人士实不胜其感佩之情。盖此

---

① 《关于北京大学骚乱事件》，见《中国、朝鲜论》，第209页。
② 《关于北京大学骚乱事件》，见《中国、朝鲜论》，第210页。
③ 《确立日中人民友好的曙光》，见《中国、朝鲜论》，第231页。
④ 《关于北京大学骚乱事件》，见《中国、朝鲜论》，第212页。
⑤ 《五四爱国运动》，上卷，中国社会科学出版社1979年版，第411页。

皆我国人士心坎中所欲发者。"①

　　不久，吉野收到李大钊的回信。信中表示，北京学界非常高兴地盼望他访华，如他今年夏天和秋天来华，用数个月时间能把日本国民的真意和民主精神披示给中国人民，这对东亚黎明运动的前途甚有影响。②通过李大钊的信，吉野加深了对中国人民的理解，确信了中国人民"持有非常希望和我们（指日本人民——笔者注）联合的本能的热情"③；此外，吉野又接到北京清华学校骆启荣的一封信。信中表示，中日两国真正的善良国民，必须彼此相爱，立于彼此互助主义。如欲享持久的、真正的人类和平的幸福，中日两国人民首先非改良各自的政府不可。④这一信的内容便和他的两国民众"开展改造社会的共同运动"的思想吻合。吉野通过这些信，"大体知道了北京的风潮"⑤。

　　是年夏天，吉野借其弟子冈山守道出差中国路经北京之机，又叫他在北京拜访李大钊，再次转达他对中国人民的友好情谊，并再请北大教授和青年学生东渡访日。当时李大钊对冈山表示，为派北大教授和青年学生东渡访日做积极的努力。⑥

　　不久，日本黎明会接到中国全国学生联合会的信："彼谓持侵略政策者，为日本军阀派政府，日本人民无与也"；"诸君须知我中日两国人民，本无深仇宿恨，徒以两国军阀政府之狼狈要结，遂致互相嫉视，苟一日不解脱此万恶之军阀，则两国人民，永无亲善之望。若欲解脱其军阀政府，则非互助不可。"⑦接着，北京学生也发表了告日本国民书："吾中日两国国民地位相同，利害一致，吾国民谓欲谋东亚真正之和平，中日两国间真正之亲交，首

---

① 《五四爱国运动》，上卷，中国社会科学出版社 1979 年版，第 411 页。
② 《确立日中人民友好的曙光》，见《中国、朝鲜论》，第 234 页。
③ 《确立日中人民友好的曙光》，见《中国、朝鲜论》，第 235 页。
④ 《确立日中人民友好的曙光》，见《中国、朝鲜论》，第 237 页。
⑤ 《确立日中人民友好的曙光》，见《中国、朝鲜论》，第 237 页。
⑥ 《确立日中人民友好的曙光》，见《中国、朝鲜论》，第 238 页。
⑦ 《五四爱国运动》，上卷，中国社会科学出版社 1979 年版，第 411 页。

在促贵国国民之觉醒，共起而反抗侵略主义。"①这些信，以高度的热情，倾注了中国青年学生对日本人民的友好情谊和两国人民携手反对官僚军阀的共同心愿。通过这些信，吉野对中国"学生的意向也清楚了""邻国的多数青年也毕竟是我们可以信赖的朋友，绝不是敌人"。②他满腔热情地说："他们和我们友好合作的可能已经不可怀疑了。现在起难道不是建立国民的真正友好，真正的东洋和平之花开放的时候吗？"③

　　通过吉野作造的努力，1919年底和1920年初，中国人民的老朋友宫崎滔天之子宫崎龙介抵达上海访问，在上海学生联合会召开的大会上发表讲演，表达了日本人民对中国反日斗争的同情和声援。他曾写《日人口中之破坏和平的资本主义外交》一文，猛烈地抨击了日本官僚军阀对中国的侵略。周恩来把声援中国人民的这一文译成中文，刊载在他主办的《天津学生联合会报》上。5月，北京大学的教授和学生一行6人④东渡访日，在东京和京都跟日本的教授、学生及工人举行座谈和联欢。吉野也数次会见他们，进一步增进了两国人民的友谊和相互了解，为中日两国人民的友好往来打下一定的基础。日本统治阶级对此暴跳如雷，认为这是阻碍两国国交，禁止两国人民和青年学生的交流。由于统治阶级的阻挠，吉野先生来中国的愿望未能实现。吉野先生从这些事实中认识到，"实际上阻碍两国真正友好的、威胁东洋和平的是联系着官僚军阀的丑恶的关系"⑤，并愤怒抨击日本和中国的官僚军阀的勾结。他从这一事例中切身体会到，正是日中两国的官僚军阀的这种勾结，激起了中国人民的猛烈的反日，并从中进一步

①《五四爱国运动》，上卷，中国社会科学出版社1979年版，第414页。
②《确立日中人民友好的曙光》，见《中国、朝鲜论》，第241页。
③《确立日中人民友好的曙光》，见《中国、朝鲜论》，第241页。
④ 这6人分别是：高一涵教授和学生方豪、徐彦之、康白情、孟寿椿、黄日葵。他们是李大钊影响下的进步的教授和学生。
⑤《日中学生协作运动》，见《中国、朝鲜论》，第244页。

理解了中国人民反日的深刻的社会根源。

　　吉野作造在抨击两国官僚军阀的同时，主张建立真正友好的途径是"从充分承认侵略性的对华政策的不对开始。这样，我们能够得到中国的谅解"①。他曾数次提到"侵略"二字，但有时模棱两可。②后来的文章把"侵略"二字提得较突出，把反对侵略主义作为两国人民的共同任务。他于 1920 年 6 月在《日中学生协作运动》一文中提出："协作运动首先要指向的敌人是官僚军阀的侵略主义。"③这就是说，中日两国人民的共同敌人是日本官僚军阀的侵略主义。几十年前吉野先生提出的日中友好的宗旨非常正确。

　　吉野先生提出的中日友好的这一宗旨，当时遭到一些人的非难，说什么中国青年运动的背后有过激派（指共产主义者——笔者注）。吉野横眉冷对，严肃指出这是"非常愚蠢的疑惑"④。有的人爱面子，认为日本人在中国人面前说日本的坏话是不好的。吉野认为这种"家丑不能外扬"的思想是封建的东西，"我们对自己的坏事要彻底地予以承认。如果他们的非难中有相应的理由，要自动地倾听它并明确自己改正的理由，进而进行对话，这是真正解决问题的唯一途径"⑤，批判了掩盖自己民族过错的民族主义情绪。

　　五四运动虽然没有完成彻底反帝反封建这一历史使命，但它沉重地打击了日本帝国主义和中国的封建军阀。吉野作造估计到了五四运动的这一历史意义。他认为，中国人民的斗争"在一种意义上是对日本的一大警告；在一种意义上又是对开辟日中两国的真正友好的一大障碍物发起攻击的呼声"⑥。"对我国官僚军阀

---

①《日中学生协作运动》，见《中国、朝鲜论》，第 245 页。
②《确立日中人民友好的曙光》，见《中国、朝鲜论》，第 230～248 页。
③《确立日中人民友好的曙光》，见《中国、朝鲜论》，第 246 页。
④《日中学生协作运动》，见《中国、朝鲜论》，第 247 页。
⑤《日中学生协作运动》，见《中国、朝鲜论》，第 247 页。
⑥《中国反日骚乱与根本解决之策》，见《中国、朝鲜论》，第 228 页。

来说不外乎是要求改变对华外交的实物性教育。如果受到这种实物性教育后还不醒悟，我们日本永远失去向中国伸长的机会。"①这种看法虽然未能充分评价五四运动反帝斗争的彻底性和不妥协性，但还是认识和肯定了中国人民的这一反帝斗争。他认为：中国民众"给[中国]军阀、财阀的政治地位以全民性的一大铁锤"②。

二、吉野作造的民本主义与人道主义

吉野作造对五四运动的同情、声援和建立日中友好关系的殷切希望，绝不是先知先觉的。他是经过曲折的社会实践逐步产生的，他的人生道路是坎坷不平的。他曾经是日本帝国主义侵略中国的拥护者和支持者，曾经写了不少为日本帝国主义的侵华政策出谋划策的文章。例如日本政府向袁世凯的北洋政府提出灭亡中国的"二十一条"时，他说"和列国竞争，建立在中国的帝国势力和帝国的利权，绝不是无用不及之事"③，"这次要求（指"二十一条"——笔者注）大体上是最少限度的要求，对日的生存来说必不可缺，删除第五项[要求]是甚为遗憾的"④。不仅如此，在《关于决定对华根本外交政策中的日本政客的昏迷》一文中，极力主张日本支持袁世凯，以达到其侵略目的。吉野的这种立场和观点，当然是和在培养日本官僚的最高学府东京帝国大学接受的教育分不开的。然而学校教育固然对一个人的人生观之形成会起很大作用，但是在广阔的社会实践中又会使人的认识发生变化。

吉野对五四运动的同情、声援和共鸣及建立日中友好的理想，来自两种因素：一是其思想本身的进步和发展，一是对中国旧民主主义革命的理解。1910 年，吉野远渡重洋留学西方，受到欧美

---

① 《关于北京大学骚乱事件》，见《中国、朝鲜论》，第 214 页。
② 《关于北京大学骚乱事件》，见《中国、朝鲜论》，第 214 页。
③ 《帝国对中国的实际态度》，见《中国、朝鲜论》，第 23 页。
④ 《帝国对中国的实际态度》，见《中国、朝鲜论》，第 23 页。

民主主义思想的影响。1913 年 7 月回国。这时正是大正初"打倒阀族，拥护宪法"的护宪运动时期，改良官僚军阀的专制主义的大正民主运动在兴起。此时回国的吉野在《中央公论》上发表《论群众的示威运动》一文，标志他开始登上大正民主运动的政治舞台。他嫌恶官僚军阀的"暗室政治"，主张民本主义，并为实现这一目的积极宣传民本主义思想，成为大正民主运动的理论大师。这一主义在 20 世纪初期的日本盛极一时，颇有影响。它在当时的历史条件下，和官僚军阀对立，具有一定的革新的气息。

其次，他对中国革命的理解也加深了。他于 1906 年至 1908 年，在中国住过 3 年。但他那时"全然不知道中国的事情"，认为"中国没有人物，因而大为失望而归"。[①]这时，孙中山先生已经登上了民主主义的政治舞台。但吉野当时尚未成为民本主义者，对中国革命运动和革命领导人毫无认识，因而不可能产生共鸣。他自己也曾经说，当时"对中国革命等事情完全没有兴趣"[②]。

可是，从 1914 年起他开始关心中国革命。1913 年二次革命失败后，不少中国革命党人亡命日本。这时正好是吉野的民本主义思想形成时期。吉野通过和他们的接触了解到，"最近在中国有一个大的蓬勃兴起的伟大精神"[③]。这是他对中国的新发现。此时，大陆浪人头山满、寺尾亨等请吉野先生编写一部中国革命史，并向他介绍了戴天仇和殷汝耕。上述两位在介绍中国革命史时，向他推荐了宫崎滔天的《三十三年之梦》。但直到 1916 年吉野才看见这本书，并一口气把它读完。这本书用不少篇幅叙述了孙中山和宫崎滔天的战斗友谊。因此，吉野在明治文化研究会重刊该书时写道："他（宫崎）的自传本身就具有日中交涉史第一章的意

①《关于中国》，见《中国、朝鲜论》，第 199 页。
②《关于中国》，见《中国、朝鲜论》，第 199 页。
③《关于中国》，见《中国、朝鲜论》，第 199 页。

义。"①他把《三十三年之梦》爱如至宝。1917 年 6 月，他终于写出《中国革命小史》。他在该书的开头写道："近代中国运动的根本思想在于改革弊政，图谋新中国的复兴"，并批评了对中国革命的种种错误看法。②他对这一革命采取的态度是"向中华民族致以很大同情和敬意"，写这本书的目的是"在直截了当地论述中国民族复兴的努力的同时，说明著者为何向中华民族致敬的理由"③，这几句简明的言语，倾吐了吉野对中国革命和中华民族之同情。此时他对孙中山的三民主义也有了认识，"现在三民主义成为中国青年的国民性的口号"④，赞赏孙中山的远见卓识。

　　五四运动前夕，即 4 月 30 日他在黎明会的第四次讲演会上发表了《关于中国》的演说。他在演讲中批判专制主义的秘密外交，主张国民外交，要对中国采取共存主义。他还特别地指出："最近在中国，改革过去政治的国民要求，作为一个新的力量蓬勃兴起。这是非常明显的。"⑤而且强调要重视这一力量。他说："把国民不放在眼中的政策不能取得友好之实。"⑥因此他提出"在日本也好，在中国也好，要反对的是这一官僚思想"⑦。这便说明，他此时已经洞察到了像火山一样爆发的一股力量和这股力量将要冲击的是什么。

　　吉野作造是在什么样的思想指导下同情、声援五四运动的？

　　首先，如前所述，他的思想是民本主义。吉野认为，民主主义是主张"国家主权在民"的思想，平民主义是主张使平民和贵族对立起来的思想。他说，民本主义是和这两种思想不同的，因

---

①　宫崎滔天著：《三十三年之梦》，平凡社 1979 年版，第 255 页。
②《中国革命小史》，见《吉野作造博士民主主义论集》，第 7 卷，新纪元社 1948 年版，第 5 页。
③《中国革命小史》，见《吉野作造博士民主主义论集》，第 7 卷，第 2 页。
④《日华国交论》，同上书第 6 卷，第 101～102 页。
⑤《关于中国》，见《中国、朝鲜论》，第 198 页。
⑥《关于中国》，见《中国、朝鲜论》，第 202 页。
⑦《关于中国》，见《中国、朝鲜论》，第 205 页。

而起名为民本主义。吉野则主张"民有"。因此，这种思想是日本
天皇专制向近代化过渡的一种过渡性思想。这种思想虽然不是激
进的资产阶级民主思想，但和"五四"时期的"民主与科学"的
口号有相近之处。他认为，宪法应具有保障人民权利、三权分立、
民选议院制等内容，但在从封建时代遗留下来的特权阶级掌权的
国家里，虽在世界形势的敦促下公布了宪法，但不实行宪法应有
的基本内容，并阻碍以立宪的思想来解释宪法。[1]他所说的便是日
本。吉野的这种思想是继承和发展了美浓部达吉的天皇机关说的。
日本由于明治维新的不彻底，1889 年制定的钦定宪法在天皇制、
内阁、议会等政治体制上保存了封建的残余，与资本主义结合成
为专制主义。因此，吉野的民本主义反对官僚军阀的专制主义中
就包含着反封建的因素。而中国辛亥革命虽然推翻了清朝的封建
统治，但封建官僚军阀袁世凯、段祺瑞之流篡夺了政权，封建专
制主义依然如故地被保存下来了。五四运动对内就是反对这一封
建专制主义，因此在反对封建专制主义残余这一点，吉野的民本
主义和五四运动就有共同之处。

　　因此，吉野非常赞赏中国的新文化运动。1915 年 9 月《新青
年》杂志的创刊吹响了新文化运动的号角。吉野在《关于北京大
学学生骚扰事件》和《在北京大学的新思想的蓬勃兴起》文中就
介绍了中国的新文化运动。[2]他认为，开明思想是勃兴于民间的，
国立大学是与之斗争，进而保护官僚阶级的，但"现在国立大学
的学生，在中央政府所在地，最热烈地、最彻底地成为自由思想
的鼓吹者，正说明中国青年在世界形势转变之机善于利用着今日
时势"，这便"开辟了全体中国民众，举国上下，朝着开明的目标
前进的开端"。[3]由此可见，他对新文化运动的共鸣和声援，从中

---

[1] 田中愍五郎著：《吉野作造》，未来社 1958 年版，第 173 页。
[2]《关于北京大学骚乱事件》，见《中国、朝鲜论》，第 210～212 页。
[3]《关于北京大学骚乱事件》，见《中国、朝鲜论》，第 211 页。

看出他的民本主义思想和五四运动的内在联系。

其次，吉野先生的另一种思想是人道主义或道义主义。这种思想是和民本主义有关系的。民本主义是资产阶级民主思想，它本身包含着资产阶级人道主义的思想，但和基督教也有关系。吉野是基督教徒，1917 年 3 月任东京帝大学生基督教青年理事会理事长。吉野先生承认：“我迄今从道义的立场评论内外的各种政治问题。尤其是最近一两年来，从这种立场出发，对中国、西伯利亚等问题加以痛激的批判。”[1]他还说：“归根到底，我们是站在人道主义立场，从自主共存的根本出发，拟订一切对华政策。”[2]他对一切劳动问题上的主张是站在人道主义来解决的。

吉野作造的民本主义和人道主义思想虽然同情、声援五四运动，在建立两国人民的友好关系方面是有意义的，但它毕竟是属于资产阶级范畴的意识形态，因此它除历史的局限性之外，还具有阶级的局限性。

民本主义，如前所述，不是改革绝对专制主义的革命理论，而是保存、改良天皇制的改良主义理论；不是主张共和制的、革命的民主主义，而是主张君主主义、自由主义的民主主义。[3]他的民本主义虽然反对官僚、军阀的专政，但并不反对日本的“军国”化，如果说反对“军国”化，这是因为“军国”化和官僚军阀专制结合在一起。[4]吉野的人道主义对日本的野蛮侵略和残酷的殖民统治表示义愤和抗议，但他不能认识到产生这些现象的社会根源，因此找不到消灭这些现象的现实途径。日本对中国侵略的根源在于军事封建的日本帝国主义；五四运动的反帝主要是反对日本帝国主义强加给中国的“二十一条”和日本对青岛的侵占。但吉野没有公然地谴责日本攫取山东、强加“二十一条”的侵略罪行，

---

① 《对外的良心的发挥》，见《吉野作造博士民主主义论集》，第 4 卷，第 9 页。
② 《关于北京大学骚乱事件》，见《中国、朝鲜论》，第 214 页。
③ 信夫清三郎著：《大正民主史》，第 2 卷，日本评论社 1964 年版，第 355 页。
④ 信夫清三郎著：《大正民主史》，第 2 卷，日本评论社 1964 年版，第 365 页。

没有明确地支持要求日本放弃在中国的殖民权益。1920 年他在《关于朝鲜统治政策答丸山君》一文中写道："希望恢复祖国，不论是日本人、朝鲜人、中国人都普遍地承认的道德的立场。可以说，由此看出共同的或最高的原理。"①松尾认为这一"最高的原理"就是吉野的民族自决思想。但尽管如此，吉野的反帝思想依旧是不彻底的。

当时，日本社会中也有彻底反帝的力量。鹫尾正五郎 1919 年 1 月在《中央公论》上发表的《战后世界亦依然是国际竞争的舞台》一文中，坚决主张对中国实行民族自决，"青岛问题，按着中国的要求，无条件地归还给中国"②。这种思想，显然比吉野高明得多。这就说明，吉野的局限性不仅是历史性的，而且是阶级的局限。

至于北京的青年学生痛打章宗祥问题，吉野一再表示"甚为遗憾"，认为"极为狂暴""不文明"等等。这是因为人道主义不分革命暴力和反革命暴力，是暴力者都要反对。中国人民就靠暴力即武装斗争驱逐了一切帝国主义侵略者，恢复了民族主权的完整。显然，吉野先生的指责是错误的。

五四运动后，马列主义思想逐步传播，工农运动形势高涨。日本的一些民主主义者变成社会主义者，跟上了时代发展的步伐。但吉野作造的思想依然停留在民本主义，而且受了 20 年代社会民主主义思想的影响。于是民本主义和马列主义，革命和改良的矛盾日趋激化。因此，五四后吉野对中国革命和日本侵略中国的态度，不像五四时期那样明确。对中国的北伐，他希望取得胜利，但又不主张日军撤出山东；对九一八事变，虽然怀疑动武的必要，否定伪满洲国的建立，但又不主张日本放弃在东北的权益。这便

---

① 由井正臣编：《论集日本历史第 12 卷——大正民主》，第 261 页。
② 井上清、渡部彻著：《大正时期的急进的自由主义》，东洋经济新报社 1972 年版，第 167～168 页。

说明，五四后吉野的思想不仅没有进步，反而有所倒退。

第三节　日本对直奉战争的双重外交

1922年4～5月和1924年9～10月的两次直奉战争都和日本有着密切关系。在这两次战争中，日本外务省和军部分别对奉系军阀张作霖和直系军阀吴佩孚采取了什么政策？第一次和第二次又有何区别？奉张和直吴又对日本采取了什么态度？这些都是本节要探讨的问题。

一、第一次直奉战争

辛亥革命后，中国军阀林立，混战不休。利用军阀混战维护和扩大在华殖民权益，是帝国主义列强对中国采取的新政策。

1916年袁世凯死后，日本积极扶植皖系军阀段祺瑞，以西原借款之名，向他提供巨额贷款和军械。但段在1920年的直皖战争中被直系军阀吴佩孚和曹锟打败。段的倒台，使日本在中国失去了其侵华的马前卒。于是，日本转过来扶植曾协助打段的奉系军阀张作霖。

张作霖和日本，自从日俄战争以来早有往来。但张当时不是日本所依靠的一支力量。辛亥革命后，日本军部和大陆浪人主要依靠宗社党人，掀起满蒙独立运动，以便建立满蒙亲贵的傀儡政权。因此，当时日本和张之间常常发生冲突，甚至日本人想把他炸死，可是两次满蒙独立运动均归失败，段也倒台。于是日本不得不依靠张作霖来维护和扩大在满蒙的权益。而张作霖为了巩固和扩大自己的军阀势力，也需要进一步投靠日本。1920年11月，张派于汉中去日本，表明他对日本的进一步投靠。日本政府对其以贵宾相待。内阁首相原敬认为："张是想靠日本伸张势力，而我们在东三省的发展需要好好对待张。我们双方的利益是不谋而合的。"①这便道出了张和日本相互依靠的关系。接着，1921 年 5 月16 日，日本政府召开东方会议。出席会议的除首相和内阁成员之外，还有朝鲜总督斋藤实、关东厅长官山县、驻华公使小幡。在这次会议上，日本政府正式决定了对张的政策："援助掌握满蒙实权的张，以便巩固我在满蒙的特殊地位。"②

在直皖战争中，张援助吴打段，坐收渔人之利。他不仅插手北京政权，而且扩大自己的势力范围，壮大了奉系的军事力量。这便加剧了直系的曹、吴和奉张之间争权夺利的斗争。尤其是1921 年 12 月梁士诒内阁的成立，更加激化了两者的矛盾。直奉战争迫在眉睫。

张在东北称王主要依靠日本，要打败依靠英美的直吴，一定要争取日本的支持。于是，张在准备对直战争的同时，乞求日本对他的援助。1922 年 1 月 8 日，张派其日人顾问町野中佐向驻华公使小幡转达他的旨意："我（张）没有和吴合作之意。当此之际，有两种途径。一、暂时静观形势，等待吴积极行动，消极防卫；二、张全然积极行动。日本政府的意见如何？"③这是张刺探日本对即将爆发的直奉战争的态度。对此，小幡公使表示，进入中原地区要慎重考虑，先要确保北京、奉天间的联络，不要随意采取行动。张对此表示不满。过两天，即 10 日，张又派于汉中向奉天特务机关长贵志少将要求日本供应武器、弹药。于还对贵志说："如张为了维护现内阁（指梁士诒内阁——笔者注）出动军队时，满洲的治安至少由日军来担任。"④贵志少将对此没有予以可否。于是，14 日张又派于汉中到奉天的日本总领事馆，通过赤冢总领事，向日本政府转达要求援助的意见。于汉中说："直奉之争并非

① 《原敬日记》，第 9 卷，第 136 页。
② 日本外务省编：《日本外交年表及主要文书》，上卷，第 524 页。
③ 《日本外务省档案（1868~1945）》，MT137 卷，MT：161411，第 241~258 页。
④ 《日本外务省档案（1868~1945）》，MT137 卷，MT：161411，第 307~308 页。

单纯的政权争夺，而是和排日派之争。贵国政府应考虑到这一点，以便决定援助张巡阅使之策。"①于汉中要求日本提供步枪 1 万支，弹药 1000 万粒，炮弹 10 万发，机枪一二百挺，子弹 500 万粒。15 日，张又派其日人顾问本庄繁大佐和町野中佐，向小幡公使提出同样要求。

对张的这种急切要求，日本在华的外务省机构和陆军省机构分别采取了如下态度：

如前所述，小幡公使采取静观态度。但赤冢奉天总领事却支持张的要求，"给张提供武器，以便使之下断然的决心"②。而陆军在华机构的军官，除坂西利八郎中将之外，都主张援助张。他们认为："英美和直派合作，力图驱逐日本在华势力，使帝国丧失对中国的权威，使我对华尤其是满蒙政策有从根底上被推翻而不可挽回之虞。"③因此，"当此之际，帝国应支持张作霖，压制吴的野心，打破英美以吴为傀儡的阴谋，相信这是为了维护帝国地位不可避免地采取的正当防卫手段"④。可是坂西利八郎中将⑤则反对援助张。他认为，如轻率地援张，使张产生误解，促使不测之乱的发生，援助张不是巩固日本在华地位的有力措施。这种情况说明日本尚未决定对即将爆发的直奉战争的态度。

可是，直奉关系急剧恶化。3 月 22 日，张发出向关内调兵遣将的命令，26 日起奉军越过山海关向关内进发。这时，张设宴招待赤冢总领事等日本官员。张在宴席上大谈他对日本的效忠和英美对北满的野心，再次请求日本对他援助。他说："当此之际，我想看看日本政府在中国人中将认定谁为朋友和日本对老朋友的态

---

① 《日本外务省档案（1868～1945）》，第 261～269 页。
② 《日本外务省档案（1868～1945）》，第 261～269 页。
③ 《日本外务省档案（1868～1945）》，第 530～533 页。
④ 《日本外务省档案（1868～1945）》，第 328～329 页。
⑤ 坂西利八郎是陆军参谋本部的特派员，任曹锟总统府的军事顾问，在北京设有坂西公寓。

度。这次行动是足以窥视日本真意的试金石。"①对此，赤冢总领事代表赴宴的日本官员回答道："因对东三省的特殊关系，日本人都抱有援助张巡阅使的强烈希望。但鉴于国际关系及中国混乱的现状，不能积极地予以援助，只是抱有消极的满腔好意。请见谅。"②这就是说，精神上积极支持，但行动上却采取消极态度。这当然不是赤冢本人的真意，作为外交官他要受外务省的约束。

到 4 月中旬，直奉战争一触即发。日本不能不表态了，外务省于 4 月 21 日起草《帝国政府对直奉战争引起的中国局势的方针》。该方针规定三条：

第一条："为目前中国局势的安定，召回张作霖的顾问贵志少将、町野大佐、本庄大佐。如召回有困难时，至少他们作为张作霖的顾问，在只限于中国内战的情况下，不要干预张的任何军事行动。"③

第二条："以适当的方法和吴佩孚进行联系，努力使他对我方针不至于误解，以便使他谅解我国的公正不倚的态度。"④

第三条："在北京，按着既定方针尤其是《九国公约》的宗旨，由我方主动采取措施，使英国公使和外交使团在协商的基础上对中国时局采取共同措施。"⑤

当初，这一方案是作为内阁的方针起草的。后经研究修改为外务省的方案，把"召回"张的日人顾问改为使他们"采取慎重的态度"。尽管如此，日本外务省还是没有采取积极援张的态度。

在第一次直奉战争中，日本外务省为什么没有积极支持张作霖？这有如下几方面的原因。

首先，国际上，欧美列强结束第一次世界大战后，重新回到

---

① 《日本外务省档案（1868～1945）》，MT138 卷，MT：161411，第 1662～1672 页。
② 《日本外务省档案（1868～1945）》，MT138 卷，MT：161411，第 1662～1672 页。
③ 《日本外务省档案（1868～1945）》，MT139 卷，MT：161411，第 2083～2093 页。
④ 《日本外务省档案（1868～1945）》，MT139 卷，MT：161411，第 2083～2093 页。
⑤ 《日本外务省档案（1868～1945）》，MT139 卷，MT：161411，第 2083～2093 页。

亚洲，和日本进行新的争夺。在华盛顿会议上，列强打着"门户开放，机会均等"的旗号，订立了《九国公约》，建立共同侵略和控制中国的新体制，迫使日本放弃了利用一战时期欧美列强无暇东顾之际在华攫取的殖民权益。因此，这时日本正受欧美列强和《九国公约》的限制，不敢为所欲为地侵略中国。如果日本不顾欧美列强，公然支持张来扩大在华权益，则欧美列强一定会联合起来制裁日本。内田外相在 1922 年 1 月 19 日对奉天总领事赤冢的密电中曾提及援张给日本带来的严重后果。他说："如援张，日本则冒很大风险。提供武器之事，不会不在外部泄露……如此事被揭露，日本不仅会招来张的政敌，而且会招来中国国民和世界舆论的非难和反对，影响我国外交立场。英美方面为对抗日本对张的援助，又援助吴佩孚，进而出现日英对峙的形势。有必要甘冒这种风险而援张吗？"①因此，4 月 21 日外务省起草的方针，一开头就写道，"尊重《九国公约》及关于中国的决议精神"，要和列强采取协调行动。

其次，日本和张之间有矛盾，对张不大信任。内田外相 1 月 19 日的密电中写道："张虽然标榜亲日，但看他的实际行动时不能立即信赖他。他的亲日是从他自己的打算中来的，而不是从一定主义的信念中来的。"②内田还认为张在中国的"威望"不高。他说："张在目前中国政局中的处境，作为军阀的巨头在国民中没有威望，而且张在外国人中的人缘也不是好的。照华盛顿会议来看，他那种立场将日益遇到困难，是否能维持其地位颇有疑问。"③可见，日本确实对张是半信半疑。所以 1921 年 5 月东方会议虽然决定支持张，但支持张"并非对张个人的"支持，而是为了确保日本在满蒙的权益，因此"对于和张一样地位者，不论何人，

————————
①《日本外务省档案（1868～1945）》，MT137 卷，MT：161411，第 408～422 页。
②《日本外务省档案（1868～1945）》，MT137 卷，MT：161411，第 408～422 页。
③《日本外务省档案（1868～1945）》，MT137 卷，MT：161411，第 408～422 页。

都和他合作，彼此为共享其利而努力"①。这说明，日本援张是留有余地的。

最后，日本不能不考虑到对吴佩孚的政策。如日本积极支持张，必然得罪吴。因此，日本尽量缓和对吴的矛盾，而且对他抱有一定的希望。内田外相致赤冢总领事的密电中说："吴不一定是排日分子。他是否成为排日分子，是由今后日本的所作所为决定的。鉴于他现在是中国的一方势力，因此尽量避免因援张而可能明显地挑起他反感的行动，是否得策？"②日本当时认为，吴虽然和英美有联系，可是如果把他置之度外，他就日益疏远日本，最后明确地表示排日的态度。所以内田外相训电小幡驻华公使，选择适当人选，和吴接触。小幡不大同意内田的意见，认为这时对吴的接近反而抬高他身价，使他更傲慢。可是，小幡还是遵照内田的训令，选派寺西秀武③到保定，对吴进行工作。

这说明，日本虽和奉张关系密切，但又力争直吴。日本支持军阀的目的是为了维护和扩大在华的权益。为此目的，鉴于当时的具体历史条件，有时支持这个军阀打那个军阀，有时支持那个军阀打这个军阀；有时脚踏两只船；有时以支持一方为主，另一方为辅。日本和某一军阀虽有相对的稳定关系，但不是固定不变的。

日本外务省的态度虽然如此，但奉天总领事赤冢、公使馆武官东少将、关东军参谋长福原少将、奉天特务机关长贵志少将等却主张积极援助张。他们认为，直奉战争不仅是军阀间的内战，而且是依靠吴的英美对依赖张的日本满蒙政策的挑战，把战争的性质提高到英美和日本的争夺上，因此主张应该给张援助武器，击败吴及其背后的英美势力。其次，他们认为，张是可靠的，要充分相信他，冒着风险也要支持他。

---

① 日本外务省编：《日本外交年表及主要文书》，上卷，第524页。
② 《日本外务省档案（1868～1945）》，MT137卷，MT：161411，第408～422页。
③ 寺西秀武是日本陆军中佐（1914年退役），曾任黎元洪、王占元的军事顾问，来往于奉直之间，与吴关系甚好。

在积极主张援助张的人中也有一些分歧。是援助张巩固其在东三省的地盘，还是支持他打入关内，争夺北京政权？赤冢总领事等积极支持张把势力扩展到关内，争夺北京政权，进而称霸全中国。赤冢于1922年1月在园田龟一写的《怪杰张作霖》一书的序言中写道："我们切望张作霖以旭日东升之势，君临于全中国，和其他志士一道完成南北统一的艰苦事业，将四百余州的国民引至安稳之境。"[①] 可是陆军省军务局在4月23日起草的《帝国对握有东三省实权的张作霖的态度》一文中则主张让张先巩固其在东北的地盘。该文写道："帝国让张先充实东三省的内政和军备，努力培植其实力，不让他在东三省的基础确立前过早地争夺中央政界的地位。在这种宗旨下要援助他。"[②] 当时军部认为，张的势力尚未达到统一全中国的地步。因此先充实东三省的势力，在中国政局的变化和他地位及威望提高之后，再认真地援助他争夺中央政界的地位。

综上所述，在第一次直奉战争时期，就援张问题日本统治阶级内部有分歧。但他们维护日本在满蒙的权益是共同的、一致的。可见，这种分歧是为共同目的而采取的策略上的分歧。

由于上述分歧，日本在第一次直奉战争中没有直接支持张作霖。结果，张在5月4日长辛店附近的战斗中吃了败仗，5月7日把指挥部从军粮城撤退到滦县，19日完全撤回关外。直军没有追击奉军。

第一次直奉战争的结果是：张所支持的梁士诒内阁垮台，张的东三省巡阅使、奉天督军兼省长及蒙疆经略使之职均被罢免。但日本在满蒙的权益丝毫没有受到损失。

在这种形势下，直奉两系6月17日至18日在英美传教士的调停下，在秦皇岛的英国军舰上签订了三项停战协定：一、直奉

---

① 栗原健编：《对满蒙政策史的一个侧面》，第181页。
② 《日本外务省档案（1868～1945）》，MIT139卷，MT：161411，第2153～2157页。

两军为中华民国的统一而努力合作；二、奉军撤出二郎庙以南阵地，直军集中于滦州后方；三、直军不得进东三省。这是直奉的暂时妥协。这种妥协酝酿着更大的第二次直奉战争。

二、第二次直奉战争

第一次直奉战争中吴胜张败，战争有了胜负。但直奉两军阀争权夺利的斗争并没有休止。

张虽然被打败，但没有受到更大的打击。他依然割据东北，保存奉军主力。他以此为资本，于5月下旬宣布东北独立和自治，和北京政权断绝关系。张退到东三省后，整军备战，兴办军工厂，设立航空处，积极准备对直军的新的战争。

对张作霖的整军备战，日本采取何种态度？1922年12月内田外相致赤冢奉天总领事的密电中就对张的政策作了指示。密电写道："如张作霖维持其势力之下的东三省的治安，专心努力于和平政策，则能巩固和维持其在东三省的势力。一旦张依靠其武力，将野心扩大到中央，试图武力统一或远征，其结果最终必然失败。这在直奉战争（指第一次——笔者注）中已经清楚证实了的……如果张专心治理东三省的治安，这不仅是张本身的利益和幸福，而且也是在满蒙拥有错综复杂利害关系的日本最希望的。因此对张的东三省和平政策，日本以同情之心欢迎，不惜予以尽可能范围的援助。"[1]这就是说，日本希望张不要打进关内，专心统治东三省。

日本外务省虽然采取这种态度，但军部暗中支持张的整军备战。据中国《申报》的揭露，1922年10月日本将存于海参崴的两万支步枪及炮弹、炸弹、飞机等价值达100万元的军械卖给张。1923年2月，日本又把从意大利购买的13000支步枪、800颗炸

---

[1] 日本外务省编：《日本外交年表及主要文书》，下卷，第31页。

弹、12 尊大炮转卖给张。8 月把价值达 368 万元的 22000 件军械运入奉天。同时日本采取助张自办兵工厂的办法，协助张扩建军工厂。在扩建中，聘请日本技术员设计，由大仓洋行承担施工，主要机器均由日本提供。

1924 年 9 月 1 日，江浙战争爆发。这是直奉战争的前奏，促进了第二次直奉战争的早日爆发。

张为了再次打吴，进一步争取日本的支持和援助。9 月 5 日和 8 日，张分别通过其军事顾问本庄繁和松井七夫，就以下三个问题向币原外相和关东厅长儿玉征询日本政府的态度：

一、直军打到东三省时，日本采取何种态度？是否予以我（张）所希望的援助？想了解日本的具体方针。

二、最近英国人和美国人压反直隶派来完成中国的统一。我希望以亲日派之手统一中国。对英国的行动，日本有何种想法？

三、最近北京政府接近俄国政府，孙中山赤化一半，因此我腹背受直派和工农俄国的压力。对此日本有何种想法？[①]

到 14 日，张作霖亲自找船津奉天总领事就与日的关系问题进行会谈；15 日，奉军参谋长杨宇霆又设宴招待船津总领事和天津总领事吉田茂及四名军事顾问，再次请求日本对张的援助。

直军方面也积极做对日工作。9 月 16 日，北京政府国务院秘书长孙润宇拜访芳泽驻华公使，提出两点要求：一、日本新闻媒体不要报道不利于直军的消息；二、日本劝张不要南下。时过 3 天即 19 日，吴佩孚亲自找芳泽公使会谈，并指责日本对张的援助。芳泽在吴的面前，接受了孙润宇提出的第一条要求，但对第二条要求，芳泽以不干涉中国内政为由予以拒绝。

这时，张把所部 25 万人编为六个军，向直方进发。吴将所部编为三个军，向奉军进击。直奉两军于 9 月 17 日在山海关、九门

---

① 《日本外务省档案（1868~1945）》，MT172 卷，MT：161867，第 160~163，172~174 页。

口附近交火，第二次直奉战争爆发。

同时，本庄军事顾问奉命回国，松井七夫大佐接替为张的军事顾问。两军开战后，松井直接参与作战指挥，并向奉军的各军分别派遣是永中佐、权我少佐、滨本少佐、荒木少尉等日人军事顾问，且聘请日本空军军官协助奉军的空军。①

可是日本外务省于9月22日以亚洲局局长出渊的名义，发表了对第二次直奉战争的声明。声明说，日本"对这次内乱，采取不干涉的方针，严持公正态度"②，但驻华公使芳泽则提出不同意见。他认为，这次战争是吴实现其侵满野心的战争，其背后有英美的支持，力图驱逐日本在满蒙的势力，因此，要在战火波及满洲之前，表明日本的强硬态度。奉天总领事船津也要求"发相当强硬的警告"③。他在江浙战争爆发后，预见第二次直奉战争，并提出自己的意见。他主张：如战争中张作霖胜利，则尽量促使段祺瑞出山，引导张援助段。如美国为阻止吴的完全失败而出面调停双方时，日本则先采取居中调停，防止直方的完全失败，以留日本牵制张和段的余地。如张在战争中失败而直军进犯辽河以东地区时，则向中外声明日本在满蒙的权益，为维护日本权益行使必要的武力。④船津的献计是日本在两个军阀混战中既能维护其在满蒙的权益，又能控制和牵制吴、张双方的一举两得的措施。可是币原外相坚持不干涉方针，要芳泽公使和船津总领事采取静观形势的态度。

日本直接插手直奉战争，对直军的作战是不利的。因此，吴的北京政府采取种种措施阻止日本干涉战争。国务院总理颜惠庆通过芳泽公使和顾问冈野增次郎给元老西园寺公望、船津奉天总领事、白川义则关东军司令官、安广伴一郎满铁社长等写了六十

---

① 东亚同文会编：《续对华回忆录》，原书房1974年版，第900页。
② 《日本外务省档案（1868～1945）》，MT172卷，MT：161857，第273页。
③ 《日本外务省档案（1868～1945）》，MT172卷，MT：161857，第294～299页。
④ 《日本外务省档案（1868～1945）》，MT172卷，MT：161857，第167～171页。

余封信，希望他们谅解直军的军事行动。10月9日，吴佩孚亲自和天津总领事吉田茂会谈。会谈中吴表示，直军进入满洲后尊重日本在满权益，而且在条约中已有规定的权益中张尚未许可的权益也予以许可。当时吉田茂非常同情吴。[①]

中国军阀为了维护和扩大自己的地盘，有时投靠这个列强，有时投靠那个列强；有时脚踏两只船；有时投靠一方为主，另一方为辅。这是根据当时的具体情况而定的。上述事实说明，直吴虽和英美的关系密切，但也和日本有往来，力图利用日本达到其目的。

这时，日本国内舆论对币原的不干涉政策提出种种指责，对币原施加种种压力。国策研究会、贵族院研究会、东亚联盟协会、在野党三派院外团等纷纷开会或发表声明指责不干涉政策，要求政府采取积极的强硬政策。

在这种情况下，日本政府于10月13日对直奉双方发出唤起注意的劝告。劝告指出，在满蒙居住日本臣民数十万，日本的投资和企业也较多，因此"在此唤起两军对上述明确事实的严肃注意，且如此重要的日本权利和权益，应受到十分尊重和保护。对此表示最重视之意"。[②]在第一次直奉战争中，日本没有发表过这种声明，这说明日本对直奉战争的态度进了一步。

当时，内阁成员中，也有不少人主张援张。他们主张，直军进犯东三省之前，派兵到奉天和山海关之间，设立缓冲地带，以便阻止直军。一些人则主张，给张以武器和贷款，直接援助张。于是10月23日日本内阁开会研究直奉战争的问题。会上曾反对援张的高桥是清农商大臣也主张援张，但币原外相还是反对。他说："当此之际，我们采取稳如泰山的态度是最好的政策。"[③]他提

---

① 猪木正道：《评传·吉田茂》，上卷，读卖新闻社1978年版，第259页。
②《日本外务省档案（1868～1945）》，MT172卷，MT：161857，第457页。
③ 币原喜重郎：《外交五十年》，原书房1975年版，第100～101页。

出反对干涉的三条理由：

　　一、援助一方是明显的干涉，这违反政府的决定和声明，并失去国际的信义。是否遵守国际信义，是关系到国家命运的重大问题。言外之意是要遵守华盛顿会议所通过的《九国公约》，和英美等欧美列强进行协调。

　　二、直军要进入奉天，一定要跨越满铁，和我精锐的部队兵戎相见。但直军没有这种力量。即使吴占领满洲，使他尊重我既得权益也是可能的。

　　三、冯与吴有矛盾。他说：现在，冯玉祥把兵马驻扎在张家口方面。冯与吴有宿怨。吴在东三省称霸，冯决不会袖手旁观。张与吴在山海关之险生死决战的一刹那，就是冯崛起的机会。如果是那样，吴佩孚后方被切断，不得不撤兵，张作霖也将重振旗鼓。①

　　这三条理由中，前两条和第一次直奉战争时期日本没有直接干涉的原因大致相同。第三条则是新的理由。币原作为日本的外相，把维护日本在满蒙的既得权益作为他的使命。维护权益是日本外交的目的，但采取什么手段，则是根据内外形势而定。也许采取武装侵略、武装干涉或者援助交战中的一方，也许采取不干涉手段。当时币原认为不干涉是维护日本权益的最好办法。他主张不干涉的原因中最重要的是第三条。如冯举兵倒戈，日本即使不干涉也能达到维护其满蒙权益的目的。这种手段既可以不激化与英美的矛盾，又维护了其在满蒙的权益。这对日本是最上策。

　　那么，事实如何呢？果真如日本所料。

　　10 月 23 日上午即币原外相在内阁会议上陈述其不干涉的三条理由时，冯玉祥在北京举行了政变。②冯的倒戈是冯与吴矛盾激化的产物。但日本巧妙地利用这一矛盾，以金钱手段加速了这一

---

① 币原喜重郎：《外交五十年》，原书房 1975 年版，第 100～101 页。
② 冯玉祥北京政变的内幕：请参阅鹿钟麟、刘骥、邓哲熙《冯玉祥北京政变》。

矛盾的爆发。

在日本人中，最早插手此事的是寺西秀武。1924 年，他在东京获悉第二次直奉战争即将爆发的消息后，用大仓洋行的暗号电报，立即打电报给在天津的段祺瑞，告诉他奉军将向直军开战。尔后他火速跑到奉天。途中，他遇见奉军第六军副军长吴光新，和他一起去见张作霖。他见张作霖时，劝张联合段祺瑞打吴佩孚，并献计拉冯玉祥。尔后，他转赴天津，和段策划拉冯的计划。他们决定，由段写信给张，要所需的钱。寺西在天津安排拉冯计划后，到京见北京警备区副司令孙岳，从他那里得知冯准备倒戈的消息。于是，他又找冯在京代表，并告诉他们"孙岳已和段合作啦，你们也要迅速采取果断行动"[①]。时过不久，段果然给张写信，要 100 万元，说如有这笔钱能拉冯、孙岳、胡景翼等人倒戈。张犹豫不决。于是日本军事顾问松井七夫和坂东劝张出钱。他们对张说："用 100 万元能战胜[直军]，比这更便宜的是没有的。即使徒劳，白扔 100 万元就是啦。"[②]张在他们的劝告下同意出钱，但明天才能拿。他们怕张过夜变卦，促张当即拿出。张的这笔款，经三井银行奉天支店长天野悌二之手，交到日本驻天津司令官吉冈显作，由吉冈交给段。[③]段又派冯的日人军事顾问松室考良少佐和王乃模、段其澍三人，交给冯玉祥。[④]

另一方面，任曹锟总统府军事顾问的坂西利八郎少将和土肥原贤二中佐也从中起了很大作用。当时坂西搞到一则情报：曹锟为了维持总统的宝座，通过秘书长王兰亭和顾维钧，企求美国的援助。如曹的这一计划实现，对日本和奉军大为不利。于是，土肥原把此情报告诉颜惠庆内阁的教育总长黄郛，并说服他打乱这一计划。黄赞成土肥原的意见，当即跑到北苑的冯军驻地高丽营，

---

① 《续对华回忆录》，下卷，原书房 1974 年版，第 807～808 页。
② 东亚同文会编：前引书下卷，第 900～901 页。
③ 《续对华回忆录》，下卷，第 900～901 页。
④ 栗原健编：《对满蒙政策史的一个侧面》，第 218 页。

转达土肥原的意见，并敦促冯火速举兵倒戈。他替冯起草和印刷冯军进城时的布告，并且做组织新内阁的准备工作。

尔后，日驻京公使馆、日军驻天津司令部和北京的日军警备队把冯倒戈的消息，通过跟随吴的日人军事顾问冈野增次郎，于当天下午转告吴。翌日，驻天津司令部又电告吴，撤退时不得使用秦皇岛码头。战争爆发后，日本曾派关东军的一个步兵大队驻扎秦皇岛，六艘驱逐舰游弋在该地区海域。[①]这便切断了直军的海上退路。此外，日军的一位少佐率领黑龙江军的骑兵队，直插滦河流域，力图堵住直军的陆上退路。这使得吴感到"……好像是我跟日本人打仗了"。吴突破包围，于10月26日抵津。这时日本反过来又拉吴。驻天津总领事吉田茂通过冈野向吴传递冯军逼近天津和奉张要吴脑袋的消息，以便把吴诱进日本租界。另一方面，吉田茂劝吴和段合作，企图把直、皖两大系都控制在其手中。但吴没有听吉田的劝告，于11月13日经塘沽、浮海南下。

此外，日本在第二次直奉战争中攫取到额外的"战果"。冯玉祥占据北京后，把溥仪从皇宫赶出，溥仪在醇亲王府逗留数天后，便投奔日本公使馆。日本公使芳泽谦吉和日军步兵队长竹本把他安置在公使馆一个月。后来把他秘密护送到天津日租界。[②]

在华日本军人对冯的策动，和陆军本部有直接的关系。当时任陆军大臣的宇垣一成的日记和陆军元帅上原勇作在传记中都谈到这次政变问题。据《元帅上原勇作传》，驻华公使馆武官林少将也直接参与了此事。传记写道："冯玉祥之所以断然下决心和奉军里应外合，是林少将的奇策妙计打动了冯玉祥，使他改变了态度。"[③]可见，这是在陆军本部的指令下策划的一次行动。

冯的倒戈虽然不是日军的直接军事行动，但日本军部借冯猛

---

① 江口圭一著：《日本帝国主义史论》，青林书店1979年版，第14～15页。
② 东亚同文会编：《续对华回忆录》，下卷，第976～977页。
③ 元帅上原勇作传记编纂委员会编：《元帅上原勇作》，第279～280页。

击了直军。因此这事实上是日本军部变相的军事行动,是对中国内战的公然干涉。

至于币原外相是否直接参与此事,尚无确实的材料。可是,币原本人也盼望这一倒戈的早日到来。冯政变的那一天晚上,他正出席全国商业会议所举行的招待会。外务省值班员打电话报告北京政变的消息后,他心想,"该来的就来了"①。他立即把此事告诉加藤首相,并召开临时内阁会议报告此消息。听到此消息的农商大臣高桥是清紧握币原之手,说:"好!好!由于你的奋斗日本得救了。如果和我们主张的那样秘密援助张作霖,则了不得啦。我们没有脸见列国,进退维谷了。这样,保全了日本的权益。维护了日本的信用。如此高兴的事再也没有了。"②高桥的这一番话,形象地概括了币原外交在第二次直奉战争中的作用。

币原喜重郎是加藤高明内阁的外相。加藤内阁是经过第二次护宪运动建立的日本第一届政党内阁。政党内阁是第一次世界大战后日本垄断资本主义进一步发展的产物,是垄断资产阶级的政治地位提高的具体表现。政党内阁同官僚、军阀内阁相比较,更善于玩弄两手政策。币原自 1924 年至 1932 年的政党内阁时期,任四届内阁外相 4 年零 3 个月。他主张和英美协调及对华内政的不干涉。他于 1924 年 7 月 1 日在众议院发表外交演说时说:"至于中国问题,这也是我们极为重视的问题……列强尤其是日本,当然希望中国政局有朝一日宣告安定。但遗憾的是未见到显著效果……我们带着同情和希望,观望中国国民的努力,并祝愿其成功。而且对中国求助于我们的友好合作,在我们力所能及的限度内,不惜提供协助。对中国内政问题,我们不应干涉。我们不采取无视中国合理立场的任何行动。与此同时,相信中国也不会采

---

① 币原喜重郎著:《外交五十年》,原书房 1975 年版,第 102～103 页。
② 币原喜重郎著:《外交五十年》,原书房 1975 年版,第 102～103 页。

取无视我们合理立场的任何行动。"①币原虽然口口声声说不干涉中国内政，但极力主张维护日本在华的权益。"不干涉"不过是维护权益的掩人耳目的一种手段。干涉或不干涉手段虽不同，但维护日本在华权益的目的是共同的。日本外务省在直奉战争中主张不干涉中国内政的原因，已如前所述。这是当时的国内外形势所决定的。币原外交不是币原外相个人的外交，而是执行了日本政府的对外政策。

在直奉战争中，外务省高唱不干涉政策，但军部却暗中支持张。从现象来看，外务省和军部之间有政策上的差异。在日本称这种差异为双重外交，或二元外交。这是一个问题的两个方面。外务省和军部是日本推行侵略政策的两个主要机构，也是日本对外政策的两翼。一般情况下，战前主要由外务省出面，力求以外交手段达到其侵略目的。如以外交手段达不到目的时，军部则动用武力。因此，军部所采取的军事行动或者其他举动，是外务省的对外政策的继续和发展。从这种意义上来说，军部的行动是带有外交性的行动，用军事手段扫除在推行外交政策上的障碍。障碍扫除后，外交目的达到，军事行动也结束。可见，对于日本来说，外交是不流血的军事行动，军事行动是流血的外交行动。直奉战争时期日本外务省和军部的对华政策正是如此。

第四节　日本东方会议真相与《田中奏折》

《田中奏折》一向被中国方面认为是日本侵华"大陆政策"的纲领性文件，对中日关系产生过重要影响。日本方面则不但官方一直未予确认，史学界也众说纷纭，对《奏折》本身真伪莫辨。

---

① 币原和平财团编：《币原喜重郎》，币原和平财团1955年版，第265～266页。

　　信其有者均断定《奏折》是 1927 年 6 月 27 日至 7 月 7 日召开的东方会议的产物。该会议由同年 4 月 20 日任首相兼外相的田中义一主持，专事讨论中国第一次国内革命战争大转折时期的侵华对策。据说，田中根据会议讨论和决定的内容起草奏章，7 月 25 日通过宫内大臣一木喜德郎上奏。但会议内容从未公布。

　　笔者最近在美国国会图书馆复制的《日本外务省档案》（缩微胶卷）中查到有关东方会议的部分记录和《东方会议经过报告》及会议发的一些文件。其中一些是原始文件，但《东方会议经过报告》是会后综合写成的。[①]此外，1981 年原书房出版的《田中义一传记》下卷中也有东方会议的日程表。其内容和《东方会议经过报告》的日程表大致相同，可以印证。不同之处是《田中义一传记》下卷没有注明材料的出处。其中一些我们在查档中也未见到，是否东方会议的一些档案还有未发现者，仍待考释。

　　介绍东方会议真相不仅有助于进一步探讨《田中奏折》的真伪，而且对于了解中国及远东 1927 年以后历史的发展有重要参考价值。

一、东方会议

　　会议采取委员制，设委员长 1 人，委员 19 人，临时委员 2 人，共 22 人。此外，干事 4 人，旁听者数人。委员长是首相兼外相田中义一；委员中外务省 5 人，驻华公使和总领事 4 人，殖民地官员 3 人，陆军省 3 人，海军省 3 人，大藏省 1 人；临时委员中外务省 1 人，陆军省 1 人。旁听的是陆军、海军、铁道、文部、

---

　　① 现在外务省档案中见到的《东方会议经过报告》是《松本记录》。美国国会图书馆复制的《日本外务省档案（1868～1945）》（缩微胶卷）中标有 "PVM" 证号的就是《松本记录》。松本指松本重雄（1889—1947）。他于 1907 年东亚同文书院毕业，数次任众议院议员。1924 年至 1926 年任总理大臣秘书，1933 年 12 月，任外务省参议官，1937 年 6 月至 1939 年 1 月任外务省次官。他在外务省任职期间，利用工作之便，抄写复制了一批外务省档案，并且把它保存在自己家里。1945 年 8 月日本投降时烧毁了一批档案，但松本的手抄档案依然留下来。1947 年 7 月松本死后，其家属把这批档案赠送给日本外交史料馆。

农林等大臣。会议主要成员是外务、陆军、海军等省次官和陆军参谋本部、海军军令部的次长以及有关局的局长和驻华公使及总领事。可见这次会议是次官、次长和局长一级的事务性会议，而不是最高的决策性会议。

开幕前，即 6 月 21 日至 24 日外务省的有关人员在外务省召开了四次预备会。①

东方会议是分为几种形式召开的。一是大会，由田中首相兼外相亲自主持，如他不出席，由森恪外务省次官主持；二是特别会议，由外务省亚洲局局长木村锐市主持。关于东方会议的日程，《东方会议经过报告》（简称《报告》）和《田中义一传记》（简称《传记》）的记载有所不同，比较如下：

日期	《东方会议经过报告》	《田中义一传记》
6 月 27 日	上午 11 时至 11 时 40 分，田中外相致开幕词，说明会议日程	上午 11 时至 11 时 40 分，田中外相致开幕词，亚洲局局长木村说明会议日程

① 预备会议的日程如下：

6 月 21 日上午 9 时至 12 时，经济特别委员会第一次会议

出席者：外务省次官森恪、外务省参议植原悦喜郎、驻华公使芳泽谦吉、上海总领事矢田七太郎、亚洲局局长木村锐市及山本。

地点：外务省第一会议室

议题：通商局提出的《发展对华经济政策》。

6 月 22 日上午 9 时至中午，满蒙委员会

出席者：森恪、芳泽、植原、木村、奉天总领事吉田茂、欧美局局长堀田正昭、外务省次官出渊胜次。

地点：外务省第一会议室

议题：外务省提出的《关于满蒙政治形势的安定及解决悬案问题》。

6 月 23 日上午 9 时至中午，经济特别委员会第二次会议

出席者：森恪、出渊、吉田、植原、汉口总领事高尾亨、木村等。

地点：外务省第一会议室

议题：《发展对华经济政策》；《关于长江流域日侨的经济及复归对策》。

6 月 24 日下午 2 时至 5 时，经济特别委员会第三次会议

出席者：森恪、芳泽、出渊、吉田、植原、高尾、矢田、木村。

议题：《关于长江流域日侨的救济及复归对策》。

续表

日期	《东方会议经过报告》	《田中义一传记》
6月29日	上午9时开会 矢田、高尾委员：中国政治形势报告及其意见陈述 下午2时至4时 高尾、矢田、松井陆军参谋部第二部长：中国政治形势报告及其意见陈述	上午9时开会 矢田上海总领事：《以南京政府为中心的中国政治形势》 下午 高尾汉口总领事：《武汉政府的组织情况及4月3日汉口骚动实践前后》 吉田奉天总领事：《东三省事情》 松井部长讲话
6月30日	上午9时至11时武藤关东军司令官、儿玉关东厅长、左近司海军省军务局长：中国政治形势报告及其意见陈述 下午2时30分至4时 就中国的排日、抵制日货及山东派遣军的撤回问题交换意见	上午9时15分开会 武藤关东军司令官：关于《从军事上看的满蒙政策和交通经济关系及满族资源》的说明 左近司海军省军务局长：关于《海军对这次中国动乱所采取的措施》的报告 儿玉关东厅长官：《对满铁沿线、关东州租借地行政的意见》 芳泽驻华公使：《对中国一般形势特别是中国南北双方势力对立的近期预测》 下午 各委员讨论近几天报告和说明
7月1日	上午：特别委员会讨论满蒙悬案（铁路问题） 浅利朝鲜总督府警务局长：《关于指导和发展在满朝鲜人的希望》 下午1时至4时：特别委员会 一、继续讨论满蒙悬案（铁路、商租、财政整顿等） 二、救济从长江流域撤回的日侨问题 三、禁止武器输出问题	上午9时半开会 研究满蒙问题 下午 研究满蒙问题 审议长江一带的复兴及救济撤回侨民的政策

续表

日期	《东方会议经过报告》	《田中义一传记》
7月7日	下午2时至3时半：闭幕 外务大臣：关于《对华政策纲领》的训示①	下午2时开会 木村亚洲局局长：《经过报告》；田中外相关于《对华政策纲领》的训示 儿玉关东厅长官的答词②
7月2日	上午9时至11时 一、继续讨论救济从长江一带撤回的居留民问题； 二、《发展对华经济政策》（事变保险制及金融机关整顿问题）； 三、投资问题； 四、松井委员：《俄国策动状况报告》； 五、儿玉委员：《关于关东州行政统一的希望》；	上午9时开会 审议复兴长江一带我国经济问题 下午休会
7月4日	上午9时至中午：特别会议 一、继续讨论禁止武器输出问题； 二、继续讨论投资问题； 三、修改不平等条约及违反条约问题； 四、海军军备问题； 五、儿玉委员：《关于对华文化事业的希望》； 六、南委员：《对俄警告的希望》 七、南委员：《指导和取缔国内山东出兵问题言论的希望》	上午9时20分开会 一、研究对华投资问题； 二、研究修改日中通商条约及违反现行条约问题 下午：休会

注：①见《会议经过简明表》，美国国会图书馆复制《日本外务省档案（1868～1945）》，P64卷，PVM41，第317～322页。②高仓彻一编：《田中义一传》下卷，原书房1981年版，第645～651页。

会议期间外务省发了 10 份文件[①]；参谋本部发了 4 份材料[②]；关东厅发了 2 份材料[③]；此外，还发了数份参考资料。

为什么召开这次会议？田中外相在开幕词中简要说道："最近中国的局势极为混乱，因此政府在执行对华政策时要慎重考虑。现中国战局一时得到平稳，所以借此机会征求诸君的坦率意见，以供政府参考。同时想得到诸君对政府所执行的政策的充分理解，以便执行统一的彻底的政策。为此召开了这次会议。"[④]据现有档案材料，会议主要讨论包括满蒙问题在内的对华政策。

东方会议研究讨论的问题，归纳起来大约有五大问题。

第一个大问题是中国的政局。

分析和判断中国形势是决定对华政策的基础，因此，东方会议首先讨论了中国的政局。如日程表所示，上海总领事矢田、汉口总领事高尾、奉天总领事吉田、驻华公使芳泽、陆军参谋本部第二部部长松井分别作了报告和发言。他们的报告和发言，从不同的角度分析了南京、武汉、北京政权及其相互关系和变化趋势。

（1）对南京政府的分析

四一二政变后，蒋介石在南京成立了国民政府。这是新军阀反共、反人民的独裁政权。可是矢田则认为，"从广东崛起的新兴势力不管怎样，给中国民众带来变化，和过去封建势力的争夺大不相同""不论其善与恶，不可忽视这一势力"，因为"中国本土

[①] 一、东方会议出席者名单。二、东方会议日程表（密）。三、支那政治情况概观（1927年 6 月 25 日，密）。四、田中总裁 1927 年 4 月 16 日在政友会临时大会和 6 月 12 日该会关东大会上的讲话；4 月 22 日田中就职声明。五、关于满蒙政治形势的安定及解决悬案问题（绝密）。六、救济长江流域侨民问题。七、发展对华经济政策（绝密）。八、山东出兵的反响。九、日本在华投资、贷款、贸易额概况表。十、7 月 7 日田中外相《对华政策纲领》训示。

[②] 一、派往中国各军一览表（密）。二、苏联对北满的企图（密）。三、苏军在贝加尔湖以东地区部署图（密）。四、从北京劳农大使[馆]没收的秘密文书（密）。

[③] 一、南满附属地地方行政统一案（密）。二、民间对华（字迹不清）。

[④]《日本外务省档案（1868～1945）》，P64 卷，PVM41，第 322～326 页。高仓彻一：《田中义一传》，下卷，第 644 页。

最终被南方势力所占有"。①他认为，南京政权"在政治、经济及
社会体制上和日本大体相同，且具有相当的持久性"②，因此主张
"将南京政权承认为交涉的对象，予以他们一种援助"③。至于南
京政府的政治倾向，松井部长则认为，"南京派排斥共产主义，
采取纯国民主义，逐渐变成稳健"④，"目前蒋介石的这种稳健对
我们是有利的"⑤。所谓稳健是指不反帝，镇压人民的反帝斗争。
对南京政权的看法，基本上和前外相币原的看法一致，一直贯穿
在日本的对华政策之中。

（2）对武汉政府的分析

国民政府 1926 年 12 月从广州迁都武汉。后期，在汪精卫等
人的把持下迅速向右转化，镇压工农革命运动，捕杀共产党员。
对武汉政府的这种转变，东方会议是如何看待的？汉口总领事高
尾认为："现在武汉政府坚决取缔［共产党］，非常努力改善事态，
如共产党员不附从国民党，则采取加以处理的方针。"⑥上海总领
事矢田也认为："武汉派将来和共产主义分子分手之可能不是没
有的。"⑦但这时汪精卫还没有公开叛变，因此，松井部长认为，
武汉政府"容忍共产主义。武汉派表面上虽有稳健政策的倾向，
但和第三国际的关系依然没有断"⑧。

（3）对宁汉政权合流的分析

汪精卫叛变后，以蒋介石、胡汉民为代表的南京派和以汪精
卫、唐生智为首的武汉派在反共反人民的基础上开始合流。东方
会议上，汉口总领事高尾认为，"南京、武汉政府将来都是和共产

---

① 《日本外务省档案（1868～1945）》，P64 卷，PVM41，第 327～328 页。
② 《日本外务省档案（1868～1945）》，P64 卷，PVM41，第 347 页。
③ 《日本外务省档案（1868～1945）》，P64 卷，PVM41，第 347 页。
④ 《日本外务省档案（1868～1945）》，P64 卷，PVM41，第 332 页。
⑤ 《日本外务省档案（1868～1945）》，P64 卷，PVM41，第 351 页。
⑥ 《日本外务省档案（1868～1945）》，P64 卷，PVM41，第 330 页。
⑦ 《日本外务省档案（1868～1945）》，P64 卷，PVM41，第 329～330 页。
⑧ 《日本外务省档案（1868～1945）》，P64 卷，PVM41，第 332～333 页。

党绝缘的以纯国民党为基础的政府""其内部均有不良分子，如能横扫他们，则有南方稳定派大同团结的充分可能性。"①上海总领事矢田说得更肯定。他说："南京、武汉两政府的联合有十分的可能性，武汉政府不久会合流于[南京政府]。"②他们对宁汉合流抱有很大希望，准备援助他们。高尾总领事直言不讳地说："将来南方稳健分子达成大同团结，则承认他们为一个政权，予以直接或间接的援助。"③可是松井部长却认为，"南方派的一致是困难的"④。

（4）宁汉政府是否"北伐"？

这是日本极为关切的问题，因为"北伐"直接关系到日本在华北及满蒙的权益和张作霖的命运。高尾总领事认为："南方派对北伐不会死心，如南方形势允许，就着手进行北伐。"⑤松井部长持有不同意见。他认为，南方由于宁汉对立，在安定南方地盘前不会急于"北伐"，且南北双方有可能进行妥协。⑥芳泽公使也同意松井的意见，认为宁汉两派"都处于需要整顿其内部的时期，所以当此之际是否立即出动颇有疑问"⑦。可是，蒋介石打着"北伐"旗帜，继续北上。7月底8月初在徐州一带被直鲁联军打败后才返回长江以南。

（5）对北京政权和张作霖的分析

日本对张作霖进关把持北京政权不是积极支持的，而且劝他返回东三省巩固其统治。外务省提交东方会议《关于满蒙政治形势安定及解决悬案问题》的文件写道："当前中国形势对张作霖不利"，张作霖"应充实东三省的基础，维持治安，安定人心，以便

---

① 《日本外务省档案（1868～1945）》，P64卷，PVM41，第330～331页。
② 《日本外务省档案（1868～1945）》，P64卷，PVM41，第328～329页。
③ 《日本外务省档案（1868～1945）》，P64卷，PVM41，第349页。
④ 《日本外务省档案（1868～1945）》，P64卷，PVM41，第333～334页。
⑤ 《日本外务省档案（1868～1945）》，P64卷，PVM41，第330页。
⑥ 《日本外务省档案（1868～1945）》，P64卷，PVM41，第334页。
⑦ 《日本外务省档案（1868～1945）》，P64卷，PVM41，第335页。

尽可能防止动乱的波及。这是当务之急"。①吉田茂奉天总领事也认为，如南军北上，张作霖"早晚失去在京津的地位"，逃回东三省，"东三省目前的政治组织使张一时能维持其地位。然而……对其前途不能乐观"②。芳泽说得更清楚。他说：如南北决战，"胜利的可能，北方三，南方七""如能保住安国军的现状，就形成南北对峙，一时维持稳定。其间可进行妥协运动。但经济状况能否维持较长时间，颇有疑问"③。至于张作霖问题，吉田则认为："目前东三省维持其现行制度对我们虽然是方便的，但我们不可能把重点放在张作霖命运的如何上。如张自己有力量支撑自己则可支持他；如张自己没有力量支撑自己时支持他，则有百害无一益。这就是说，张的命运将听凭张自身的力量，这是很重要的。"④吉田的意见实际是，如能对日有用则支持他，无用则踢开他，不要过分地依赖张。

第二个大问题是维护和扩大在华经济权益问题。

维护和扩大在华经济权益是日本对华政策的最终目的，在中国南北政局动荡的历史时期如何实现这一目的，是东方会议讨论的中心议题之一。

在经济问题中，占据首位的是满蒙经济权益问题。外务省提案《关于满蒙政治形势的安定及解决悬案问题》提出：（一）"鉴于目前东三省财政金融形势，由东三省当局本身确立和整顿财政，这样才能巩固内政的基础"；（二）"借此机会促使解决日中双方在该地的经济发展所需的诸悬案"。⑤此提案，附加了三个附件。

附件一是《关于东三省的财政整顿问题》。这时，由于连年的军阀混战，张作霖乱印钞票，结果奉票不值钱，通货恶性膨胀，

① 《日本外务省档案（1868～1945）》，P64 卷，PVM41，第 177 页。
② 《日本外务省档案（1868～1945）》，P64 卷，PVM41，第 331～332 页。
③ 《日本外务省档案（1868～1945）》，P64 卷，PVM41，第 337 页。
④ 《日本外务省档案（1868～1945）》，P64 卷，PVM41，第 351～352 页。
⑤ 《日本外务省档案（1868～1945）》，P64 卷，PVM41，第 177～178 页。

引起东三省财政金融的混乱，金本位的日币和奉票汇率跟不上通货膨胀的速度。这直接影响了日本对满蒙的经济侵略。因此日本急于整顿东三省的财政金融。要整顿财政，需要一批资金。外务省在此案中提出由大仓组、满铁和东亚劝业公司向张作霖提供整顿财政的一笔贷款。但贷款条件苛刻。大仓组要求延长本溪湖煤矿的开采期限；满铁要求新的筑路权；东亚劝业公司要求商租权及共同经营蒙古农业，开放既成铁路和新修铁路沿线土地及土地出租权。①作为具体交涉的程序，先由政府和奉张交涉，如张同意，则由奉天总领事和张作霖缔结贷款协定。如外务省的这一计划得以实现，日本既扫除经济侵略上的障碍，又能扩大对东三省的资本输出。但因动荡的中国政局及张作霖命运的朝不保夕，东方会议最后决定，"东三省财政整顿问题，鉴于张作霖目前的行动，难于迅速实现"②。因此这一计划暂时搁浅。

附件二是《关于满蒙铁路问题》。铁路是日本侵略满蒙的开路先锋，因此铁路成为经济权益中的核心问题。在这一附件中，外务省提出对七条线的筑路权：1. 长春——大赉线；2. 呼兰——绥化线；3. 新邱线；4. 白音太拉——开鲁线及其延长线；5. 吉林——会宁线（包括图们铁桥）；6. 齐齐哈尔——昂昂溪线；7. 洮南——索伦线。③东方会议大致同意了这一提案。但对齐齐哈尔——昂昂溪线和洮南——索伦线提出了一些不同意见。陆军认为，洮南——索伦线将来对苏作战很有用，因此应及早修筑。但外务省的一些人认为，苏联对这一铁路会敏感，怕影响刚建立的日苏关系，要求慎重对待。至于齐齐哈尔——昂昂溪线，此线要越过中东铁路，解决横跨问题后再修这一条线。④东方会议认为，

---

①《日本外务省档案（1868～1945）》，P64卷，PVM41，第179～184，422～425页。
②《日本外务省档案（1868～1945）》，P64卷，PVM41，第362页。
③《日本外务省档案（1868～1945）》，P64卷，PVM41，第185～195，430～441页。
④《日本外务省档案（1868～1945）》，P64卷，PVM41，第229，361，362页。

"现在是实现筑路方案的好时机"①，如张作霖同意这七条线，日本则同意他修彭武——白音太拉线。

附件三是《关于吉林、海龙铁路问题》。吉林——海龙线是日本根据1918年9月24日中国驻日公使章宗祥和日本外相后藤新平签署的《满蒙四条铁路协定》攫取的。可是张作霖不答应日本修，且从1926年6月起自己动手修。因此，日本想抢过来修这条铁路，以便和奉天——海龙线相接，成为满铁的支线。

东方会议决定的这一筑路计划是日本攫取满铁以来的最大一次筑路计划，赤裸裸地露出了日本的侵略野心。

除以上三个附件外，东方会议就满蒙的经济侵略还讨论了以下三个问题：

首先是对土地的商租问题。如铁路是日本侵略满蒙的开路先锋，商租地则是经济侵略的据点。会议认为，日本在满蒙的经济侵略迟缓的原因之一是未解决土地的商租权。因此把商租权当作"发展[在满蒙]日侨经济的极为重要的问题"②，因此，1928年要解决土地商租权。

其次是"满铁中心主义"。满铁是日本在东三省的殖民权益的化身，是综合经营铁路和其他各行业的国家垄断财团。但随着日本经济侵略的扩大，因各财团的竞争，让满铁只经营铁路和矿山，其他行业独立于满铁，由其他财团和企业来经营。至于铁路，除满铁外，其他铁路公司也可参加经营。

最后是"大连港中心主义"。大连港是日本掠夺满蒙的主要海港。但随着掠夺的扩大，需要开放新的港口。因此，要开朝鲜东北部的清津港。

后两个问题，只是讨论，没有作出决定。

此外，会议还讨论了通商局提出的《发展对华经济政策》《关

① 《日本外务省档案（1868～1945）》，P64卷，PVM41，第362页。
② 《日本外务省档案（1868～1945）》，P64卷，PVM41，第378～379页。

于救济长江流域日侨问题》。其主要目的是支持和保障日本大小资本家的对华经济侵略活动，对可能受到中国人民和北伐战争冲击的日本资本家"实行保险"和予以"救济"和"补偿"。①

第三个大问题是山东撤兵和排日、抵制日货问题。

1927 年 4 月前，中国人民主要反对英帝国主义。1927 年 5 月 28 日日本政府决定出兵山东，6 月 1 日日军两千人登陆青岛，这激起了中国人民反日和抵制日货运动。因此，东方会议把山东撤兵和反日、抵制日货联在一起讨论。在中国人民的反日和抵制日货运动的打击下，一些人主张撤回山东的侵略军，但在何时如何撤兵问题上有分歧。第一种意见是，"反日的原因在于山东出兵。反日对我们在华经济发展予以很大影响，因此应迅速撤回山东派遣军，消除反日原因"②。第二种意见认为，除上述原因外，"似乎还有中国内部的政治关系"，因此在撤军的同时，提出严重抗议，下令镇压反日运动。③第三种意见认为，反日和出兵虽有联系，但立即撤兵是不合适的，得到充分的保证后才能撤兵。④第四种意见主张，使中方认清日本出兵的目的后，"避开反日高潮时期，借适当机会，以适当方法迅速撤回是可以的"。⑤第五种意见认为："反日的原因是南方把我出兵疑为对北方的援助。在南京、武汉两政府抗衡的情况下，我们的出兵正被他们的政治活动所利用，因此，撤兵有利于消除这一疑虑。"⑥

但一些人反对撤兵，说出兵的目的是为了"保护"侨民，这一目的尚未达到。甚至说"反日运动高涨时，如怕反日而撤兵，

①《日本外务省档案（1868～1945）》，P64 卷，PVM41，第 445～446，451、459～464 页。

②《日本外务省档案（1868～1945）》，P64 卷，PVM41，第 367 页。

③《日本外务省档案（1868～1945）》，P64 卷，PVM41，第 368 页。

④《日本外务省档案（1868～1945）》，P64 卷，PVM41，第 372 页。

⑤《日本外务省档案（1868～1945）》，P64 卷，PVM41，第 372 页。

⑥《日本外务省档案（1868～1945）》，P64 卷，PVM41，第 373～374 页。

却增长中国人的事大主义"①。

在东方会议上就山东撤兵问题虽有分歧，但7月7日会议结束时，日本政府决定登陆青岛的日军进一步进犯济南，并于7月10日又增派2200人。

第四个问题是对华武器输出问题。

在军阀林立的中国，列强向军阀提供大量军械武器。列强为牵制对方的武器输出，曾约定禁止向中国输出武器，但暗中依然输出。如何对待？会上有四种意见：解除禁令；默认；维持现状；严加禁止。结果多数人认为，如解除禁令，拥有大战中过剩武器的列国在武器输出中占主导地位，日本在竞争中被压倒，因此同意维持现状。

第五个问题是各委员向政府提出的四条建议和四条批评。

其中有一条是批评政府对张作霖的援助。他们认为，日本援助张作霖，英国援助段祺瑞，苏联援助南方国民政府，都失败了。这是因为：第一，一国的援助"招来他国的嫉妒和阻碍"；第二，"以个人为目标的援助，没有民众的基础，缺乏持久性"；第三，"在民众力量伟大的今天，武器、金钱等物资的援助已经过时了"，即使提供武器和金钱也不能抵挡群众的力量。②因此政府应放弃援助政策。

二、《对华政策纲领》

7月7日会议闭幕时，田中外相做了《对华政策纲领》的训示。③并把这一训示作为185号和亚机密636号文件，7日和11日电训在北京的堀义贵代理公使。训电写道："东方会议，在本大

---

① 《日本外务省档案（1868～1945）》，P64卷，PVM41，第369～370页。
② 《日本外务省档案（1868～1945）》，P64卷，PVM41，第339～346页。
③ 《日本外务省档案（1868～1945）》，P64卷，PVM41，第383～390页。高仓彻一编：《田中义一传》，下卷，原书房1981年版，第652～654页。以下有关引文，均见该档案和书。

臣的主持下，召集本省干部，驻华公使，驻上海、汉口、奉天各总领事以及陆海军、大藏、关东厅、朝鲜总督府的代表，自 6 月 27 日以来就中国时局以及对它的对策征取坦率的意见。在此基础上，7 日结束会时，本大臣作为对华政策纲领，做了如下的训示。"《对华政策纲领》由简明的前言和八条原则性意见组成。外务省次官森恪对这八条逐条作了解释。①

纲领的前文写道，"鉴于日本在远东的特殊地位，对中国本土和满蒙的情形自然不同"，因此对本土和满蒙分别采取不同的政策。纲领一至五条，主要说对中国本土的对策，六至八条是对满蒙的政策，为攫夺满蒙埋下伏笔。《对华政策纲领》内容如下：

第一条："中国国内政治形势的安定和秩序的回复虽然是当务之急，但其实现应由中国国民自己来实现，这是最好的方法。因此，对中国内乱及政治性争论，不要偏一党一派，专门尊重民意，严格避免对各派分离结合的干涉。"

第二条："对基于中国稳健分子觉悟的、国民的正当愿望，以满腔同情协助其合理的实现。"所谓稳健分子是谁？森恪解释其含意时说，它是指"在国民党中其主义和主张跟共产党相反，经济上、社会上和我国利害没有大冲突，而且其实行手段也不过分激烈的所谓稳健分子"。这就是国民党的右翼蒋介石集团，公然表示了对南京政权的支持。但支持是一种手段，其目的是为了侵略。驻华公使芳泽在东方会议上说，"日本不能不利用丰富的中国资源"，如未能得到中国人的充分谅解就不能实现这一目的，因此"对中国国民运动……尽可能以同情的态度对待"②。可见其险恶用心。

第三条："上述目的是依靠巩固的中央政府的成立才能达到。

①《日本外务省档案（1868～1945）》，第 391～405 页，高仓彻一编：《田中义一传》，下卷，第 654～658 页。以下有关引文均见此档案和此书。

②《日本外务省档案（1868～1945）》，P64 卷，PVM41，第 332～344 页

据目前政治形势看，不易成立这种政府。因此，在各地暂时和稳健的政权外适当地接洽，等待全国逐渐统一的趋势。"

第四条："因对外关系，出现成立联合政府的趋势时，不论它在何地成立，日本和列强一起欢迎其成立，并表示帮助统一政府发展的意图。"这两条的主要意思是日本支持统一政府的成立。军阀割据对列强侵略中国虽有有利的一面，但接连不断的军阀混战对列强的经济侵略尤其对贸易带来不利的影响，因此，希望建立统一的政府。上海总领事矢田在东方会议上说，"日本对华的主要目的在于我们的贸易与投资得到中国方面的公平、公正的保护"[①]，为此需要建立维持秩序的统一的政府。这一政府是指哪一个政府？森恪在解释中说，这一统一政府不一定在北京成立，在南京成立也可。这显然是指南京政权，由它统一中国。

第五条："最近，乘中国政局不稳之机，不逞之徒往往蠢动。扰乱治安，有发生不幸国际事件之虞。帝国政府虽然希望中国政府予以取缔，并依靠国民的自觉，对这些不逞之徒进行镇压，维持秩序。但我帝国在中国之权益及日侨之生命财产，有受非法侵害之虞时，将断然采取自卫措施，以维护之。"这里的"不逞分子"是指谁？森恪在解释这一词时公然说，是"共产主义者"。这便露出他们的反共反人民的面目。

第六条："满蒙特别是东三省，在国防和国民的生存上有着重大的利害关系，所以我国不仅要予以特殊的考虑。而且在该地维持和平，发展经济，使它成为国内外人士安居的地方。对此，作为接壤邻邦之我国，不能不感到特殊的责任。"这是日本要独霸满蒙的自白。

第七条："对于尊重我国在满蒙之特殊地位，并认真采取安定该地政局措施之东三省实力派，帝国政府应予以适当的支持。"这

① 《日本外务省档案（1868～1945）》，P64卷，PVM41，第346～349页。

是支持张作霖之意？森恪在解释这一条时说，这"既不意味着支持张作霖，又不意味着排斥张，我们以独自的立场来行动"。可见，东方会议对支持张作霖与否没有作出决定，而是随着形势演变和张作霖的态度如何而定的。

第八条："万一动乱及满蒙治安混乱，我国在该地之特殊地位与权益受侵害之虞时，不问它来自何方，均将予以防护。且为把该地保护为内外人士安居、发展之地，要有不失时机地采取适当措施的思想准备。"森恪在解释这一条时说，"何方"是指中国本土即南京政府、北方的苏联和中国以外的一切外国以及东三省内部；"不问其何等理由，断然采取措施"，这就是警告蒋介石的南京政权不得进入满蒙，不得把它置于其管辖之下。可见，日本支持蒋介石统一和管辖长城内的中国，而满蒙是由日本来控制。

一种政策的产生，总有其客观形势。形势是制定政策的基础，政策要解决形势所提出的问题。东方会议是在1927年中国第一次国内革命战争失败，新兴军阀蒋介石取代旧军阀即将统一包括东三省在内的中国的形势下召开的。东方会议所讨论或决定的问题，正是这一形势所提出的新问题。东方会议的内容和客观形势较为吻合。这就是从现有的史料中得出的结论。

至于《田中奏折》中所写侵吞全中国、征服亚洲、称霸世界等全球性战略问题，据现有史料考释，东方会议没有涉及。但仅就东方会议的内容下全面的结论，为时尚早。6月28日，7月3日（星期日）、5日、6日是否开过会？对此《东方会议经过报告》没有记载。《田中义一传记》下卷的日程表写的是只开过七天会，其中7月2日、4日下午休会，7日上午无记载。无记载的这几天是否真的没有开过？也有待考释。

第五章　九一八事变前后的中日外交

第一节　事变时期蒋张的不抵抗主义

张学良是具有爱国思想和民族正义感的将领，在20世纪30年代民族危机日益加深、蒋介石坚持反共内战的关键时刻，他以大无畏的气魄和惊世之举动，发动西安事变，扭转了国内局势，促进了全民族抗日统一战线的形成。他发动西安事变虽有种种原因，但其中较为重要的便是在九一八事变中持不抵抗主义而断送东三省的沉痛教训。因此，要阐明张学良走上西安事变的漫长道路，必须追溯九一八事变时期张学良的不抵抗主义，进而探究九一八事变时的张学良何以变成了西安事变时的张学良？但九一八事变时期张学良与蒋介石有密切的关系，两者不可分割。因此在探讨张学良的不抵抗主义时定要涉及蒋介石及蒋、张二人在此问题上的相互关系。本节就探讨这几个问题。

一、九一八事变

1931年9月18日夜，关东军炸毁满铁柳条湖一段铁路后，独立守备队步兵第二大队悍然突袭驻扎在北大营的东北边防军第七旅。该旅认为"此举不过寻常寻衅性质"，[①]与往常的军事挑衅没有两样，未能判断出这便是日本挑起事变的开端。该旅在遭攻击的紧急情况下，应采取应急措施反击日军，保存自己，这本是作为军队应持有的最起码的态度。但该旅并未那样做。当时张学良在北京，而沈阳由东北边防军代理司令张作相和参谋长荣臻主持军务。荣臻火速电告在京的张学良，请示应付之对策。张令："尊重国联和平宗旨，避免冲突。"[②]荣把此令转告第七旅旅长王以哲，"令不抵抗，即使勒令缴械，占人营房，均可听其自便"[③]。日军继续炮击沈阳工业区，战事在扩大。荣又电张请示。张续令"不抵抗"[④]。第七旅为避免冲突，撤出北大营，向东陵转移。此时六二团仅仅为突围和保障撤退进行过掩护性的军事行动。19日晨，日军第二师团二十九联队攻占沈阳城。同一天日军占领长春、安东、营口，21日占领吉林。三天内，日军占领除锦州之外的辽宁、吉林两省的要地。日军占领这些地区后，无大规模军事行动，至11月4日方向嫩江发起进攻。在嫩江，马占山部抗击入侵日军。19日，日军占领齐齐哈尔，黑龙江省要地除哈尔滨外都被日军侵占。

　　日军以少数兵力如此疯狂地占领大片东北土地，其原因在于东北边防军未进行任何抵抗。该军本是边防军，理应保卫边防，抗击侵略者。这是边防军责无旁贷的事。张学良是该军司令，应负其责任。但他却令东北军"避免冲突"。他于19日致南京电中称："日军自昨晚10时，开始向我北大营驻军实行攻击，我军抱不抵抗主义，毫无反响，日军竟致侵入营房，举火焚烧，并将我

---

　　① 秦孝仪主编：《中华民国重要史料初编——对日抗战时期》绪编（一），台北 1981年版，第259页。
　　②《中华民国重要史料初编——对日抗战时期》绪编（一），第262页。
　　③《中华民国重要史料初编——对日抗战时期》绪编（一），第262页。
　　④《中华民国重要史料初编——对日抗战时期》绪编（一），第262页。

兵驱逐出营。"①我国台湾学者提出，九一八事变中"不抵抗主义"
一词始于张的此电。②9 月 24 日，张致蒋介石等人的电文中再次
称："为免除事件扩大起见，绝对抱不抵抗主义。"③事变爆发后张
学良确持"不抵抗主义"，因得"不抵抗将军"之恶名。

那么，试问张为何未抵抗？大陆的学界异口同声皆认为，由
于张奉行国民党、蒋介石的"不抵抗政策"，其主要依据之一是 8
月 6 日蒋致张电，即"铣电"。此外，在张学良身边工作过的人在
1945 年 8 月日军投降和 1949 年新中国诞生后所写的回忆，也皆
认为如此。因此，"张学良只不过是不抵抗政策的执行者，蒋介石
才是不抵抗主义的发明人"④。也有人认为，张是"执行了蒋介石
的不抵抗主义""蒋介石是不抵抗主义的主帅，应负东北沦亡的主
要责任。但是，张学良是主管东北、华北的军政大员，拥有几十
万军队，守土有责，在为数不多的日本侵略军面前，竟拱手让出
东北，也是严重失职，咎无可辞。"⑤前者大体代表了 20 世纪 70
年代末 80 年代初的观点，后者代表了 80 年代末 90 年代初的见解。
"文化大革命"前的一些观点与此不同，只提国民党、蒋介石的不
抵抗政策，不牵涉张学良，不追究其责任。⑥当然此种划分并不绝
对，在一些论著中是相互交叉的。但随着岁月的流逝，涉及和追
究张学良责任者有所增多，并开始探究张奉行蒋不抵抗令之内在
因素。

台湾史学界与大陆相反，一些学者认为："张学良所持态度，
自始至终，即是所谓'不抵抗主义'；南京国民政府蒋主席除将日

①《中华民国重要史料初编——对日抗战时期》绪编（一），第 257 页。
② 蒋永敬《从九一八事变到一·二八事变中国对日政策之争议》，见《抗战前十年国
家建设史研讨会论文集》（1928～1937），台北，1984 年 12 月版，第 358 页。
③《中华民国重要史料初编——对日抗战时期》绪编（一），第 259 页。
④ 易显石等著：《九一八事变史》，辽宁人民出版社 1981 年版，第 173 页。
⑤ 张魁堂：《张学良传》，东方出版社 1991 年版，第 77、87～88 页。
⑥ 李新等主编：《中国新民主主义革命时期通史》，第二卷，人民出版社 1981 年再版，
第 122～126 页。

方在东北之军事行动诉诸国际联合会以促日方撤兵外，对张学良之不抵抗虽予默认，同时亦准备作必要之抵抗，后者似未获得张学良之支持。"①而另一些学者认为，"在国民政府'攘外应先安内'的政策下，东北军奉行不抵抗命令"②。前者与大陆史学界观点针锋相对，后者虽含糊其辞，但与大陆 80 年代初之观点相似。

海峡两岸史学界对同一历史事件和历史人物持如此不同的观点，是有种种原因的。事过六十年，内外形势变迁，产生不同观点的外来因素逐渐在消失，客观地评价此事的环境和条件亦逐步形成。

笔者在读了众多史料、论著及回忆录后颇有感触，认为在研究此问题时，应注意以下几个方面：

第一，甄别史料，尽量引用当时的第一手原始档案。大陆史学界在此方面条件较差，大量引用文史资料中的回忆录。这些回忆是珍贵的，但因时间的流逝，难免遗忘或者记错，或是写回忆时受环境的影响，因此，在使用时一定要注意仔细甄别。台湾方面，虽然保存着有关史料，但因历史的动荡，未能保存好足以研究此问题的史料，尤其是张学良的材料更是如此。而且史料集是选编的，不是将档案库中一切材料都原原本本地编入，这些都成了实事求是地研究此问题的不利因素。因此，今后继续发掘有关的原始档案，是研究这一问题的根本出路。

第二，在研究中应适当区别蒋、张在 9 月 18 日以前与 9 月 18 日以后的言论与指令，区别万宝山事件和中村事件时期与九一八事变爆发后的言论与指令。两个事件与事变虽有密切关系，但两者毕竟有区别，蒋、张对此的判断和对策也有所不同。因此，既要联系起来分析，又要适当区别，有分析地引用。但现有论著中有关蒋令张不要抵抗的材料，几乎都是事变前就中村、万宝山

① 蒋永敬：《从九一八事变到一·二八事变中国对日政策之争议》，第 357 页。
② 林明德著：《近代中日关系史》，三民书局 1984 年版，第 319 页。

事件致张的电文和指示，与事变后的并未加以区别。将事变前的言论当作重要论据来说明和证明事变后的"不抵抗主义"，这并不是没有道理，然而应该慎重分析。这在论述事变初期情况时是有积极意义的，但最好多引证事变后的言论和指令来说明事变后的态度，这样才更有说服力，且更准确地说明问题。事变中、后期更应该如此。例如6～7月发生中村事件、万宝山事件后，张学良于7月6日电告东北政务委员会："此时如与日本开战，我方必败。败则日方将对我要求割地偿款，东北将万劫不复，亟宜力避冲突，以公理为周旋。"①12日，蒋密电张："此非对日作战之时。"②这些都是就万宝山事件、中村事件所下的指令。这一指令在事变刚爆发时仍然起作用，可是到11月这一指令所起的作用则不如前一个时期，不能完全用事变前的这些指令来说明他们的抵抗与否问题。

第三，应该区别两者在九一八事变初期、中期、后期不同时期的不同态度，并且比较前后时期的异同，进而考究他们的内心世界。

第四，区别两者在不同时期的不同作用，即区别九一八事变时期的张学良与西安事变时期的张学良，区别国共内战时期的蒋介石与抗战时期的蒋介石。

第五，区别他们言行的虚像和实像、本质和现象，又要注意区别思想、精神与实际行动。在历史事实中这两者往往交织在一起，有时分不清两者的关系。蒋、张在九一八事变中的言论、指令和行动也不例外。

以上便是笔者在研究此问题过程中感受到的几点。在恰当区

---

① 吴相湘编：《第二次中日战争史》，上册，综合月刊社1973年版，第83～84页。
② 此处虽然被广泛引用，但没有注明其出处。据笔者查核，该电文被日方窃取，由驻北平参赞矢野于7月24日电告给币原外相。据此电，其旧期为7月11日，内容是"日本平素虽然狡猾阴险，但我国尚非对抗之时"。见日本外务省缩微档案，S483卷，S1110-18，第261页。

别这几个问题的基础上，才能辨清蒋、张在"不抵抗主义"问题上的内心想法、态度及两者的相互关系。

笔者初步认为，张学良和蒋介石在不抵抗问题上的基本态度是大体相同的，且其不抵抗的诸原因也有相似之处，但亦有不同之点。

二、事变初期蒋张的相似之处

正确地认识和判断形势及日军的军事行动的目的，是制定对日政策的基础。这一判断的正确与否，直接影响到政策的制定。九一八事变爆发后，蒋、张二人一致认为，这是日军的挑衅行为，是局部的军事行动，称之为"沈阳（奉天）事件"；一时未能判断出这是日本侵吞整个东北的开始，因此力求避免冲突，力争就地解决，防止事态扩大。清末民初以来，中国面对日本和列强的挑衅或局部性事件都曾让步、忍耐、不抵抗，力图以交涉加以解决。这是弱者对强者所采取的一种态度，似乎成了中国的惯例。因此，对事变前发生的万宝山事件和中村事件，蒋、张二人也不例外地同样采取了此种态度，两者间没有分歧。对这两个事件，蒋、张采取不用武力，而尽量用外交交涉来图谋解决，不能说完全不对。但到事变爆发后，作为前两次事件的继续，二人还是同样采取了此种态度。前两次事件与此次事变虽有联系，但性质和规模根本不同。因此，不应该用处理前两次事件的方法，即不以武力抵抗的方法来处理此次事变。他们的错误判断，导致出错误的对策——不抵抗。

这一错误的判断，虽有其主观因素，但也有其客观的原因。这与日本策划九一八事变的特点有直接关系。此次事变不是通过日本发动战争的国内程序和国际上的战争惯例来发动的战争，而是关东军的几位高级参谋板垣征四郎、石原莞尔等在一些陆军中央将校的怂恿下采用谋略形式发动的。因此，事变爆发后连日本军政要人对在中国东北发生的事件情况也不知其所以。张学良在万宝山事件发生后的 7 月 12 日曾向蒋电告："据万宝山事件及朝鲜人之排华风潮，日本无疑在起动其大陆政策，有急剧侵略满蒙之意。其矛头指向中国或苏联尚不清，但与满蒙存亡有关，须仔细考虑。"[①]这说明张也随时分析日军的动向，觉察到其侵占满蒙的意图，但未想到它要侵吞整个东三省。1990 年日本广播协会记者采访张时，他也说"当初未料到关东军会发动九一八事变……我认为这是我的判断错误"[②]。蒋、张此时未能判断出关东军军事行动的目的是可以理解的，也不能苛求于他们。

可是，问题并非仅限于此。事变爆发后，日本外务省、陆军参谋本部与关东军在是否继续扩大军事行动和战争的最终目标等问题上存在分歧。因此，关东军于 9 月 21 日占领吉林后未采取大规模的军事行动。此时，蒋、张二人都寄希望于反对扩大军事行动的币原外相及其外交，希望他们牵制和控制关东军的军事行动。张在回忆当时情况时说："我想日本政府会控制关东军的。"[③]这又使蒋、张对战争形势发展的判断产生了错误。因此，在此种情况下他们仍不敢抵抗，不敢组织东北军反攻，而继续诉诸国联，想以外交手段促使日军撤回。为此，9 月 26 日张学良向东北军将士再次下达了不抵抗命令："一、此次之所以命令不抵抗主义，是因将此次事变诉诸国际公审，以外交求得最后胜利。二、尚未到与日军抗争之时机，因此各军将士对日人依然平常那样对待，不得侵害。"[④]这一不抵抗令是较为完整的，有宗旨、有说明，是表明张不抵抗的典型资料。

南京政府和蒋介石判断日本要侵吞整个东三省是 11 月上、中

---

① 《日本外务省档案（1868～1945）》，S483 卷，S1110-18，第 261～262 页。
② 《张学良访谈录》，见《参考消息》1990 年 12 月 23 日。
③ 《张学良访谈录》，见《参考消息》1990 年 12 月 23 日。
④ 关东军参谋本部《关特报》（中国）第 32 号，1931 年 9 月 28 日，见远东军事法庭检察官资料缩微胶卷。

旬。11月4日，日军以修桥为名进攻嫩江，马占山在此地抗击日军；11月19日日军占领齐齐哈尔。特种外交委员会对中央政治会议的《对日政策报告书》中写道："判断日军之军事政策，必定要达到完全占领东三省之目的而后已"；"判断日军以完全占领东三省，驱逐中国固有之政治军事势力为主要目的"。①此时南京政府和蒋介石的对日政策开始发生一点变化。11月中下旬，国民党在南京召开第四次党代表大会，通过了《对日寇侵略暴行之决议案》。该案决定："今后关于捍卫国权，保护疆土，本大会授予国民政府以采取一切必要的、正当防卫手段之全权。"②蒋也表示出有所抵抗之态度。他在致马占山的电中称："我方采取自卫手段，甚属正当。"③23日又电张："警卫军拟由平汉线北运，以驻何处为宜？中如北上将驻于石家庄，兄驻北平，则可内外兼顾，未知兄意如何？"④对此，张采取何种态度？此后蒋是否派警卫军赴冀？因缺史料，尚不清楚。但石家庄是张管辖区，蒋未经张同意不得派其嫡系驻扎冀南地区，而且张也十分警惕蒋嫡系插入该地区。在此之前，即9月21日蒋开会制定对日方略时也决定："军事方面，抽调部队北上助防。"⑤但蒋未派一兵一卒，仅表示了意思而已。

蒋要抵御日军侵略，应派兵去东北锦州以东地区，直接与日军对阵。但蒋却拟派兵到石家庄地区是何目的？11月23日蒋在致张的电文中即明确了其意图："中如北上将驻于石家庄，兄驻北平，则可内外兼顾。""内外兼顾"之意便是张顾外，即顾关外日军；蒋则顾内，即顾对江西中央苏区的第三次"围剿"，把它当作首要任务，其次顾及阎锡山和山东韩复榘、石友三。前者是攘外，

① 李云汉编：《九一八事变史料》，台湾正中书局1977年版，第324～325页。
②《中华民国重要史料初编——对日抗战时期》绪编（一），第307～308页。
③《中华民国重要史料初编——对日抗战时期》绪编（一），第300页。
④《中华民国重要史料初编——对日抗战时期》绪编（一），第309页。
⑤《中华民国重要史料初编——对日抗战时期》绪编（一），第281页。

后者是"安内",两人各有分工。由此可见,蒋此时尚无出阵与日敌直接作战的决心,仅仅表示了抵抗之意。

此时蒋在其日记中写有与日寇"决一死战"[1](10月7日)、"吾心与之一战"[2](10月17日)等语,不过反映了蒋内心的想法,后并无行动,且这也附有"如果倭寇逼我政府至于绝境",[3]或"如日寇相迫过甚"[4]的条件。此时是否达到这一程度?蒋虽没有说,但"如"或"如果"说明尚未到此程度,因此,尚不是"与之决一死战"的时候。以上事实说明,至10、11月蒋仍无抵抗的行动,只在言论和决定中表示了抵日之意。台湾学者认为,蒋支持马占山就显示出他的"所谓'不抵抗主义'已经结束"[5]。但根据上述事实来衡量,下这样的结论为时尚早。

此时,张学良仍持不抵抗主义。东北边防军在辽、吉两省未进行任何抵抗。该军约有三十余万人,其精锐部队二十余万人由张率领进入华北,与蒋会合于中原。在东北的如张海鹏、熙洽等投日敌,其余(除黑龙江)一溃千里,不战而退到锦州一带。如果9月18日至21日由于对形势判断有误,不及抵抗,尚能谅解,但此后不战而后撤千里,毫无道理。东北军有飞机、坦克等新式武器,兵种齐全,训练有素,应有抵抗日军之实力。而且此时中原会战早已结束,石友三部残军逃至山东。张应调华北精锐赴东北前线;尤其11月初,马占山部在嫩江孤军抵抗日寇,全国上下声援其抗战时,张应从锦州出兵,从背后牵制日寇北进,配合马部,从南北夹击日军。但张电马:"饬死守勿退却",而自己却按兵不动,只从精神上支持了马部。这时期,也许是由于史料残缺,张令其部抵抗日本的电文也不多见。但事变爆发以来,张学良在

---

① 《中华民国重要史料初编——对日抗战时期》绪编(一),第275页。
② 《中华民国重要史料初编——对日抗战时期》绪编(一),第276页。
③ 《中华民国重要史料初编——对日抗战时期》绪编(一),第275页。
④ 《中华民国重要史料初编——对日抗战时期》绪编(一),第276页。
⑤ 蒋永敬:《从九一八事变到"一·二八"事变中国对日政策之争议》,第363页。

各种场合说"欲抵抗日本""不屈服,不卖国""不贪生,不怕死",再三表示抗日之意,而且他支持东北民众抗日救国会与东北各地的义勇军。这仅仅是其抵抗日本在精神方面的表露,而不是抗日的行动。在这点上,张学良与蒋介石也有相似之处。

这时期,蒋、张二人依靠国际联盟促使日军撤回原地的态度与政策也大体是一致的。当时中国是国际联盟理事国,从国际法上看,南京政府作为中国主权国的代表占有一席。因此,张对国联外交上完全依赖蒋。张与顾维钧私交甚厚,后顾由外交部代理部长变为正式外交部长,张与顾电文往来频繁,顾可谓是张在南京的外交咨询代表。这样以顾为媒介,蒋、张二人共同实施对国联外交。在国联外交中,除两者在对日的直接交涉上有所分歧外,在其他问题上基本是一致的。蒋、张对国联的分析,对国联的态度及政策方面,虽有不切实际的幻想,但作为战时外交,可谓都尽了最大努力,并达到了有利于中国的部分目的。

在此谈一谈九一八事变时期国际关系中的"二重外交论"问题。围绕日本侵略东北问题,中国、日本和欧美列强这三者相互开展了"二重外交"。日本和欧美列强在侵略包括东北在内的中国问题上有二重关系。两者作为帝国主义列强都想侵略中国,在侵略上二者都有共同的利益,因此,两者在侵略中相互支持,相互同情。但两者在侵略中又相互争夺,争夺对己有利的更多权益,因此,又相互牵制对方的侵略举动,而且有时利用中国反对外来侵略的行动来牵制对方,甚至公然谴责对方的侵略行径。这便是帝国主义在中国的矛盾和对立。中国为抗衡日本侵略,在外交上利用日本与欧美列强的矛盾,对己有利的则加以评价和利用,对己不利的、侵害自己主权的则加以反对。这便是中国对欧美列强的"二重外交"。国际联盟是以欧洲列强为核心组成的机构,美国虽没参加该联盟,但九一八事变时期作为观察员应邀出席该会,并派代表参加了该联盟派的李顿调查团,因此说,该联盟就代表欧美列强。围绕九一八事变的"二重外交"，也就是在该联盟的行政院和大会里展开的。李顿调查团和该团提出的关于九一八事变的调查报告，典型地反映了欧美列强对九一八事变及中国的二重外交；而日本和中国对这一调查报告的态度也反映了它们对欧美列强的"二重外交"。中国部分地肯定和接受于己有利的部分，日本也既肯定和接受于己侵略的有利部分，又否定和反对于己侵略的不利部分。双方所接受和反对的，都是针锋相对、水火不容的。

事变爆发后，蒋、张诉诸国联不能说不对。他们在该联盟中做了否定伪满洲国合法性的自卫行动。但在战争时期，外交和军事行动犹若两轮，应相互配合，相互补充。军事上的胜利是达到外交目的的坚强后盾，没有这一后盾，外交则不能发挥其应有的作用。事变期间，张在国联外交中的问题不在于诉诸国联，而在于不以军事上的抵抗来支撑这一外交策略，因此，外交显得软弱。如果蒋、张一面积极抵抗，一面诉诸国联，那么他们在外交上取得的成果可能更大一些。如在"一·二八"上海事变时期，南京政府采取"一面抵抗、一面谈判"的政策，结果日本在上海基本上未取得实质性的新权益，只是把列强的注意力从东北转到上海，以此掩护了伪满成立的闹剧。

那么不抵抗与诉诸国联这二者有何关系呢？是否因诉诸国联导致不抵抗呢？不是的。诉诸国联不是不抵抗的原因，而是因不抵抗便更加依赖国联，甚至把诉诸国联当成使日军撤退的唯一手段。蒋、张二人都是如此，而这也是问题的症结所在。

最后一个问题是听从蒋和国民党中央的命令问题。在《文史资料》中刊载的有关九一八与张学良的关系的回忆文章及依此写的有关论著，都写道：张学良之所以不抵抗是因听从了蒋介石的不抵抗令。这里有个问题，据现有的有关张学良致蒋介石的电文，事变爆发后，张只向蒋和南京汇报日军入侵东北的情况，没有一封电文中有请求"抵抗"一词和反对蒋不抵抗令的痕迹；如果他坚持要抵抗，则定会在这些电文中出现这些词句。这便说明，张本身没有要抵抗，也没有做抵抗的作战准备。而在蒋致张的电中，除锦州问题外，亦没有指令张坚决抵抗之字迹。这一点，蒋与张有相似之处。

那么，在相似的情况下，为何出现"听从"问题？这是因为蒋是国民革命军陆海空司令，而张是副司令，按军队统帅程序，副司令应听命于司令，一切失误应先由司令来承担。因此，当全国舆论谴责他执行不抵抗政策时，他将自己应负的不抵抗责任归咎于蒋。据现有的在九一八事变爆发后蒋与张之间往来的电文及有关材料中记载，蒋的电文材料中见不到"不抵抗"一词，而张的电文中就有"不抵抗""不抵抗主义"的词语，这也许与史料的选编有关。而且，在防守锦州问题上，蒋和南京政府数次令他抵抗，但张悄悄撤兵，日军也几乎不流血地占领了锦州。如果张始终要抵御日军，但因蒋令他不抵抗，故而他不抵抗的话，那么蒋令他抵抗时，他应加倍抵抗才合乎逻辑，但他没有这样做。这一事实说明，张虽然是蒋的副司令，但他作为奉系军阀的后代，尚有相对的独立性和抗御蒋的实力及脾性，与蒋意见不同时，他便不听从蒋指令。事变爆发后在抵抗与否问题上，如果与蒋有不同意见，他更会为保自己起家的东北地盘而不听从蒋的不抵抗命令，奋起抗击日军的。但此时，张却完全听从蒋之命令而不抵抗。这一事实本身就说明，他自己也是不想抵抗的，因此出现了听从蒋的这一历史现象，这一现象反过来又说明张的不抵抗不是被迫的，而是主动的。

综上所述，九一八事变后，蒋、张二人在不抵抗问题上有不少相似之处，但也有不同之点。这一不同之点在是否防御锦州问题上表现得较为突出。

三、蒋张对锦州问题的异同

如果说，在日本攻占沈阳、齐齐哈尔等地时，蒋、张二人所采取的态度和政策大体相似的话，那么在锦州问题上两者所采取的态度，相对来说则有所不同。

日军占领齐齐哈尔后，其主力随即调往辽西，准备攻击锦州。锦州是辽西重镇，政治、军事要地。沈阳沦陷后，东北边防军司令长官公署和辽宁省政府迁移到此地，锦州成为张学良在东北的政治、军事中枢，日军如不占锦州，不从锦州驱逐张政权，就等于未完全摧垮张在东北的统治，不能建立伪满洲国。东北军如死守锦州，则向全世界表明：中国人尚在抵抗，日军尚未完全占领东北，东北问题也尚未完全结束，日本也建立不了或只能推迟时间建立伪满洲国。军事上，锦州是榆关屏障，兵家必争之地，阻挡日军向华北侵入的咽喉要地，如锦州失守便危及华北。鉴于此种种原因，对蒋和张及日本来说，锦州都是必争之地。因此，按军事常理，中日两国军队必将在此决一死战。

日军早已准备对锦州开战。11月，土肥原和中国驻屯军在天津挑起天津事件，其目的之一是为日军锦州作战做军事与舆论上的准备。[①]九一八事变时驻扎满铁附属地的日军出动，占领了辽吉两省要地，因此，驻扎在天津的中国驻屯军和驻扎京山线的日警备队有可能借机出动，挑起事端，从背后牵制张学良军队对锦州的增援。

对此，南京政府也采取了相应对策。首先，引诱外国军队介入天津，牵制天津驻屯军的军事行动。其次，派南京政府财政部所属的税警团五六千人去天津，归属张学良指挥。再次，11月25日，南京特别外交委员会也同意："是以锦州一带地方，如能获各

① 日本国际政治学会太平洋战争原因研究部编：《走向太平洋战争之路》，第2卷，朝日新闻社1962年版，第89~91页。

国援助，以和平方法保存，固属万幸，万一无效，只能运用自国实力以图保守。"①此时日军威逼东北军撤到榆关。鉴于此种情况，蒋等为以和平方法保住锦州，向英、美、法公使具议："倘日本坚持要求我军撤退，我军可自锦州退至山海关，但日本须向英、法、美各国声明，担保不向锦州至山海关一段区域进兵，并不干涉该地域内中国之行政机关及警察，此项担保须经各该国认为满意。"②这便是把锦州划为中立地带之意，包含着蒋不以武力抵抗之意。但英美不敢担保，且劝中国不要采取恶化局势的行动。③在此种情况下，南京政府和蒋介石决定，"如日方相逼太甚，我方应以实力防卫"④，"惟万一彼仍步步进逼，则自不能不取正当防卫手段"⑤。任南京政府外交部代理部长的顾维钧于11月26、27日两次把此意电告张学良。张此时熟知蒋准备防卫抵抗之意。

此时，张学良与蒋一样，也有以划中立区来避免冲突、保锦州的想法，但不同的是，他拟与日直接谈判解决。11月底，驻北平日本公使馆参赞矢野访张，略称："英、法、美与中国提商拟以锦县一带为中立区，中国军队撤至山海关。日本对此原则上甚表同意，如贵方赞成此种方法，日方即可派代表商洽。"⑥张答，"惟个人对此颇赞成"，并向南京建议"查划定中立区域办法，亦属避免冲突，以图和平解决之一道，日方既表同意，我方似可与之商洽"。⑦张对划中立区提出两个条件："第一，希望日军最大限度不越过原遣地点即巨流河车站。第二，须留少数军队在锦县一带即中立区域内，以足敷防止匪患，维持治安为度。至将来日方如派

① 1931年11月25日顾维钧等致张学良密电，见《民国档案》，1985年第2期，第4页。
② 1931年11月24日顾维钧等致张学良密电，见《民国档案》，1985年第2期，第4页。
③ 1931年11月26日顾维钧致张学良密电，见《民国档案》，1985年第2期，第5页。
④ 1931年11月26日顾维钧致张学良密电，见《民国档案》，1985年第2期，第5页。
⑤ 1931年11月27日顾维钧致张学良密电，见《民国档案》，第5页。
⑥ 1931年11月29日张学良致蒋介石密电，见《民国档案》，第6页。
⑦ 1931年11月29日张学良致蒋介石密电，见《民国档案》，第6页。

代表时，总宜舍军事人员，而用外交人员。"[①]在此条件中，没有南京所提的英、美、法三国的担保问题，此点与南京不同，即在英、美、法不介入的条件下直接与日谈判。这表明在划中立区问题上张比南京、蒋介石更为积极。但矢野要求东北军全数撤退。[②]

南京政府则同意张学良与日直接谈判。如前所述，此时南京政府也曾向国联提出过锦州中立地带案，"其要点在中立国派视察员居间斡旋一层"[③]，由英、美、法观察员居间斡旋，监督中立地带的安全。因此，此时已任外长的顾维钧和宋子文驳回张的建议，其理由是："一、彼可以正由两国商洽办法为辞，请国联无庸参预，彼可于商洽时提出种种苛刻条件，从则难堪，不从即破裂。二、彼可借口于彼已撤兵，迫我撤至山海关，我若不撤，彼即责我违约，进兵攻我。"[④]宋和顾作为张的知己，率直电陈，劝张绝不要直接谈判，并建议张"如日方无理可喻，率队来攻，仍请兄当机立断，即以实力防御"[⑤]。这既是宋和顾外长的意见，又是蒋介石的主张。12 月 2 日，国民党中央政治会议就锦州问题决定："锦州问题，如无中立国团体切实保证，不划缓冲地带，如日军进攻，应积极抵抗。"[⑥]南京政府为得到英、美、法的切实保证，要求他们派军队代守中立地带，担保日军勿入这一地带。但他们只答应居间接洽。

日本为排除列强的干涉，再次提出直接谈判。驻中国公使重光葵又向顾外长提出直接谈判和东北军撤至榆关的要求。但顾外长断然予以拒绝。在此种情况下，币原外相又令驻北平的矢里参

---

① 1931 年 11 月 29 日张学良致蒋介石密电，见《民国档案》，1985 年第 2 期，第 6 页。
② 1931 年 11 月 29 日张学良致蒋介石密电，见《民国档案》，1985 年第 2 期，第 7 页。
③ 1931 年 11 月 29 日宋子文、顾维钧致张学良密电，见《民国档案》，1985 年第 2 期，第 8 页。
④ 1931 年 11 月 29 日宋子文、顾维钧致张学良密电，见《民国档案》，1985 年第 2 期，第 8 页。
⑤ 1931 年 11 月 29 日宋子文、顾维钧致张学良密电，见《民国档案》，1985 年第 2 期，第 8 页。
⑥ 1931 年 12 月 2 日顾维钧致张学良密电，见《民国档案》，1985 年第 2 期，第 9 页。

赞再次说服张学良把锦州问题作为地方性问题直接与日谈判。但张的态度在南京政府和顾的劝告下有所改变，没有承诺，在与日直接谈判与否的问题上，与蒋及南京政府的态度趋于一致。

可是张学良与蒋及南京政府在是否死守锦州问题上发生了分歧。如前所述，蒋和南京政府一面准备谈判，一面准备抵御，并劝张学良在锦州抵抗。但张未做死守锦州的战略、战术准备，反而从11月底或12月初开始，拟撤出驻扎锦州一带的东北军主力。这表明张学良在锦州不想抵抗。于是，顾维钧12月3日致急电劝张："兄拟将锦州驻军自动撤退，请暂从缓。"[①]5日顾维钧和宋子文又联名致电，再次劝张："现在日人如进兵锦州，兄为国家计，为兄个人前途计，自当力排困难，期能抵御。"[②]蒋介石亦电张："锦州军队此时切勿撤退"[③]，并派航空一队增援北平。可是张依然要从锦州撤两个旅。顾维钧闻此消息后立即致电张："惟当此国人视线群集锦事之时，军队稍一移动，势必沸议全国，为兄着想，似万万不可出此。……缘日人诡计多端，我退则彼进，彼时新政权统一东北，则不可挽救也。"[④]这就是说从锦州撤兵则整个东北沦陷，日在东北便可建立统一的伪政权，东北问题也以此完结。南京政府也于25日、30日接连电张："惟日军攻锦紧急，无论如何，必须积极抵抗，各官吏及军队均有守土之责，否则外启友邦之轻视，内招人民之责备，外交因此愈陷绝境，将何辞以自解？日军攻锦时，天津或有异动，亦须预先防止。总之，望主任，深体政府之意，激励将士，为国牺牲，是为至要。"[⑤]

此时，日关东军和陆军中央制定对锦州作战方案，并调驻朝

① 1931年12月3日顾维钧致张学良密电，见《民国档案》，1985年第2期，第10页。
② 1931年12月5日宋子文、顾维钧致张学良密电，见《民国档案》，1985年第2期，第11页。
③《中华民国重要史料初编——对日抗战时期》绪编（一），第312页。
④ 1931年12月9日顾维钧、刘哲致张学良密电，见《民国档案》1985年第2期，第10页。
⑤《中华民国重要史料初编——对日抗战时期》绪编（一），第313～314页。

鲜的第二十师团和一个混成旅及重型轰炸机中队参加对锦作战。日军 27 日渡辽河，进入打虎山、沟帮子一线。日军在逼近锦州时，东北军仍撤出锦州。据驻榆关日守备队的侦察，迄 31 日午间经山海关的东北军军列 14 列，兵数 1 万余人，马 2200 匹。[①]1932 年 1 月 1 日，关东军司令部下达第二十师团占锦州之令时，东北军主力已撤出锦州一带，日军在侵入该地带时几乎未遭到东北军的阻击和抵抗，1 月 3 日几乎兵不血刃地占领锦州和绥中一带。但张却谎报军情说："我军奋勇应战，激战十昼夜之久，前仆后继，死伤蔽野。卒以全力过疲，损失过重，无术继续坚持，至于江（三）日失守锦县。"[②]

张学良在主观上是想抵抗的，他也曾说："倘我愈让而彼愈逼，至万不得已时，亦只有采取正当防卫以保持国家之人格。"[③]但在行动上不听从南京政府和蒋的抵御令，擅自撤兵。这说明，他和东北军虽归属南京政府，由蒋指挥，但依然具有军阀割据时相对的独立性，这使他能违抗命令，选择自己的路。

那么，张为何选择了主动撤退之路？他是以放弃东北来保他占据的华北。在以北平为中心的华北，张有 20 万大军。在日军即将吞并整个东三省的情况下，华北对张来说是维护其政治、军事地位的唯一基地，其重要性比以往任何时候都更为显著。因此，更有必要保住此地。他在致南京政府主席的电文中称："自锦县以西，如秦皇岛、塘沽、天津，地处滨海，门户洞开，锦县一带，一有冲突，彼必同时以海军威胁我后方，并扰乱平津，使我首尾难顾……顾此失彼，必不能免。"[④]26 日亦称："日本在天津现已集结大军，锦战一开，华北全局必将同时牵动，关于此节，尤须

---

① 白井胜美：《满洲事变》，中央公论社 1974 年版，第 138 页。
② 1932 年 1 月 5 日，张学良致南京电，见《九一八事变史料》，第 281 页。
③ 1931 年 11 月 30 日张学良致顾维钧等密电，见《民国档案》，1985 年第 2 期第 8 页。
④ 1931 年 12 月 25 日张学良致南京国民政府主席电，见《九一八事变史料》，第 275 页。

预筹应付策略；否则空言固守，实际有所为难。"①按军事战略考虑，日军在天津等地挑起事件，从背后突击华北的可能性是存在的。11 月的天津事件便是其预兆，"一·二八"上海事变也是一例。但据日军对锦州的作战计划，当时尚无此打算。当然如果东北军在锦州死力抵抗，日军伤亡惨重，也有可能那样做。因此，作为一军之帅，张考虑到此点有其合理性的一面，但这不应成为其主动撤出锦州的主要原因。

另外，张怕锦州的抵抗引起中日全面战争，并造成全中国灭亡。11 月 30 日张在向顾表明"采取正当防卫以保国家之人格"的同时，又称，"惟兹事体大，影响系全国安危，又不能不慎重考虑之也"②。其致南京国民政府电中也言及了此点。③"影响全国安危""关系全国存亡"，便指中日一旦全面开战，就有可能亡国。日本能否发动中日全面战争，与当时的国际环境密切相关，因为日本对华的无节制侵略一直受到列强的牵制。而当时，日本似乎并不具备全面对华开战的条件。事实上，日本在侵占东三省后的一个时期内也只是蚕食华北，未敢全面侵华。因此，张的这一顾虑，虽有军事上、战略上的合理一面，但也难成为其不抵抗的主要原因。

那么，张不抵抗的真正原因何在？王化一在 12 月 29 日日记中记有张学良的这样一句话："汉公表示'不为瓦碎'主张。他说如果是'玉碎'还可以碎，要是瓦碎则不必。"④所谓"玉碎"即是指对全国抗战而言，而"瓦碎"则是指对于东北或锦州的单独抵抗而言。据当事人的回忆，张常说："我们是主张抗战的，但须

---

① 1931 年 12 月 26 日，张学良致南京国民政府电，见《九一八事变史料》，第 276～277 页。

② 1931 年 11 月 30 日张学良致顾维钧等密电，见《民国档案》，1985 年第 2 期，第 8 页。

③ 1931 年 12 月 26 日张学良致南京国民政府电，见《民国档案》，1985 年第 2 期，第 276～277 页。

④ 转印自张魁堂：《张学良传》，第 86～87 页。

全国抗战，如能全国抗战，东北军在第一线作战，是义不容辞的。"[1]把这句话反过来说就是全国不抗战，我张某也不单独抵抗。其理由便如他所说的那样，东北军"孤军作战，我小敌强，无非是徒然牺牲"[2]。这也有一定的道理。当时国民党四分五裂，内战不休，国共两党也未结成抗日统一战线。九一八事变当天，蒋亦在日记中哀叹："是倭寇果乘粤逆叛变，内部分裂之时，而来侵略我东三省矣。呜呼，痛哉！夫我内战不止。"[3]所以蒋当时仍推行"攘外应先安内"的政策，而这一政策反过来又更加深了各势力间的分裂与对抗。在这一点上，蒋、张二人是持同一态度的。他二人都认为应先"安内"，保存自己的实力。就军事战略来讲，保存自己的实力的确重要，但保存的目的是为了更好地消灭敌人。可是，割据中国的各军阀却与此相反，他们认为消灭敌人是次要的，保存自己的军事实力和地盘才是最重要的。因此历来各军阀都不拿出自己的全部力量与敌决战。张作为奉系军阀的继承人，虽比其父有开明之处，但在中国四分五裂、内战不休的国情下，还是选择了不抵抗和主动撤退来保存自己的实力，不敢与日军在东北决一死战。张学良在事变中始终奉行"保存实力就是保存一切"的思想，这也是他不"瓦碎"的根本原因。他一直坚持：如全国各势力不风雨同舟，不生死与共，不同胜同败，就不单独在锦州抵抗；如全国一同抗战，同在锦州抵抗日敌，他也不会主动撤出锦州。在此种思想支配下，张放弃了包括锦州在内的东北，暂时保住了华北的地盘。但是，随着战争的进一步发展，张的华北地盘最终也未能保住。

此时的蒋主张抵抗，其原因何在呢？对蒋应听其言，观其行。当时以学生为中心的抗日救亡运动汹涌澎湃，南京学生发起了"送

---

[1] 转印自张魁堂：《张学良传》，第81页。
[2] 转印自张魁堂：《张学良传》，第81页。
[3] 《中华民国重要史料初编——对日抗战时期》绪编（一），第275页。

蒋介石北上"的运动，与从北平等地南下的学生一起赴国民政府，要求蒋签署出兵日期，否则誓不罢休。在这一运动逼迫下，蒋下了命令，派税警团官兵五六千人，送空军一个中队北上。但这不是全面抵抗日军的态度，只是在形势所迫下作出抵抗的姿态罢了。此时蒋国民革命军主力依然在"剿共"前线，按兵未动。而且张学良数次要求蒋提供抗日所需的军械、军需，要求大部队增援。可据现有史料看，蒋并未满足张的这一要求，来替张解难。蒋的抵抗令和实际行动相互矛盾。这表明蒋的抵抗不是诚心实意的，抵抗中也有不愿抵抗的一面，虚实混淆在一起。

其实，锦州危急时，蒋的想法与张大体一致，他也想先保华北。11月下旬蒋拟率兵北上，驻石家庄，其目的之一便是保华北。如丢华北，蒋的中原地盘将直接受到日军的威胁。且蒋害怕日军从山东半岛登陆，直入中原。如蒋真要保东北，应将其主力从"剿共"前线调往锦州，但他毫无此意。蒋作为新军阀势力，"保存自己就是保存一切"的思想根深蒂固，这也是他处理东北、锦州及国内问题的基本出发点。蒋、张二人此时在锦州抵抗问题上，采取的形式虽不相同，但实际目的却极为相似。

蒋、张在思想上的另一个共同点是"恐日病"。这并不是他们二人独有的。清末民初以来，中国政界、军界的不少人都认为日军是战无不胜的，若与日军交战定吃败仗。蒋把这"恐日病"又概括为"三日亡国论"。1932年1月11日，他在奉化武岭学校的讲演中曾谈到对日绝交与宣战问题。这是较为严肃的大问题，当时情况下是否应该宣战、绝交不好下定论。但在此篇讲演中蒋说出，如与日宣战，即与日全面交战，则中国"在三日内悉为敌人所蹂躏"[1]。敌强我弱，这是客观存在，但问题的关键是即使现状如此，我们应如何图强，如何以弱胜强？张学良也有"恐日病"，

---

[1]《中华民国重要史料初编——对日抗战时期》绪编（一），第317页。

也曾讲过："士气虽壮，款弹两缺，敌如大举前进，即举东北士兵尽数牺牲，亦难防守"①；"孤军作战，我小敌强，无非是徒然牺牲"②。强者有强者的侵略经，弱者亦有弱者的抗敌法，两者对立存在。包括蒋介石在内，中国后来不是奋起抗战，八年打败日军，赢得了抗日战争的最后胜利吗？这一历史事实雄辩地说明中国人民是能够打败日本帝国主义的。

九一八事变中的不抵抗主义，把东三省拱手送给了日军。从此，东北的大好河山与三千万同胞饱受日军蹂躏，被奴役长达 14 年之久。这一历史教训是深刻的。后来中国人吸取教训，在"一·二八"上海事变中采取了"一面抵抗，一面谈判"的政策；在热河交战中采取了"抵抗而不谈判"（最后是谈判）的政策；在抗日战争中进行了持久的全面抵抗，直至获得最后胜利。"前事不忘，后事之师"，张学良也好，蒋介石也好，都从九一八事变中得到了应有的教训，在后来的日军侵华战争中逐步采取了抵抗政策。而张学良之所以发动西安事变，扭转中国历史潮流的大方向，其原因种种，但因九一八事变中不抵抗而蒙受的重重压力定是其动力之一。张发动了西安事变，他自己也从"不抵抗将军"变成了"民族英雄"。应该说，在这一转变中，始终未变的是他作为中华民族一员的爱国之心和对日军侵略中国怀有的仇恨之心。历史上做任何转变都需要主客观的条件。如无爱国心和仇日心，则无法实现这一历史性转变。这一转变是爱国、仇恨与不抵抗这一水火不相容的矛盾心理经长时间的相互斗争而实现的。要说明张学良的这一历史性转变，一定要探究其不抵抗的历史责任及历史根源，这样才能合乎情理地阐明从九一八到西安事变的历史过程。本节的目的即在于此。

笔者在校对此文清样时方见到日本广播协会采访组臼井胜美

① 李云汉编：《九一八事变史料》，台湾正中书局 1977 年版，第 277 页。
② 张魁堂：《张学良传》，第 87 页。

编的《张学良的昭和史最后证言》一书。[①]据此书，张学良对九一八事变时期不抵抗问题，供认不讳。他说：关于不抵抗问题，"迄今众多研究者都认为，从国民政府中央有过不抵抗的指示。的确，当时中央有过指示，但其内容并不是不要抵抗。国民政府中央发出的指示是'相应处理'。所谓'相应处理'之意就是根据情况适当处理。换言之，就是中央不负责任之意。因此我不能把'九一八'事变中未抵抗之事的责任推诿给国民政府。因为我本身不想扩大事件，所以采取了不抵抗政策"[②]。张学良的这一自述再次说明，张学良自觉、自主地奉行了不抵抗政策。因张与蒋有共同的思想基础，所以不能把不抵抗的责任完全归咎于蒋介石和南京国民政府。但这也并不能减轻蒋与南京政府应负的责任。

第二节　九一八事变与币原外交

本节主要探讨九一八事变与币原外交的关系。所谓币原外交，首先可以认为是反映币原外相个人外交思想的行为，但是由于在九一八事变中，他执行的是若槻内阁的对外政策，所以也可以认为币原外交是包含着币原外相个人外交思想的若槻内阁的外交。

外交与军事，就像盾的两面和车的两个轮一样，是一个国家推行对外政策的两种手段。在战前、战时、战后，日本是如何调整这两种手段，使它们相辅相成，以实现战争目的的，是日本外

---

① 日本广播协会（NHK）于1990年6月17日和8月4～6日在台湾采访了张学良。张在采访中言及九一八事变时期的不抵抗主义。该协会电视台于同年12月9日和10日两次播放了采访实况剪辑的录音，《参考消息》把它译成中文，以《张学良访谈录》为题，自12月17日至23日连载7次。1991年8月1日，日本广播协会采访组臼井胜美编辑采访内容，并加以说明和注释，由角川书店出版了《张学良的昭和史最后证言》一书。其采访内容与《参考消息》的《张学良访谈录》不尽相同。注②所引的张学良的自述在访谈录中就没有。

② 《张学良的昭和史最后证言》，第125～126页。

交史研究中的重要课题。中国的日本外交史研究几乎都强调军事与外交的一致性，很少承认两者的矛盾和对立。本文认为，九一八事变与中日甲午战争、日俄战争、第一次世界大战、太平洋战争有所不同，它是以特殊形式爆发的战争。例如，这次战争不像太平洋战争那样，是在开战前通过四相、五相会议乃至御前会议，对外交、军事、财政等各方面进行充分的调整，并决定了一致的政策、路线之后发动的，而九一八事变则是在陆军中央部分将校的怂恿下，由关东军掌握主动权而挑起的战争。因此，从战争爆发开始，关东军、陆军中央、外务省之间便产生了分歧和矛盾，这是以往战争中从未出现过的特异现象，也是华盛顿会议以来日本对外政策中二重外交的一种表现。但是，在九一八事变的发展过程中，这种分歧和矛盾逐渐趋向统一，并最终在建立傀儡政权问题上，完全达成一致。

本节拟将币原外交与日本关东军和陆军中央在九一八事变前后从分歧到统一的过程，划分为四个时期，以分析币原外交在九一八事变中所起的作用，并阐述最终又与军方统一的币原外交的本质。

一、事变爆发后的对策

外务省具有双重性：对内，是与其他各省并列的一个省；对外，则是代表日本政府的一个机构。所以其在九一八事变中起着对内和对外的双重作用。

具体而言，在事变初期，外务省对内牵制了关东军试图一举占领"满蒙"的军事计划。

日本驻奉天总领事林久治郎对突然爆发的事变是这样处理的。林"从事变突然爆发开始，便随时向东京报告事态的发展……

以求防止事态的扩大"①。林在事变爆发的第二天给币原外相发了30多封电报，还报告了9月14日抚顺守备队长们袭击奉天机场的计划，他"认为这次的事件完全是军部有计划的行动"②。

同时，林对关东军参谋板垣说，"此时最为重要的是尽量不将事件扩大，应通过外交机构处理事件"，并向币原外相建议，"希望政府也采取紧急制止军事行动的适当措施"。③

但是，关东军迅速占领了奉天、新民屯、营口、海城、凤凰城、洮南、郑家屯等地，并于21日占领了吉林，妄图一举占领整个中国东北，使之变为日本的殖民地。

19日，内阁就此事召开会议。若槻首相在会上说："这次事变果真是中国士兵破坏铁路，并攻击防守铁路的士兵引起的吗？真的是正当防卫吗？如果不是，而是日本军队的阴谋行动，我国将如何面对世界？我非常遗憾发生这样不幸的事。"④币原外相朗读了从林总领事那里得到的各种情报，"这些情报多数是对陆军极其不利的"⑤。陆军大臣南次郎听了外相朗读电报的语气，"意气稍挫，当时内阁会议上的气氛使他丧失了提议有必要派朝鲜兵增援的勇气"⑥。内阁会议根据首相、外相的意见，决定了"不使现今事态扩大"⑦的方针。币原外相在26日的内阁会议上说："现在关东军把多数兵力部署在吉林，这将给外交谈判带来极大的困难。如果陆军不肯从吉林撤退，我将辞职"⑧，坚持不扩大方针。内阁的不扩大方针暂时阻止了关东军在北满和朝鲜军第十九师团对间岛地区的军事行动。板垣参谋也认为"在现今的形势之下，

① 林久治郎著：《满洲事变与奉天总领事》，原书房1978年版，第118页。
② 日本外务省编：《日本外交文书·满洲事变》，第1卷第1册，第6页。
③ 日本外务省编：《日本外交文书·满洲事变》，第1卷第1册，第5页。
④ 原田熊雄口述：《西园寺公与政局》，第2卷，岩波书店1982年版，第62页。
⑤ 稻叶正夫等编：《走向太平洋战争之路》，别卷，朝日新闻社1963年版，第114页。
⑥ 稻叶正夫等编：《走向太平洋战争之路》，别卷，第114～115页。
⑦ 稻叶正夫等编：《走向太平洋战争之路》，别卷，第115页。
⑧ 稻叶正夫等编：《走向太平洋战争之路》，别卷，第129页。

不可能实现一举占领方案"①，转向了以建立傀儡政权为中心的政治策略。

关东军对政府和外务省的不扩大方针"极为不满"②，当出兵哈尔滨的军事行动被制止时，便叫嚣道："政府的真正意图何在？陆军大臣为何不敢下定决心与政府正面冲突……幕僚们暗地里愤慨、叹息，陆军司令官也沉痛不已。"③这是关东军和政府、外务省之间所谓扩大与不扩大的对立表现。这种对立是华盛顿体制确立以来，外务省以对英美协调为主的协调外交与军部志在和英美对抗的亚洲门罗主义政策④在九一八事变中对立表面化的产物。

但是，这种对立不是根本性的对立。关东军企图一举占领中国东北，以扩大日本的殖民地权益。外务省虽然反对一举占领中国东北，但是也希望以关东军事变初期的军事胜利为基础，解决自"二十一条"要求以来的各种"满蒙悬案"，以扩大日本的权益。因此，在22日的内阁会议上，当南次郎陆相主张维持关东军现状及一并解决"满蒙问题"时，币原外相表示，"陆相的意见对外交交涉极为有利"⑤，参谋本部也认为，"维持现今态势将为两国解决'满蒙'的主要问题创造良好的环境因素，即现今的态势将成为促进外务省官员交涉成功的强大动力"⑥，因此决定"军方无须强烈反对内阁会议所确定的事宜"⑦。当时，外务省和军部中央一致通过不扩大方针，于9月24日发表了所谓不扩大事态的第一次政府声明。这个声明是由军部起草，经外务省修改的，它是外务省、政府和军部相互调整、妥协的产物，也是外务省和军部合拍的第一步。

---

① 《现代史资料（7）·满洲事变》，三铃书房1980年版，第195页。
② 《现代史资料（7）·满洲事变》，第190页。
③ 《现代史资料（7）·满洲事变》，第191页。
④ 参照江口圭一著：《一九三〇年代论》（江口圭一编《体系日本现代史》第1卷）。
⑤ 稻叶正夫等编：《走向太平洋战争之路》，别卷，第124页。
⑥ 稻叶正夫等编：《走向太平洋战争之路》，别卷，第116页。
⑦ 稻叶正夫等编：《走向太平洋战争之路》，别卷，第115页。

所谓不扩大并非绝对的，在不扩大中也存在扩大的因素。九一八事变爆发后，军部主张一并解决"满蒙问题"，并认为"万一政府不同意军部的这一方案，那么政府因此而倒台也毫不在乎"①。但是在 21 日的内阁会议上，"全体阁僚还是一致同意一并解决'满蒙问题'"②。在有关增派朝鲜军的问题上，若槻首相在 21 日的内阁会议上表示赞成，22 日的内阁会议决定"全体阁僚承认既已出兵的事实"，并"支付其所必要的经费"③，若槻首相向天皇奏请"政府考虑支付派遣朝鲜军的经费"④，对此，天皇予以裁可。这些事实表明，内阁逐渐开始同意军部的行动，在所谓不扩大事态的方针下，开始采取扩大的行动。如上所述，外务省虽然对内一时牵制了关东军的军事行动，但是对外却是配合关东军的侵略行动，为事变创造有利的国际舆论和国际环境，以期关东军的行动能得到国际保障。

林奉天总领事虽然对内欲牵制关东军的军事行动，但是他向币原外相表明，对外将采取与关东军合作的态度，在回答外国人有关事变的质问时，"将按陆军方面的说明给以回答"⑤，"在其他对外关系和治安维持方面，他将全力与军方合作"⑥。

外务省为给关东军的军事行动创造有利的国际舆论和国际环境，还做了如下的工作：

第一，外务省歪曲事变爆发的原因，使国际舆论对关东军有利。在事变爆发初期，最大的问题是事变由哪方以及出于什么目的挑起的。这是决定战争性质和世界舆论导向的重大问题。币原外相通过林奉天总领事的电报已得知这次事变是关东军的阴谋，

① 稻叶正夫等编：《走向太平洋战争之路》，别卷，第 117 页。
② 稻叶正夫等编：《走向太平洋战争之路》，别卷，第 119 页。
③ 稻叶正夫等编：《走向太平洋战争之路》，别卷，第 123 页。
④ 若槻礼次郎：《古风庵回忆录》，读卖新闻社 1950 年版，第 377 页。
⑤ 日本外务省编：《日本外交文书·满洲事变》，第 1 卷第 1 册，第 7 页。
⑥ 日本外务省编：《日本外交文书·满洲事变》，第 1 卷第 3 册，第 10 页。

但是仍在给日本驻国联代表芳泽理事的信函中指示:"这一事件是由于中国军队破坏满铁铁路,我国铁路守备部队采取必要的自卫措施而引起的两国军队的冲突。"①芳泽理事按照币原外相的指示,在22日的理事会上发言道:"事件的起因是中国军队破坏我国在奉天附近的铁路,我国少数守备部队不得已拿起武器来对付这种破坏行为。我军为了防止事态的扩大,且保护满铁铁路及居住在该地区的日本人的生命财产,不得不占领几个城市的要害地点"②,为关东军的侵略性军事行为辩解。23日,币原外相又对国联议长勒鲁强词狡辩:"只在吉林和奉天城内驻扎少量部队,或在几个地方驻有若干士兵,这无论如何也不算是军事占领。"③他对英国和美国也作了同样的辩解,以欺骗国际舆论。

此外,外务省为了掩盖关东军挑起事变的事实,以刺激日本人的感情为由,始终反对国联派遣观察员调查事件的真相。

第二,外务省以努力排除国联和第三国的干涉为最大的外交任务。因为日本是二流的帝国主义国家,有过惨痛的历史"教训",在英美等一流列强的直接干涉之下,眼睁睁地看着凭军事胜利争夺到的猎物从自己的手中"溜走",例如甲午战争后归还辽东半岛,第一次世界大战后归还山东半岛等。所以,外务省企图通过外交手段来确保关东军的军事胜利猎物。9月19日,在日内瓦召开的国联理事会上,日本外务省竭尽全力使九一八事变免于受理。芳泽理事向币原外相报告说:"我方目前正在尽力使理事会不受理此事"④,驻华公使重光葵也向币原外相建议:"无论如何都应避免由国联等第三者来处理满洲问题。"⑤币原外相对此深有同感,他说:"我认为,现在把这个问题作为国联大会或理事会的问题,将

---

① 日本外务省编:《日本外交文书·满洲事变》,第1卷第1册,第156页。

② 日本外务省编:《日本外交文书·满洲事变》,第1卷第3册,第164页。

③ 日本外务省编:《日本外交文书·满洲事变》,第1卷第3册,第184页。

④ 日本外务省编:《日本外交文书·满洲事变》,第1卷第3册,第155页。

⑤ 日本外务省编:《日本外交文书·满洲事变》,第1卷第2册,第317页。

对日中两国的舆论产生新的刺激，反而造成事件纠纷"①，主张尽量避免国联的干涉。但是，中国南京政府采取以夷制夷的政策，向国联申诉了事变。22 日，国联理事会开始审议九一八事变。

第三，外务省在应对国联时，利用了所谓不扩大的方针。这个方针是币原外交在事变初期使用过的有效的外交手段。所谓不扩大方针，对内虽然起到了牵制关东军一举占领中国东北军事计划的作用，但是对外则用于企图缓和日本与列强之间的尖锐矛盾，排除干涉，为关东军的行动创造有利的国际环境。日本政府公布了不扩大方针之后，"英国代表认为，根据日本方面的回答，事态已经缓和，根据《盟约》第十一条，理事会已经完成确保和平的任务"②；美国国务卿史汀生评价币原外相说："由报纸及其他情报得悉，币原男爵对此次事件深表痛心，并正在努力处理时局，实堪同情……我确信在若槻首相的带领下，由币原男爵负责外交的现任内阁，将环顾世界大势，并鉴于日本自身的利益，能迅速撤销占领，解决这一事件"③，公然回避对日本的劝诫。此外，由于 24 日的政府声明，"美国的舆论有所缓和……国务院对日本持良好态度"④。这样一来，日本在国际上暂时获得了有利的地位。

所谓不扩大方针虽然一时缓和了日本与列强之间的矛盾，但不可能完全消除它们之间的矛盾。列强依然警惕关东军的军事占领，要求其早日撤兵。中国和一些小国打算在国联大会上争论事变问题。对此，芳泽理事向日本国内呈报了"以预期确保居留民的生命财产安全为绝对条件，限期全部撤兵"⑤的意见。这主要是芳泽担心日本"与世界全部舆论为敌，将陷入孤立无援之境，并

---

① 日本外务省编：《日本外交文书·满洲事变》，第 1 卷第 3 册，第 157 页。
② 日本外务省编：《日本外交文书·满洲事变》，第 1 卷第 3 册，第 188 页。
③ 日本外务省编：《日本外交文书·满洲事变》，第 1 卷第 3 册，第 6～7 页。
④ 日本外务省编：《日本外交文书·满洲事变》，第 1 卷第 3 册，第 13 页。
⑤ 日本外务省编：《日本外交文书·满洲事变》，第 1 卷第 3 册，第 193 页。

导致和友邦断绝经济往来"①的缘故。但是，28 日币原外相对芳泽的意见表示反对，"限期撤兵之类的方案……违背日本的荣誉和威严，不能予以承认"②，在撤兵问题上采取了强硬的态度。德拉蒙德为了早日结束理事会会议，希望日方发表"明确表示不作保障性占领"③的声明。

为了排除国联的干涉，币原外相不得不按照德拉蒙德的要求，于 9 月 30 日，发表了如下声明："有如帝国政府历次声明那样，在确保我国铁路安全及在满帝国臣民的生命财产安全的情况下，我军坚持执行将全部部队撤回属地之内的方针。有关现今部分帝国军队驻在属地外的状况和今后的争议交涉属于不同的问题，特此声明。"④这个声明在撤兵问题上，附加了两个先决条件，必须确保铁路安全和居留民的生命财产安全，如果不能确保这两个条件，便不撤兵。国联理事会在接受了这个声明，采纳了九项决议之后闭会。决议案要求，不区分侵略国与被侵略国，采取不使两国之间事态恶化的措施，"并谅解日本代表的声明，日本政府将在有效确保其臣民的生命安全和财产安全的情况下，将日本军队撤回铁路附属地内，业已开始撤退的军队继续加快撤兵速度，在最短的时间内实现上述意图"⑤。这是迎合币原外相声明的决议。正如芳泽所说，这个决议"基本上承认了对我方有利的条件"⑥。这就是外务省所谓不扩大政策所得的猎物，币原外相在九一八事变中，完成了获取国际保障的最初任务。

日本在事变初期的外交政策中，最值得注意的是对美外交。美国虽然不是国联成员国，但是它在第一次世界大战后取代英国

① 日本外务省编：《日本外交文书·满洲事变》，第 1 卷第 3 册，第 194 页。
② 日本外务省编：《日本外交文书·满洲事变》，第 1 卷第 3 册，第 196 页。
③ 日本外务省编：《日本外交文书·满洲事变》，第 1 卷第 3 册，第 202 页。
④ 日本外务省编：《日本外交文书·满洲事变》，第 1 卷第 3 册，第 204~205 页。
⑤ 日本外务省编：《日本外交文书·满洲事变》，第 1 卷第 3 册，第 208 页。
⑥ 日本外务省编：《日本外交文书·满洲事变》，第 1 卷第 3 册，第 209 页。

成为列强之首，建立了以《九国公约》为中心的华盛顿体制，牵制了日本对中国大陆的侵略。它还是《巴黎公约》的缔约国，其以军事和经济实力为后盾，对国联和国际形势有很大的影响力。所以，日本外务省格外注意美国对事变的态度，试图阻止美国根据《九国公约》和《巴黎公约》对事变进行干涉。

外务省还试图牵制美国与国联的协调，切断美国和国联之间的关系。例如，在派遣调查团到中国东北的问题上，国联希望美国也对日本提出同样的要求。外务省担心美国与国联协调一致，25日出渊大使访问美国国务院，极力陈述日本的反对理由。结果，美国副国务卿卡斯尔表示："派遣调查委员不会收到任何实际的效果，只会刺激国家舆论，我非常理解日本对满洲问题的心态"[①]，不赞成国联派遣调查委员。但是，外务省却欢迎美国向南满派遣外交官，并予以方便。这表明外务省利用美国和国联之间的不一致性，来牵制美国与国联的协调。

那么，币原外交是如何对待南京政府的呢？

第一，试图通过与南京政府的直接交涉，排除国联的干涉，和南京政府一并解决"满蒙问题"。19日，宋子文代表南京政府向日本公使重光葵提出了关于组建中日委员会的方案。21日，币原外相指示："可以转达政府对宋之提案的意向，帝国政府对宋的意见深有同感。"[②]重光葵对宋的提案抱有很大的希望，"认为现在开始的有关这一重大满洲问题的国际斗争与日本方面能否有效地利用这次与宋的会见有着密切的关系"[③]。但是，22日，宋子文说："在日军撤兵之前组建委员会，在现今的气氛之下很难实现"[④]，撤回了设置委员会的提案。虽然日本因此失去了与南京政府直接交涉的可能性，但是外务省却把排除国联和第三国的干涉

---

① 日本外务省编：《日本外交文书·满洲事变》，第1卷第3册，第13页。
② 日本外务省编：《日本外交文书·满洲事变》，第1卷第2册，第305页。
③ 重光葵著：《外交回忆录》，每日新闻社1978年版，第94页。
④ 日本外务省编：《日本外交文书·满洲事变》，第1卷第2册，第308页。

作为主要的外交手段，始终主张直接谈判。

　　第二，外务省为了镇压中国人民的抗日运动和抵制日货运动，向南京政府施加压力。10 月 13 日，重光葵对孔祥熙说："严重取缔排日运动乃当务之急，并劝说如不取缔排日运动，日本政府将不再忍耐。"①南京政府屈服于重光葵的要求，不仅不抵抗日本的侵略，反而镇压人民的抗日运动。

　　第三，日本政府的所谓不扩大方针对南京政府的不抵抗主义造成了相当的影响。19 日，重光葵公使向南京政府外交部亚洲司徐司长转达这一方针时，徐说道："日本政府决意防止事态的扩大，乃不幸中之幸事。"②南京政府的齐世荣在东京会见币原外相之后，对币原外交很感兴趣，并抱有一定的幻想，他说："我充分了解币原外相冷静而公正的意见，并将报告民国政府的重要部门，如果按照币原男爵的意见行事，则没有很大的困难。"③这一幻想对南京政府的不抵抗主义确实造成了一定的影响。

　　第四，外务省和军部共同利用中国军阀内部的矛盾，进行阴谋活动，起到了从背后牵制张学良和南京政府的作用。9 月 30 日军部为了一扫张学良的势力，在《对中国本部的政策方案》中决定：（1）"利用反蒋势力和北洋军阀"；（2）"支持广东政府，策划瓦解南京政府"；（3）"上述两种方针政策的目的在于利用中国全国上下的政治混乱，减轻满蒙政变的严重性，并且在满蒙政权建立前后，由于列强对我国的友好支持，中国北方和中部政权与俄国相互之间很难占据优势地位，因此可缓解对满蒙新政权的抵抗态度，从而较易善意引导对我国的一般态度。"④外务省还联络南京、广东、北洋军阀中的亲日势力，探查其内部动向，利用他们的协助达成上述目的。币原外相在枢密院的证词中承认了这一

----

① 日本外务省编：《日本外交文书·满洲事变》，第 1 卷第 2 册，第 343 页。
② 日本外务省编：《日本外交文书·满洲事变》，第 1 卷第 2 册，第 395 页。
③ 日本外务省编：《日本外交文书·满洲事变》，第 1 卷第 2 册，第 343 页。
④ 稻叶正夫等编：《走向太平洋战争之路》，别卷，第 131 页。

事实。

由于对南京政府实施了上述外交政策，币原外交在中国国内为关东军的军事行动创造了有利的形势，并对南京政府镇压九一八事变引起的中国人民抗日运动浪潮起了很大的作用。这种作用是关东军的武力无法达到的。如上所述，币原外交的对内牵制和对外保障似乎是一种矛盾现象，但实际上是完全统一的一种外交政策的两个方面。币原外交牵制关东军一举占领计划的目的，是想通过外交活动来获取国际保障。币原外相担心关东军一举占领中国东北会激化日本与列强及苏联之间的矛盾，并因此招致经济和军事制裁。在确认这种担心消失后，这种矛盾便没有了，双方的政策达到完全一致。所以对内牵制和对外保障是事变初期币原外交的特殊表象之一。

二、日本在国联的外交活动

币原外交的第二个时期是轰炸锦州及10月13日至24日理事会讨论美国观察员是否出席理事会和关东军撤兵问题的时期，也是日本从所谓不扩大转向不撤兵的时期。

10月8日，关东军轰炸锦州。这是对张学良的东北政府及其军队的轰炸，但也是由于关东军对币原外交不满，所以在这次行动中轰炸了与列强利益有着直接关系的北宁线，从而激化了欧美列强与日本的矛盾，使币原外交在国联的信誉一落千丈。石原莞尔在轰炸锦州之后评价其作用说："这样一来，日本政府在国联的信用就完全告吹了。"[①]当时，南次郎陆相也对币原外交不满，曾对币原说："日本退出国联不是更好吗？"[②]

关东军轰炸锦州的意图之一是针对币原外交的，但是币原外交却为其行动采取辩护的立场。若槻首相说："日军轰炸锦州，恶

①　山口重次著：《满洲国》，行政通信社1975年版，第115页。
②　原田熊雄口述：《西园寺公与政局》，第2卷，岩波书店1982年版，第84页。

化了国联的气氛，对日本非常不利。在 14 日国联会议举行之前，对这一事实必须进行相应的解释说明。"[①]币原外相解释说，轰炸锦州是由于中国军队"向我方侦察机开炮，为了防止发生其他事故，我军不得不进行正当防卫"，并警告国联，"如果国联听信中国方面的宣传而表现出压制我方的态度，日本则不得不作出重大决定"[②]。币原为了掩盖轰炸锦州的真相，还反对国联调查锦州事件，他说："如若只是调查锦州事件，不仅违反我方试图根本解决问题的宗旨，反而使中国方面有机可乘，使事态更加恶化。"[③]为了阻止国联根据《国联盟约》《巴黎公约》《九国公约》强行采纳有关轰炸锦州的决议或宣言，他采取了强硬的态度。

经过锦州的北宁线与英国资本有关。所以英国对轰炸锦州格外关心。10 月 10 日，英国大使反驳币原外相的辩解："我认为侦察机和轰炸机的性质不同，它是以轰炸为最初目的而行动的"，同时提醒币原外相："该铁路与英国资本有关，英国政府也感到有某种利害关系"。[④]币原外相辩解说："我很清楚京奉线与英国方面有着利害关系，并接到我方飞机妥善注意不会破坏铁路的报告，本大臣却未闻有阁下所说的破坏铁路和工厂之事。"[⑤]

轰炸锦州对美国也是一个很大的打击。美国政界对日本产生了极大反感。美国政府一改以往对国联的态度，决定和国联合作，12 日向日本政府提出了抗议轰炸锦州的备忘录。外务省警惕美国的这一动向，采取了阻止美国与国联合作的对策。而美国也不想直接干涉。10 月 13 日美国各家报纸报道："美国政府认为此次满洲事件可以通过日中两国间的直接交涉解决，因而对两国没有施

---

① 原田熊雄口述：《西园寺公与政局》，第 2 卷，第 91 页。
② 日本外务省编：《日本外交文书·满洲事变》，第 1 卷第 3 册，第 296 页。
③ 日本外务省编：《日本外交文书·满洲事变》，第 1 卷第 3 册，第 261 页。
④ 日本外务省编：《日本外交文书·满洲事变》，第 1 卷第 3 册，第 252～253 页。
⑤ 日本外务省编：《日本外交文书·满洲事变》，第 1 卷第 3 册，第 253 页。

加任何压力的意图，当然也没有直接干涉之意。"①

　　由于币原外相和外务省驻外机关的辩解，国联和美国没有对轰炸锦州采取什么特别措施，只是在中国代表的要求下，预定在10月14日召开的理事会提前在13日召开了。

　　这次理事会的议题焦点是美国观察员出席理事会和日军撤军问题。

　　轰炸锦州激化了日本与列强之间的矛盾，美国采取与国联合作的态度，国联也希望美国观察员出席理事会并采取共同行动。日本驻国联事务局长泽田"担心国联和美国同心合力，出现共同对付日本的形势"②，14日他警告国联秘书长德拉蒙德："如果邀请美国参加理事会，将视为国联和美国共同对日本施加压力，这将益发刺激国家舆论，且使之陷入僵局，导致难以解决时局的危险。"③在15日下午召开的不公开理事会上，讨论美国观察员出席理事会的问题，日本理事"着重指出法律上的疑点，并强烈反对"④，但表决时，仅有日本反对，因此决定邀请美国观察员参加。币原外相不顾理事会已经作出的决定，17日指示驻美大使出渊向美国国务卿建议不要主动派遣观察员。但是，美国拒绝了这一意见；16日观察员吉伯特已经出席了理事会。

　　美国观察员出席理事会后，外务省表面欢迎，却努力阻挠美国在国联采取强硬的态度。同时，币原威胁国联说："如果国联将来在其他问题上也像这次一样，以压迫的态度对待我方，那么不仅是满洲事变问题，很难保证不发生诸如决定帝国如何对待整个国联关系的事情。"⑤

　　美国观察员出席理事会是美国和国联合作的第一步，但并不

————————
　　① 日本外务省编：《日本外交文书·满洲事变》，第1卷第3册，第33页。
　　② 日本外务省编：《日本外交文书·满洲事变》，第1卷第3册，第284页。
　　③ 日本外务省编：《日本外交文书·满洲事变》，第1卷第3册，第288页。
　　④ 日本外务省编：《日本外交文书·满洲事变》，第1卷第3册，第300页。
　　⑤ 日本外务省编：《日本外交文书·满洲事变》，第1卷第3册，第335页。

表明美国已经完全和国联站在统一战线上。17 日，在中日两国理事缺席的理事会上，美国观察员提议根据《巴黎公约》向中日两国提出终止战斗的警告。理事会根据这一提议起草了警告案。这一方案没有区别侵略和被侵略的界限，只是要求中日两国停止军事行动。这是一种不平等要求。10 月 22 日，日本政府针对这一方案进行狡辩："9 月 18 日夜间以来所采取的军事行动完全是针对中国军队及匪兵的非法攻击，基于我军自卫和保护南满铁路及帝国臣民生命财产之必要，我帝国政府完全没有为了解决与中国的各种悬案而诉诸战争的考虑"，中国人民的抗日运动"不能认为是符合《巴黎公约》第二条的明文规定或其精神的"，诬陷作为被侵略者的中国人民的抗日运动违反了《巴黎条约》的第二条。①19日，币原外相对英国大使也说道："应该明白，中国所进行的'抵制日货'等其他各种反抗运动不能视为和平手段，现在中国正利用这种非常手段来努力达到自己的目的，上述通告是希望《巴黎条约》第二条能够阻止中国的行动。"②由于日本政府和外务省的上述反驳，《巴黎公约》第二条没能发挥任何效果。

　　理事会的第二个焦点是撤兵问题。泽田向币原外相报告说："现今国联最重视的问题是实行撤兵，在即将召开的理事会上，我方有必要极力陈述在目前的形势下，绝对不能撤兵的理由"。为此，日方提出了"尊重条约论"。泽田认为，在 9 月的理事会上提出的如果确保生命财产便撤兵的说法，"在中国方面看来，便是因为我方未能完全撤兵，所以不能完全保护生命财产，其结果将争论不休"③，而"这次我方出兵，在于保护在满日人的生命财产，同时也是使中国尊重我方条约上的权利，除此并无他意。即将保护生命财产论及构成事变真正原因的尊重条约论作为我方辩论的论

① 日本外务省编：《日本外交文书·满洲事变》，第 1 卷第 3 册，第 386~387 页。
② 日本外务省编：《日本外交文书·满洲事变》，第 1 卷第 3 册，第 348 页。
③ 日本外务省编：《日本外交文书·满洲事变》，第 1 卷第 3 册，第 230 页。

据，可在一般舆论方面加强我方的立场”①。他向币原外相提议：采纳南京政府撤回的宋子文方案，即组建日中共同委员会，由该委员会商讨各种悬案，“使理事会在该委员会的任务完成之前，延期讨论本事件”②。这个“条约尊重论”利用列强都有迫使中国方面尊重侵略条约的帝国主义共同点，认为即使日本不撤兵，列强也能谅解，以此获取列强的同情和支持。

币原外相赞成泽田的意见，9日连续向泽田发出了题为“关于中国方面侵害日本在满权益状况等应唤起国联的注意”“关于中国方面妨碍大正四年协约之商租权的状况”“关于满洲的中国官员压迫朝鲜人及日本人的实情”“关于中国方面对铁路的妨碍行为”的电报，指示如何对付国联和中国的撤兵要求。

基于这个方针，日本政府在10月9日确定了通过日中直接交涉应缔结的五项协定大纲。这一大纲的一、二、三项只是形式，第四项的内容是：“中国政府约定对在东北诸省内任何地方居住、旅行及从事商业、工业、农业和其他和平业务的日本臣民，在其活动不危害公共秩序及安宁的情况下，予以适当而有效的保护”③；第五项的内容是：“为了增进日本国政府及中国政府在两国铁道系统的相互关系中的友好合作，并防止破坏性的竞争，以及为了实施日本国及中国之间有关东北各省铁路现行条约的规定，在南满铁道株式会社与东北各省的有关官厅之间，应不再迟疑地缔结必要的协定。”④这些内容反映了日本政府以关东军的军事行动为背景，试想一举解决“满蒙问题”的侵略意图。而且是以中国方面不能承诺的事项作为撤兵条件的。对此，泽田也承认，“根据本使的经验判断，鉴于蒋介石政府的不稳定地位以及学生团体等强硬的中国舆论，难以想象南京政府能够就此事件进行直接

① 日本外务省编：《日本外交文书·满洲事变》，第1卷第3册，第230页。
② 日本外务省编：《日本外交文书·满洲事变》，第1卷第3册，第227页。
③ 日本外务省编：《日本外交文书·满洲事变》，第1卷第2册，第335～336页。
④ 日本外务省编：《日本外交文书·满洲事变》，第1卷第2册，第335～336页。

谈判，即使答应直接谈判，其结局也难以期待其全部承诺我方之五项大纲。"①日本政府明明知道中国方面不能接受，反而提出这种五项协定大纲，明显是企图将其作为不撤兵的借口。币原于 9 月 30 日就曾说过"帝国之部分军队在附属地之外的现状，与今后的争议交涉是属不同的问题"②，但现在却把直接交涉作为撤兵的先决条件，将撤兵这个另外的问题与交涉联系起来了。这是币原外交为了不撤兵而制造出来的对策。这表明日本政府 9 月 30 日的声明不过是为了博取国际好感的一种手段。

泽田向国联议长白里安和秘书长德拉蒙德私下透露了日方的协定大纲，以期得到国联的支持。白里安表示："国际最关心的事情是撤兵未了，中国方面在撤兵未了的情况下，是不能承诺某种基础上的直接谈判的，这是最为困难的问题。"国联办公厅主任莱杰也说："第四及第五项是实质问题，撤兵之前不能进行谈判。"③英国外交大臣西蒙也表示反对，他说："所谓确保铁路之事，我是第一次听说。"④泽田辩解说："本使以往所声明的，不过是抽象的原则，如果对日本人生命财产的安全作出具体的说明，那么财产当中最为重要的部分便是铁路。"⑤与此同时，币原也对国联和英国的异议进行了强硬的辩驳。

在日本与国联就撤兵问题处于全然对立的情况下，国联方面主动与日本妥协，采取了让步的态度。19 日，白里安对泽田试探说："如果日中就前四项达成协议后日方就立即撤兵的话，那么世界舆论则将称赞日本公正而稳健的态度。在实施四个条款方面，是否需要国联的援助？"⑥这时，泽田也感到有和国联妥协的必要，

① 日本外务省编：《日本外交文书·满洲事变》，第 1 卷第 3 册，第 372～373 页。
② 日本外务省编：《日本外交文书·满洲事变》，第 1 卷第 3 册，第 205 页。
③ 日本外务省编：《日本外交文书·满洲事变》，第 1 卷第 3 册，第 290～291 页。
④ 日本外务省编：《日本外交文书·满洲事变》，第 1 卷第 3 册，第 314 页。
⑤ 日本外务省编：《日本外交文书·满洲事变》，第 1 卷第 3 册，第 314 页。
⑥ 日本外务省编：《日本外交文书·满洲事变》，第 1 卷第 3 册，第 349 页。

便向币原提出："在某种程度上缓和作为撤兵之前提条件而实施协定大纲的方针，此时是绝对必要的。"[1]其理由是："最近当地的对日气氛明显恶化，特别是在美国参加会议问题上，因为我方采取的态度过分强硬，所以行政院内部加强了反对我方的团结，有使我方事实上处于孤立无援之虞。"[2]币原也担心出现不利的国际环境，于是将第五项的内容作了部分修改，将其改为中国政府有义务执行现存两国条约中有关满洲铁路的规定。这种修改只是简化了第五项的内容，并没有实质上的变化。币原强调：缔结五项协定大纲，是"任何压力也不能改变，任何环境也难以动摇的"[3]。

德拉蒙德为了解决日本与国联之间的僵局，于20日向日本代表杉村阳太郎出示了三种解决方案。第一种方案是，将日方的大纲方案纳入9月30日行政院会议的决议范围之内，行政院劝告中日两国立即就撤兵及安全保障问题开始直接谈判，行政院暂时休会3周，在确认直接谈判的结果后复会。第二种方案的内容是，日方在行政院会议上就大纲问题发表有必要实现协定原则的声明，而中国方面正式承诺，尔后行政院会议暂时延期3周。第三种方案是，在前两个方案都不能接受的情况下，由两个当事国之外的其他理事国提出全体赞成的原始方案，然后征求当事国的意见。[4]第一、第二两种方案接近日本的主张，是撤兵与谈判并行的妥协性方案。德拉蒙德私下表示，第一方案充分容纳了以往日本的所有主张，希望日本接受这一方案。泽田向币原外相报告说，"我个人认为"，第一方案"最符合日本的要求"。[5]驻英大使松平、驻德大使小幡、驻比利时大使佐藤也建议币原外相接受第一方案。

————————
① 日本外务省编：《日本外交文书·满洲事变》，第1卷第3册，第350页。
② 日本外务省编：《日本外交文书·满洲事变》，第1卷第3册，第349页。
③ 马场明：《日本外交史·满洲事变》，第18卷，鹿岛研究所出版会1973年版，第215页。
④ 日本外务省编：《日本外交文书·满洲事变》，第1卷第3册，第358页。
⑤ 日本外务省编：《日本外交文书·满洲事变》，第1卷第3册，第359页。

币原外相打算接受他们的建议，以推进既定方针。22 日，他向泽田发出训示电报：采纳第一方案的宗旨。[①]但是第一方案将撤兵时间限制在 3 周内，因此币原外相在第一方案的后面添加了修改条件：一旦理事会延期，日本政府将随时向国联通报直接谈判的经过。[②]这个条件是企图排除国联对撤兵问题的干涉，使日本掌握直接谈判的主导权。

但是 22 日国联五人委员会在德拉蒙德的第三方案，即日本认为最坏的方案之上，提出了 7 项决议案。决议案的第一项着重针对日本代表的有关声明：日本政府在确保日本人的生命安全及其财产安全的情况下，将其军队尽量迅速继续撤退至铁路附属地内[③]，规定日军早日撤退。第六项规定：在完成撤兵的同时，建议日中两国政府就两国间的一切悬案，特别是由最近事件产生的一些问题和由满洲铁路状况引起纠纷的相关问题，开始直接谈判。[④]即规定首先日本要撤兵，然后进行直接谈判。这表明国联由德拉蒙德第一、第二方案中直接谈判和撤兵并行的提案转变为首先要求撤兵的方针。

这一决议草案对日本非常不利。日本代表反对在 22 日下午的公开理事会上讨论这个草案，并在要求会议延期的同时，起草了针对此决议案的修正案。修正案要求国联"再次谅察日本代表于10 月 13 日所作的声明：通过实现日中两政府间的先决性协定，即保证日本人的生命及其财产安全的根本原则，使人心稳定及事态缓和的同时，日本将依然驻在铁路附属地外若干地方的军队撤退至附属地内，希望国联以实现此协定为目的，建议日中两国政府立即进行协商"[⑤]。外务省坚持以直接谈判作为撤兵的先决条件，

① 日本外务省编：《日本外交文书·满洲事变》，第 1 卷第 3 册，第 383 页。
② 日本外务省编：《日本外交文书·满洲事变》，第 1 卷第 3 册，第 383 页。
③ 日本外务省编：《日本外交文书·满洲事变》，第 1 卷第 3 册，第 390 页。
④ 日本外务省编：《日本外交文书·满洲事变》，第 1 卷第 3 册，第 390~391 页。
⑤ 日本外务省编：《日本外交文书·满洲事变》，第 1 卷第 3 册，第 399 页。

并且添加了：在缔结协定后如果人心不稳定、事态不缓和①，则不撤兵等新条件。

其次修正案提出"任何时候都不允许理事会召开会议进行新一轮的审查"②，企图延期重新召开理事会的时间。这是因为理事会决议草案规定了关东军要在 11 月 16 日之前完成撤兵的缘故。

币原外相赞成日本代表的修正案。他反对理事会决议案，因为该方案以完成撤兵为日中直接谈判的前提条件。③他希望采用德拉蒙德第一方案或日本代表的修正案。

日本代表在 23 日的理事会上提出了日本方面的修正案。中国理事反对日本的修正案，表示接受理事会的决议案。

24 日下午第十六次理事会对决议案进行记名投票。芳泽理事反对说："这件事关系到日本的死活，不能接受这种不满足日本方面要求的原始方案。"④理事会的决议案需要全体理事赞成才能成立，因为日本的反对而成为废案。在这次理事会上，由于日本代表强硬的外交政策，中国和国联试图通过决议使关东军撤兵的努力失败了，日本外务省则通过外交成功保障了关东军的军事占领。

那么，国联方面为什么不以德拉蒙德的第一方案，而是以第三方案为基础起草决议案呢？这是日本和列强之间矛盾激化的必然现象。当时《伦敦泰晤士报》报道说，根据来自东京的电报，第五项意味着履行 1915 年的日中条约。币原也说："该条约是依照两个当事国的自由意志"而批准的，"该条约是现今维持满洲和平的基础"。⑤这意味着币原承认大纲第五项包含"二十一条"条约中有关"满蒙问题"的内容。与日本争夺中国的列强没有理由容忍日本的这种庞大的野心和欲望。因此，列强反对大纲，要求

①　日本外务省编：《日本外交文书·满洲事变》，第 1 卷第 3 册，第 399 页。
②　日本外务省编：《日本外交文书·满洲事变》，第 1 卷第 3 册，第 400 页。
③　日本外务省编：《日本外交文书·满洲事变》，第 1 卷第 3 册，第 410 页。
④　日本外务省编：《日本外交文书·满洲事变》，第 1 卷第 3 册，第 415 页。
⑤　日本外务省编：《日本外交文书·满洲事变》，第 1 卷第 3 册，第 410 页。

日本早日撤兵。

其次，在这个时期，关东军在政治和军事上双管齐下，向齐齐哈尔等北方城市推进，并派飞机轰炸了黑龙江的中国军队。这是日本向列强表示它要进一步扩大事态。所以，国联想利用日本认为最不利的第三方案来牵制日本的军事行动。

理事会结束后，日本政府于10月26日发表了第二次政府声明。这个声明毫无撤兵之意，声称"此时帝国政府如果单纯依赖中国政府的保障，将军队全部撤回满铁属地内，事态将更加恶化，并使帝国臣民的安全暴露于危险之中"，①公然表示坚持在附属地外进行军事占领。这个声明是不撤兵声明，意味着币原外交已由不扩大进入不撤兵阶段。

三、入侵齐齐哈尔时的外交策略

币原外交的第三个时期是关东军北进嫩江和齐齐哈尔时期。这个时期是币原外交从不扩大转向扩大，从不赞成转向赞成建立傀儡政权的重要时期。

关东军在不扩大方针的牵制下，利用地方军阀和亲日分子，采取以政治阴谋为中心的手段来扩大占领区域，开始建立地方伪政权组织。关东军向洮南地区的军阀张海鹏提供武器和资金，帮助其成立边境保安军，用以作为进攻北满的走卒。从10月15日开始，张海鹏军队沿洮昂线北进，试图打倒齐齐哈尔的万福麟、马占山政权，建立亲日的傀儡政权。

币原和关东军有着同样的想法，他认为："鉴于马占山占据齐齐哈尔之情况，我方可以让张海鹏北上，以适应南满方面之大势。"②但是，币原考虑到对苏联和国联的影响，又认为应避免采取军事行动，企图通过所谓和平的手段来达到此目的。币原指示

---

① 日本外务省编：《日本外交年表及主要文书》，下卷，第186页。
② 日本外务省编：《日本外交文书·满洲事变》，第1卷第1册，第459页。

奉天、哈尔滨两地的总领事："鉴于同苏联的关系，不宜在张军北上之际，与马军发生冲突，扰乱中东铁路沿线，而应使马军不加抵抗便撤出齐齐哈尔为要。若使我方部分军队与张军同时北进，我方则要负扩大事态之责，并有恰好落入中国圈套之虞。故而无须让张军与我军同时北进，而应加强该军的实力，使马军感到抵抗是无意义的。同时采取收买马占山等其他方法加以怀柔，在和平的情况下接收其政权。这在各种关系上都是最为适宜的。"①对此指示，哈尔滨总领事大桥向币原报告说："让马占山效仿奉天一例，组织治安维持会是最适当的方法和策略。"②其理由分析是："（一）按照军方的最初计划，现今正处于张军不可能夺取江省的状态"；（二）"日本方面如果坚持现行计划，我方有可能退出国联，这样一来，唯有加强与苏、美一战，由我军歼灭江省军或解除其武装之后再建立张政府。不然的话，只有像吉林那样，将日军驻扎在当地以拥护张政府。"③大桥总领事是想仿效奉天，在黑龙江省也成立治安维持会，任命马占山为会长，以建立伪政权。为此，大桥从 10 月中旬开始与哈尔滨特务机关的宫崎少佐共同进行了收买马占山的阴谋活动。11 月 4 日，币原外相和军部洽谈后，向大桥总领事和林奉天总领事传达，将为此提供 300 万日元的活动经费。币原指示说："此乃机密之事，最好完全由军方实施，贵官应经常与军方保持联络，若贵官参与此事反而更好，可向军方提出此要求，尔后参与实施。"④

　　大桥总领事为使这一阴谋活动获得成功，向币原外相提出了以下意见："（一）修理桥梁与本事件有关，应尽快进行；（二）派往江桥的军队应为小股部队，并避免与江省方面发生冲突，且在洮南郑家屯方面集结大部队，在对江省方面显示我军威力的同时，

---

① 日本外务省编：《日本外交文书·满洲事变》，第 1 卷第 1 册，第 459 页。
② 日本外务省编：《日本外交文书·满洲事变》，第 1 卷第 1 册，第 471 页。
③ 日本外务省编：《日本外交文书·满洲事变》，第 1 卷第 1 册，第 471 页。
④ 日本外务省编：《日本外交文书·满洲事变》，第 1 卷第 1 册，第 474 页。

暗示我方的意图。"①关东军和陆军中央向嫩江方面派遣小股部队
与上述意见有关。这个事实表明，外务省和关东军、陆军中央在
北进问题上的意见是一致的。但是，外务省想尽可能避免使用武
力来达到北进的目的。

上述事实说明，币原外交主张用"和平"的手段来推动北进，
意味着其外交政策从所谓不扩大转向"和平"地扩大，赞成用"和
平"的手段在北满建立傀儡政权。这一"和平"地扩大和"和平"
地建立傀儡政权的方针，处于币原外交转向军事扩大和武力建立
傀儡政权的过渡时期，时间非常短暂。

11 月 4 日，关东军向嫩江方面派遣部队，与马军交战。那么，
外务省对嫩江事件采取了什么外交措施呢？

中国理事施肇基向国联秘书长申诉："日方派遣军队，表面上
是为了掩护修理桥梁，实际上是通过支持张军来引发马、张之间
的冲突，从而实现日军北上的目的。"②12 日，德拉蒙德向币原外
相发出了关于北满战局的警告电报。但是币原公然为出兵嫩江辩
解："我军此次出兵嫩江……目的全然在于援助洮昂铁路局的桥梁
修理人员，但是中国军队不讲信义加以攻击，我军不得已进行了
反击。"③13 日，币原外相反而向白里安议长提出要求："由于中
国军队在齐齐哈尔、昂昂溪及其以南地区集结了大于我军十余倍
的兵力，对我军的威胁迫在眉睫，请议长对此予以深切注意"④，
并狡辩说，保护国土的中国军队威胁了日本军队。

德拉蒙德针对关东军进攻北满事件要求国联委员视察满洲。
对此，币原外相表示："我方尽可能给予方便。"⑤这表明日方在事
变初期反对国联派遣观察员的方针起了变化。这时，币原外相认

---

①　日本外务省编：《日本外交文书·满洲事变》，第 1 卷第 1 册，第 473 页。
②　日本外务省编：《日本外交文书·满洲事变》，第 1 卷第 3 册，第 481 页。
③　日本外务省编：《日本外交文书·满洲事变》，第 1 卷第 3 册，第 490 页。
④　日本外务省编：《日本外交文书·满洲事变》，第 1 卷第 3 册，第 532 页。
⑤　日本外务省编：《日本外交文书·满洲事变》，第 1 卷第 3 册，第 532 页。

为国联委员的视察对日本有利。这种改变与林奉天总领事于 10 月 29 日向币原外相所做的报告有关。其报告说："许多来当地视察实情的外国人了解到，在满洲现今情况下，不可能急速撤退日本军队。如此时我方改变以往的方针，主动让国联派遣调查员，不仅有利于国联了解满洲的实情，而且有助于国联处理已经陷入僵局的事变问题，并加以妥善诱导。再者，本庄司令官也认为让国联调查员了解当地的实情是有利的。"①外务省对国联采取这样的策略是为了给关东军进攻嫩江制造有利的国际环境，通过这一外交措施来缓和在关东军北进过程中日本与国联之间日益激化的矛盾。

出渊大使对美国国务卿和副国务卿辩解说："是马占山的军队破坏了铁桥"②，出兵嫩江是为了修理铁桥。但是美国认为关东军出兵嫩江是侵占齐齐哈尔的前奏，对日本怀有戒心。11 月 16 日美国国务卿史汀生警告出渊：日军是否最终要把马占山驱逐出齐齐哈尔，将北满置于日本的势力之下？出渊为关东军入侵齐齐哈尔制造借口说："日本的方针绝不是出兵北方，但在目前的情况下，要在修理桥梁的同时立即撤兵是困难的。而且这两天，在尚未修理完毕的情况下，马军屡次进攻，实在不胜忧虑。"③美国或许相信了这一说法，在嫩江事件上，没对日本采取什么特别的措施。

那么，币原外交又是如何对待南京政府的呢？11 月 11 日，南京政府外交部长向重光葵公使递交了关于嫩江问题的备忘录，抗议关东军进攻嫩江。

备忘录披露了嫩江问题的事实，暴露了关东军侵略北满的企图。这一抗议对于支持关东军和其军事行动的日本政府，不得不说是一个打击。对此抗议，币原外相歪曲事实，试图使关东军在

---

① 日本外务省编：《日本外交文书·满洲事变》，第 1 卷第 3 册，第 427~428 页。
② 日本外务省编：《日本外交文书·满洲事变》，第 1 卷第 3 册，第 77 页。
③ 日本外务省编：《日本外交文书·满洲事变》，第 1 卷第 3 册，第 100 页。

齐齐哈尔的新一轮的军事行动合法化。他说，马占山军队"违反规定，对我方派遣至嫩江掩护修理桥梁的小股部队进行攻击。被我军暂时击退后，继续在齐齐哈尔、昂昂溪及其以南地区集结大于我军十余倍的兵力，连续对我军进行挑衅"①。11 月 16 日，重光葵公使也向南京政府外交部长递交了反驳书，威胁南京政府，为关东军的军事行动辩护说："此次日中两国军队的冲突是由中国军队不守信用引起，责任完全在于中国方面"②，"万一江省军队依赖人多势众，对我军进行挑衅，惹起与我军之间的冲突，那么由此产生的一切后果，均由贵国政府承担"③。21 日、23 日，重光葵公使又连续两次向南京政府递交抗议书。这充分表明外务省在外交上是支持关东军北进的。

嫩江事件之后，关东军准备进攻齐齐哈尔。币原又是如何对待这一事件的呢？哈尔滨总领事大桥主张一举占领齐齐哈尔。大桥向币原外相报告说，此时由素质低劣的张海鹏军单独占领齐齐哈尔，恐怕是不可能的。即使占领了，若没有关东军在当地支持，维持其地位也是困难的，另外"现今也绝对不可能用收买等其他方法来怀柔马占山了"。因此"要实施政府征服北满的方针，此时只有一举攻打齐齐哈尔，彻底击败江省军及其友军之后，让合适的我方傀儡占据齐齐哈尔"④。在事变初期主张不扩大方针的林奉天总领事也提出了支持关东军出兵齐齐哈尔的意见。他说："现今事态实质上已经不在五项大纲可以处理的范围之内，除了维护既得权益之外，应进而征服北满"；"我军仍极力避免进攻齐齐哈尔，实际上不可能尽早实现上述方针""我认为出兵齐齐哈尔是由当地情况所决定的，是不得已而实施的方针和策略"。⑤

① 日本外务省编：《日本外交文书·满洲事变》，第 1 卷第 2 册，第 296 页。
② 日本外务省编：《日本外交文书·满洲事变》，第 1 卷第 2 册，第 395 页。
③ 日本外务省编：《日本外交文书·满洲事变》，第 1 卷第 2 册，第 395 页。
④ 日本外务省编：《日本外交文书·满洲事变》，第 1 卷第 1 册，第 502 页。
⑤ 日本外务省编：《日本外交文书·满洲事变》，第 1 卷第 1 册，第 523 页。

关东军在准备出兵齐齐哈尔的同时，又通过张景惠，开展阴谋活动，以便让马军撤兵，使马占山下台，把政权交给张海鹏。哈尔滨总领事大桥和关东军一起负责这一阴谋活动。币原外相支持大桥并指示："我非常重视贵官为贵地政权和平交接所做的努力，此时应与军方密切联系，以尽力达到目的。但此事件有极其微妙的关系，因而日后不要留下可视为我方干涉内政的文书，应尽可能用口头方式进行。"①

当时，在内阁中，陆相南次郎主张："必须通过中东线进攻齐齐哈尔，否则作为军事战略是不完整的。"②若槻首相却不赞成陆军出兵，他说："如果陆军越过中东线进攻齐齐哈尔，那么我将不负责任。"③币原外相曾主张"和平"北进，也不完全赞成使用武力。但是，首相、陆相、外相商谈后，最后达成了妥协："如果不得已越过中东线进攻齐齐哈尔，一旦使敌军屈服，便立即撤回军事据点，不再占领齐齐哈尔。"④这表明币原外交追随关东军的扩大方针，开始从所谓"和平"扩大转向军事扩大方针。此外，由于军事扩大的目的是用武力在北满建立傀儡政权，所以这也意味着币原外交从"和平"转向用武力建立傀儡政权。

19日，关东军占领了齐齐哈尔。其目的是建立傀儡政权。但是，币原外相为了掩盖关东军的这一目的，向国联表示："我军决无从政治上考虑占领该地的意思，在解除了马占山的军事威胁后，将迅速撤兵，请予以充分谅解。所以希望理事会相信我方诚意，暂且静观事态的发展"⑤，企图阻止国联对占领齐齐哈尔进行干涉。

关东军占领齐齐哈尔后，打算在达到建立傀儡政权，确立日本的统治体制的目的之后，撤出部分主力军，以缓和国际舆论。

---

① 日本外务省编：《日本外交文书·满洲事变》，第1卷第1册，第519、543页。
② 原田熊雄口述：《西园寺公与政局》，第2卷，第133～134页。
③ 原田熊雄口述：《西园寺公与政局》，第2卷，第133～134页。
④ 原田熊雄口述：《西园寺公与政局》，第2卷，第134～135页。
⑤ 日本外务省编：《日本外交文书·满洲事变》，第1卷第3册，第610页。

但是这一计划没有顺利实施，日方没有迅速撤兵。币原改变了"迅速撤兵"的意见。为了协助关东军不撤兵和建立傀儡政权，23 日，他向泽田传达说："通报撤兵的大致日期不仅困难，而且此时轻易作出通报，将来却不能实行时，其结果反而对我方不利。"①

日军入侵齐齐哈尔时，最担心的是与苏联的关系。因为侵占齐齐哈尔要越过中东线，所以有与苏联发生直接冲突的可能性。当时，哈尔滨总领事大桥认为："此时无论日本采取什么行动，彼方都没有勇气与我方正面为敌"②，因此主张侵占齐齐哈尔。在占领齐齐哈尔的第二天，日本驻苏大使广田为了稳住苏联，拜访了苏联人民外交委员李维诺夫。他说："日本军队今后将为尊重中东铁路的利益而行动""日本政府在我军不得已进行战斗时也将考虑苏联的利益，让苏联政府也满意我军的行动。同时在这种事态下，两国维持良好的关系乃是两国之幸事"③，以期缓和与苏联的关系，获取占领齐齐哈尔的保障。

对美国，日本又采取了什么措施呢？哈尔滨总领事大桥说："此时无论日本在满洲采取什么行动，不用说美国，就是国联也只不过在言语上非难，而不至于通过经济封锁或行使武力来妨碍"，并推测："即使特意把矛头指向苏联，不管是目前最担心五年计划的美国，还是保守党一统天下的英国，都会同情我方，而决不会表现出妨碍的态度。"④事实与大桥分析预测的一样。但是欲与日本争夺中国东北的美国不赞成将南北满洲全部置于日本的统治之下。19 日美国国务卿史汀生向出渊大使表示其担忧说："看到日军进攻齐齐哈尔，我不禁感到非常失望。鉴于奉天、吉林的现状，如果齐齐哈尔也陷入同样的事态，南北满洲必将在事实上置于日

---

① 日本外务省编：《日本外交文书·满洲事变》，第 1 卷第 3 册，第 642 页。
② 日本外务省编：《日本外交文书·满洲事变》，第 1 卷第 1 册，第 502 页。
③ 日本外务省编：《日本外交文书·满洲事变》，第 1 卷第 3 册，第 618～619 页。
④ 日本外务省编：《日本外交文书·满洲事变》，第 1 卷第 1 册，第 503 页。

本的势力之下，这将给美国舆论以重大的刺激。"①因为美国舆论对国联的影响很大，因此币原通过出渊大使向史汀生传达说："为缓和事态，我方明确表示了日本军队从嫩江地方撤兵的日期，但马占山拒不接受我方提议，反而在18日早晨整军备战，突然发动攻势，使我军不得不在兵力寡少的情况下应战。在此，我帝国表示，如果我军击败了马军，并追击其进入齐齐哈尔，解除了马军的军事威胁后，将迅速撤退至洮南以南或郑家屯以东地区""希望美国政府相信我帝国政府的诚意，我军近日将从齐齐哈尔方面撤退，请静观事态发展"。②这是在歪曲事实，部分关东军依然占据着齐齐哈尔。但是币原外相的对美政策却取得了相当的效果。史汀生国务卿对出渊大使说："昨日贵大使所说的从齐齐哈尔方面迅速撤兵的方针，我已立即转达给道威斯，他将转告施公使，这对说服该公使有相当的效果。今后我将继续以适当的方法采取使中国方面取缔对日敌对行为的方针。"③

关东军侵占齐齐哈尔是事变初期以来最大的一次军事行动，但由于外务省上述外交政策和列强各自不同的情况，列强没有采取特别的制裁措施，默认了关东军对齐齐哈尔的占领。

如上所述，币原外相的外交政策，在11月16日国联再次举行理事会和日军占领嫩江、齐齐哈尔前后，进入了一个新阶段。这一变化在11月12日发出的《传达有关政府处理满洲事变的方针》和15日的《关于再次举行理事会的对策》的训令中有明确的表述。币原在训令中说："张学良因其排日态度，不能得到我方的支持。现在他已在东三省丧失其实力，因此不再代表最初的东三省政权""今后满洲出现什么政权是东三省内部的问题，应主要由

---

① 日本外务省编：《日本外交文书·满洲事变》，第1卷第3册，第102页。
② 日本外务省编：《日本外交文书·满洲事变》，第1卷第3册，第104页。
③ 日本外务省编：《日本外交文书·满洲事变》，第1卷第3册，第109页。

东三省的民众来决定，我方只有根据今后形势而变化"①，"应谋求充实中国地方治安维持机关的内部实力，待其实际势力波及腹地时，我方将逐渐自发地追随，集结在属地内"②。"政府目前正在充实地方治安维持会的警察力量，使其负责维持治安，以开辟实施撤兵的途径""在现在事态之下，最好索性免去交涉，由我方自主地决定撤兵"，这就是日本所谓的方针政策。③

综合分析这一训令内容及币原外相对入侵齐齐哈尔的态度，可以看出这个时期的币原外交有以下四个方面的变化：

一、从不扩大到和平扩大再到军事扩大，不断转变。对出兵嫩江、齐齐哈尔，币原外交虽然附加了各种各样的条件，但最后还是赞成出兵。

二、否定张学良政权。币原外相本想，如果与南京政府谈判不成，便和张学良政权交涉，以一并解决"满蒙问题"。否定张学良政权也就等于否定外交谈判，并且意味着要在中国东北建立新的傀儡政权，取代已经被否定了的张学良政权。

三、在建立新政权的问题上，币原外相否定了自己在事变初期反对建立傀儡政权的立场，赞成关东军以治安维持会的名义组建地方傀儡政权。这是承认伪满洲国的第一步，不能不说是币原外交的转变。

四、在有关撤兵问题上，添加了充实和确保治安维持会的新条件。这是不撤兵的借口。币原外相在这里所说的建立治安维持会，即建立傀儡政权，是九一八事变的最终目的。如果这个政权成立了，中国东北将成为日本的殖民地，满铁附属地也将不复存在，也不会再有什么关东军的撤兵问题。所以币原外相主张重新召开的理事会没有必要讨论撤兵问题，完全拥护关东军的军事占

① 日本外务省编：《日本外交文书·满洲事变》，第 1 卷第 3 册，第 559 页。
② 日本外务省编：《日本外交文书·满洲事变》，第 1 卷第 3 册，第 519 页。
③ 日本外务省编：《日本外交文书·满洲事变》，第 1 卷第 3 册，第 560 页。

领和拒不撤兵。

币原外相的对外政策为什么会发生这样的变化呢？前面也提到，币原外相企图以事变初期的军事"胜利"为背景，扩大、维护日本在中国东北的权益，因此与国联、列强进行协调，以达到扩大、维护权益的目的。币原认为，如果日本与国联、列强的关系恶化，列强、国联以实力干涉事变时，日本将不可能达到这一目的。但是事变发生以来，国联和列强却避免太多干涉，在某种意义上说，对日本持良好态度。所以，币原外相在11月16日《有关美英法三国政府最近对满洲事变之态度》中分析说："可以认为美国政府非常谅解日本对满洲多年来的努力及在条约上所拥有的权益。但是在《巴黎公约》及《九国公约》的关系上，却警惕日本过分的行动，并煞费苦心避免破坏与日本的关系""英国政府在尊重条约权益方面，对我方的主张并无异议。但它极其热心保持国联的威信，因而希望日本方面满足中国在某种程度上所作的保障后，将军队撤回附属地内。最近国内舆论非常反感英国，英国对此深为忧虑，并努力进行各种陈述辩解""法国政府的态度大致与英国方面一样"。①从这些分析可以看出，列强虽然对事变抱有戒心，但对日本采取了相当友好的态度。所以币原对列强比较放心，认为只要在不扩大方针的基础上，维持与列强的协调关系，则无须担心。因而，币原在这个时期追随关东军，赞成和主张进攻齐齐哈尔、建立傀儡政权以及不撤兵等。这一事实表明，币原外交在事变过程中，随着军事行动的扩大和列强态度的变化而转变。

对于币原外交的这种转变及其影响，有田八郎公使坦率地说："关于撤兵，当初声称在确保生命财产安全时毫不迟疑地撤兵，中期则主张不缔结有关基本条款协定便不撤兵，最近又声称等待中

---

① 日本外务省编：《日本外交文书·满洲事变》，第1卷第3册，第565～566页。

国方面地方自治机关的实力影响到各地时再撤兵……终究使外部难以谅解，结果使世界认为日本所说的保护生命财产云云，不过是为了解决悬案，保障占领及建立对自己合适的政权的借口而已，而且愈解释愈有加深其疑虑的倾向。"[①]然而，这不是疑虑而是事实。

币原外交转变的原因，除了这个时期的国际形势之外，还有俄国十月革命以后日本国内权力结构的改变、国内舆论的影响等。但是根本原因在于币原外交的本质。客观形势是通过事物内部的因素而发挥其影响力的。币原外交企图以事变初期的军事"胜利"为背景，解决一切"满蒙悬案"，扩大日本在中国东北的权益。但是扩大权益中不包括参与建立傀儡政权。其原因是考虑到与列强之间的协调关系。币原外交的这一根本因素，即扩大中国东北权益的因素受到当时客观形势的制约，通过所谓不扩大方针表现出来，但是当这一客观形势发生变化及对应这个客观形势的力量关系发生变化时，不扩大方针的制约因素消失了，不扩大方针也必然向扩大方向转变。

四、对锦州的侵占

币原外交的第四个时期是侵占锦州时期。侵占锦州的政治目的比军事意义更为重要。关东军占领奉天之后，张学良政权迁移到锦州。张学良政权的存在是建立伪满洲国的最大障碍。所以关东军要侵占锦州，就必须驱逐这个政权，为建立伪满洲国制造条件。否定张学良政权的币原外交，在这个时期也认为"锦州政府已经有名无实，唯有撤兵"[②]，从否定到驱逐这个政权，与关东军连成一体，开展积极的外交活动。

关东军占领齐齐哈尔后，将矛头指向辽西，为侵占锦州做准

---

① 日本外务省编：《日本外交文书·满洲事变》，第1卷第1册，第529页。
② 日本外务省编：《日本外交文书·满洲事变》，第1卷第3册，第727页。

备。在国联，中国理事施肇基于 11 月 21 日向秘书长德拉蒙德通报日军出兵锦州方面的情况，并希望采取对策。对此，币原外相于 23 日向国联传达说："此时不会出现出兵锦州方面之事。"①但是，24 日他却以张学良的 2 万军队在锦州方面集结，威胁日军为借口，为关东军侵占锦州辩解。他说："上述形势使我方军队在感到重大威胁的同时，难以抑制强烈的同仇敌忾之情是理所当然的""对于对方的挑衅态度，不可能拱手坐视"。②

同时，币原还企图通过外交交涉，使张学良军队从辽西撤兵，以期不流血占领锦州。他向泽田发出训令说："应提醒白里安等注意中国军队在锦州方面的活动，在适当的时机警告中国方面不要向辽西地区集结兵力。"③25 日，泽田按照币原外相的训令，提醒白里安：在锦州方面，"中国的挑衅行为有引起重大事态的危险……希望使其兵力不要向辽西地区集结"④。26 日，泽田根据币原 24 日的电报宗旨起草了备忘录，交给白里安，再次提醒白里安："日军即使不'主动'采取行动，在中国军队进行挑衅的情况下，将不得不予以应战，致使两军有发生冲突的危险。就此希望议长采取适当措施使中国军队撤出该地区。"⑤

国联对日本侵占锦州并没有采取积极的对策，而是希望通过两国同时撤兵来解决锦州问题。白里安向泽田询问："在中国撤兵的同时，日军是否可以撤回到附属地内？"⑥泽田拒绝说："我方撤退是困难的。"⑦这明确表明外务省是支持关东军侵占锦州的。

但是，正出兵锦州方面的关东军，却在陆军中央的命令下于 17 日开始撤兵。这是由于南京政府提出了锦州地区中立案。外务

① 日本外务省编：《日本外交文书·满洲事变》，第 1 卷第 3 册，第 643 页。
② 日本外务省编：《日本外交文书·满洲事变》，第 1 卷第 3 册，第 656 页。
③ 日本外务省编：《日本外交文书·满洲事变》，第 1 卷第 3 册，第 656 页。
④ 日本外务省编：《日本外交文书·满洲事变》，第 1 卷第 3 册，第 665 页。
⑤ 日本外务省编：《日本外交文书·满洲事变》，第 1 卷第 3 册，第 673 页。
⑥ 日本外务省编：《日本外交文书·满洲事变》，第 1 卷第 3 册，第 673 页。
⑦ 日本外务省编：《日本外交文书·满洲事变》，第 1 卷第 3 册，第 673 页。

省在锦州中立地带问题上，与关东军、陆军中央是完全一致的，外务省试图与国联和南京政府开展积极的外交活动，通过外交谈判占据锦州地区。外交谈判的内容几乎是同样的，为了更加明确外务省的作用，拟分别论述其与南京政府和国联的谈判。

南京政府不仅没有抵抗关东军的行动，而且于11月24日向驻南京的英、美、法三国公使提出了所谓中立案："日本方面如果没有异议的话，则将锦州至山海关地区划作中立地带，日中两国军队都不应进入该地，且将现今滞留在锦州附近的中国军队全部撤回关内。由当事国让上述三国出具保障。"①27日法国驻日大使将此方案转告币原外相。币原外相认为这个提案，是日本不流血占领锦州地区的绝好机会，立即表示赞成，并于29日向南京政府转达了这一意思。但是30日，南京政府希望中立军队进驻中立地带，中立国派遣观察员，同双方保持联络并处理一切问题。对此，重光葵公使反对说："日本对让第三者介入之部分内容不能表示赞成。"②顾维钧强调："民国方面提案的重点在于日本政府对三国政府作出保障这一条件"③，反驳了重光葵的意见。重光葵威胁中国方面，强硬要求中国军队从辽西撤退。他说："日本军队的撤退是在时日紧迫之际，估计民国方面也撤兵，并按照贵方提案承认的意思来进行的。如果这一计划失败很难想象会引起我国舆论和军部的何种行动，而日本军部将有完全被欺之感。"④在事变初期，关东军成立了以袁金铠为委员长的辽宁地方治安维持会。在张学良军队撤兵后，袁等又企图在锦州建立傀儡政权，并在此基础上建立伪满洲国。如果第三国介入的话，即使张学良军队撤退，也不可能建立锦州傀儡政权，而且还有使第三国势力向该地区渗透的可能性，所以日本始终对此强硬反对。

---

① 日本外务省编：《日本外交文书·满洲事变》，第1卷第2册，第435页。
② 日本外务省编：《日本外交文书·满洲事变》，第1卷第2册，第447页。
③ 日本外务省编：《日本外交文书·满洲事变》，第1卷第2册，第458页。
④ 日本外务省编：《日本外交文书·满洲事变》，第1卷第2册，第459页。

26 日，中国理事施肇基向国联秘书长提出了以下方案："中国政府请求理事会立即采取必要的措施，在现今中日两军驻地之间设立中立地带，在理事会的权利下，由英、法、意等其他中立国派遣军队占领该地区。如能达成上述请求，中国准备按理事会的希望将兵力撤回关内。"① 同一天下午，理事会决定派遣观察员，并向日本传达具体内容。币原对此表示拒绝：国联的提案"有使第三者监视我军行动之虞，因此我方终究难以承认"②。之后，币原于 12 月 3 日又对国联说，"关于在锦州地方设置撤兵地带问题，我方有在日中之间直接协商的意向，希望理事会方面静观协商的进展情况"③，依然反对国联和第三者介入。

与国联交涉的另一焦点是撤兵地带的范围。币原向泽田传达说："我大体考虑为锦州山海关地区。"④ 而理事会方面却想以辽河作为东部界限。泽田等日本驻国联理事代表认为将锦州至山海关作为撤兵区"会给人以过分之感，只要我国持有如此庞大计划，就绝对不可能说服并怂恿中国方面进行日中直接谈判"⑤，他们反对币原的意见，提议以大凌河为东部界限。币原立即表示反对："我方的意向是将小凌河定为东部界限"⑥，并训示，"最为重要的是努力促进日中直接交涉"。⑦ 泽田向币原询问，锦州在小凌河以东，该市是否在上述撤兵地区之外？币原说："小凌河贯穿锦州市，该市街道的三分之二在河之左岸，其余三分之一在河之右岸，这三分之一当然是所说的撤兵地区（即日中两军的缓冲地带）"⑧，明确说出占据锦州的目的。国联的日本代表也不得不承认："其结

---

① 日本外务省编：《日本外交文书·满洲事变》，第 1 卷第 3 册，第 668 页。
② 日本外务省编：《日本外交文书·满洲事变》，第 1 卷第 3 册，第 679 页。
③ 日本外务省编：《日本外交文书·满洲事变》，第 1 卷第 3 册，第 726 页。
④ 日本外务省编：《日本外交文书·满洲事变》，第 1 卷第 3 册，第 740 页。
⑤ 日本外务省编：《日本外交文书·满洲事变》，第 1 卷第 3 册，第 740 页。
⑥ 日本外务省编：《日本外交文书·满洲事变》，第 1 卷第 3 册，第 750 页。
⑦ 日本外务省编：《日本外交文书·满洲事变》，第 1 卷第 3 册，第 751 页。
⑧ 日本外务省编：《日本外交文书·满洲事变》，第 1 卷第 3 册，第 755 页。

果还是证实了日本最后将进军锦州这一预料之中的疑问。"①

国联欲与日本妥协，将大凌河定为东部界限，但币原依然坚持以小凌河为界，谈判陷入了僵局。

由于与南京政府和国联的谈判没有进展，币原外相认为应促进与张学良的对话。12月3日，他向驻北平的矢野参事官发出训令："让张学良彻底了解，此时避免在锦州地区的日中军队冲突，乃是维护其自身利益的最重大的、最紧迫的任务，我方无意使此事成为锦州地区的永久事态。因此张学良是可以作为地方性问题来决断的。"②矢野按照训令向张学良传达了此意，但是张学良认为，"日本方面有某种隐藏的目的"③，没有答应。币原外相又委托原东北参议汤尔和去说服张学良，在汤的怂恿下，张学良决定"自动撤兵至山海关"④。

币原外相在和张学良谈判中立地区问题时，与军部进行了充分的协商。军部的方针是，如果这次交涉失败，便派遣新的师团或旅团增强关东军的力量，用武力将张学良军队驱逐到山海关以西。

币原外相和国联的日本代表在交涉中立地区问题的同时，为了给关东军出兵锦州方面制造借口，还力图在理事会的决议及议长宣言中加入"讨伐匪贼权"的内容。然而，12月10日的决议案的第二项却规定："理事会同意两个当事国约定采取一切必要措施避免事态更加恶化，并控制一切主动引起战斗或丧失生命的行为。"⑤这一规定试图牵制关东军侵占锦州，是对日本不利的决议。日本代表曾努力删除和修改这项内容，但是这个决议对中国方面也有同样的效力，可以牵制中国方面，因此决议案原封不动，并

① 日本外务省编：《日本外交文书·满洲事变》，第1卷第3册，第762页。
② 马场明著：《日本外交史·满洲事变》，第18卷，鹿岛研究所，第286、287页。
③ 马场明著：《日本外交史·满洲事变》，第18卷，第287页。
④ 马场明著：《日本外交史·满洲事变》，第18卷，第289页。
⑤ 日本外务省编：《日本外交年表及主要文书》，下卷，第192页。

在议长宣言中对此项内容添加了保留条件。保留条件为："若谅解不妨碍日本军队为直接保护日本臣民的生命财产，对满洲各地猖獗至极的匪贼及不法分子采取必要的行动这一宗旨，将以日本政府的名义，承诺此项内容。"即保留了关东军出兵锦州方面的权利，以议长宣言的形式使其侵略行为合理化，为占领锦州制造国际条件。

若槻内阁于12月11日总辞职，币原外相也辞去职务。13日，犬养内阁成立，犬养兼任了一段时期的外相。犬养内阁在九一八事变问题上，无论对内还是对外，都积极应付，与陆军中央和关东军保持一致。

28日，关东军以"讨伐匪贼"为借口，进攻锦州。虽然进攻锦州是在犬养外相时期进行的，但是其外交态度却是在币原外相时期决定的。在此基础上，犬养外相于12月27日发表第三次政府声明，公然支持关东军侵占锦州。通过币原外相时期的交涉，张学良军队撤兵关内。关东军于第二年的1月3日不流血便占领了锦州，将张学良政权逐出锦州，在辽西地区建立了傀儡政权，为建立伪满洲国制造了条件。

通过上述四个时期可以看出，币原外交与关东军、陆军中央从对立和矛盾逐渐走向统一，在锦州问题上基本达到一致。这个过程可以总结为：在战线扩大问题上，从不扩大转向和平扩大，再转向军事扩大；在撤兵问题上，则连续添加确保生命财产安全、缔结五项大纲协定、缓和事态、成立治安维持会等中国方面绝对不能接受的条件；在傀儡政权问题上，从反对参与转向为之辩护，再转向赞成成立治安维持会，最后转向驱逐张学良政权。

这种转变的原因在于币原外交的内在本质。币原外相从加藤内阁时期开始到满洲事变时期为止，一直都想解决自日俄战争特别是"二十一条"要求以来的一切"满蒙悬案"，以扩大日本帝国主义在中国东北的殖民地权益。这就是币原外交的本质，这一本质与关东军、陆军中央的要求是完全一致的。在九一八事变初期，是将这种权益扩大到建立傀儡政权，还是通过一举占领的军事行动来解决呢？在这些问题上，他们曾存在分歧。但是这种分歧是达成目的的手段及程度上的差异，并不是侵略与非侵略的根本性差别。因此，虽然币原外相和关东军、陆军中央在内部发生矛盾，但是对外却是始终一致的，向国联和第三国歪曲事变爆发的事实真相，为关东军的军事、政治行动辩解，全力排除国联和第三国的干涉，为关东军制造有利的国际舆论和国际环境。这种一致性是币原外交转变的内在原因，也是外务省和军部最终达成完全一致的基础条件。

币原外交的转变还与客观条件的变化有关。事变初期，币原外交与关东军、陆军中央的对立是由于对客观形势的认识和对策的不同而产生的。在处理事变的问题上，对英、美、苏，关东军欲采取对抗态势，而币原外交则想采取协调态势。币原外交考虑到日本对英美的经济依赖和世界军事力量对比等，想在对英美协调的范围内解决"满蒙问题"。列强和苏联虽然试图干涉和牵制事变问题，但对日本是妥协的，没有采取经济制裁和军事干涉手段。因此，对币原外交来说，制约协调外交本质的客观形势发生了变化，而这一变化成了币原外交转变的客观原因。

币原外交和关东军、陆军中央的统一，不仅有币原外交被军方统一的一面，也有军方逐渐了解币原外交，注意军事行动和外交的调整，而被币原外交统一的一面。例如，在嫩江、齐齐哈尔问题上的妥协，在锦州的暂时撤兵和中立地带问题上，军部、关东军和外务省一边调整，一边推进军事行动。这也是因为军方和外务省对中国东北有着共同一致的目的的缘故。

九一八事变中的日本外交，与其他事物一样，有其形成和发展的过程。在事变前后的三年间，日本有三届内阁和三任外相更替。如将这三届内阁加以比较，后面的内阁比前届内阁更积极地处理事变问题。第三届斋藤内阁的内田外相为了达到事变的最终目的，让国际承认伪满洲国，不惜退出国联，被世界各国孤立。内田外相这种强硬的政策虽然也有"五一五"事件的影响，但也是对币原外相、芳泽外相外交政策的继承和发展。可以说币原外交为其后的芳泽、内田外交奠定了基础。

第三节　伪满洲国与日本外交

1932 年 3 月 1 日成立的伪满洲国实际是殖民地的傀儡政权，但又有个所谓"独立国"的旗号。这种内在的殖民地的傀儡性与表面上的"独立"形式的矛盾现象，在帝国主义殖民史中也是罕见的。如何处理这种矛盾，是日本对满政策的课题之一。日本外务省和关东军一方面努力确立露骨的殖民体制和殖民统治，另一方面在表面上又极力掩盖和粉饰其傀儡性。本节拟阐述日本外务省在承认伪满洲国、确立殖民体制以及"满洲国"的傀儡外交方面所起的两面性作用。

一、伪满政权

对"满洲国"的承认，有列强的承认和日本的承认。同样是"承认"，但实际性质不同。

列强承认"满洲国"等于列强承认日本对满蒙的侵略，使日本殖民地伪满洲国得到国际性认可。如得不到列强的承认，日本就不能在国际上确保其殖民地。这是帝国主义时代列强间争夺殖民地而发生的现象。

然而自己承认自己的殖民地，是日本承认"满洲国"所表现的特殊现象。将非独立的殖民地以"独立国家"的形式建立起来，从而产生了承认问题。这是从伪满洲国的表里不一性所产生的现象。要研究日本承认伪满洲国问题，首先要考察其建立具有"独立国家"形式的殖民体制的过程。

关东军从事变初期就主张"策立以日本人为盟主的满蒙五族共和国"。1931 年 10 月 21 日制定了《满蒙共和国统治大纲草案》，企图建立与中国本土分离的具有"独立国家"形式的、"立宪共和制"政权，并采用总统制。[①]12 月下旬，关东军攻占锦州，军事作战又升一级，确立殖民体制成了紧急的课题。荒木陆相深感事急，希望板垣参谋去东京研究这一问题。1932 年 1 月 4 日板垣参谋去东京之前，关东军司令官本庄繁和三宅参谋长、松本顾问以及板垣、石原参谋等人讨论了殖民体制的政体问题，指示板垣参谋说："此际应明确脱离中国本土，成为名副其实的独立国家。"[②]

日本在其殖民地台湾、辽东半岛、朝鲜没有建立具有"独立国家"形式的殖民统治体制，为什么要在满蒙采取"独立国家"的形式呢？这并非偶然，而是当时的国际形势和满蒙的特殊性所致。关东军司令官本庄繁在分析这种做法的理由时认为：(1)"如作为独立政权，因系在中国中央政府主权下建立的，所以满蒙政权有动辄回归中国中央政府之虞。"(2) 不建立"独立国家""现在各省的新执政者……因被看作是叛徒，所以常有不安之心理，不能积极地与日本合作并执行其执政者的职务"。(3)"《九国公约》和《国联盟约》都不允许日本使之与中国本土分离。若中国人自己内部分离，则既不违背上述条约的精神，又不受这些条约的限制……只要使中国人自己独立分离即可，日本和列强承认与否没有关系。"[③]板垣参谋 1 月 5 日去东京，日本外务省和陆、海军省利用这个机会，拟订了《中国问题处理方针纲要》，其中规定：当前应该使"满蒙与中国本土分离，独立成为一个政权的统治地区，

---

① 《现代史资料（7）·满洲事变》，第 189 页。
② 《现代史资料（7）·满洲事变》，第 228 页。
③ 《现代史资料（7）·满洲事变》，第 333 页。

逐渐具有一个国家的形态";"由于《九国公约》等关系，应尽可能采取好似基于中国自发的形式。"[①]

驻奉天的总领事代理森岛守人也同意关东军建立"独立"的傀儡政权的意见。1月2日他对犬养首相建议："形势至此，只有把新国家的建立作为既成事实。"[②]作为针对违反《九国公约》的对应措施，森岛进而又说："现今新国家成立之际，在对外说明上，应根据民族自治主义，使之具备形式，并迅速解决与第三国有关的各种事项。我国暗中参与的事实虽然已不能全然隐蔽，但至少在形式上要采取否认上述事实的方法，以防止给第三国提供借口。"[③]森岛的上述说法，可谓明确地说明了日本在东北采取"独立国"形式的殖民地体制的国际原因。

然而犬养首相对采用"独立国家"形式犹豫不决。2月15日他在致上原勇作元帅的信中写道："以现今的趋势按独立国家的形式进行，必引起与《九国公约》的正面冲突，故在形式上只限于政权分立，在事实上要想尽办法达到我之目的。"[④]芳泽外相与犬养首相采取同样立场。2月20日芳泽外相对关东军的石原参谋说："满洲问题现在世界上耸人听闻，所以立即实行独立，在国际上对日本不利，最好延期独立。"[⑤]

犬养的"踌躇"和芳泽的"延期"，正如其后的日本内阁和外务省的行动所证明的那样，并非是始终一贯的政策，而是决策过程中的暂时考虑。

在即将建立伪满洲国之际，犬养内阁于2月17日经首相裁决，成立以内阁书记官长森恪为委员长的"对满蒙决策案审议委员会"，讨论、审议有关满蒙的维持治安、国防、金融、税制、商租

---

① 《现代史资料（7）·满洲事变》，第343页。
② 《日本外务省档案（1868～1945）》，S563卷，S1620-55，第576页。
③ 《日本外务省档案（1868～1945）》，S563卷，S1620-55，第577页。
④ 筱原一、三谷太一郎编：《近代日本的政治指导·政治家研究Ⅱ》，第247～249页。
⑤ 芳泽谦吉著：《外交六十年》，自由亚西亚社1958年版，第142页。

权，充实对满蒙的行政机关等事项，协助建立伪满洲国。

3月1日伪满洲国发表了所谓"建国宣言"，9日溥仪就任执政。犬养内阁为对应这个形势，于3月12日通过了《满蒙问题处理方针纲要》，该纲要规定："鉴于现在满蒙已与中国内地分离，独立成为一个政权的统治地区，要诱导使之逐渐具有一个国家的实质"；"由于《九国公约》关系，要尽量采取基于新国家自主发起的形式。"①因为采取傀儡国家的形式，是很有利和方便的，所以采取作为傀儡国家加以扶植的方针。

根据这一决定，3月15日芳泽外相电告驻日内瓦的泽田和驻各国的日本公使："关于满蒙新国家的出现，要尽可能不使帝国和新国家的对外关系产生障碍。新国家首先是充实其内部，待有了稳定发展之后，再逐步谋求开展对外关系，特别是条约问题乃至承认问题。要以此态度加以诱导。因此，帝国当前对新国家不给予国际公法上的承认，在可能范围内以适当方法给予各种援助，以诱导其逐渐具有独立国家的实质性条件，努力促进将来得到国际承认。"②

与此同时，日本外务省对南京政府的抗议进行反驳，为自己辩护。南京政府外交部于2月24日和3月10日，向重光葵公使发出备忘录，提出警告："中国政府绝对不承认该地成立的所谓独立政府是自主政府，绝对不承认让中国人民参加这种傀儡组织。对此，贵政府应负完全责任。"③然而重光葵于3月21日竟然声称："最近在该地方看到变更行政组织之事，帝国对上述事情毫无所知。然而贵部长就上述事情发出了诽谤帝国政府的态度并追究责任的通知，对此本公使难以理解。总之上述通知各点全然违反事

---

① 日本外务省编：《日本外交年表及主要文书》，下卷，第204～205页。
② 日本外务省编：《日本外交文书·满洲事变》，第2卷第2册，第257页。
③ 南京《中央日报》，1932年3月12日。

实，不过是臆测，我方完全不能接受。"①

尽管如此，伪满洲国成立后，日本不想立即给予承认。其原因正如芳泽外相发给泽田和驻各国公使的电文所述。另外，与国联派出的李顿调查团到达日本和中国东北也有很大关系。

日本外务省着手承认"满洲国"是在6月以后。6月30日斋藤首相在众议院表示："有尽速承认满洲国之考虑。"②众议院也在14日通过了"政府应迅速承认满洲国"的决议。③日本外务省于6月8日在省干部会上作出了"承认满洲国"的决定。

日本外务省不是将承认"满洲国"问题单纯作为外交上的形式承认，而是企图通过承认，在粉饰伪政权的同时，缔结各种条约，确立日本在满蒙殖民地的法律体制，在法律上使满蒙成为完全的殖民地。因此，其承认的准备过程是在法律上确定殖民地体制的过程。在这个过程中，日本外务省比日本军部更具主导作用。

日本外务省在《承认满洲国之文件》中规定："关于解决满洲国问题的根本方针"是"既维持满洲国是个独立国，又要确保和扩张我国的权益。"④然而，这实际是不可能的。随着日本权益的扩张，伪满洲国也就完全变成了日本的殖民地。所谓"独立国"乃是殖民地的代名词而已。

日本外务省通商局局长和满铁理事斋藤良卫在向外务省提出的《承认满洲国问题》《在承认满洲国之同时须缔结两国间的协定事项案》中，曾提出如下主张：①可"利用满蒙的物资""取得衣食住的原料"；②充实国防；③缓和中日将来的纠纷；④排除列强对满蒙的干涉；⑤"排除有关对满蒙的妥协政策，推行自主外交。"⑥"抛弃我国以往的假面具，最强烈和最大胆地向世界表明我等

---

① 《日本外务省档案（1868～1945）》，S563卷，S1620-55，第576页。
② 《日本外务省档案（1868～1945）》，S563卷，S1620-55，第577页。
③ 日本外务省编：《日本外交文书·满洲事变》，第5卷第1册，第531页。
④ 《日本外务省档案（1868～1945）》，S75卷，S16201，第668页。

对满蒙的主张。"①从上述主张中，可以看出日本外务省承认"满洲国"所要达到的目的。斋藤在"必须承认满洲国的理由"中，还列举了承认的其他方面的好处：(1)"最终将使中国断绝对满蒙统治的念头。"(2)"使列强明确认识满蒙是决定我国国防、政治和经济生存的事实，阻止我国进入满蒙，则意味着我国的灭亡。"(3)"用日满间的条约明确规定我国对满蒙的设施，是我国公开涉足各种设施，确立地位的最直接而有效的方法。"(4)"满洲国的出现，为（我国）采取排除各国干涉的方针措施，提供了极好的机会。"②

显然，日本是想通过承认"满洲国"将其他列强排斥出"满蒙"。这似乎与通过日本的率先承认而获得其他列强承认的动机相矛盾，而实际却是一致的。列强承认伪满洲国，就是承认它完全是日本的殖民地。完全的殖民地与半殖民地不同，前者是不允许其他列强的殖民权益存在的。因此，列强承认"满洲国"就意味着从满洲撤出自己的权益，所以列强当然不会承认"满洲国"。

6月14日日本众议院决定承认伪满洲国之后，何时承认，以何种方式承认则成了主要问题。

日本外务省在《承认满洲国之文件》中，提出在"适当时期承认"，即不宜过早，也不应推迟承认，要在对日本有利的时机承认，并要做好承认的准备。

斋藤主张要做好承认的准备，同时要迅速予以承认。"据此方针，作为国家行动，为奠定其基础而进行有组织的满蒙经营，只有这样才有承认的利益。"③同时，他也反对"延期承认"说。④

为了在法律上确立日本的殖民体制，斋藤建议在日满之间缔结一系列协定，诸如"我国国防与满洲国的维持治安问题""防止赤

---

① 《日本外务省档案（1868～1945）》，S75卷，S16201，第607～612页。
② 《日本外务省档案（1868～1945）》，S75卷，S16201，第649～653页。
③ 《日本外务省档案（1868～1945）》，第711～715页。
④ 《日本外务省档案（1868～1945）》，第741～742页。

化宣传问题""保护我国侨民和日满共同利益问题""掌握交通实权""统制日满经济"等等，以及在"外交事项"中"日本代行满洲国外交官领事职务问题"协定和"外交部聘用日本人顾问和助理问题"协定。上述协定在承认"满洲国"前后都大体缔结了。只是顾问协定在形式上没有缔结，但在"满洲国"实行了所谓"次官政治"，表面上由满洲人执政，而担任次官或总务长的日本人却掌握着实权。

为了控制伪满洲国政府，斋藤向外务省提出设立特派总监制的建议。"有关指导满洲国政府及各省政府政务的根本方针，在征得驻满洲特派总监的意见后由帝国政府决定。""满洲国政府或省政府不采纳上述建议，或不忠实执行时，特派总监请示帝国指示后，得采取必要措施。"①这个建议集中地表现了日本统治"满洲国"政务的内幕。

日本外务省还起草了日满间的基本条约及附属协定，为承认"满洲国"和确立殖民体制发挥了积极而重要作用。

承认伪满洲国的最大障碍是《九国公约》。成立伪满洲国违反了《九国公约》。南京政府1932年3月12日发表宣言，谴责这个伪政权是"叛乱机关"，而且违反《九国公约》。列强也以《九国公约》为由，不打算承认"满洲国"。②

如何对付中国和列强，是日本外务省的一个重要课题。外务省指示立作太郎博士寻求承认"满洲国"不违反《九国公约》的论据。立作写了一份题为《承认满洲国与〈九国公约〉的法律关系》的报告书，从所谓民族自决与民族自卫的角度分析了承认伪满洲国所产生的问题及其不违反《九国公约》的理由和所谓法律根据。

日本外务省以这个所谓的民族自决为理由对中国进行反驳，

---

① 《日本外务省档案（1868～1945）》，第697～702页。
② 罗家伦编：《革命文献》，第37辑，第1892～1893页。

并以同样理由对付列强。6 月 23 日，当英国驻日大使林德利
（Lindley）询问日方承认"满洲国"问题时，日外务省声称："帝
国政府认为《九国公约》并不禁止中国某一地方的人民自行从中
国独立并建立新国家。作为《九国公约》的缔约国之一，对上述
新国家的成立给予承认亦不与该条约抵触。"①

此外，日本外务省还让立作等人研究殖民地的宗主权问题。
立作于 8 月写成一本《关于宗主权的意见集》②，主张对满洲殖民
地行使宗主权。然而这种表面上把伪满政权作为"独立国家"来
承认，而实际又要对其行使宗主权的做法，是自相矛盾的。

日本外务省进行这番准备时，内田外相于 8 月 25 日在第六十
三次国会上就承认"满洲国"问题，发表了焦土外交的讲演，在
国际上引起很大反响。他说："政府决心迅速承认满洲国，目前正
稳步进行准备。待做好准备，不日即将承认。"他进而声称："帝
国政府认为承认满洲国是解决满蒙问题的唯一方法。""[帝国政
府]为了这个问题，可以说具有所谓举国一致，即使举国化为焦土，
在贯彻这一主张上也寸步不让的决心。"③内田的上述演说，集中
地反映了日本外务省在承认伪满政权上的强硬立场和在准备承认
时所起的作用。

应和内田外相的上述演说，森恪也说："我国外交毅然站起来，
对新满洲国单独承认的行为，犹如向全世界宣布我国的外交自主
独立了。谓之借助承认满洲国的机会，我国在外交上宣战也不过
分。"④日本对伪满洲国的单独承认，正如森恪所说的，是对中国
和列强进行了十几年的外交战。在这种外交战中，"满洲国"问题
一直是其焦点之一。

---

① 《日本外务省档案（1868～1945）》，S75 卷，S16201，第 79～80 页。
② 《日本外务省档案（1868～1945）》，S75 卷，S16201，第 827 页。
③ 内田康哉传记编纂委员会：《内田康哉》，鹿岛研究所出版会 1969 年版，第 351 页。
④ 内田康哉传记编纂委员会：《内田康哉》，鹿岛研究所出版会 1969 年版，第 357～
359 页。

针对内田外相的宣战外交，8月29日南京政府外交部长罗文干进行了反驳和揭露："这次演说完全暴露了日本政府的野心，今后无须掩饰其对中国的侵略计划，确实是日本政府向全世界正义舆论的挑战行为。"[1]

二、伪满与日本的殖民体制

日本在其殖民地朝鲜和我国台湾设置总督府，在关东州设置都督府（1919 年后改为关东厅），实行殖民统治。伪满洲国也是日本的完全殖民地，本应建立与之相应的统治体制。但它却有个"独立国家"的形式，在这样一个所谓"独立国家"的殖民地中，究竟应建立什么形态的殖民统治体系呢？这是日本在殖民地统治中所面临的新问题。

伪满洲国成立前，满蒙是日本和列强的半殖民地。南满主要是日本的半殖民地，满铁附属地和关东州是日本的殖民地。日本通过驻东北的领事馆、关东厅、关东军和满铁这四根触角，对满蒙进行侵略和统治。这个统治体系十分复杂，无论下级机构，还是上级机构都是如此，如其上级机构，内阁总理大臣、外务省、拓殖省和陆、海军省分别各自指挥其在满的官厅，无统一的在满机构。

伪满洲国成立后，不仅建立殖民体系，而且统一其在满机构成了亟待解决的课题。建立统一的殖民体系是一个在满各官厅权限调整的过程，也充满了其上级机构之间的权力之争。下面我们着重讨论日本外务省在伪满洲国确立殖民统治体制中的作用问题。

伪满洲国原是日本军部，特别是以关东军为主导而建立起来的，因此在确立殖民统治体制中，事实上是由军方掌握着主导权。关东军首先想设置满洲都督府作为统一的统治机构。这是将日俄战争后所采用的关东州的都督制运用于满洲，进而确立关东军的

---

[1] 罗家伦编：《革命文献》，第 37 辑，第 1928 页。

军事统治的体制。

　　日本外务省的派出机关也十分关心完善在满的经济体制，从而纷纷提出建议。奉天代理总领事森岛于 1932 年 1 月 12 日向犬养首相提出建议。森岛的建议是鉴于露骨的殖民统治体制将给列强造成影响，因而想设置与独立形式的殖民体制相适应的机构。他主张采用诸如高级委员或其他外国易于接受的形式，而不用都督制。森岛认为，使用都督的名称与建设新国家的形式不能两立，否则会在对外关系或执行新国家的计划上造成障碍。但日本外务省派出机关的意见也不一致。哈尔滨总领事大桥忠一原与关东军关系密切，积极协助关东军，所以赞成关东军的都督制，主张"断然实现满洲总督或都督制，统一所谓四头政治"[1]。大桥与森岛相反，强调背后的实质，而不是殖民统治体制的表面形式，想以强硬态度对待列强。

　　3 月 1 日伪满洲国成立。这时，由于日本政府尚未下定决心承认伪政权，且各种意见暂未统一，故犬养内阁于 3 月 12 日作出决定："暂维持现状。"[2]其现状就是关东军的特务部在背后支配和控制伪政权。

　　然而 6 月，日本众议院和政府决定承认伪满洲国后，外务省为获得其统治权而采取了积极的态度。外务省次官有田八郎向内阁书记官长提出了外务省的《关于统一帝国在满机关的文件》。[3]这一文件虽然在首长问题上与关东军妥协，但对首长的监督指挥则强调首相、外相和拓殖相的作用，目的在于加强政府的统治，确保和扩大外务省对伪政权的控制权。

　　有田的这个方案于 6 月 16 日在外务、陆军、拓殖三省的次官会议上进行审议，但是陆军和拓殖次官提出异议，结果未被采纳。

---

① 日本外务省编：《日本外交文书·满洲事变》，第 2 卷第 1 册，第 348 页。
② 日本外务省编：《日本外交年表及主要文书》，下卷，第 205 页。
③ 日本外务省东亚局第三课编：《昭和七年度满洲国关系诸问题摘要》，第 386～412 页。

其后经过三省次官会议和加上大藏省在内的四省次官会议，制定了《驻满特派总监府官制案》。①

这一方案加强了作为特派总监的关东军司令的权限，同时也对外务省官和领事馆的职权做了相应限制。若如此，外务省对"满洲国"的统治权就会明显削弱。另外，这个特派总监府将和日本正式并吞朝鲜以前所设置统监府的名称一样。这与表面上采取"独立"形式的"满洲国"是不相称的。因此外务省对上述方案表示不满。

日本外务省亚洲局局长谷正之提出了《临时特命全权大使案》，规定：全权大使由现役陆军大将担任，兼任关东军司令官和关东厅长官，有关涉外事项和领事职务事项，受外务大臣指挥和监督，有关关东州的事务受拓殖相的指挥和监督。这一方案无论是在掩盖"满洲国"的傀儡性和殖民地的本质上，还是在对付国际压力上，都是非常合适的。7月15日，外务、陆军、拓殖三省大臣原则上同意了这一方案。7月26日，在此方案基础上，日本内阁会议通过了《在满机构统一纲要》，其中规定："关东军司令官、关东厅长官及满洲特派临时全权大使，事实上由一人担任""特命全权大使受外务大臣的指挥和监督，掌管外交事项，并指挥和监督帝国驻满领事"②。

这样，在设置统一的满洲统治机关的过程中，统治权的大部分仍是在关东军手中。然而由于外务省为确保和扩大自己的权限做了种种努力，在粉饰殖民地傀儡政权的所谓"独立性"方面，起到了比军方更为重要作用。

8月8日，日本军部任命陆军大将武藤信义担任关东军司令官，同时兼任临时特命全权大使和关东厅长官，对伪满洲国开始实施三位一体制的统治。

9月15日，日本和伪满洲国签订《日满议定书》，武藤就任

---

① 马场明：《中日关系和外政机构的研究》，原书房1983年版，第252～253页。
② 马场明：《中日关系和外政机构的研究》，第256页。

临时特命全权大使，大使办事处设在长春。10 月 30 日，临时特命全权大使改为正式的特别全权大使，大使办事处于 12 月 1 日升格为大使馆，武藤大使于 12 月 23 日向执政溥仪递交了所谓的国书。该国书采取了对待共和国的形式，日本天皇称溥仪为"朕之良友"。如此设立的驻满日本大使馆，在形式上虽然与设置在独立国家的大使馆一样，但其实质是以关东军为中心，与外务、拓殖等有关各省共同统治满蒙的机构。

日本在设立驻伪满大使馆的同时，还设立了五个总领事馆、十个领事馆、十个分领事馆和一个办事处。日本外务省的派出机关原来从属于北平公使馆，但设立驻满大使馆之后，则被纳入关东军司令官兼驻满大使馆的指挥之下，变成了统治伪满洲国的机构。

对"满洲国"的统治机构虽然以三位一体的形式而暂时统一下来，但只是把其首脑部门一体化了，下层和东京中央指挥系统，依然处于分散状态。随着满洲殖民政策的进展，统一下层体制和中央指挥系统的必要性增加了。这个问题在 1934 年下半年成了必须解决的紧要问题。

日本军部为了进一步加强关东军的统治体制，拟订了《驻满全权府官制》，要在满洲设置统监府或督统府式的机构，企图将包括关东州在内的满洲所有的军事、外交、经济和行政权都纳入军部手中。这是日本军部想把外务、拓殖两省完全排除在外，确立名副其实的军事殖民统治体制。事实上，日本外务省在完全变成日本殖民地的朝鲜和我国台湾，是没有任何统治权限的，那里也不需要外务省发挥什么作用。这是随着殖民体制的完备而产生的必然结果。

为了对付陆军当局，外务省于 8 月 17 日制定了《暂行调整方案》[①]。这个方案的特征是要扩大驻满大使馆的权限，并采取外务

---

① 日本外务省编：《关于调整与满洲国有关的帝国机关方案》，其二，《暂行调整方案》。

大臣指挥和监督驻满大使的体制。同时，外务省也想避开对"满洲国"实行赤裸裸的殖民统治，以掩盖"满洲国"的傀儡性，以便争取列强对"满洲国"的承认，争取列强对日本侵略满洲的承认。但拓殖省尖锐地讽刺外务省的这个方案是"挂羊头卖狗肉，改革的宗旨和内容是相反的"。

专门管辖殖民地的拓殖省，在指责外务省方案的同时，也反对陆军方面的方案，以确保拓殖省对满洲的统治权限。拓殖省把满洲作为殖民地这一点和军部是一致的，但双方在统治权力方面的争夺同样是激烈的。

在陆军、外务、拓殖三省方案鼎立的情况下，冈田内阁在官制等形式上采纳了外务省方案，在内容和事实上采纳了陆军省方案后，经与各省的协调和谅解，于9月14日通过了《关于调整对满有关机构的文件》。同一天，在一些问题上，总理大臣、外务大臣和陆军大臣达成了谅解。同月26日以敕令形式公布了《对满事务局官制》和《关东事务局官制》。

综观上述各文件，摘其要者有以下几点：（1）在内阁中新设特别机构对满事务局，接管大部分拓殖省管辖的对满事项。对满事务局内特设总裁，其总裁由陆军大臣担任。（2）将现今在满机关的三位一体制改为关东军司令官和驻满特命全权大使的二位一体制。在驻满大使馆内设置行政事务局，大使馆的参事官除了专任外，可由任事务局长者兼任之，对行政事务局长之任命，应事先由内阁总理大臣和外务大臣磋商。（3）在驻满大使馆内设关东局，关东局掌管关东州的行政事务，管理南满铁路附属地的行政，监督满铁和满洲电信电话株式会社的业务。（这是把关东州和"满洲国"划属于一个机构，实际标志"满洲国"已转化成为关东州一样的完全殖民地。）

通过这次对伪满洲国统治体制的调整，日本扩大和加强了军事当局的权限，关东军掌握了"满洲国"的统治权，外务省未能达到扩大权限的目的。但外务省还是派其代表担任驻满大使馆的专职参事官，对统治伪满洲国保持了一定的地位和权限，并在形式上为保持伪满洲国的所谓"独立"，排斥了军方的驻满全权府、统监府、都督府等统治形式，继续保持了驻满大使馆的形式。这不能不说是外务省的特殊"功绩"。当时陆军方面虽然主张统监府的官制，但对"如何伪装保持独立国的面目"很伤脑筋，而外务省恰恰解决了这一难题。

其后，随着对伪满洲国殖民化政策的进展，其统治体制也日益完善，日本外务省参与其统治的必要性逐渐减少。驻满大使馆虽作为统治满洲的最高机构依然存在，但驻满领事馆已失去其存在的意义，日本外务省便主动采取了关闭措施。1939 年 1 月 12 日，外务省以情报部长谈话的形式，宣布将在执行满蒙政策上曾起过重要作用的奉天、吉林等十九个领事馆关闭。至 1941 年只剩下新京（今长春）、哈尔滨总领事馆和在牡丹江、黑河、满洲里的领事馆。至此，总领馆、领事馆与其说是统治满洲的机关，莫如说是处理对苏关系的机构了。

1934 年调整过的对伪满的统治机构和体制，在太平洋战争爆发、大东亚省成立之后，发生了新的变化。由于太平洋战争的爆发，日本占领了东南亚和西太平洋的广大地区，确立了所谓"大东亚共荣圈"。为加强对这些地区的统治，1942 年 11 月 1 日设立了大东亚省。该省设立后，撤销了拓殖省和对满事务局，在大东亚省内设满洲事务局，由它统治伪满洲国。

以往标榜为独立国家的"满洲国"，这时已全然成了日本殖民地的一个组成部分。这样，除纯"外交"之外，大东亚省的满洲事务局指挥和管理"满洲国"的一切，外务省则只管理所谓的纯"外交"了。所谓的纯"外交"是为了粉饰"满洲国"的"独立性"而进行的外交礼仪或缔结条约的手续等，这仅是一种形式，与对满洲的直接统治无关。

在大东亚省的成立过程中，日本外务省和东乡外相，谋求以日本外务省的东亚局为中心，支配、管理"大东亚共荣圈"内的占领地、殖民地，扩大外务省的权限，结果失败。东乡茂德外相不得不于9月1日辞职。东条英机公然声称："大东亚共荣圈内无外交。"这露骨表明了包括"满洲国"在内，整个所谓的"大东亚共荣圈"都是日本的殖民地，当然没有外交可言。

大东亚省成立后，在满大使馆成了大东亚省所管辖的派出官厅，外务省被排除于对伪满的直接统治。这是伪满洲国殖民地化达到顶点的必然结果。对此，当时的重庆广播评论说："以往在我东北地方即在'满洲国'沦陷地区，是由速成的傀儡政府统治，今后则正式成了日本的殖民地，变成了由日本政府直接统治的地区了。"[①]

三、伪满外交与日本外务省

殖民地国家因其主权已被宗主国剥夺，不可能有独立的外交。然而伪满洲国虽是日本的殖民地，却又采取了所谓"独立国家"的形式，所以在其国务院中设置了外交部，开展所谓"外交"活动，以图向世界表明其"独立性"。结果却适得其反，更加暴露了它的傀儡性。

关东军在伪满政权建立的初期就认为："满洲国"的"外交，虽然形式上……设立外交部，但其全部最高职员应录用日本人，应在军部秘密指令下行动"[②]。当时，谢介石虽然被任命为外交部长，但在次长的职位上，任命的却是与关东军密切合作的驻哈尔滨总领事大桥忠一，并着其兼任伪外交部的总务长。大桥虽只是次长，但他一手把持该部，统治着"满洲国"的所谓外交。这足可从一个侧面证明"满洲国"的傀儡性。

---

① 马场明著：《中日关系和外政机构的研究》，第441页。
②《日本外务省档案（1868～1945）》，S563卷，S1620-2，第571～572页。

　　日本在"满洲国"设置大使馆，"满洲国"在东京设置公使馆（1935年6月升格为大使馆）。伪满公使为丁士源，但参赞为原武兵卫，并由他掌握着公使馆的实权。

　　伪满洲国在苏联的赤塔和布拉戈维申斯克也设有领事馆，但其副领事都为日本人。伪满洲国对外访问团的副团长也都是日本人。1938年7月，伪满洲国派遣了"访欧友好使节团"，其团长是"满洲国"经济部大臣韩云阶，副团长是甘粕正彦和大连海关关长福本顺三郎。该团7月15日从长春出发，先到日本接受日本外务省等有关指示，时间长达20余天。12月21日从欧洲回到长崎，又在日本逗留一个月，向日本外务省等作访欧汇报。"满洲国"的这种"外交活动"，本身就暴露了它的傀儡性。

　　日本外务省以所谓尊重"满洲国"的完全"独立"和"领土、主权的完整"为名，于1934年至1937年间撤销了在满洲的治外法权，移交了满铁附属地的行政权。在殖民地内，展开这样的"外交"，实际上是一场闹剧。

　　治外法权是日本和列强在半殖民地中国所强取的特权。这种治外法权的存在象征着中国的半殖民地性。在完全的殖民地，由于在法律上确立了宗主国的统治，因而其自然地拥有了这种法权，无须再在法律上特别规定治外法权了。因此，随着日本对"满洲国"殖民地化政策的进展，整个满洲已被置于日本的"法定"统治之下，以前的治外法权反而妨碍了完全殖民地化政策的实施，因而撤销日本在伪满的治外法权，也便成了加速殖民地化政策进程的必然结果。

　　1934年7月，伪满洲国组成撤销治外法权筹备委员会；1935年2月，日本外务省也设立了调查审议这一问题的委员会，并于同年8月公布了撤销治外法权和逐渐撤销满铁附属地行政权的方针。这和1934年7月冈田内阁成立后，日本将对"满洲国"的统治体制从三位一体改为二位一体是同时并进的。这意味着随着日本对满殖民地化政策的进展，"满洲国"和关东州、满铁附属地一样，完全变成了日本的殖民地。

日本在所谓撤销对满洲的治外法权的过程中，首先要缔结规定日本人在满洲的法律、经济和政治特权的条约。为此，日本外务省在 1936 年 6 月 10 日，与伪政权缔结了《日本国臣民在满洲国居住及有关满洲国课税等问题的日满条约》，从而在法律上获得了"日本国臣民在满洲国领域内有自由居住往来，从事农业、工商业和其他公私各种业务及职务，以及享有有关土地的一切权利"[①]。过去日本人仅在关东州和南满铁路附属地内拥有这种权利，而这个条约则在法律上将其扩大到了整个满洲地区。

1937 年 11 月 5 日，日本与伪政权又缔结了《有关撤销在满洲国的治外法权和移交南满铁路附属地行政权的日满条约》，同时还缔结了有关司法管辖、南满铁路附属地行政、警察和其他行政、神社、教育及有关兵役行政、设施和交接职员等方面的具体的附属协定。上述条约的第一条规定："根据本条约附属协定的规定，日本国政府撤销现日本国在满洲所享有的治外法权"，并规定"日本国臣民应服从满洲国的警察和其他行政"。[②]这好像是日本确实放弃了在满洲的治外法权，但实际上满洲的司法权、警察权仍旧掌握在日本人手里。如司法部次长是日本司法省出身的吉田正武，司法部刑事司长是日本司法省出身的前野茂，治安部次长是日本内务省出身的薄田美朝，警务司长是涩谷三郎，其下属的司法、警察也都是日本人掌握着实权。另外，法律也是日本人制定的殖民地法律。所以住在满洲的日本人与其说是服从"满洲国"的司法裁判和警察管辖，不如说是这里的中国人必须服从日本的裁判和警察管辖。这说明"满洲国"的完全殖民地化已被"法律化"了。因此，治外法权的继续存在，不仅在扩大日本的殖民权益上

---

① 日本外务省编：《日本外交年表及主要文书》，下卷，第 341 页。
②《日本外务省档案（1868～1945）》，WT44 卷，IMT181，第 3～14 页。

不起作用，而且妨碍了日本的权益。1936 年 6 月 3 日，日本枢密院在审议《日本国臣民在满洲国居住及有关满洲国课税等问题的日满条约》时，荒井在有关说明中谈道："帝国现在满洲国条约上所享有的治外法权，随着我国对满国策的进展……逐渐失去了它的重要性……为使在满洲国的帝国臣民确有全面发展之可能，进而永远巩固两国间的特殊关系，莫如见机予以撤销为宜。"①这所谓的"全面发展"，是指"满洲国"的全面殖民地化。

日本撤销治外法权也是企图限制和排除其他列强在满洲的殖民特权。伪满洲国成立后，为求得列强的承认，日本对尚未承认伪满政权的列强，也曾承认其驻满领事馆及治外法权。②这对粉饰伪满洲国的"独立性"是有利的，但对日本在满洲确立殖民体制、扩大权益却是一种障碍。在半殖民地的情况下，列强可以在一个国家或一个地区内并存，然而在殖民地情况下，则只能有一个宗主国。因此，6 月 3 日日本枢密院审议上述条约时，荒井说："英美和其他各国现今在满洲国事实上保持着与治外法权相同的地位，这对该国的健康发展是明显的障碍。因此帝国有必要率先撤销治外法权，使上述各国按照这一事实，放弃事实上享有治外法权的地位。"③11 月 5 日在缔结上述条约的同时，伪外交部外务局长就日本以外享有治外法权的国家的待遇问题发表声明。声称：

---

① 《日本外务省档案（1868～1945）》，WT30 卷，IMT181，第 13～14 页，第 14 页。
② 1934 年 1 月在伪满洲国设置的外国总领事馆和领事馆为：
奉天：美、英、苏总领事馆；德、法领事馆；
哈尔滨：美、英、苏总领事馆；法、德、意、波、捷、葡、丹麦、荷兰领事馆；
齐齐哈尔：苏领事馆；
满洲里：苏领事馆；
营口：苏、挪威领事馆；
绥芬河：苏领事馆；
黑河：苏领事馆；
大连：英、美、德、苏领事馆；
其他有领事资格的还有：爱沙尼亚、拉托维亚、立陶宛代表驻哈尔滨；芬兰、荷兰、瑞典、法国、比利时的名誉领事驻在大连。
③ 《日本外务省档案（1868～1945）》，WT30 卷，IMT181，第 13～14 页，第 14 页。

"与日本国间缔结了有关最终撤销治外法权的条约,其结果日本臣民得服从我国一切法令的限制。因此帝国政府在实施上述条约的同时,对上述的一部分外国人亦废除现在恩许的治外法权待遇。"[①]并以12月1日为期予以施行。

日本对列强采取这种强硬的措施与中日战争有直接关系。日本通过中日战争占领了华北,将满洲与华北先后置于其统治之下,接着又将战局扩大到上海、杭州、南京。这种情况加深了日本与列强的矛盾和对立。因此,在此时期日本采取了限制列强在满洲的殖民特权的措施。

日本外务省在国联争取列强承认伪满洲国的活动失败后,仍然继续这种活动。但这与其说是争取列强承认"满洲国"的所谓"独立性",莫如说是争取列强对日本在满洲的殖民统治和伪满殖民地的承认。

伪满政权成立后,萨尔瓦多于1933年3月3日首先承认了这个"满洲国"。萨尔瓦多是在国联会议上没有对九一八事变和关于"满洲国"的最终报告书投票的国家,其为何率先承认伪满政权,至今还是一个没有弄清的问题。

其次是罗马教廷。罗马教廷主要由于传教的原因承认了"满洲国"。其红衣大主教弗·维奥蒂和教皇卡·沙罗蒂,于1934年2月25日向驻吉林的主教卡斯佩颁发的委任状中言称:"对吉林兼新京主教卡斯佩特授予临时代理权,让该主教代表本教会在满洲国境内各教区,与满洲国政府关于天主教会诸问题进行交涉。"[②]卡斯佩与伪外交部交涉的结果是于4月13日承认了伪满洲国。

日本为侵略满蒙和成立伪满洲国而退出了国联,在国际上陷入了孤立。到1936年以后,以争取承认"满洲国"为桥梁,与法西斯国家结成了新的同盟关系。"满洲国"也通过参加法西斯阵营

①"满洲国"政府编:《满洲建国十年史》,原书房1969年版,第90页。
②《日本外务省档案(1868~1945)》,WT58卷,IMT449,第165~166页。

而获得了法西斯国家的承认。这是日本法西斯外交的副产品。

这里首先探讨一下日本与德国的关系。日本和德国自甲午战争以来，因为辽东半岛与山东等问题而处于相互对立的状态。然而时至 30 年代，由于凡尔赛·华盛顿体制的破裂，两国在新的力量关系的基础上，又以"满洲国"问题为桥梁而相互开始接近。1933 年 10 月 18 日，即德国退出国联的前一周，希特勒指示驻日大使迪克森说：如果日本为了改善日德关系而要求承认"满洲国"的话，以解决某些经济问题为前提，不妨予以承认。其后在日本外务省的斡旋下建立了德满经济关系。1934 年 3 月，德国政府的通商代表海埃来满，讨论了用满洲的大豆交换德国飞机问题。12 月以基普为团长的德国经济调查团来满，1936 年 4 月 30 日签订了《满德贸易协定》（有效期延长至 1937 年）。1939 年 9 月又缔结了《满德有关贸易和支付协定》，其中规定：德国从满洲进口一亿日元物资，"其中四分之三即 7500 万日元用外汇支付，其余四分之一即 2500 万日元用德国马克支付，上述德国马克汇入满洲国政府所指定银行的特别账户，用以支付满洲国进口的德国产品"[①]。然而，其中的四分之三也即 7500 万日元的外汇为什么没有明确记载呢？原来是为了调整日德贸易的失衡，这笔外汇汇入了日本指定的银行，由日本使用了。这明确地表示出"满洲国"的对德贸易是傀儡性的殖民地贸易。

由于这种贸易关系以及日德对莱茵地区、满蒙和华北地区侵略的共同行动，双方愈发接近。1936 年 11 月 25 日，日德两国缔结了防共协定，两国关系更加密切了。因此，1938 年 2 月，德国禁止向中国出口武器，撤回了派遣到中国的军事顾问团，以支持日本侵略中国。与此同时，希特勒在 2 月 20 日国会上表示要承认伪满洲国，并于 5 月 12 日在柏林缔结了《满洲国和德意志共和国

---

① 《日本外务省档案（1868～1945）》，WT58 卷，IMT449，第 19 页。

友好条约》，其中决定"满洲国政府和德国政府，在两国间立即开始建立外交及领事关系"①（第一条）。1939 年 3 月 24 日又缔结了友好条约的追加条约，对在满德国人的通商活动，追加了"原则上给予同最惠国国民一样的待遇"②。这一文字表现的要点是没有称德国是最惠国，即没有给予德国和日本完全一样的待遇。这说明在日本的殖民地内，德国不可能得到与日本同样的待遇。满洲只是日本的殖民地。如果满洲是半殖民地的话，德国的插足其中也许是可能的。

伪满洲国与意大利也通过防共协定建立了相互关系。1935 年 12 月意大利侵略埃塞俄比亚，翌年 5 月将其吞并。这是意大利在欧洲打破凡尔赛体制的第一步。同年 7 月西班牙的佛朗哥发动叛乱，向人民战线进攻时，意大利和德国共同予以支援。由于这种协作行动，德、意两国于同年 10 月结成了"柏林——罗马轴心"的同盟关系。1936 年 11 月日本和德国缔结防共协定时，意大利外相齐亚诺对日本驻意大使杉村阳太郎建议：日意间也应缔结同样的协定。作为缔结这种协定的桥梁，意大利于同年 12 月又重新启用一度封闭的奉天总领事馆，并表示了承认"满洲国"的态度。这时，日本也在埃塞俄比亚设立总领事馆，表示承认意大利吞并埃塞俄比亚。然而日本外务省并没有立即与意大利缔结协定。这是由于当时意大利的对外侵略，激化了意英在地中海的矛盾，日本外务省考虑到缔结日意同盟必然会影响日英关系。但卢沟桥事变爆发后，意大利支持日本侵略中国，禁止向南京政府出口武器。墨索里尼说："为了支援日本军队，必要时意大利派遣兵力也在所不辞。"③此外，意大利在布鲁塞尔召开的《九国公约》会议上，也支持日本侵略中国。受到意大利如此支持的日本，于 1937 年

① 《日本外务省档案（1868～1945）》，WT58 卷，IMT449，第 11～12 页。
② 《日本外务省档案（1868～1945）》，WT58 卷，IMT449，第 19 页。
③ 鹿岛守之助：《鹿岛守之助外交论文选集》，第 9 卷，第 211 页。

10 月 20 日表示同意意大利参加防共协定。同年 11 月 6 日，意大利正式签字参加日德防共协定。由于这种法西斯阵营的形成，意大利于 11 月 29 日正式承认"满洲国"，次日将奉天总领事升格为大使馆。

1938 年 7 月 5 日，伪满洲国与意大利缔结《通商航海条约》，在满洲的通商等方面，原则上给予意大利人与最惠国国民同样的待遇。与此同时还缔结了"以满洲国和日本国为一方，以意大利国为另一方，为规定有关贸易和支付手段的满、日、意政府协定"。这个贸易协定也和满德贸易协定一样，证明了"满洲国"的傀儡性。1938 年 5 月 10 日日本枢密院在审议这个协定时，原嘉道解释说："帝国政府鉴于在以往的日意贸易中，我方略有出超，而此次事变爆发以来，由于我方购入军火而转为大量入超，因而认为通过签订这种协定，将有利于均衡地扩大今后日满两国与意国的贸易。"[1]这实际上是自己表明了这种贸易的目的。这样的贸易协定是由于殖民地的满洲采取了"独立国家"的形式的特异性而产生的，在国际法上并无先例。因而当枢密院审议时，金子提出质问说："此条约的一方是意大利国，另一方是日满两国，这样的条约在国际法上有先例吗？"对此，宇垣外相只好回答说："似乎有此先例，但现在记不清了。"[2]

如上所述，伪满洲国通过日本外务省的斡旋，与德、意密切了政治、经济关系。由于这两国的支持和承认，1939 年 2 月 24 日伪满洲国参加了防共协定，借此又得到了其他参加防共协定的法西斯国家的承认。据统计，到 1941 年有 17 个国家承认"满洲国"，其中参加防共协定的，有西班牙、匈牙利、保加利亚、丹麦、罗马尼亚、芬兰、克罗地亚、斯洛伐克等国，还有在二三十年代由法西斯势力掌握政权的立陶宛、波兰等国。其次，日本在中日

---

① 《日本外务省档案（1868～1945）》，WT30 卷，IMT183-2，第 3～4 页。
② 《日本外务省档案（1868～1945）》，WT30 卷，IMT183-2，第 16～17 页。

战争中建立的汪兆铭政权和太平洋战争中在东南亚建立的缅甸、泰国等伪政权也承认了"满洲国"。这种承认是傀儡国间的相互承认。与其说是承认日本对满洲的侵略，莫如说是互相承认对方的傀儡性。

　　未承认伪满洲国的英美各国，一面暂时维持在满的领事馆，一面探索与满洲保持经济贸易关系的可能性。1934 年 10 月英国派出以前产业联合会会长巴奈（Barnney）为首的英国产业视察团到达满洲，"视察有充分扩大市场希望的满洲国，并探索建立通商关系的可能性"①。英国的部分报纸也从经济目的出发，表示希望承认伪满洲国。

　　法国于 1934 年 3 月派出海外投资团体——法兰西经济发展协会的代表德·索威，经日本外务省同意后，在满洲设立了日法对满事业公司（资本 10 万日元），对伪满进行投资。

　　美国在 1934 年 10 月派出以《华盛顿新闻报》主编罗维尔·麦列特为团长的由二十六名记者组成的记者团来到满洲，该记者团作为伪满成立以来抵达的最大的外国记者团，曾受到世界的注目。《纽约时报》等报纸强调："美国不能永远不承认满洲国"。

　　1934 年比利时也派遣该国最大银行的董事倍伦·墨恩来到满洲，探讨对伪满投资问题。

　　日本外务省允许上述各国在伪满活动，是想利用满蒙的资源和市场，获得列强对日本侵略满蒙和伪满殖民地现实的承认。因此在不能获得承认时，日本便开始限制列强的活动，列强也开始逐次关闭在满领事馆，并从满洲撤出。

　　综上所述，日本承认"满洲国"，确立殖民统治体制，以及日本外务省在"满洲国"傀儡外交中的一贯政策，正如拓殖省对日本外务省所讽刺的那样，是"挂羊头卖狗肉"，是表里矛盾的两面

---

　　① 满洲日报社编：《满日年鉴》1935 年，第 115 页。

性政策。这种两面性政策，是由"满洲国"的实质是殖民地傀儡，表面是所谓"独立国家"的两面性所造成的。其政策的本质在于背后的殖民地化，其表面不过是粉饰殖民地的傀儡性而已。因此日本外务省的这种两面性政策，反过来更加证明了"满洲国"的傀儡性。

日本外务省在执行对满殖民政策的过程中，作为担当对外问题的一个省，发挥了关东军和军事当局所起不到的特殊作用。然而随着对满殖民地化政策的进展，外务省的作用逐渐缩小。最后由于大东亚省的设立，日本外务省几乎完全被排斥在对满洲的统治之外了。这可以说：日本对满殖民地化的程度与日本外务省在满洲的统治地位是成反比例的。这种反比例关系的实质在于：随着日本对满殖民化政策的进展，"满洲国"的傀儡本质日益暴露，它的表面的"独立"形式反而妨碍了日本在满的殖民地政策，所以日本也就逐渐地失去了粉饰伪满所谓"独立性"的必要。以致充当粉饰这种"独立性"的日本外务省，在完成这种任务之后，便逐渐被排斥在对满洲的统治之外。这种情况随着太平洋战争的爆发，特别是通过 1942 年庆祝伪满"建国"十周年以及大东亚省的成立而更加明显了。

第四节　"满洲国问题"与日本的战时外交

在日本战时外交中的"满洲国问题"，首先是争取"承认满洲国"；其次是利用"满洲国"开展对华、对美、对苏的战时外交。争取"承认满洲国"的具体方针，和"满洲国"在日本战时外交中所占地位是随着国际形势和战局的变化而变化的。另外，美国在对日、苏的外交中也利用了"满洲国问题"。因此，九一八事变后的"满洲国问题"在日本的战时外交和国际关系中，愈益复杂化了。本节拟将这一"满洲国问题"和日本的战时外交关系分为中日战争、日美谈判、终战三个时期顺次加以考究。

一、中日战争时期

日本解决"满洲国问题"的焦点是如何使自己一手炮制的伪满政权获得国际承认。日本计划将自己的殖民地"满洲国"作为"独立"国家首先予以承认，然后争得国联和列强的承认，但遭到失败，于是日本悍然退出国联，在国际上空前孤立。

未得到中国和列强承认的"满洲国"，在国际上是不稳定的，而且给日本带来了众多的麻烦。事变后，日本在进一步加强满洲殖民统治的同时，又反过来企图先取得中国的承认，然后再利用中国的承认去取得欧美列强的承认。这是因为满洲本是中国的一部分，中国不承认，列强承认是困难的。

下面，将日本外务省和军部要求中国承认伪满洲国的过程分三个阶段进行考察。

第一阶段是从1933年9月至1935年春。这一时期，日本外务省企图首先改善已经恶化的中日关系，从而获得中国对伪满洲国的承认。9月就任外相的广田弘毅和次长重光葵，积极推行此方针。广田外相于10月3日召开的五大臣会议①上，对此方针作了说明。五大臣会议提出，"为了使满洲国得到健全发展，须先控制该国经济并使之与我国经济相调整，实现在帝国指导下的日满华三国的合作共助"②，决定调整与中国的关系。重光葵次官在其回忆录中，对此外交方针作了以下说明：

日本对中国自身之事坚持援助中国政府，用事实表明是中国人的朋友。与此同时，在满洲则根据既定方针坚持进行

---

① 五大臣会议指总理大臣、外务大臣、陆军大臣、海军大臣、大藏大臣会议。
② 日本外务省编：《日本外交年表及主要文书》，下卷，第275页。

满洲的建设，[满洲国]如能成为中国建设国家的楷模，那么"满洲国问题"不仅在与中国之间会得到解决，并会因此带来机会，使已经发生的与国联和列强间的纠纷得以逐渐消除。[①]

这是欲先调整与中国的关系，使中国承认"满洲国"，进而改善与列强的关系，争取它们的承认。为推行此方针，日本外务省制定了以下三项政策：

第一，满洲国的建设按既定方针进行，然而不立即要求中国予以承认，容时间解决。第二，尽可能进行日华间的经济合作，推行日华间融洽合作的方针。第三，极力排除可能助长日华纠纷的第三国或第三种势力的介入，即对想让满洲国和中国本土关系造成混乱的共产党势力，要以反共政策与之反抗。另外，对给中国提供武器或提供财政援助以反抗日本的第三国或第三国人的行动，要采取外交手段加以制止。[②]

政策既定，日本外务省于 1934 年 10 月将满洲的统治机构从三位一体调整为二位一体，是推行其第一项政策。1935 年将中日两国的公使馆升格为大使馆，是推行其第二项政策。1934 年 4 月天羽情报部长的声明[③]，是推行第三项政策。

这个时期，关东军也与外务省制定的方针协调行动，展开与华北政务整理委员会的谈判。其结果，1934 年 7 月开通了北平—奉天（沈阳）间的列车，12 月开设海关；1935 年两者之间开通邮电，两者关系暂时保持平稳状态。然而关东军从 1935 年夏侵入华北，缔结了所谓的《何梅协定》和《秦土协定》，扩大了对华北的

---

① 重光葵著：《外交回忆录》，第 149～150 页。
② 重光葵著：《外交回忆录》，第 150 页。
③ 日本外务省情报部长天羽英二于 1934 年 4 月 17 日发表的一项声明，不许外国援助南京政府，不许干涉日本在华的行动。

侵略。

在这种形势下，从 1935 年夏承认"满洲国问题"进入第二阶段。日本外务省利用军部入侵华北，遂提出以默认"满洲国"或承认为前提，"改善"所谓两国的关系。广田外相经过 9 月 27 日、28 日的四大臣会议①，于 10 月 4 日发表对华三原则。②此三原则是与关东军侵略华北相适应的外交政策。在其第二原则中，要求"中国方面对满洲国虽然最终必须予以承认，但当前应在事实上默认满洲国的独立，不仅要停止反满政策，而且至少在与满洲连接的华北地区，要与满洲国间进行经济、文化方面的融通合作"。广田将中国承认满洲国作为根本问题，十分重视。他强调说："为了彻底调整日满华三国的关系，首先中国要承认满洲国的存在，并与之建立邦交，如不进一步协调双方的利害关系，是不能根本解决的。"③这说明日本外务省已从"与中国先改善关系后承认"的方针，转变为"先承认后改善"的方针。此方针的转变，是伴随着日本军部分离华北工作而进行的。

广田外相为贯彻此方针，10 月 7 日对驻日大使蒋作宾说："为调整日满华三国关系，中方最好于此时断然承认满洲国。然而由于中国对内和其他关系上正式承认还有困难，若承认有困难，当前就不要漠视满洲国独立的这个既存事实，在事实上予以默认。"④据日方记载，南京政府回答说："今后中华民国虽不能与满洲进行政府间的谈判，但对该地区的现状绝不以非和平的方法惹起争端，并采取措施保持关内外人民的经济联系。"⑤国民政府虽然原则上不承认"满洲国"，但在经济上采取部分妥协的态度。这是因为南京政府管辖区内的经济危机深化和其专心致力于"围剿"中国共

---

① 四大臣会议是指总理大臣、外务大臣、陆军大臣、海军大臣的会议。
② 对华三原则又称广田三原则，内容为：1. 停止反日；2. 承认伪满洲国；3. 共同反共。
③ 广田弘毅传记刊行会：《广田弘毅》，中央公论社 1966 年版，第 159、162 页。
④ 日本外务省编：《日本外交年表及主要文书》，下卷，第 304 页。
⑤ 日本外务省编：《日美谈判资料》，第 1 部，原书房 1978 年版，第 307 页。

产党及其工农红军而采取了"安内攘外"的政策。

日本军部对外务省企图利用日军侵入华北，使南京政府默认伪满洲国的设想也表示同意和支持。陆军参谋本部第二部于1936年2月6日起草的与南京政府的谈判方案中记载："大体上按照外务省方案（守岛个人方案）诱导南方面，至少使蒋政权……承认既成的事实（包括承认满洲国在内）。"①这种设想由于日本扩大在华北的侵略，未能达其目的。然而重光次长将这一责任完全归咎于军部，在其回忆录中竟然说："最初欲收拾九一八事变的一大政策，由于军部的华北工作而破坏了。"②这并不是事实，其后有田八郎、川樾茂大使也为了解决华北和"满洲问题"继续同蒋介石会谈，企图利用华北的新形势解决"承认满洲问题"，然而未能达到所期望的目的。

九一八事变是日本侵华14年战争的开始。中日战争是日本侵略满蒙、华北的必然产物。日本关东军从九一八事变起就有扩大其版图的企图，在建立伪满洲国时曾这样考虑过："若将国号冠以满蒙二字，将来倘若满蒙以外之地纳入其版图则不大合适，因此目前还是让中国学者研究适当的国号。"③这说明了九一八事变与中日战争的相互关系。所以"承认满洲国问题"自然会与中日战争联系在一起。

这样"承认满洲国问题"便在中日战争爆发时进入第三阶段。日本外务省和军部曾企图利用战争初期的军事优势，首先解决满洲和华北问题。事变初期，日本外务省与陆、海军省在所谓不扩大和日华停战的招牌下，共同制定了《全面调整日华国交方案纲要》，8月8日日本驻华大使川樾茂向南京国民政府传达了该纲要的内容。同时在外务省东亚局长石射猪太郎的斡旋下，日本派遣

---

① 日本外务省编：《日美谈判资料》，第1部，第337～338页。
② 重光葵著：前揭书，第161页。
③《日本外务省档案（1868～1945）》，S563卷，S1620-2，第589页。

驻华纺织同业会的理事长船津辰一来中国，对南京政府进行所谓和平诱降工作。在此工作中，日本外务省和军部首先要求南京政府："秘密与[日本]进行今后不得将满洲国作为问题的约定。"①这就是说，它欲让南京政府私下承认伪满政权的存在。

军部也欲借中日战争爆发之际，解决"满洲国的承认问题"。当时日本参谋本部第一部长石原莞尔主张，要将使南京政府"承认满洲国"②作为解决中日战争的两个条件之一。石原的这个主张明确表现在 9 月 13 日由参谋次长起草的《指导战争（有关作战及军需事项除外）纲要草案》中。纲要草案提出："要理解这次事变（指卢沟桥事变——笔者注）是结束九一八事变的真正含义，承认'满洲国'是根本。"作为媾和的条件之一，它提出"中方承认满洲国问题"③。这说明在卢沟桥事变的初期对"承认满洲国"日本何等重视。

其后中日战争日益扩大，战局扩大到长江和华中地区。随着战局的扩大，外务省东亚局与海军省的军务课协商，制定《处理中国事变纲要》及其《具体方案》，10 月 1 日得到首相和陆、海军大臣的裁决。在此纲要中值得注目的是要求"中国正式承认满洲国"④。这说明随着军事行动的扩大，"承认伪满洲国"也从"秘密"升级为"正式"的、"公开"的了。此后在处理中日战争的各纲要中，便将"承认满洲国问题"作为对华外交的第一条了。

国民政府拒绝了日方包括"承认满洲国"在内的各项要求，毅然抵抗日本的侵略。日本军队 12 月 13 日攻陷南京，企图以军事压力达到其目的。因此，日本外务省和陆、海军省的主管当局，于 1937 年 12 月末制定了《处理中国事变的根本方针》。经过 1938

① 日本防卫厅研究所战史室：《战史丛书·中国事变陆军作战（1）》，朝云新闻社 1975 年版，第 249 页。
② 日本防卫厅研究所战史室：《战史丛书·中国事变陆军作战（1）》，第 223 页。
③ 日本防卫厅研究所战史室：《战史丛书·中国事变陆军作战（1）》，第 343~344 页。
④ 日本防卫厅研究所战史室：《战史丛书·中国事变陆军作战（1）》，第 249 页。

年 1 月 9 日军部和政府的联络会议和 9 日的内阁会议，在 11 日的御前会议上提出此方针。御前会议通过了此方针，并附加了九项《日华媾和谈判条件细目》。其第一项是："中国正式承认满洲国"；第三、四、五项是要求华北地区"满洲化"。[①]

日本外务省将此谈判条件于 1937 年 12 月 22 日交给德国驻日大使狄克森，求他托德国驻华大使陶德曼进行斡旋。然而国民政府未接受此谈判条件。

在此情况下，日本政府于 1938 年 1 月 16 日发表声明，"不以国民政府为对手""希望成立和发展足以真正与帝国合作的新兴的中国政府，与之调整两国国交，协助改建新中国"[②]。它欲进一步扶植卢沟桥事变后在华北、华中成立的新的伪政权。这是对国民政府施加的政治压力，企图使它接受日本的要求。国民政府依然拒绝，没有屈服。同年 11 月 3 日，日本政府因无法改变国民政府在国际上的合法地位，又发表声明："即使国民政府……也不予拒绝"[③]，这表明了就"满洲国"等问题与国民政府仍有进行谈判的可能性。

发表声明的背景是因中日战局变化引起的，1938 年秋武汉失守后，中国抗战转入战略相持阶段，日本也陷入侵华战争的泥潭。

在相持阶段，日本外务省和军部通过各种渠道对国民政府进行"和平诱降工作"，以使蒋介石屈服。在此"和平诱降工作"中，"满洲国问题"仍然是谈判的问题之一。

在此时期，日本军部派影佐祯昭、今井武夫等去上海对汪精卫进行工作。影佐和今井与汪精卫的代表高宗武、梅思平谈判时，以汪"承认满洲国"[④]为日本帮助汪建立伪政权的条件之一。汪精卫承认这个条件后，脱离重庆投入日本怀抱，在南京建立了

① 日本外务省编：《日本外交年表及主要文书》，下卷，第 385～386 页。
② 日本外务省编：《日本外交年表及主要文书》，下卷，第 386 页。
③ 日本外务省编：《日本外交年表及主要文书》，下卷，第 401 页。
④ 日本外务省编：《日本外交年表及主要文书》，下卷，第 402 页。

伪政权。

　　1940 年春，日本军部又开展所谓"桐工作"，今井武夫和臼井茂树等从 3 月 7 日开始在香港与重庆方面的"宋子良"、陈超霖等磋商劝降条件。磋商的结果，第一条是"以中国承认满洲国为原则（恢复和平后）"①。3 月 14 日臼井大佐向日本参谋本部报告说："承认满洲国问题将争执到最后。"②随着香港谈判的进行，闲院宫参谋总长准备派板垣征四郎中将去重庆与蒋介石直接谈判，想诱蒋投降。其诱降的九个条件的第二项则要求"中国承认满洲"③。其后，"桐工作"成了日本军部和政府的共同谋略。7 月下旬参谋本部第八课课长臼井茂树根据板垣的训令，起草了停战的基本条件，在其第二项"关于承认满洲国问题"中提出：

　　　　承认的时机当然尽量要快，倘不得已，可考虑在协约外的日军完全撤离的期间内，使之承认。

　　　　关于约定承认的时机和方法，不得已时不妨采用秘密和变通方法，但关于承认满洲国问题必须使之公开提及。④

　　其承认的实质虽同以往一样，但同意了秘密承认和变通的方法等，在形式上表示了一定的"让步"。然而 9 月 12 日"宋子良"与今井会谈时，"宋子良"询问，承认满洲国问题还有让步余地吗？如有，其限度如何？这说明在"桐工作"中，伪满洲国问题依然是重要的焦点。"桐工作"到了 9 月下旬宣告失败，后来得知，原来"宋子良"不是宋子良本人，而是国民党蓝衣社的曾广。这样，

---

① 稻叶正夫等编：《走向太平洋战争之路》，别卷资料编，第 297 页。
② 稻叶正夫等编：《走向太平洋战争之路》，别卷资料编，第 297 页。
③ 日本防卫厅防卫研究所战史室编：《战史丛书·大本营陆军部（2）》，朝云新闻社 1968 年版，第 31 页。
④ 日本防卫厅防卫研究所战史室编：《战史丛书·大本营陆军部·大东亚战争开战经纬（3）》，朝云新闻社 1973 年版，第 7 页。

日本通过"桐工作"获得"承认满洲国"的企图遭到了失败。

日本军方的"和平诱降工作"失败后，日本外务省积极开展新的和平诱降工作。1941 年 1 月 1 日，松冈洋右外相与陆、海军大臣共同决定《对重庆进行和平谈判的方案》，把它作为日方要求条件的试探案。该案首先要求"中国承认满洲国"，作为附记"此件根据情况也可另外商谈"[①]。这个时期，日、德、意结成三国同盟。德国与中国曾有密切关系。日本则利用此种关系，将上一个要求条件和其他四个条件一并向中国提出。

同时，松冈外相还通过中国交通银行董事长钱永铭，进行了"钱永铭工作"。松冈于 10 月中旬派西义显、船津辰一郎、田尻爱义等去香港，与钱进行谈判。在谈判中，田尻爱义根据松冈外相同意的解决中日战争方案，将"满洲国作为现实问题加以处理"[②]作为条件之一。这比 10 月 1 日三大臣决定后退了一步。对此方案，船津同汪精卫会谈时，汪精卫说："听说这次日方的提案中，暂且未提及满洲国问题，待将来在适当时机由满洲国政府向中国政府请求承认。"[③]这句话，正好佐证了日方在此问题上的退让。

如上所述，至 1940 年下半年，日本在"承认满洲国问题"上，虽然原则上要求重庆承认，但在方式上采取了较以前"让步"、妄图使中国承认的方针。这与日本随着欧洲战局的变化所采取的南进政策有密切关系。1940 年 7 月 27 日，日本大本营与政府联络会议通过《随着世界形势的推移处理时局纲要》："帝国为对应世界形势的变化，改善国内外的局势，要在促进迅速解决中国事变的同时，抓住时机解决南方问题。"[④]此纲要正式决定要以南进为

---

① 稻叶正夫等编：《走向太平洋战争之路》，别卷资料编，第 302 页。
② 日本防卫研究所战史室编：《战史丛书·大本营陆军部·大东亚战争开战经纬（3）》，第 106 页。
③ 日本防卫研究所战史室编：《战史丛书·大本营陆军部·大东亚战争开战经纬（3）》，第 104 页。
④ 日本外务省编：《日本外交年表及主要文书》，下卷，第 437 页。

国策，这说明日本已迈出了争夺东南亚和太平洋霸权的第一步。日本统治者为了南进，希望及早解决从背后牵制其南进的侵华战争。因此，它积极对国民政府诱降，对"承认满洲国问题"在形式上"让步"，以使蒋政权早日投降。另外，至此时期，汪精卫的南京伪政权问题比"满洲国问题"更加紧迫，"满洲国问题"已变成第二位，这也是其"让步"的一个原因。

日本企图在承认汪精卫的南京伪政权之前，先使重庆的国民政府屈服，但重庆国民政府拒绝了包括"满洲国问题"在内的日方要求。这样，"钱永铭工作"也告失败。日本于 11 月 30 日与汪精卫缔结基本条约，日本正式承认汪伪政权，同时发表《日满华共同宣言》①，这两个伪事政权也彼此相互承认。

这样，处理和承认两个伪政权的问题，又成了日本外交的新课题。此问题在 1941 年底开始的日美谈判中成为日美双方讨价还价的筹码，从而又变成为太平洋战争开战外交的一个组成部分。

二、日美谈判时期

1940 年春，由于纳粹德国的西部攻势，法国、荷兰等相继被德国占领，法属印度支那、荷属印度尼西亚暂时成了权力空白地带。日本抓住这个大好时机，利用三国同盟，开始实施南进政策。这就使日美间的矛盾和对立进一步激化。日美两国欲通过外交谈判解决这个矛盾，以达到各自在太平洋的目的。于是从 1940 年底起日美谈判开始。

在日美谈判中，日本以三国同盟和在太平洋的军事优势为后盾，企图通过外交谈判达到南进的目的，同时以南进的态势向美国施加压力，以争取解决包括"承认满洲国"在内的中国问题。美国就这些问题欲与日本妥协，以使之解散三国同盟，从而阻止

---

① 该宣言是日本"承认"汪伪政权时由日本、汪伪政权、伪满政权共同发表的，规定了日本与汪伪、伪满三者间的宗主国与殖民地之间的关系。

日本南进。于是满洲和中国问题，便成了日美外交攻防战中的重要问题。承认伪满洲国问题，便从"先由中国承认后再争取列强承认"开始转变为"先由美国承认后再得到中国承认"的方针。

在日美谈判中的满洲和中国问题具有二重性，在日本方面，既是其需要解决的问题，同时又是其实现南进的谈判手段之一；在美国方面，既是防止日本南进的谈判手段之一，又是与日本争夺的对象。因此，在日美谈判中，"满洲国问题"所占的地位，已比中日战争期间大为下降，在中日战争中日本把"满洲国问题"作为外交目的的第一条或第一项，而在日美谈判时则只作为最后附加的一条。这是因为日美谈判的焦点是南进问题，承认"满洲国问题"不过是其附属问题，是达到目的的手段之一罢了。当然，在日美谈判中，"满洲国问题"也是不能忽视的。

日美谈判在 1940 年底由民间开始进行，1941 年 4 月升级为政府间谈判。4 月 16 日美国的赫尔国务卿与多洛特神父和岩畔豪雄大佐在华盛顿提出《日美谅解案》。这是日美政府进行谈判的第一个方案，在"两国政府对中国事变的关系"[①]中有"承认满洲国"问题，内容如下：

> 美国总统承认下述条件，同时日本国政府对此给予保障时，美国总统依此对蒋政权进行和平劝告。
> A. 中国之独立。
> B. 根据日中间成立的协定日本军队从中国领土撤退。
> C. 不合并中国领土。
> D. 不赔偿。
> E. 恢复门户开放，但其解释和适用在将来适当的时期，由日美间进行磋商。

---

① 日本外务省编：《日美谈判资料》，第 1 部，第 13 页。

F. 蒋政权和汪政府合并。

G. 日本自己克制向中国领土大量或集团移民。

H. 承认满洲国。

蒋政权接受美国总统之劝告时，日本国政府与统一建立的新政府或与组成该政府之成员开始直接进行和平谈判。

早在4月9日的《日美谅解草案》的末项中还有以下记载："蒋介石政权如拒绝罗斯福总统的劝告时，美国政府应断绝对中国之支援。"①换句话说，蒋政权如不承认"满洲国"，美国则停止援助。制定此方案的日方负责人岩畔大佐说："对承认满洲国问题，美国自始就未提出异议。"②这个事实说明美国曾打算牺牲"满洲国"，以阻止日本的南进。

然而对此谅解案，松冈外相做了重大修改，制定了5月12日的日本方案。该方案全部取消了"两国政府对中国事变的关系"中的八项，主张以《日华基本条约》③和《日满华共同宣言》为原则。

针对日本的方案，美国于6月21日提出另一个方案。在此方案中美国对《日本政府的附属追加书》提出八项"对中日和平解决措施"。其中希望"就满洲国问题进行友好谈判"④，暗示承认伪满洲国的态度，以防止日本的南进。

然而日本于7月28日侵入法属印度支那南部，暂时中断了日美谈判。这说明围绕太平洋霸权的日美斗争，不是通过"满洲国问题"等的妥协所能解决的。在这种形势下，日本于9月6日召

①　日本防卫厅研究所战史室编：《战史丛书·大本营陆军部·大东亚战争开战经纬（3）》，第515页。

②　同上书，第518～519页。

③　该条约是1940年11月30日日本"承认"汪政权时与它缔结的，规定了日本在政治、军事、经济、教育、宣传等各方面严密控制汪伪政权的诸多条款，体现了汪伪政权的傀儡性。

④　日本外务省编：《日美谈判资料》，第1部，第74页。

开的御前会议决定："通过外交谈判至 10 月上旬尚无希望贯彻我方要求时，则决定直接对美（英、荷）开战。"①这样，日美谈判便开始转变为开战外交，"满洲国问题"也成了开战外交的一个组成部分。

在开战外交中，日本向美国提出了新的反提案。此提案在满洲和中国问题上，虽然坚持以《近卫三原则》《日华基本条约》和《日满华共同宣言》为原则，但提出了 5 月所反对的《日华和平的基础条件》。该条件在汪精卫的南京伪政权和撤兵问题上虽然有一定的"让步"，但对"承认满洲国"，未表示让步。②这与 1940 年下半年的所谓"和平诱降工作"中的形式上的让步形成了对照。

可是美国的态度却发生了变化。针对日方的这个提案，美国先撤回了曾提出的"对中日和平解决措施"的八项条件。10 月 2 日，罗斯福总统提出了国家间的四项原则，来对付日本。这四项原则如下：

一、保持一切国家的领土和尊重主权。

二、支持不干涉他国内政的原则。

三、支持包括通商上机会均等的原则。

四、除以和平手段改变现状，不打乱太平洋的现状。③

这四项原则暗示美国支持中国恢复在满洲的主权，表明美国政府已开始改变对"满洲国问题"的态度。东条从大东亚共荣圈的角度强硬反对这四项原则。在 10 月 7 日的内阁会议上东条首相说："四原则是《九国公约》的再确立。满洲事变和中国事变为了什么？自不待言，是为了摧毁《九国公约》。大东亚共荣圈的前提

---

① 日本外务省编：《日本外交年表及主要文书》，下卷，第 544 页。

② 日本外务省编：《日美谈判资料》，第 1 部，第 307 页。

③ 日本外务省编：《日美谈判资料》，第 1 部，第 337～338 页。

是破坏《九国公约》。不能把四原则当作主义……将这个原则要局部地适用于中国，对日本是个生死存亡的问题。"①

至11月，日美矛盾更加激化。2日，日本政府和军部联络会议决定："动用武力的时间确定为12月初，陆海军要做好作战准备。"②据日方记载，美国国务院远东司于该月17日拟订了"以在太平洋的若干领土交换日本舰只的提案"。该提案提出："日本向美国出售舰只，从而可从美国获得资金，然后再从中国购入满洲的全部或一部分，以此为条件，美、中和日本或许能达成协定。"③这是以牺牲满洲与日本妥协的设想。然而中国反对美国在包括"满洲国"在内的中国问题上与日本妥协。另外，美国在日美开战迫在眉睫的形势下，想利用中国从背后牵制日本南进，这对美国十分有利。结果美国在满洲和中国问题上没有妥协，11月26日向日本提出最后通牒，即《赫尔备忘录》。该备忘录就有关中国问题向日本提出：

一、日本政府从中国和印度支那撤回一切陆、海、空军兵力和警察力量。

二、合众国政府和日本政府，除临时将首都设于重庆的中华民国政府外，不对中国的任何政府或政权给予军事、经济上的支持。

三、两国政府放弃外国租界和居留地内与之有关的各种权益，以及根据1901年义和团事件议定书所规定的中国的一切治外法权。

两国政府就放弃外国租界和在居留地内与之有关的各种

---

① 日本防卫厅防卫研究所战史室编：《战史丛书·大本营陆军部·大东亚战争开战经纬（5）》，第103页。
② 日本外务省编：《日本外交年表及主要文书》，下卷，第554页。
③ 日本防卫厅防卫研究所战史室编：《战史丛书·大本营陆军部·大东亚战争开战经纬（5）》，第589页。

权利，以及根据 1901 年义和团事件议定书所规定的在中国的一切治外法权之事，要努力争取英国政府及其他各国政府的同意。①

那么，《赫尔备忘录》中的"中国"是否包括满洲呢？东条首相和东乡茂德外相认为不包括"满洲国"。实际上在"中国"中是包括满洲的。11 月 19 日美国远东部长汉密尔顿向赫尔提出的关于国务院的全面协定案中写道："从中国（包括满洲——见其他规定）和印度支那撤退所有的陆、海、空及警察部队。"②6 月 21 日的美国方案也提到"对满洲进行友好谈判"，所以在文字逻辑上，"中国"中包含满洲的理解是恰当的。美国的主张从对满洲进行友好谈判变作日本从满洲撤兵，两国已无妥协的余地，开战已不可避免。

接到《赫尔备忘录》后，日本于 12 月 1 日御前会议上决定："与美、英、荷开战。"③6 日东乡外相对美发出通牒，指责《赫尔备忘录》是"关于中国问题迎合重庆方面的意见"，通知美国"今后继续谈判也达不成协议"。④这样，一年间的日美谈判便宣告结束。7 日，美日开战。

如上所述，"满洲国问题"在日美谈判和开战外交中虽然不是最重要的问题，但它成了日美矛盾或妥协的焦点之一。"满洲国问题"是中国问题的起点，同时在中国问题上的妥协会影响到"满洲国问题"。所以这又牵制了在中国问题上的妥协。在满洲和中国问题上的不妥协是爆发太平洋战争的原因之一，同时这个原因又转变成为结束战争时的终战外交的组成部分。

① 日本外务省编：《日本外交年表及主要文书》，下卷，第 564 页。
② 日本防卫厅防卫研究所战史室编：《战史丛书·大本营陆军部·大东亚战争开战经纬（5）》，第 595 页。
③ 日本外务省编：《日本外交年表及主要文书》，下卷，第 564 页。
④ 日本外务省编：《日美谈判资料》，第 1 部，第 539 页。

三、终战时期

1944 年 7 月美军在塞班岛的登陆和东条内阁的总辞职，表明太平洋战争已进入后期，日本的败北只是时间问题。于是，日本外交也就慢慢开始转向终战外交。

以往日本的终战外交是胜利的外交，其任务是如何确保和扩大战争的胜利果实。然而太平洋战争的终战外交不是胜利的外交，而是战败外交。战败外交的课题是以外交手段避免一败涂地，争取体面的终战。于是便产生了日本如何确保和利用在胜利的战争中所获得的殖民地，与英美等国进行停战外交的问题。

1943 年 9 月 15 日，日本的同盟国意大利投降。这对日本是个很大打击。9 月 30 日，御前会议通过《今后战争的指导大纲》，决定要绝对确保包括千岛、小笠原、内南洋（中、西部）及西部新几内亚、印尼、缅甸在内的环形区域一线。[①]"满洲国"当然在此圈内。

同年 11 月 22 日，罗斯福、丘吉尔、蒋介石等在开罗讨论了结束战争后对日本殖民地的处理问题。27 日发表《开罗宣言》，声明："三国之宗旨在于剥夺日本自 1914 年第一次世界大战开始以后在太平洋所夺得或占领之一切岛屿，在于使日本所窃取于中国之领土，例如满洲、台湾、澎湖列岛等，归还中国。"[②]

这样"满洲国问题"作为停战外交中的一个课题，又登上了国际舞台。在这个时期，"满洲国问题"已不像从前那样是争取承认，而是维持其现状，最后日本甚至将"满洲国"作为"礼品"，以换取有条件的投降。所以"满洲国问题"的地位发生很大变化。

在此，先探讨日本对中国外交，即所谓"和平诱降工作"中的"满洲问题"。

---

① 日本外务省编：《日本外交年表及主要文书》，下卷，第 589 页。
② 世界知识出版社编：《日本问题文件汇编》，1955 年版，第 4 页。

1940 年松冈外相的"钱永铭工作"失败后，对重庆的"和平工作"由于日军在太平洋战场的一时胜利而暂时中止。然而，1944 年 7 月美军登陆塞班岛后，它又被当作一项重要的工作提了出来。1944 年 9 月 5 日，日本最高战争指导会议决定《关于对重庆实施政治工作的方案》，在与中国和太平洋的两面作战中，想先处理背后的中国问题，争取"中国的善意中立"，以便集中全力对付正面的美军。因此日本在对汪精卫政权和从中国撤兵等问题上，表示了相当的"让步"态度。至于"满洲国问题"，日本以"不改变现状"为条件，放弃中国正式承认的要求①，企图以此"让步"求得中国的"善意中立"。为此，派陆军次长柴山兼四郎（原汪政权的顾问）去南京，向南京伪政权的陈公博、周佛海提出所谓的和平条件。与此同时，小矶首相派遣宇垣成一去中国，探索调整中日关系的途径。但是，宇垣回来汇报时说："关于满洲问题，取消满洲的独立几乎已是对方的绝对意见……曾同孔祥熙谈到满洲问题时的意见是默默在暗中解决……现在便不是那种口吻，变得非常强硬……然而满洲问题要想解决也还有途径，那便是即使要求取消独立，日本也不要坚持，只是发现那里的妥协点，就是在将来由俄国、中国、日本进行谈判，使之成为中立地带。"②这说明围绕"满洲国问题"，中日双方的意见依然是根本对立的。

同年 12 月 13 日，最高战争指导会议通过《关于在现地对重庆进行政治工作的方案》，于次年 2 月开始"缪斌工作"。缪斌于 3 月 16 日到达东京，与日本要人就中日关系进行各种会谈，提出调整中日关系六个条件。第一条是"对处理满洲问题另行商定协议"③，暗示有妥协的余地。但是由于军部反对，缪于 4 月末归国，没有任何结果。

---

① 日本外务省编：《日本外交年表及主要文书》，下卷，第 605 页。
② 日本外务省编：《终战史录》（二），北洋社 1977 年版，第 97 页。
③ 日本防卫厅国防研究所战史室编：《战史丛书·大本营陆军部（10）》，第 99 页。

　　"满洲国问题"又被英美用作苏联的对日参战的条件。自 1945
年 2 月 4 日至 11 日，在苏联克里米亚半岛的雅尔塔，斯大林、罗
斯福、丘吉尔举行了三国首脑会议，除决定处理战后德国问题外，
还决定在德国投降 2～3 个月后，苏联对日参战。参战的条件是：
"大连商业港须国际化，苏联在该港的优越权益须予保证，苏联之
租用旅顺港为海军基地须予恢复。对作为通往大连之出路的中东
铁路和南满铁路应设立一苏中合办的公司以共同经营之，苏联的
优越权益须予保证，而中国须保持在满洲的全部主权。"①这是苏
联对日参战的要价，即收回在日俄战争中被日本夺走的俄国在满
蒙的权益。会后罗斯福总统将宋子文请到白宫，解释了在《雅尔
塔协定》中有关"满洲国问题"的措施。他说："斯大林只希望恢
复日俄战争前俄国在满洲的权益，这对中国不是很大损失，而且
斯大林表示不承认中共政府，承认国民政府为中央政府并给予援
助，所以您亲自去莫斯科，根据上述密约签订条约对中国是上策，
其结果如果苏联能早日对日宣战，对整个盟国也都有利。"②这是盟
国为了早日结束战争，利用"满洲国问题"做交易，它严重损害
了中国在满洲主权的完全恢复。
　　"满洲国问题"在 1945 年春进行的日本与美国间的媾和谈判
中也被利用。1945 年 4 月，美军在冲绳登陆，日本投降已为期不
远；这时，日本驻瑞士公使馆的海军武官藤村义郎等通过伯克博
士，向美国的杜勒斯机关探询日美媾和谈判的途径，提出三项媾
和条件，其第三项是"保持台湾和朝鲜的现状"，欲以满洲实行国
际共管为条件进行媾和谈判。③当时日本驻瑞士的正金银行董事北
村孝治郎和驻帕塞尔国际结算银行的汇兑部长吉村侃等，于 6 月
间间接与杜勒斯机关联系，也提议朝鲜和中国台湾地区维持原状，

　　① 世界知识出版社编：《日本问题文件汇编》，第 5 页。
　　② 日本外务省编：《终战史录》（二），第 60 页。
　　③ 日本外务省编：《终战史录》（二），第 218 页。

满洲实行国际共管。①这个"国际共管"与九一八事变时的李顿调查团的报告相似。他们当时想起了那个报告书，认为也许会合盟国之意。

日本在终战外交中，对苏外交占有重要地位。日本在对苏外交中也利用了"满洲国问题"。

1944年7月以后，日本对苏外交的课题是"对苏要维持中立关系，谋求改善国交，努力迅速实现日苏之和平"②。为此，最高战争指导会议9月12日制定了《关于对苏外交施策的方案》，拟往苏联派遣特使进行外交谈判。苏联若维持中立态度，自动改善日苏两国的邦交，则作为代价，日本把北满铁路即中东铁路让给苏联，并承认苏联在满洲和内蒙古的势力范围。③本来日本拟派遣广田弘毅为特使，但是东久迩宫主张派遣久原房之助，并让久原带去三件"礼物"。其中第一件就是"将满洲归还给中国，对苏联在满蒙的权益，由中苏谈判决定"④。这是欲以归还满洲和承认苏联在满蒙的权益为条件，使苏联保持中立，以防止苏联从背后进攻。重光外相于9月8日向苏联驻日大使马立克提出派遣特使的希望。然而苏联予以拒绝。日本未能达到其目的。

至1945年，日苏关系急剧恶化。苏联根据《雅尔塔协定》，从2月起开始将西部战线的兵力运送到东部，准备对日作战。4月5日，莫洛托夫外长通知日本，不再延长《日苏中立条约》。这是苏联对日参战的外交信号。这个时期，日本对苏外交的任务，首先是防止苏联对日作战，其次是利用由于欧洲战争的结束而日益激化的美苏矛盾，使苏联与日本同一步调。5月14日，日本最高战争指导会议决定对苏进行谈判。为了使谈判成功，东乡外相提出废弃1925年1月缔结的《日苏基本条约》，以"出让北满的

---

① 日本外务省编：《终战史录》（二），第204页。
② 日本外务省编：《日本外交年表及主要文书》，下卷，第604页。
③ 日本外务省编：《终战史录》（二），第251页。
④ 日本外务省编：《终战史录》（二），第256页。

各条铁路""维持苏联在内蒙的势力范围""租借旅顺、大连""南满为中立地带"等为交换条件，以"尽可能维持满洲的独立"。[①]

据此方针，东乡外相开始对苏外交。6 月 3 日，广田弘毅在日本箱根与苏联大使马立克进行了预备会谈。6 月 29 日，广田与东乡外相商量后，向马立克提出三个具体条件。第一项是："可以约定满洲国的中立化（大东亚战争结束后我方撤兵，日苏两国约定尊重满洲国的主权及领土，不干涉内政）。"[②]这是日本企图以中立的名义维持伪满洲国。对此，马立克采取回避态度，不愿与之谈判。苏联已决定对日开战，这样对待日本是很自然的。广田和马立克的谈判，事实上被中断了。

至 7 月，东乡外相在波茨坦会议之前，决定通过苏联进行终战谈判，拟以近卫文麿为特使去苏联，其目的是企图利用日益激化的美苏矛盾，将美英的无条件投降的要求，改为保持国体的有条件的投降。

然而 7 月 26 日，美、英、中三国发表《波茨坦公告》，要求日本无条件投降。当时因为苏联尚未参加对日作战，所以未签署此公告，但实际上参加了公告的讨论。东乡外相研究公告后认为："苏联首脑在波茨坦参加了发布公告的商谈，尽管这是确切事实，却未在公告上签字。苏联可能至今还对日本保持法律上的中立。"[③]他对苏联还抱有一丝希望，在 27 日午后的内阁会议上补充说："政府为使苏联不参战，已用尽一切办法，我方已向苏联提出了修改满洲和朴次茅斯条约问题的意向"，主张等待苏联对派遣近卫特使的最后答复之后，再决定日本对公告的态度。东乡希望通过在满洲等问题上的"让步"，获得苏联的居中调停。他认为通过苏联的调停，至少可使《波茨坦公告》的条件对日本缓和一些。然

① 服部卓四郎著：《大东亚战争全史》，原书房 1973 年版，第 888 页。
② 油桥重远著：《战时日苏交涉小史（1941～1945）》，霞关出版 1974 年版，第 201 页。
③ 服部卓四郎著：《大东亚战争全史》，第 918 页。

而与东乡的判断和希望相反，苏联在 8 月 8 日参加对日作战，进
兵满洲，打垮了关东军和伪满洲国。通过战争建立起来的伪满洲
国，最后被战争摧毁了。从 19 世纪末开始，持续了半个世纪的"满
洲问题"终于得到解决，满洲又归还于中国。1949 年新中国成立
后，苏联将根据《雅尔塔协定》而获得的在中国东北的各种权益，
归还给中国，从而使"满洲国问题"得到了彻底解决。

在日本战时外交中的"满洲国问题"，通过外交未能获得承认
后，日本又通过战争，强制要求中国和列强予以承认。然而其方
针和承认的方式，随着国际形势的变化而发生了变化。从 1932
年 3 月"满洲国"成立到 1933 年 3 月日本退出国际联盟时期，其
方针是想先获得国联和欧美列强的承认，然后再强迫中国承认。
这个方针失败后，日本则退出了国联。其后企图改善同中国的关
系，以图先获得中国的承认。后来在侵华战争中，又以战争的一
时"胜利"为后盾，强制要求中国承认。日本在中日战争中对中
国的首要要求之一就是"承认满洲国"。从这个意义上来说，侵华
战争是九一八事变的继续，"承认满洲国问题"是侵华战争的重要
目的。然而到了开战外交的日美谈判时期，日本转换外交步骤，
决定先要求美国予以承认，以此来迫使中国承认。不过这时开战
外交的重点是南进问题，"承认满洲国问题"已退而成了次要问题。
后美国在这个时期，曾一度想以牺牲"满洲国"来阻止日本南进。
然而双方没有达成妥协，便开始了太平洋战争。

从 1932 年至 1944 年上半年的 13 年间，日本从争取国联、列
强承认到争取中国承认"满洲国"，改变了数次。屡次遭到失败的
"承认满洲国问题"，至 1944 年下半年，已不是承认的问题，而是
变成了如何维持现状的问题。在 1945 年的日本终战外交中，更成
了如何利用其作为筹码的问题。日本企图把"满洲国"作为对苏、
对美外交的"礼物"，同意对"满洲国"的国际共管、实行中立化
或将北满铁路和旅顺让给苏联。另外，英美和中国也在对苏外交

中利用了"满洲国"。这时，"满洲国"的地位有了很大变化。这个变化是由太平洋战争和第二次世界大战战局的变化而引起的。

从这种多变的转换中，我们可以了解到，九一八事变后的"满洲国问题"，不是孤立的问题，而是日本外交的一个组成部分，是为日本外交的总目标而存在，又为达到其目标而被利用。当国际形势和战局对日本有利时，其他外交问题则被"承认满洲国"问题所利用，而当国际形势和战局对日本不利时，为了解决日本外交的主要课题，"满洲国"则成为讨价还价的筹码。不过在其变化和转换中，始终不变的是日本外交中的帝国主义利益。它是九一八事变后日本对"满洲国问题"外交的主轴，"满洲国问题"不过是装在这根主轴上的一轮。这是从考察"满洲国问题"和日本战时外交中得到的规律性结论。这个结论再一次证明了"满洲国"的傀儡性。

第六章　全面抗战时期日本对中国的策略与战略

第一节　国共摩擦与日本的策略

日本帝国主义自国共第一次合作以来就企图利用两党的矛盾和摩擦来达到其侵华目的。1927 年北伐军打到长江流域时，日本外相币原喜重郎和田中义一就鼓励国民党内部的顽固派镇压共产党，使北伐战争夭折。[①]

八年抗日战争中，日本在华北利用国共摩擦来围剿和扫荡抗日根据地，已成为侵华战略的组成部分。

一、对华北国共两党的摩擦

国共两党实现第二次合作，建立了抗日统一战线后，日本极为关注。外务省和军部密切注视事态的发展，并写出各种报告和意见书。国民党于 1937 年 2 月召开五届三中全会。日本注意两个问题：一是国民党对共产党的态度；二是国民党对日的态度。这两个问题是相互影响，相互牵制，相互交织在一起的。当时日本也估计到国民党"不得不暂停对共产军的讨伐"[②]；国共的合作

---

① 参阅臼井胜美：《日中外交史——北伐时代》，原书房 1971 年版，第 7～60 页。
②《现代史资料（12）·日中战争（4）》，美笃书房 1978 年版，第 286 页。

"对于在华北、内蒙具有密切关系的帝国来说是一大威胁，帝国不得不以最大的关心洞察形势的发展"[1]。可是，七七事变爆发前后的一个时期，国民党尚能抗日，国共两党的矛盾和摩擦并不突出，因此，日帝也无机可乘、无计可施。

但到1938年，情况则发生了变化。1937年10月起，八路军在华北各地建立抗日根据地，蓬勃开展游击战。于是，从1938年夏天开始，国民党陆续派遣鹿钟麟[2]、石友三、张荫梧等率部进入冀南，成立冀察战区；令于学忠率五十一、五十七军由鄂豫皖进入山东，成立鲁苏战区。他们开进华北，与其说是开辟敌后基地，还不如说是与八路军争夺华北，他们在华北接连地挑起国共两党两军的摩擦和军事冲突。[3]对此，中共中央书记处于1939年2月10日发出《中央关于河北等地摩擦问题的指示》；5月11日致电北方局和晋察冀边区及各师，指示：我之方针是由我掌握河北，对顽固分子则采取人不犯我，我不犯人的态度。对山东，4月中央书记处致电山东分局，指示：过去山东方面退让太多，秦启荣多次向我进攻，我未予反击，今后对一切顽固派之无理进攻，严肃对待，对形同汉奸分子者如秦启荣，应坚决消灭。

日帝立即看出因国民党的挑衅而引起的国共两党两军的摩擦，并力图利用这一摩擦，切断两党关系，破坏抗日统一战线，进而削弱中国的抗日力量。1938年6月16日陆军大臣板垣征四郎在提交近卫首相的《关于指导中国事变的说明》一文中便提出"将中国的大趋势从排日容共诱导到亲日反共"上来的意见。[4]

---

[1] 《现代史资料（12）·日中战争（4）》，第247页。
[2] 鹿钟麟被委任为河北省主席。
[3] 1939年国民党在华北挑起的军事冲突有：在山西，阎锡山的旧军攻打新四军；在河北，国民党河北省保安司令张荫梧袭击八路军后方机关，惨杀八路军干部和战士四百余人；在山东，国民党山东省主席沈鸿烈指使秦启荣部袭击博山的八路军山东纵队第三游击支队，惨杀干部、战士四百余人。据统计，1939年9月到1944年3月，5年半的时间，国民党用190万军队（不包括包围陕甘宁边区的）来对付我军，国共两党的较大摩擦约有二千五百余次。
[4] 日本防卫厅防卫研究所战史室编：《战史丛书·大本营陆军部（1）》，朝云新闻社1974年版，第54页。

日军攻克南京后，准备攻打武汉。攻打武汉，除有其军事目的之外，还有破坏国共两党关系的企图。1938 年 6 月，昭和研究会提交的《关于处理中国事变的根本方针》中就提出：武汉是向西北诸省发展势力的共产党军队和向西南诸省发展势力的国民党军队的接洽点，因此，"攻克汉口首先为粉碎抗日最大因素的国共合作是绝对必要的。也就是说，占领汉口才能切断国共双方的势力，产生两党分裂的可能性"①。

日本华北方面军也在对我根据地的扫荡中开始注意这一问题。是年 9 月，华北方面军司令官寺内寿一大将对来华的侍从武官汇报华北军情时说："应配合中央机关的施策，导致蒋政权和党军（指我八路军——笔者注）的分裂和内讧。"② 9 月出刊的华北方面军的《战时月报》也写道："由于国共矛盾的激化，加以汪系的策动，敌方内部斗争更加尖锐"。③可见，日帝时刻在虎视国共两党关系，力图利用国共矛盾与摩擦。

1938 年 10 月，日军占领武汉、广东后，抗日战争也进入相持阶段，日军基本上停止了对国民党正面战场的战略进攻，重点围剿我根据地。这虽然是中国和日本的军事、政治、经济力量对比的产物，但也和当时国共两党两军的矛盾与摩擦有一定的关系。国民党顽固派这时由容共抗日转为消极抗日、积极反共。国民党1938 年完成对我华北根据地的包围后，1939 年 1 月召开五届五中全会，制定了"容共""防共""限共""反共"的方针，设立了防共委员会。会后，接连发布《限制异党活动办法》《共产党问题处理办法》等反共文件。接着，同年 12 月至 1940 年 3 月掀起第一次反共高潮，1940 年 10 月至 1941 年 3 月又掀起第二次反共高潮。

---

① 木户日记研究会编：《木户幸一关系文书》，东京大学出版社 1978 版，第 325～326 页。

② 日本防卫厅防卫研究所战史室编：《战史丛书·华北治安战（1）》，朝云社 1968 年版，第 65 页。

③《战史丛书·华北治安战（1）》，第 142 页。

　　这一反共高潮立即被日军发觉。1940年3月华北方面军的《战时月报》在《华北方面的敌情概况》中就写道："在华北，国共对立气氛日益激化。在山西北部、河南南部、山东西部，两者间的斗争在进行。这些情况预示双方由合作逐渐走向破裂。"①同年11月陆军参谋总长杉山元也说："其内部的暗斗和基层的相克依然在激化。蒋努力压制共产党，甚至宁肯一时停止对日军的作战，也要加强对共产党的部署。为此，移动一部分兵力。"②

　　国民党顽固派的消极抗日、积极反共是日军求之不得之事。日军力图借这一摩擦消灭我军和我根据地。华北方面军在这年春天制定的《华北地区思想指导纲要附录书》中公然提出："利用国共合作中的矛盾，尽量采用宣传、谋略等各种手段，煽动两党之间的摩擦，破坏两者的合作，以便导致'抗日救国'统一战线的崩溃。另外，采取适当的谋略工作，促使国民党军主动地去扑灭共军。"③中国派遣军参谋长也向陆军省次官提出："要积极利用国共相克的时机解决中国事变。"④

　　为此，华北方面军在对我军和我华北根据地的扫荡中，巧妙地利用了国共两党的摩擦。其伎俩有：

　　第一，借共两军军事摩擦之机，配合国民党军队夹击我军和我根据地。在第一次反共高潮中，石友三部配合国民党九十七军朱怀冰部向冀西、豫北地区根据地的进攻，1940年2月在冀南奉命进犯我根据地。对此，八路军采取坚决彻底消灭的政策。冀中的吕正操部，于2月9日至18日反击该部的进犯。华北方面军获悉此情报后，立即出动驻扎石家庄的第一一〇师，配合石部，夹击了我军。1941年10至12月，国民党的于学忠部在鲁南向我山东军区的徐向前部进攻。日第十二军便配合于学忠部围剿了我军。

　①《战史丛书·华北治安战（1）》，第259页。
　②日本陆军参谋本部编：《杉山笔记》，上卷，原书房1977年版，第150页。
　③《战史丛书·华北治安（1）》，第291页。
　④《战史丛书·华北治安（1）》，第260页。

　　第二，乘国共两军军事冲突之时，先攻打国民党军队。1940年初，国民党九十七军朱怀冰部纠合庞炳勋、张荫梧、侯如墉等分三路进攻我晋冀豫根据地。朱部在正太线铁道南部进犯我太行山地区，并和我军发生军事冲突。日军获悉此消息后，出动驻扎石家庄附近的独立混成第八旅先打朱部。接着，4月17日至5月8日又发动了对晋南国民党军队的进攻。

　　"皖南事变"是国共较大的一次军事摩擦。这次摩擦是日军配合国民党顽固派夹击我军和我根据地的有利时机，但日军不仅不夹击我方，反而先打国民党军队。原因之一，当时日军分析，"皖南事变"不至于国共关系破裂，"国共关系正在逐步沉静"，因此没有采取积极行动。原因之二，事变爆发前，国民党顽固派怕新四军在苏皖地区发展，这便和日本的利益发生了矛盾。日本认为，"华北是日本人的根据地，蒋介石要驱逐华中共产军去华北，破坏日本利益"，因此，事变发生的1月下旬出动5个师团的兵力，分数路包围攻打了平汉路东的汤恩伯、李仙洲、李品仙和何柱国军队。

　　第三，我军和国民党军队交错在一起时，先集中打我军，但分不清是哪一军时，则两军同时打。1940年6～7月日军扫荡冀南地区时就如此。在冀南，我军和石友三军交错在一起。十二军扫荡该地区的主要目标是我军和我根据地，但分不清时，石友三军也被打。

　　第四，应国民党顽固派的乞求，出动军队，围打我根据地。1940年4～5月，驻扎山东的日十二军扫荡我鲁南根据地。山东的一一五师英勇奋战，粉碎了日军对抱犊崮山地的合围，巩固了我鲁南根据地。但国民党山东省主席沈鸿烈又向我鲁南根据地进犯。于是我军于8月反击了沈部，收复鲁山地区重镇鲁村。沈不甘心，欲借敌人之刀杀我军。他主动乞求日军围剿我鲁南根据地。日军则应其要求，自9至10月攻打了沂水西南的徐向前部。但沈也未能幸免，日军围剿我军后，回过头来又打了沈部驻扎的蒙阴地区。

第五，为了剿灭我根据地，日军先攻打国民党军队，然后抽出兵力，重点进攻我根据地。

1941年5月7日至6月15日，日华北方面军出动6个师和两个旅的大部队，发动中条山战役(日军称中原会战或百号作战)。这一战役是日军继长沙战役后，对华北的国民党军队发动的一次较大规模的作战，主要攻打太行山南部和中条山脉的卫立煌部。在研究这次作战计划时，华北方面军参谋部第二课反对，主张"将残存的重庆军放之任之，全力图谋剿灭中共军队"①。但华北方面军首脑部则认为，由于卫立煌军的存在，使日军三个师牵制在晋南和晋东南，抽不出更多兵力集中扫荡我根据地。因此，先发动这一战役，然后集中兵力围剿和扫荡我根据地。日军发动攻势后，蒋介石打电报要求我军配合作战。5月10日，毛泽东致电彭德怀，指示：我之基本方针是团结对敌，配合他们作战。八路军总部据此指示，22日做了作战的具体部署。30日彭德怀发布了配合国民党军队作战的命令，命令各部队破击同蒲路、平绥路、正太路、平汉路；临近敌占区的临汾、安阳南部地区，与敌作灵活的游击战。但国民党军队在这次战役中一败涂地，而日军则达到了预期之目的。就此次作战，华北方面军作战主任参谋岛贯武治说，方面军由于在晋南歼灭了重庆军，过去被牵制在该地的日军获得了行动自由，此后可全力参加对共产党的作战"。②

可是，为了继续牵制晋南的日军，我军开进国民党军队败退的这一地区，进一步扩大了以沁河河谷为中心的太岳根据地。日军赶跑了国民党军队，迎来了坚决抗日的我军。因此，作战后日军非常后悔。华北方面军参谋部作战主任参谋岛贯武治哀叹道："共产党势力在沁河河谷的伸张，是因为实行中原会战不当之

---

① 《战史丛书•华北治安战（1）》，第473页。
② 《战史丛书•华北治安战（1）》，第480页。

故。"①鉴于此种情况，结束此次会战后，华北方面军参谋长田边盛武指示："在今后的施策中，对残存在华北的无力的中央系军队或者杂牌军，如不主动抗衡我方，暂时默认其存在，并用谋略等手段制止其敌对性，并进一步研究将他们利用于剿共的方法。"②

第六，为了防止我军在国民党军队败退的地区建立根据地，先打我军和我根据地，然后攻打国民党军队。如 1942 年对太岳和太行山根据地的扫荡就是如此。这次扫荡是自 5 月 15 日至 7 月 20 日分四期进行的。第一、二期是重点围打太岳和太行山根据地，第三期是同时围打浊漳河以南的我根据地和国民党军队的驻扎区。第四期才攻打太岳以东的林县、原康一带的国民党军队。

第七，利用杂牌军，遏制我根据地的发展。华北方面军于 1940 年 3 月 19 日下达《1940 年度第一期肃正建设》计划时，指示其所管辖的部队："讨伐的重点在于剿灭共军。为此要善于利用国共的相互倾轧，在日军势力暂时不能控制的地区，应默许那些不主动求战的杂牌军的存在。必要时，甚至可以引导他们占据真空地带，以防共军侵入。"③1941 年，华北方面军在草拟《肃正建设三年计划》时，其参谋部第二课则提出如下的意见："中共具有惊人的实力。百团大战中，我军的扫荡作战仅是将其驱散，殆未取得歼灭的成果，终归徒劳。对擅长游击战及退避战术的共军，以武装讨伐犹如驱赶苍蝇，收效极微。因此，主张招抚分散各地的灰色败残部队，给予占领地区，使其防止共军的浸透，日军只宜做其后盾。"④这一灰色败残部队不是别的，就是被日军打败或者被驱散的国民党军队，或者是土匪。

① 《战史丛书·华北治安战（1）》，第 480 页。
② 《战史丛书·华北治安战（1）》，第 479 页。
③ 《战史丛书·华北治安战（1）》，第 268 页。
④ 《战史丛书·华北治安战（1）》，第 529 页。

二、对阎锡山的策略

在华北，日军在利用国共矛盾和摩擦中较为突出的是对第二战区司令阎锡山的工作。晋绥、晋察冀、晋冀鲁豫根据地都和阎所管辖的地区相接。因此，我党在山西特别重视对阎的统战工作。而阎虽然是国民党的一部，但不是蒋介石嫡系，且和我党也有微妙关系。因此诱降阎对日本来说是一箭双雕，既能利用他剿共，又驱使他反蒋。

1938 年 3 月临汾失守后，阎锡山对我党我军的态度开始转变，逐渐走上投降反共道路。1939 年 3 月 25 日至 4 月 22 日，在陕西省宜川县秋林镇召开的军政民高级干部会议（即秋林会议）是阎锡山公开反共、制造摩擦的开始。阎说："中日不议而和，国共不宣而战。"宣布取消新军番号和新军中的政治委员，限制抗日民众运动的发展。会后阎进一步部署了消灭新军的计划，并制造了各种投降反共的谬论。他说什么"抗日要准备联日，拥蒋要准备反蒋，联共要准备反共"。但我党为了共同抗日，仍积极争取阎。

8 月 10 日，党中央指示：对阎的进攻，须给以有力和必要的抵抗与反攻；但注意方式，在言论上不应公开反阎。这就说明，我党对阎仁至义尽。日军也借阎反共之机，与我争夺阎；而阎也暗中与日军勾搭。1939 年，日军通过阎锡山侄子阎宜亭做对阎的工作，阎宜亭在和日军的接触中称阎为伯父。因此，日军把"伯"字作为对阎诱降工作的代号，把这一工作称为对"伯工作"。在日军的引诱下，是年 11 月阎指使其部下与驻扎临汾的日四十一师进行了秘密谈判。谈判中，阎方要求日军帮助阎军剿除山西省境内的八路军和决死队，而阎军的一部分将改编中国为"中国抗日忠勇先锋队"，专门从事剿共。

1939 年 12 月，阎也配合国民党顽固派的第一次反共高潮，在山西掀起反共浪潮。12 月 3 日，阎命令王靖国、陈长捷进攻晋西地区的决死第二纵队和我军陈士榘、林枫支队，命令孙楚进攻晋东南地区的第一、第二纵队及摧毁我沁水、阳城、晋城、高乎、长治、陵川、壶关等七县抗日民主政权，屠杀共产党员和进步人士，并迫使决死第三纵队主力四千余人叛变。

阎如此反共后，日军更加紧对阎的工作。1940年2月，中国派遣军参谋长板垣征四郎和第一军参谋长田中隆吉亲自出马，通过山西伪省长苏体仁（原系阎的部下）做对阎的诱降反共工作。其结果，驻扎汾阳的独立混成第十六旅和阎代表先签订协定。协定规定：日阎双方首先消除敌对行为，互相合作，共同防共；高（石）军（渡）公路以北地区由阎军负责，以南地区由日军负责，必要时双方可"实行会剿"。接着，1941年9月11日华北方面军参谋长田边盛武和新任的第一军参谋长楠山季吉在汾阳和阎的代表赵承绶签署了日、阎间的《基本协定》。《基本协定》的内容是：阎停止对日作战，并合流于汪伪政权；而日方许诺阎为汪伪政权的副主席及军事委员会委员长；"和日军合作，肃正山西省境内的共产军"[①]；而在《停战协定》中则规定："就铲除共产主义的破坏工作，紧密地进行协作"[②]。根据这些协定，日、阎两军暂时停战，并于10月27日又缔结了停战协定细目。但兑现协定内容不太顺利。于是，1942年5月6日，日军第一军司令官岩松、华北方面军参谋长安达、第一军参谋长花谷正等在山西省安平村直接和阎锡山会谈。当时日军的企图是："日军打击共军，然后让山西军进驻共军力量已被削弱的地区，使之担当剿共建设之任务。"[③]这时，阎虽然反共，但不敢公然投敌，并且不敢完全付诸实施已签订的协定。因此，此次会谈未能完全成功。但日军和阎依然保持一定的关系。这是因为，正如第一军参谋世井宽一所说，"无害

①《战史丛书·华北治安战（1）》，第586～587页。
②《战史丛书·华北治安战（1）》，第586～587页。
③《战史丛书·华北治安战（2）》，第141页。

的山西军的存在，其本身就具有重大意义"①，因为这可牵制八路军和华北抗日根据地。

到 1944 年下半年，华北日军开始调往太平洋战场，华北兵力越来越不足。与此相反，我军和我根据地经 1943 年的恢复和发展，重新上升，并转入局部反攻。因此，日军更加急切地想利用阎军来对付我军和我根据地。于是，1944 年 9 月，华北方面军和第一军又对阎发起新的政治攻势。这次对阎的工作方针是："为了使第一军大部分兵力便于调往主要决战方面，要让阎锡山谅解亚洲大团结的意义，首先与我合作进行武力剿共，然后合作进行政治剿共。应避免与阎军的摩擦。"②基于此方针，日军积极拉拢阎。结果 1945 年 3 月，为了双方武力合作对付我军和我根据地，日军允许阎军进驻日军占领区。

1945 年春，盟军打到冲绳岛。在华日军配合国内的本土决战，准备在长江下游和山东半岛同美军决战。为此，事变以来一直在山西省围剿我军和我根据地的日第一军往沿海和河北省的主要城市石家庄一带调动，在山西只留少数兵力。日军急切希望由阎军接替日军，抵抗我军和我根据地人民即将发起的大反攻。为此目的，日军派伪山西省省长苏体仁去阎处，诱引阎和日合作。经苏串线，8 月 5 日华北方面军参谋长高桥中将和第一军参谋长山冈少将亲自到阎军管辖的隰县某村，直接和阎举行了会谈。会谈中双方约定"首先将山西省南部一带的警备让给阎锡山，并让阎的代表常驻太原，然后逐步交接警备，进一步密切联系，合作对付共军"③等事宜。但会谈结束不久，日本则投降，利用阎军对付我军、我根据地的计划也变成泡影。

① 《战史丛书·华北治安战（2）》，第 141 页。
② 《战史丛书·华北治安战（2）》，第 552 页。
③ 《战史丛书·华北治安战（2）》，第 552 页。

三、对陕甘宁边区的战略

陕甘宁边区是华北根据地的总后方，华北根据地是在陕甘宁边区的基础上建立和发展起来，且在陕甘宁边区的党中央领导下进行抗日游击战的。两者唇齿相依，休戚相关。因此，华北方面军认为，要消灭华北根据地则要先摧毁陕甘宁边区，攻克抗战圣地延安。延安和西安对峙，两者关系便是国民党和共产党的关系。因此，日军在华作战中如何处理延安和西安的关系，又成为在拟定其战略中的新问题。

1941年12月8日发动太平洋战争后，1942年日军在东南亚和太平洋上节节胜利，这一时冲昏了日本军部的首脑。日本陆军参谋本部想借机先发起对西安的作战，然后攻打重庆，以便迅速解决中国事变。华北方面军也赞成这一作战计划。但中国派遣军司令部则认为："为激化目前的国共相克，最好不要触动与延安对峙的第八战区部队。"[1]华北方面军则反驳这一意见，认为"这种看法是对共产党势力的本质认识不足。日本与重庆之间暂时处于战争状态，却有能够共存的性质。但是，日本与共产党势力之间则是不容许共存的。求助于国共相克等想法，完全是一种姑息的看法。必须依靠自己的力量，毅然决然地围剿、消灭共产党势力"，因此，"曾考虑在西安作战中以延安为作战目标之一……华北方面军的真实意图，却在消灭延安"。[2]另一种意见则主张，先打西安，后打延安。华北方面军作战主任参谋岛贯武治大佐就主张："当时第八战区的部队在与我军对阵的同时，与延安的共军也处于对峙状态。如仅将西安攻下，反而对华北的主要敌人共军有利，因而考虑在下一步就消灭延安。"[3]上述意见和主张虽有一些分歧，但

[1]《战史丛书·华北治安战（2）》，第112页。
[2]《战史丛书·华北治安战（2）》，第112页。
[3]《战史丛书·华北治安战（2）》，第110页。

共同的一点是总想利用西安对付延安，把攻克延安作为最终的目的。

这一年在研究攻打重庆问题时也同样存在着国共两党、两军关系问题。陆军参谋本部第一部部长田中在设想这一作战方案时，在业务日记中写道："攻占重庆后，抗战的中国有落入中共手中的危险，如果没有充分可靠的估计，攻占重庆就只不过是极端危险的投机""先进行对延安作战，看其反应后再考虑对重庆的作战"。①

这些事实说明，日军时刻在分析研究国共关系，企图利用国共矛盾和军事摩擦来围剿和消灭我陕甘宁边区。但我党中央早已洞察形势，从山东、河北、山西等根据地调回八路军主力，以防胡宗南部和日军的进犯。且1942年下半年起太平洋战场的战局开始逆转，日军接连打了败仗。因此，日本大本营未批准这一作战计划。这样，消灭我陕甘宁边区根据地的想法也完全落空。

到1944年，日军在太平洋战场上节节败退，盟军打到南洋群岛。这时，我根据地的军民也进行局部反攻，频频出击日伪军。7年来的战争说明，日军不可能用武力征服中国人民，不可能用军事扫荡消灭我军和我根据地。相反，我军和我根据地在抗日战争的烈火中茁壮成长，即将把侵华日军从我河山驱逐出去。在这一形势下，日帝改变手法，向我军、我根据地发动了所谓的政治攻势。是年8月10日，陆军参谋本部向中国派遣军下达了《对延安政权实施宣传、谋略要领》。该要领写道："为利用中共为反重庆的地方政权的目的，将中共本部称为延安政权""反共、剿共、灭共等名称，在不得已的情况之外，避免使用。中共之称也尽量不要使用"，并强调"延安政权在政治上是独立政权"。②日军这样做的目的正是要领所写的那样：（一）"解除延安政权的抗战目的"；

①《战史丛书·华北治安战（2）》，第112～113页。
②《战史丛书·华北治安战（2）》，第524～525页。

（二）"激化重庆、延安的相克"。①但日帝这一政治谋略丝毫动摇不了我党、我军抗战到底的决心，未产生任何影响。

与此同时，日军也对重庆发动了新的诱降攻势。9月5日，日本最高战争指导会议通过了《对重庆实施政治工作方案》。该方案写道，"同意蒋介石返回南京，建立统一政府"，日本"不干涉中国一切内政问题。延安政权和共产军的处理，也照上条"。这与《对延安政权实施宣传、谋略要领》中强调的"延安政权在政治上是独立政权"的提法完全不同。这便说明，日帝以对国共两党、两军施展不同伎俩来进一步激化两者间的矛盾和摩擦，进而消灭我军和我根据地；以牺牲和消灭我军、我根据地的手法诱引国民党向日帝投降。再次暴露了日帝利用国共两党、两军的矛盾和摩擦消灭我军和我根据地，进而诱降蒋介石的险恶用心。

在八年的侵华战争中，日帝利用国共摩擦，围剿和扫荡我军和我根据地，但我军和我根据地在反扫荡的斗争中不断壮大；我军从抗战初期的3万人发展到127万人，抗日根据地由小块发展到19块，并赢得了抗日战争的伟大胜利。

在八年的侵华战争中，日帝尽管利用国共摩擦，围剿和扫荡我根据地，但这在其侵华战略中未能成为主导。这是因为我党、我军在抗日战争中始终分清敌我，发展进步势力，争取中间势力，孤立顽固势力，执行又联合又斗争的战略，把抗日统一战线坚持到抗战胜利之故。

第二节　日本对华北根据地的军事扫荡

在抗日战争中，八路军为抗击日军侵略，在华北敌后建立根

---

① 日本外务省编：《日本外交年表及主要文书》，下卷，第605页。

据地，开展游击战争。抗日根据地和抗日游击战争是人类战争历史上的奇观，中华民族的壮举，惊天动地的伟业。

在八年的侵华战争中，日军对我华北根据地进行了长期的、反复的扫荡和围剿；而我根据地军民英勇顽强地进行了反扫荡、反围剿，在抗日战争中演出了伟大的一幕。史学界对这方面的研究较多，而对日军如何扫荡和围剿根据地，研究较少。本节试就日军对华北根据地的军事扫荡情况加以论述。

一、对晋察冀根据地的扫荡

太原失守后，我八路军在华北先后建立了晋察冀、晋察冀鲁豫、晋绥、山东根据地，并以这些根据地为后方，开展游击战，抗击日军侵略。而日军则对我根据地进行扫荡和围剿，妄图消灭我根据地。我根据地军民就以反扫荡和反围剿抗击日军。于是，双方在华北的敌后战场上摆开了扫荡与反扫荡、围剿与反围剿的战场。在几年的残酷军事扫荡中，日军不断变换战略战术，根据地的军民进行了针锋相对的斗争，并取得了辉煌的胜利。

1937 年 11 月至 1938 年 10 月是日军战略进攻时期，是我军建立和扩大抗日根据地的时期，也是日军开始扫荡根据地的第一阶段。

11 月初太原失陷，国民党军队大部分撤到晋南和晋西。为了坚持华北抗战，毛泽东同志于 11 月 8、9 日和 13 日连续发出指示：山西各军大溃，正规战争结束，剩下的只是红军的游击战，"红军任务在于发挥进一步的独立自主原则，坚持华北游击战，同日寇力争山西全省的大多数乡村，使之化为游击根据地"[1]。遵照这一指示，在山西境内抗击日军的一一五、一二〇、一二九师分别在晋西北、晋东南、晋东北地区建立抗日根据地。最早建立的是晋

---

[1]《毛泽东军事文选》，第 88 页。

察冀根据地。一一五师副师长兼政委聂荣臻率领该师一部约五千人，挺进五台山，开辟敌后根据地，于11月7日建立了以五台山为根据地的晋察冀军区。翌年1月10日在冀西的阜平成立了晋察冀边区行政委员会。晋察冀军区和边区行政委员会的成立，立即引来了日军的围剿。1937年11月下旬，日军两万余人对我晋察冀根据地进行了八路围攻。根据地军民奋起反击，胜利地粉碎了这次围剿。于是，日军的华北方面军制定《军事占领地区治安维持实施要领》，正式提出摧毁我根据地的战略任务，把扫荡的"重点指向共军。特别尽早摧毁已建成的共产地区"①。这样，我军和日军在华北大地上拉开了以扫荡和反扫荡为中心的战幕。

为此，日华北方面军于1938年3月中旬至4月下旬，对我晋西北、晋东南根据地发起围剿。面对日军的围剿，在晋西北，一二〇师打败日军的进攻，收复宁武、神池、五寨、岢岚、偏关、河曲、保德等7座县城；在晋东南，一二九师和一一五师在神头岭、响堂铺、长乐村等地围歼敌人，粉碎了日军的此次围剿。在察南地区，日本独立混成第二旅在广灵、蔚县地区扫荡我根据地。为适应我军的游击战，在扫荡之前，第二旅旅长长冈宽治少将召集各大队队长，进行了5天的游击战训练。而我军以灵活机动的战术，在北岳山区周旋，粉碎了日军的围攻，收复了广灵县城。九一八事变以来，日军和国民政府军打过仗，但和我军交锋还是第一次。通过这几次扫荡和反扫荡，日军对我军和我游击战有所认识，便提出围剿我根据地的战术，即："对八路军的战斗，痛感需要注意的事项为：（一）尽快搜集情报；（二）最忌麻痹大意（不论警备队、讨伐队、运输队、总部、步哨都应注意）；（三）行动迅速（不拘泥于包围、迂回等旧概念，要以奇袭、急袭为第一）"；主张采取急袭和"层层包围"的战术。②日军的这一战术是在和我

①《战史丛书·华北治安战（1）》，第54页。
②《战史丛书·华北治安战（1）》，第66页。

军交战的教训中得出的。交战后日军也承认"未能将其歼灭……望风扑影、劳而无功的讨伐也实在不少"①。

5月上旬，日军打徐州，10月又攻打武汉和广东。为此，4月起日本从华北方面军陆续抽调十四、十六、三十七师和第十二军的第十师和十六师，参加这两个战役。这是我军在华北扩大根据地的有利时机。6月15日和27日毛泽东致电朱德、彭德怀，指示：敌之主要进攻方向在武汉，对华北、西北则暂时无暇顾及，我们乘此有利时机，放手发展游击战，建立和扩大华北根据地。遵照这一指示，我主力分别开进敌后的太青山、冀南、冀东、冀豫、冀鲁等地区建立了新的根据地，并且频繁出击日军，进而从敌后牵制其对武汉、广东的作战。

这时日华北方面军也为保证武汉战役，出动第一一○师和驻蒙的一○九师，8、9月对晋北和冀中的南宫地区，10月对五台山、代县、荡忻县地区，分别进行了扫荡。这些扫荡是配合武汉战役牵制我军的扫荡。

这时期，日军虽然提出摧毁抗日根据地的问题，但日军的作战重点是在华中，对华北的我根据地只是进行了突击式的、短时期的、分散的扫荡。而且其扫荡也带有反牵制的性质。这是日军战略进攻时期扫荡的特点。

二、百团大战与第二次扫荡

1938年11月至1940年8月八路军发动百团大战，是日军对华北地区扫荡的第二阶段。

日军侵占武汉、广州后，抗日战争进入相持阶段。这时，日军基本上停止了对国民党军队的正面战场的战略进攻，将进攻重点转向华北的抗日根据地。1938年12月6日，陆军参谋本部制

①《战史丛书·华北治安战（1）》，第66页。

定《1938 年秋季后处理中国问题的方案》，决定"不企图扩大占领区，将占领地区分为确保治安为主的治安区与以消灭抗日势力为主的作战地区"，把华北根据地列在治安区，"在其中的重点地区，配备相当的固定兵力，迅速达到恢复治安的目的"。①是日，陆军省又决定《政略攻势和战略持久时期作战指导纲要》，更明确地提出：在华北，"根据需要，在占领地区进行大规模的扫荡作战"②。

为此，1939 年春，日军从华中调回一部分师团，日华北方面军从 11 个师 4 个旅增加到 15 个师 9 个旅团，显著地加强了华北的兵力。华北方面军在增强兵力的同时，制定了 1939 年 1 月至 1940 年 3 月的所谓的治安肃正方针，该方针要求驻在华北的各师、旅："通过讨伐，全部摧毁……根据地，同时彻底进行高度的分散部署兵力，随后即依靠这些分散的据点……反复进行机敏神速的讨伐"，并"开通公路及水运，建设通信设施，以利于讨伐及补给"。③

对日军的这种准备，我党和我军也早已预计到。1938 年 10 月，毛泽东同志在党的六中全会上指出："在某些重要战略地区，例如华北和长江下流一带，势将遇到敌人残酷的进攻，平原地带将难于保存大的兵团，山地将成为主要的根据地，某些地区的游击部队可能暂时地缩小其数量，现在就应准备这一形势的到来。"④中央军委根据毛泽东同志的指示和六中全会的精神，决定增兵山东、冀中和冀南。八路军总部根据军委指示，令一一五师师部率领三四三旅迅速进入山东。该部于 1939 年 3 月 2 日挺进鲁西平原。12 月军委又指示八路军总部，令一二〇师进入冀中。该部于 12 月 23 日从岚县出发，于 1939 年 1 月 25 日在河间西北与

①《现代史资料（9）·日中战争（2）》，美笃书房 1976 年版，第 553～554 页。
②《现代史资料（9）·日中战争（2）》，第 555 页。
③《战史丛书·华北治安战（1）》，第 116 页。
④《毛泽东军事文选》，第 152 页。

冀中地区领导机关会师。12月下旬，八路军总部又令一二九师师部率三八六旅主力，进入冀南、南宫地区。

这样，日军与我军在华北进一步摆开扫荡和反扫荡、围剿和反围剿的态势。

是年，日军分三期对我华北根据地进行扫荡。

第一期是1月至5月：2月2日至20日日军十、二十七、一一〇师等4个师团对深县和南宫的冀中根据地进行了扫荡；3月1日至22日，日军一〇九师、独立混成第三旅围剿了晋绥根据地；4月16日至7月4日，日军三十六、一〇九师及独立混成第三、四旅扫荡了以五台山为中心的晋察冀根据地。

第二期是6月至9月：6月10日至8月25日日军二十六、一一〇师及独立混成第二、三、四、九旅扫荡了晋东南的太行山根据地；6月7日至25日，日军二十一、三十二师及独立混成第五旅扫荡了鲁南根据地；7月3日至9日，日军十、十四、三十二、三十五、一一四等六个师团围攻了鲁西根据地。这次是日军在这一年的扫荡中出动师团最多的一次。

第三期是10月至1940年3月：11月11日至12月7日，日军二十六、一一〇师及第二、三、四、九独立混成旅扫荡了津源至阜平一带的晋察冀根据地。

与此同时，还对晋南的阎锡山军和鲁南的于学忠、沈鸿烈部等国民党军队进行了围攻。

这一年日军主要采取分进合围、局部包围的战术（这是日军在东三省围剿东北抗日联军时所采用的战术），来占据根据地的一些乡镇。然后以这些乡镇为大据点，其周围设几个小据点。大据点和小据点以放射性公路相接；小据点以环状形公路相连接；公路上派机动分队巡逻。在一些地区，把三四个小点以公路联结成三角或四角形的一个网。这就是日军所说的高度分散的战术。日军虽然强调以这些据点为基地，主动出击我军，但这是被动的防守态势，着眼于保住占领的点和线。

针对敌人的这一战术，我军遵照朱德、彭德怀发出的华北战争基本指导原则，在战术上，避实击虚，避开敌锋，避免落入敌人合击圈，主要打击敌交通部队和小据点的敌人，不进行大的战斗，并且利用作战间隙，分期分批整训了部队。

据日方统计，在这次扫荡中仅 9 月日军与我军和国民党军队交战 1265 次，死伤 1523 人。[①]

在这一年的扫荡中，由于我军灵活机动的战略战术，日军未能达到预期的目的。曾参加过五台山地区扫荡的日军一〇九师参谋山崎重三郎也承认："1939 年 5 月的五台山作战是继 1938 年秋季作战的再一次剿共作战，其结果与初次相等，毫无所获……作战期间，几乎无法掌握共军的动向，甚至连共军的踪影也弄不清。因而，从未进行过较正规的战斗。"[②]

日军在制定 1939 年扫荡计划时，正如日军所说"对中国共产党的认识不充分"，不重视我军，但经此年的交战，对我军和我根据地有了进一步的认识。华北方面军参谋长笠原幸雄惊叹："今后华北治安的癌就是中共的军队。"[③]驻扎石家庄的日一一〇师作战主任参谋也说："管区内的敌人，使日军最感棘手者为冀西及冀中军区的共军。彼等以省境及日军作战地区附近，或者沼泽、河流等日军势力不易到达的地区为根据地，进行巧妙的地下工作及灵活的游击战。因此，了解和掌握其动向极为困难。"[④]

这时日军的优势是兵力强。它要发挥其军事优势，捕捉我军主力，进行决战。但我军发挥自身的优势，依靠人民群众打十六字诀的游击战，使敌人抓不住。这样，华北敌后战场的主动权始终掌握在我军手中。而日军处处被动挨打。这是我军和日军在军

---

① 《战史丛书·华北治安战（1）》，第 143 页。
② 《战史丛书·华北治安战（1）》，第 158 页。
③ 《战史丛书·华北治安战（1）》，第 215 页。
④ 《战史丛书·华北治安战（1）》，第 184 页。

力、经济力、人力和人心的对比中产生的必然结果。但日军却认为是对我军情报不灵的缘故，因此，要加强情报工作。

翌年12月1日至2日，日华北方面军召开情报负责人会议，强调"今后对于成为华北治安的癌的中国共产党及共军的情报工作，必须全力以赴"①。

1940年初，华北方面军又制定了本年度的扫荡计划。其基本方针是："将各项工作有机地统一于剿灭共军，继续实行高度分散部署兵力，积极进行讨伐。"②实行这一计划的要领更为明确地规定，"讨伐重点在于剿灭共军"，讨伐的重点地区为京汉、津浦两线之间，特别是冀中地区，随着打通水路就进行肃正讨伐；对晋察冀北部的北岳地区"由第一军及驻蒙军对之进行彻底肃正作战"。③可见，1940年的扫荡计划比1939年更加重视和突出了我军和我根据地。

1940年的扫荡计划是分为两期的。第一期是4～9月，第二期是10月至翌年3月。根据这一方针和计划，日华北方面军又拟定了《第一期肃正建设纲要》，连续不断地扫荡了如下地区：

冀中根据地，是日军该年扫荡的重点。其原因是，日军认为"该地区接近京津，是华北的中枢"，而且冀中根据地日益在扩大、发展。此次扫荡是分三阶段进行的：第一阶段是4月11日至16日，主要扫荡白洋淀地区；第二阶段是18日至28日，主要开通滹沱河、滏阳河、子牙河的水路；第三阶段是4月28日至5月31日，对上述地区再次进行扫荡。参加扫荡的是日二十七、一一〇师及独立混成第五旅。冀中的我吕正操部粉碎日军五十多天的扫荡，6月开展青纱帐战役，占领了15个据点，收复了部分根据地。

① 《战史丛书·华北治安战（1）》，第216页。
② 《战史丛书·华北治安战（1）》，第265～267页。
③ 《战史丛书·华北治安战（1）》，第265～267页。

在冀东地区，5月8日至6月12日关东军扫荡了和热河相接的地区；7月20日起，日二十七师和独立混成第二、十五旅又在这一地区进行了历时3个月的扫荡。

在冀鲁豫地区，6月5日至7月底，第十二军的三十二和三十五师及直属于华北方面军的一一〇师扫荡了东明、濮阳地区。此前，日三十二师曾在鲁西围攻了我东进纵队。

在晋绥根据地，6月6日至7月8日，第一军的独立混成第三、九、十六旅及驻蒙军的两个支队扫荡兴县、临县、岢岚、静乐县一带。

此年日军扫荡的主要战术依然是分进合围、高度分散部署兵力，其新特点是利用国共摩擦和杂牌军对付我军和我根据地。尽管如此，此年扫荡中，正如日十二军作战主任参谋松冈所说，"未能取得像样的综合性战果"①。

此年，我军不仅粉碎了日军的扫荡，而且在反扫荡中扩大和发展了我军和我根据地，发动了百团大战。7月22日，八路军总部发出《战役预备命令》，8月20日发动了声势浩大的百团大战。百团大战既是进攻性的运动战，又是具有游击性的反围剿、反扫荡的战役，沉重地打击了日军。

战争是在交战双方的矛盾运动中发展的。百团大战既然打击了日军，日军也必然反扑。8月20日至9月10日是我军战役的第一阶段，我军处于攻势，日军被动挨打，狼狈不堪。但日军调整部署，增加兵力，自9月11日至18日向正太线和晋中地区反扑。而我军自9月20日至10月上旬进行了第二阶段战役，攻打了一些城镇和铁路沿线地区。日军则自9月23日至11月26日向晋察冀、10月11日至12月4日向晋中地区反扑。对此，我军自10月6日至12月5日进行了第三阶段战役，主要进行了反扫荡

---

① 《战史丛书·华北治安战（1）》，第312页。

的战斗。可见，百团大战是敌我双方的攻防战，扫荡与反扫荡交杂在了一起。

在这次百团大战中，我军进行大小战斗 1824 次，毙伤俘和投诚的日伪军共 46400 多人；攻克敌的据点 2993 个；缴获步马枪 5400 余支，轻重机枪 220 余挺，各种炮 53 门；击毁敌机 6 架，坦克和装甲车 18 辆；破坏铁路 470 余公里，公路 1500 多公里；沉重地打击了敌人。这次作战结束后，日军的各师、旅团都写出作战报告和今后的作战意见，准备继续扫荡我根据地。

百团大战后，日军对根据地的扫荡进入第三个时期。第三个时期是 1941 年至 1943 年，其中 1942 年的扫荡次数和规模最多、最大，也最残酷，可谓是八年扫荡的最顶峰。百团大战后，日军对我根据地的扫荡战术发生了如下变化：

第一，情报工作明显加强。日军认为，百团大战是"奇袭""完全出乎我军意料之外"[1]。这就是说，事前没有刺探到我军准备百团大战的情报。而且在作战中，正如独立混成第四旅旅长片山中将所说，"日军的动向详细地泄露给八路军，但在日本方面则对八路军的情报完全不明"[2]。日军认为，我军情报灵，事前对他们的军事、警备等各种情况都做了周密的侦察，因而奇袭成功。因此，日军在总结教训时，专题分析我军情报活动，并列举了九条特点。日军认为获取我军情报较难，要加强情报工作。

加强情报工作后，日军确实掌握了我党政军的一些情报，并编出有关我党我军及根据地的政治、经济、思想、文化及军事方面的调查报告。

第二，军事上提前实施 1940 年度第二期扫荡计划。第二期扫荡原拟 10 月开始。但因百团大战提前 1 个月，从 9 月开始实施。该计划写道："将一切措施集中于对中共势力的剿灭。前年以来，

---

① 《战史丛书·华北治安战（1）》，第 338 页。
② 《战史丛书·华北治安战（1）》，第 356 页。

方面军虽然集中各种措施，努力于中共势力的剿灭，但其势力日益增大，地下活动也越来越活跃，在其秘密活动地区，影响更加扩大，波及全华北。因此，今后要刺探共产党军的组织与根据地，统一和集中我军事、政治的诸项政策，更加努力地加以剿灭。[①]这便表明，百团大战后，日军将集中一切力量，要更加凶猛地扫荡和围剿抗日根据地。

为贯彻这一计划，日华北方面军于 1941 年 1 月 12 日至 13 日在北京召开各兵团长会议。会上华北方面军司令官再次强调："迅速掌握共产党军队的实态，制定具体对策，为实行这一对策倾注热烈不断的努力。"[②]

百团大战后日军对抗日根据地的凶猛扫荡，除百团大战的原因外，也和当时日本的对外战略有关系。1940 年 9 月 27 日，日帝和德、意订立三国军事同盟，准备和英、美争夺东南亚及太平洋地区的霸权。因此，日本急于结束侵华战争。为此，1940 年 11 月 13 日，御前会议制定、通过了《中国事变处理纲要》。该纲要指出，如 1940 年 11 月底不能结束这一战争，"则及时转入长期作战的体制""彻底整顿这些占领地区的治安状况"。[③]据此纲要，大本营陆军部于 1941 年 1 月 25 日下达了《对华长期作战施策要领》。中国派遣军和华北方面军也制定了相应的扫荡计划。华北方面军于 2 月 25 日至 26 日举行各兵团参谋长会议，制定和传达了 1941 年度的扫荡计划。计划写道："方面军历来以治安第一为施策的指导方针。1941 年仍执行这一方针，应更加彻底地进行肃正工作，迅速恢复治安""应确定明确目标，而后有机地统一措施，集中指向这一目标。因事属紧急，必须使措施集中于重点，且重视日华

---

① 《战史丛书·华北治安战（1）》，第 392 页。
② 《战史丛书·华北治安战（1）》，第 432 页。
③ 日本外务省编：《日本外交年表及主要文书》，下卷，第 465 页。

的军、官、民的总体力量的发挥"。[①]这一计划的新特点是：突出重点，统一力量，发挥"总力战"威力。

三、"总力战"与围剿

根据"总力战"方针，日军1941年对下列根据地进行了扫荡和围剿：

冀东根据地：5月29日至7月21日，日二十七师、独立混成第十五旅和关东军独立警备队的第一、七、九、十六、二十七大队扫荡盘山根据地和蓟县东南地区。

冀中根据地：6月10日至7月10日，日一、二十一、二十七师及独立混成第十五旅的部分大队扫荡白洋淀以北的朱占魁部所在地区。

接着，8月14日至21日，由步兵第一一三旅和第一、十二、二十七、三十五、一一〇师及驻蒙军的一些部队组成的乙兵团和由三十三师和第一军、第十二军的一些部队组成的丙兵团，围攻冀中的吕正操部。华北方面军司令官冈村宁次指挥了这次扫荡。

晋察冀根据地：8月23日至9月4日，以二十一师和第一军的一个大队组成的甲兵团从红煤厂、涿县、涞水分三路，乙兵团从定兴、方顺桥分三路，丙兵团从新乐、正定、井陉分三路，包围以阜平为中心的晋察冀根据地的冀西地区。9月2日至10月15日，对这些地区又进行了清剿。

鲁南根据地：11月5日至12月23日，驻扎山东的十二军借国民党顽固派的于学忠部挑起国共摩擦，攻徐向前部的山东纵队之机，夹击我军和我鲁南地区根据地。但日军也承认，我军"采取退避分散、空室清野的战术，因此很少得到捕获机会"[②]。

渤海地区和鲁北根据地：11月下旬至12月中旬，日二十七

---

① 《战史丛书·华北治安战（1）》，第466页。
② 《战史丛书·华北治安战（2）》，第30页。

师和独立混成第七旅扫荡和围剿了盐山以南和鲁北地区的抗日游击队。

到 1942 年，日军对我根据地的扫荡更为猖狂。这与此年的形势有关。1941 年 12 月 8 日日本发动太平洋战争，以速战速决的战术占领了东南亚各地，并把战线扩大到南太平洋。日本对外侵略战争的扩大，使华北在日本的对外侵略战争中的地位发生了变化。首先，华北作为日军的兵站基地的地位更为提高，为迅速开发华北的资源，就要保证交通线和重要资源开发区域的"安全"。其次，随着战争的扩大，华北战场在日本的整个军事战略中的地位有所下降。为应付太平洋战场的需要，随时从华北方面军调一部分兵力，需要迅速消灭抗日根据地，以便稳住这一地区。

日华北方面军于 2 月 25 日至 26 日召开各兵团参谋长会议，4 月 27 日至 28 日召开各兵团长会议，拟定了该年度扫荡方针。方针规定："特别要先以河北省北部的肃正工作为重点，努力完成日军总兵站基地的使命。"[1]同时，"根据情况，断然进行西安作战和延安作战"[2]。

该年度作战计划的特点，正如华北方面军情报主任参谋横山辛雄所说："在研究制定年度计划时，对于前一年的主要作战目标应定为共军，还是重庆军，曾有争论。但本年度在选定主要作战目标上，方面军内部并无任何争议。在讨论以哪一地区的中共势力为主要对象的问题上，曾进行过多方研究，结果选定了冀中地区。"[3]

那么，为什么选定冀中为重点呢？我党我军在建立根据地时，先在山岳地区，后发展到冀中和山东的平原地带。山岳根据地是平原根据地的后方；而平原根据地物产丰富，供应山岳地区根据

---

[1]《战史丛书·华北治安战（2）》，第 116 页。
[2]《战史丛书·华北治安战（2）》，第 116 页。
[3]《战史丛书·华北治安战（2）》，第 142 页。

地所需的粮食及棉花等物资，两者唇齿相依。日军认为："冀中地区是河北省中部的粮仓地带，在战略上、经济上居于重要地位，中共势力已经在此根深蒂固。由于该地已成为对缺乏农产品的太行山区中共根据地培养战斗力的供应基地，因此，可以认为只要扼杀该基地，就会收到很大成效。"[1]其次，日军认为，冀中根据地"担负着从北京、天津、青岛、济南运进各种物资的重要任务"[2]。基于这两个原因，选定冀中为扫荡的重点。

在扫荡之前，华北方面军参谋部第二课就冀中地区的地理、冀中军区的编制及干部名单、民兵游击队的组织体制、抗日群众团体以及冀中我方势力的特点等具体情况，都做了周密的调查，并于3月下旬把它汇编成册。同时从3月下旬开始破译冀中军区的电报密码，组织窃听班和方向探测班，调查和收集我方的通信情报。对此，我方也于4月26日开始实行电波管制，并更换了密码，使日军得不到特种情报。

华北方面军于4月中旬拟定了冀中作战实施计划，4月28日在各兵团长会议上下达了作战命令。

参加这次扫荡的日军是：第四十一师的6个步兵大队、一一〇师的4个步兵大队、第二十六师的两个步兵大队、独立混成第九旅的两个步兵大队、独立混成第七旅的一个步兵大队及骑兵第十三联队，共计18个步兵大队。协助的有：一一〇师、第二十七师、第二十九独立飞行大队及河北省和石家庄的特务机关。

此次扫荡开始之前，日军先搞了声东击西的小动作。4月25日、26日，日军先攻打保定以西的冀西地区，摆出西进的态势，妄图把我视线转移到西边。接着，5月1日拂晓，突袭我冀中根据地。

华北方面军司令官冈村宁次亲临石家庄指挥。日军大肆吹嘘

① 《战史丛书·华北治安战（2）》，第142页。
② 《战史丛书·华北治安战（2）》，第151页。

这次扫荡，说它"在政治、战略上可以说是改进得最完善的作战，也是华北方面军努力的结晶"①。

　　但我党我军早已预计到敌人的这次扫荡。1938 年 5 月毛泽东就指出："在游击战争已经起来并有相当的发展之后，特别是在敌人停止了对我全国的战略进攻，采取保守其占领地的方针的时候，敌人向游击战争根据地的进攻是必然的。对于这种必然性的认识是必要的，否则游击战争的领导者们全无准备，一旦遇到敌人严重地进攻的形势，必至惊慌失措，被敌击破。"②遵照毛泽东的指示，冀中的吕正操部时刻调查敌军动静，在敌扫荡之前觉察其计划，4 月 26 日日军袭击冀西时，吕部从博野、安国一带突围，使日军合击扑空。主力跳出合围圈后，转移到敌后的城郊和交通线附近出击敌人。日军在扫荡后不得不承认，由于我军"在根据地民众工作做得彻底，侦察谍报网在群众中巧妙地扎下了根，因此很快就侦悉日军的动向，立即采取回避转移行动。而且由于熟悉地理情况，利用凹形道路、岔道和隐蔽小道等，能够神出鬼没，巧妙地离合集散"；"其战斗意志相当强，特别是在村庄的防御战斗尤其坚强，战斗到最后一人仍然顽抗到底的例子屡见不鲜"。③对我地道战也惊叹不已。

　　5 月 15 日至 6 月 19 日，日军对太岳和太行山根据地进行了扫荡。这次扫荡是分三个阶段进行的。第一个阶段是 5 月 15 日至 23 日，日三十六师和六十九师从东西南北合围太岳根据地；独立混成第一、三、四旅从 18 日起包围太行山根据地。第二阶段是 5 月 24 日至 6 月 7 日，压缩太行山区的包围圈，并进行清剿和剔抉。在这次扫荡中，日军编了各种特种小分队，如政治宣传工作队、便衣队、特务工作队、挺进杀人队等。挺进杀人队是伪装成我军，

---

　　①《战史丛书·华北治安战（2）》，第 173 页。
　　②《毛泽东选集》，第 2 卷，第 397 页。
　　③《战史丛书·华北治安战（2）》，第 171 页。

潜入我腹心，突袭我指挥部等中枢机关。据日方记载，陆军中尉益子重雄指挥的挺进队，在第二阶段扫荡中搜索我八路军总部，5月20日在郭家峪袭击我军指挥部，左权副总参谋长就是在这次袭击中牺牲的。

除上述扫荡之外，日军又于4月1日至6月10日和8月11日至9月上旬对冀东根据地、4月29日至5月15日对冀南根据地进行了扫荡。

日军在扫荡中，不断地分析和研究我根据地的情况和我军的作战法，不断地改变扫荡的战法。从1941～1942年的扫荡来看，其战法发生了以下六个方面的变化：

（一）从短期的突击式的扫荡发展到长期的反复的扫荡。

（二）从分散扫荡发展到集中目标、集中优势兵力的扫荡。

（三）从线的扫荡发展到纵深的扫荡。

（四）从分进合击发展到铁壁合围。1942年对冀中、太岳、太行山区的扫荡便采取了此种铁壁合围的战法。

（五）从无组织的烧光抢劫发展到有组织、有计划的"三光"政策。

（六）从单纯的军事扫荡发展到"总力战"扫荡。

"总力战"是日军、伪军、伪政权、伪团体的总体性扫荡，是军事、经济、思想相结合的综合性扫荡。七七事变以来，日本在国内建立"总力战"体制，发动太平洋战争后更加强了这一体制。但对根据地的扫荡中强调"总力战"则是在百团大战之后。日军在与我方的交战中发现，我方是在党的领导下党政军民结成一体进行抗战的，因此，日军也"模仿"我们，想要发挥军政民各方的作用。在1941年的扫荡计划中特别强调，对根据地的扫荡"仅靠武力进行讨伐不能取得成效，必须以积极顽强的努力和统一发挥军民的力量，摧毁、破坏敌人的组织力量和争取群众为重点"。

日军虽想用"总力战"对付我们的党政军民一体的游击战，

但终归失败了。日华北方面军参谋长大城户三治后来也不得不哀叹："要想得到华北政务委员会的政治力量上的协力是不可能的。因此，与中共方面党政军民结成一体的情况相对照，我方的军政民政则是支离破碎的一盘散沙。"①

四、扫荡与退却

从 1943 年开始，日军对根据地的扫荡逐步转入退却阶段。1942 年 6 月，日军在中途岛海战中遭到惨败，同年 8 月至翌年 2 月初的瓜达尔卡纳尔岛的攻防战又遭到美军的沉重打击。从此，太平洋战场的战局开始逆转，日军由攻势转为守势，从西南太平洋往北撤退，而美军则由守势转为攻势。

太平洋战场战局的逆转，直接影响了日帝的对华政策。1942 年 12 月 18 日，大本营和政府联席会议决定了《为完成大东亚战争处理对华问题的根本方针》。其主要内容是，加强伪政权和伪军，由他们逐渐接管日军曾管辖的政务，日军则逐渐摆脱政务等事宜，主要起野战军的作用。②1943 年 3 月 6 日，大本营还制定《整顿和指导中国武装团体纲要》，加强伪军，使他逐渐接替日军进行扫荡。这一转变便意味着日军的对华战略开始转入退却阶段。

鉴于这一形势和方针，1943 年 3 月 24 日华北方面军召开各兵团参谋长会议，下达了《1943 年度华北方面军作战警备计划》。该计划的主要内容是：（一）"大体确保现有的占领区域，改善主要资源开发区、城市及交通线附近的安全"；（二）"方面军应贯彻野战军的特性，将作战警备的重点指向共军"；（三）"在情况允许的情况下，把过去高度分散部署的兵力迅速集中，并努力保持战斗力的灵活性"；（四）"准备抽出部队调往主战场"。③

① 《战史丛书·华北治安战（2）》，第 476~477 页。
② 日本参谋本部编：《杉山笔记》，下卷，原书房 1977 年版，第 322~324 页。
③ 《战史丛书·华北治安战（2）》，第 337~339 页。

　　根据这一计划，4 月 19 日至 5 月 10 日，日军对晋察冀根据地进行了春季扫荡。这次扫荡是分两个阶段进行的。第一阶段是 4 月 19 日至 4 月 28 日，出动一一〇师的步兵 6 个大队，独立混成第一旅的一个步兵大队，第八旅的 3 个大队，第三、四旅的两个步兵大队共 12 个大队从灵寿、平山和滹沱河上游包围陈庄、回口、寨北等地区，企图围剿我第三分区。第二阶段是 4 月 29 日至 5 月 10 日，除出动这 12 个大队外，还增加了驻蒙军的 4 个步兵大队，共计 16 个大队，从完县、曲阳和涞源、灵邱包围军城一带的我第四分区。

　　日军这次扫荡采取分进合围的战法，分几路大圈包围我根据地后，以几个大队组成的挺进队插到包围圈内扫荡，同时逐步压缩包围圈，企图歼灭我各分军区主力。但我军主力早已跳出敌人的包围圈，从背后袭击其薄弱环节。日军也承认，八路军"则由于熟悉地形，民众又完全在其掌握之下，退避、隐藏极为容易。日军虽然煞费苦心构成围网，但因网眼过大，致使敌大股部队得以逃脱。因此，对该地区每年虽多次实行讨伐作战，但从整个情况来看，与敌人部队作战或得到捕捉敌部队的机会却很少"①。

　　9 月 16 日至 12 月 10 日，日军对晋察冀根据地进行了更大规模的扫荡。华北方面军司令官冈村宁次把指挥所迁到保定。②这次扫荡是分三个阶段进行的。出动的兵力是 3 个师两个独立混成旅，共计 20 个步兵大队、两个山炮大队、两个坦克中队。这次是从东西南北全面包围晋察冀根据地的。日军的一一〇师从曲阳、灵寿、干山往西包围第四军分区的回口、陈庄及阜平一带；独立混成第三旅从五台和东冶镇往东包围回口一带；二十六师从涞源、灵邱往南包围史家庄以西的倒马关一带；独立混成第六十三旅从东南的孟县包围第四军分区。这次日军采取分进合击的方法，先占据

---

① 《战史丛书·华北治安战（2）》，第 357~358 页。
② 稻叶正夫：《冈村宁次回忆录》，中译本，第 352 页。

我方中心区的重要地，然后分散扫荡，对重点地区反复扫荡。我军则集中适当兵力，对分散之敌加以打击，迫使敌人停止分散扫荡。在反复扫荡中，我军和民兵与日军交战四千余次。我外线部队，配合反扫荡战，借日军倾巢出动之机，相继攻打保定、望都、浑源等地。

除晋察冀外，日军于 9 月 26 日至 11 月上旬对晋绥根据地、10 月 2 日至 12 月 10 日对太岳根据地、9 月 16 日至 12 月底对山东根据地，相继进行了扫荡。但这些扫荡是零散的、小规模的。

1943 年日军的扫荡和 1942 年相较，其扫荡次数减少，扫荡的规模除晋察冀外也明显地缩小。与此相反，我根据地军民在这一年，与日伪军作战 24800 次，毙伤日伪军 13.6 万余人，俘虏日军 420 人，伪军 500 余人，攻克据点 740 个，使华北根据地得到迅速恢复和发展。对此，华北方面军也不得不承认"综观管辖全面治安情况，难说有所改善。相反，不少地区正在趋于恶化或复杂化"①。

1944 年至 1945 年 8 月初，日本准备发动京汉线和湘桂战役，要打通中国南北交通线，以便补充太平洋的海上交通。日军大本营于 1 月 24 日制定《一号作战纲要》，4 月 16 日和 5 月 27 日相继开始这两次战役。为此，从华北调出二十六、二十七、三十七、六十二、六十三、六十九、一一○师和第三坦克师及 7 个独立混成旅。同时，为增援太平洋战场，从华北陆续调出三十二、三十五师等。因此，在华北的日军大为减少，对根据地不可能发动过去那样的大规模扫荡，只是对山东、冀东、平北、太岳，太行山地区的根据地进行了零散的小规模的扫荡。与此相反，我党我军利用这一有利时机，进行局部反攻。八路军在华北、华中、华南的各战场上，和日伪军作战两万多次，毙伤日伪军 36 万多人，俘

---

① 《战史丛书·华北治安战（2）》，第 478 页。

虏日伪 6 万多人，收复失地 8 万多平方公里，取得了一连串的胜
利。一年来的斗争胜利，使我军由 1943 年的 47 万增加到 65 万，
根据地人口由 8000 万增加到 9200 万。

　　1945 年日军进行垂死挣扎，把主力龟缩到北京、天津、石家
庄、济南等大城市及沿海地区。我根据地军民则频繁出击敌人。7
月 26 日，盟国发表《波茨坦公告》，敦促日本投降。8 月 6 日和 9
日，美军在广岛和长崎掷下原子弹。8 日，苏对日宣战。9 日，毛
泽东发表了《对日寇的最后一战》。10 日和 11 日朱德总司令发出
大反攻的进军令。这样，抗日战争进入第三个阶段，即我之战略
进攻、敌之战略退却阶段。华北根据地的我军和游击队，齐出动，
向平绥、同浦、平汉、津浦、陇海及沿海和主要城镇进发，相继
攻克张家口、秦皇岛、山海关、临沂、曲阜、烟台等城市和数十
座县城，并包围太原、北平、天津、保定等大城市。在这短暂的
半个月里，日军从退却走上投降的道路。

五、经济封锁与思想围剿

　　抗日战争期间日军不仅对我抗日根据地进行军事围剿，还进
行了经济封锁和思想围剿。这在日军对我根据地的围剿中不占主
导地位，但却是日军对我根据地实行"总力战"的一个组成部分，
是不可忽视的一个侧面。下面根据日本防卫厅防卫研究所战史室
编的战史丛书——《华北治安战》（共两卷），介绍日军对我抗日
根据地的经济封锁和思想围剿情况，以便读者全面了解日军对我
抗日根据地的围剿。

　　经济封锁是日帝对我根据地实行"总力战"的一个组成部分，
是围剿我根据地的一种形式。

　　华北方面军从 1941 年开始有组织地对根据地实行经济封锁。
这一行动是在侵华战争进入持久战的情况下进行的，因此，这是
持久战的特殊产物，是日军对我根据地实行持久围剿的一种措施。

1940 年 11 月，御前会议决定了《中国事变处理纲要》，在准备发动太平洋战争的同时，对侵华战争采取了长期持久的态势。根据这一纲要，中国派遣军司令部于 1941 年 2 月下达《在长期战下原地政略指导》的指示，其中规定："在经济对策上要加强对敌经济封锁，制止有利于敌方的经济活动，破坏敌方的经济力量。"①实行这种经济封锁的目的，正如该指示中所写的那样——"力图消耗敌（指我军——笔者注）战斗力""摧垮敌方（指我军——笔者注）继续作战的企图"②，妄图困死我根据地。

根据中国派遣军司令部的指示，华北方面军也制定了《华北对敌经济封锁大纲》。据这一大纲，经济封锁，在日军方面由日军的特务机关、警备队、领事馆警察负责实行；在伪军方面，由各县警察、县警备队、县物资对策委员会、保甲自卫团、新民会等机构来负责实行。在山西省，特设经济警察本部来进行经济封锁。

经济封锁是隔断根据地和敌占区的一种形式。隔断和封锁是同时进行的。为此，在根据地和敌占区之间构筑封锁沟和墙：在平原地区，挖六米宽、四米深的封锁沟；在山区，利用自然屏障，或者构筑石墙。

在太行区以东，日军构筑三道封锁线。百团大战后，日军沿平汉线构筑了对太行区的第一道封锁线。到 1941 年 5 月，日军从第一道线往前推进 15～20 公里，构筑了北起获鹿、南至安阳的观台、水冶的第二道封锁线。到 1942 年 5 月，南起武安的任家岭、北至元氏西北的仙翁寨又构筑了第三道封锁线。这样，冀南和太行地区的交通和经济往来便被割断。日军于 1941、1942 年在冀南地区修筑的封锁沟竟达 1600 余公里。到 1943 年，修筑的公路和封锁沟"共计一万三千一百余华里"③。

---

① 《战史丛书·华北治安战（2）》，第 263 页。
② 《战史丛书·华北治安战（2）》，第 263 页。
③ 《中共党史参考资料》，第 8 册，第 42 页。

日军还在一些地区驱赶居民，设无人区（例如原热河省南部地区）来封锁根据地。

在封锁沟和墙边，设有日伪军的岗楼和固定或者流动的物资检查所，并派日、伪军进行巡逻。

经济封锁不仅严禁物资流往根据地，而且从根据地掠夺我抗战所需的物资，破坏根据地的金融。所采取的手段，除公开的抢劫外，还有：第一，用非法所得的边区货币，抢购根据地所需的抗战物资；第二，以自己不必要的物资换取我方抗战所需物资；第三，利用奸商进行掠夺性交易。日军用这些方法，从我根据地掠夺土产品、粮食及棉花，但这种掠夺常遭到我方的反击。于是，日军又配合军事扫荡进行抢劫。尤其是在 1942 年的扫荡中大肆抢劫我根据地的物资。因此，日军把这一年的扫荡又称为"经济战"。

针对敌人的经济封锁和经济掠夺，我根据地也及时采取反封锁措施。敌人则又调查我方的反封锁措施，在其《经济封锁月报》上刊登我根据地的经济政策、经济机构及反封锁措施等情况，并采取相应的反措施。但敌人的封锁漏洞百出，同时我根据地的军民，开展大生产运动，自己动手，丰衣足食，战胜了经济封锁带给根据地的种种困难。因此，敌人未能达到其封锁的目的。

日军在实行经济封锁和掠夺的同时，结合军事扫荡大肆破坏我根据地的经济生产设施。1941 年 8、9 月对晋察冀扫荡时，在其作战方针中明确规定"在击溃晋察冀边区共军及消灭其根据地的同时，结合封锁，破坏其自给自足，进而消耗、困死该地区的共产势力"[1]。并且在对晋察冀的第二期作战中要"搬出和破坏敌资材设施"[2]。这项工作由这次扫荡中特有的政治工作班来负责。为了破坏我根据地的生产设施，日军在扫荡之前刺探我经济情报和隐藏物资之处，并增派工兵，多携带炸药，炸毁根据地的生产

----

[1]《战史丛书•华北治安战（1）》，第 541～543 页。
[2]《战史丛书•华北治安战（1）》，第 541～543 页。

设施。

为了对付敌人的破坏，我根据地军民利用地道，把生产设备和军需物资埋藏在地下。日军在1942年的扫荡中发现了我方的这一反措施。1942年结束冀中根据地的扫荡后，日军在分析我地道战的同时，研究我方隐藏军需物资和生产设备的方法，并以图文并用的形式刊登在《共产军根据地扫荡剔抉参考》上，供围剿根据地的日伪军参考。

到1943年，我根据地才度过了敌人的军事扫荡和经济封锁带来的困难时期，经济重新复苏起来。这样，敌人的经济封锁政策也就随之破产。

敌人对我根据地实行经济封锁的同时，又搞了所谓的思想战。思想战是日军对我根据地的思想围剿，亦是其"总力战"的一个组成部分。日军在与我军的交战中认识到我军的政治思想工作的威力，说我军是"三分军事，七分政治"，单靠武力难与我对抗。因此，欲用思想战对付我军的"七分政治"。

1937年12月22日，华北方面军司令部在《军事占领地区治安维持实施要领》中提出："对共军应彻底进行扫荡。为此，在共军地区，应一面进行讨伐，一面采取宣传及其他方法，尽量灌输防共思想。"[①]

为此，日军首先通过特务机关搜集我党我军的政治机构及政治思想工作情况。1938年11月，新民会根据搜集的情报，编出《共军政治部》的情报记录。这一记录较系统地调查了我根据地的党和军队的政治机关和思想工作情况，在其结论中写道："可以断言，今后华北治安的对象是共军，而共军的核心及动力则是政治部。政治部的妙处在于其强大的组织力量及顽强的行动，并有一贯的共产思想。针对这种情况，我方的对策，第一要正确地把握

---

① 《战史丛书·华北治安战（1）》，第55页。

其真相，其次则要采取良好的组织行动和思想对策。"①

日军于 1938 年 11 月 12 日成立华北灭共委员会。这一委员会的任务是"担任调查和研究华北的全面思想对策工作"②。该委员会设有调查部，其本部设在北京皇城根。调查部设有四个调查班，分别调查和搜集我方党政军各方面的政治思想情报。经调查，该部写出《华北灭共对策纲要》。据这一纲要，日华北方面军于 1940 年拟定了《华北地区思想战指导纲要》。该纲要规定了对我根据地和敌占区进行思想围剿的基本原则和方法。纲要在指导方针和指导要领中写道："监视敌区及占领区内的军民思想动向，促使敌军的内部崩溃，促进军民的和平反共气势。"③纲要附录了一本书。该书第一章第二节为"摧毁思想策动的根源"，认为反日思想的根源是共产主义，其策源地是我根据地，因此，对我根据地要"彻底扫荡，摧毁其游击根据地"；对于游击区，"除采取反共宣传及秘密行动，进行内部破坏……并组成以间谍、叛变分子为主的特别搜查班，积极进行检举镇压"。④

在我党的领导和根据地的影响下，敌占区党的地下组织和爱国人士进行了各种形式的抗日斗争。这一斗争，和根据地军民的斗争有不可分割的联系。根据地人民的斗争，鼓舞了敌占区人民的抗日精神；敌占区人民的斗争声援了根据地军民的斗争。为镇压敌占区的抗日斗争，该纲要要求"检举、扑灭共产抗日分子""消灭共产抗日团体据点"，并列举了检举、消灭他们的具体措施。⑤

根据地的游击战争是人民群众的战争，抗日的力量源泉在于民众之中。日军在对根据地扫荡中已认识到这一点，并想方设法

① 《战史丛书·华北治安战（1）》，第 94 页。
② 《战史丛书·华北治安战（1）》，第 221 页。
③ 《战史丛书·华北治安战（1）》，第 285～286 页。
④ 《战史丛书·华北治安战（1）》，第 289～290 页。
⑤ 《战史丛书·华北治安战（1）》，第 289～290 页。

与我争夺民众，进而破坏我军民的鱼水关系。这是日军对我根据地所进行的思想战的重要方面。因此，日军明确地说，对我根据地的"最终目标，可以归结为：第一是摧毁革命核心力量；第二是争取构成社会成员的民众"①。华北方面军参谋长也说"在华北施策的成功与否，在于中国方面民心的争取及民众的协助热情情况如何，这番话并不言过其实"②，因而日军一再强调"剿共作战的要诀以掌握民心为第一"③，在军事扫荡中进行的"争取"民众的所谓思想战，其突出事例是 1941 年 8 月至 10 月日军对晋察冀的扫荡。在制定军事扫荡计划时，分别拟定了《晋察冀边区肃正作战宣传报道计划》和《晋察冀西边肃正作战政治工作要领》。④其中写道，"策划共军与一般民众间的离间工作"，"使一般爱国分子从共军的核心分子中分离出来，以便达到党和军分裂的目的"。⑤日军为实施这一计划，挑选一批军人，组成政治工作班，事先进行训练。在扫荡中，这些政治工作班负责进行思想战，飞机也配合他们散发传单。日军在这次扫荡的第二阶段即 9 月 4 日至 10 月 15 日，还在其蚕食的地区巡回放映电影或者演剧，在有些地区甚至以小恩小惠的手段拉拢群众。但侵略我中华民族的日军，非但不能争取我民众，反而遭到了我民众的反击。日军也在此次扫荡的教训及意见中不得不承认"共军的民众工作极为彻底，居民对有关八路军的情况，均不轻易出口"，"居民被动员起来，密切协助共军抗战，达到所谓军民一致的状态"。⑥

　　日军不仅在军事扫荡中直接进行思想战，而且利用新民会等伪团体对根据地及其周围地区进行思想渗透。新民会成立于 1937

---

　　①《战史丛书·华北治安战（1）》，第 477 页。
　　②《战史丛书·华北治安战（1）》，第 568 页。
　　③《战史丛书·华北治安战（2）》，第 474 页。
　　④ 这一要领是独立混战第四旅制定的。
　　⑤《战史丛书·华北治安战（1）》，第 545 页。
　　⑥《战史丛书·华北治安战（1）》，第 559 页。

年 12 月 24 日。这种组织好比伪满的协和会，其章程第二条就规定"彻底剿共灭党"，其五大纲领之一是"在剿共灭党的大旗下参加反共战线"。[1]华北方面军把新民会视为"华北唯一的政治部队，军队的强有力的继承者"[2]，把它作为进行"思想围剿"的一支重要部队。为加强新民会的力量，1940 年把华北方面军的宣抚班合并到新民会。华北方面军司令官冈村宁次也非常重视新民会在思想战中的作用，妄图把它搞成与我党抗衡的组织。华北方面军在1941 年 12 月召开的兵团长会议上印发中国《新民会扶植大纲》及《大纲说明》，希望"不惜一切努力推动新民会的发展"。其理由是："考虑到对华北当前敌人共产党的对策，大家知道，共产党以党、政、军三位一体，与民众的关系有如鱼水，正在积极争取民众。我方也必须以军、政、会三者与之对抗，打一场争取民众的战争。现将双方阵营加以对比，我方在军事上占绝对优势，在政治上也未必很差，但以新民会与共产党相比，则处于极端劣势的地位，对共政策的困难性，可以说就在于此。"[3]因此要大力发展新民会。到 1942 年底，号称其会员有 364 万。

新民会为展开思想战，成立了名目繁多的伪团体，如新民塾、新民会中央青年训练所、新民会青年团、新民会少年团、新民会少女团、新民会妇女团。新民会利用这些团体，配合伪政权发起五次"治安强化运动"，宣传反共思想，从政治、思想上围剿我根据地和其周围地区。不仅如此，新民会还组织武装工作队、武装青年团、新民突击队、自卫团、先锋队等武装团体，对根据地和游击区进行扫荡。

到 1943 年 9 月，新民会成立了华北民众团体反共大同盟。这一同盟是把和新民会有关的 21 个社会、宗教、文化、思想等伪团

[1]《战史丛书·华北治安战（1）》，第 76 页。
[2]《战史丛书·华北治安战（1）》，第 398 页。
[3]《战史丛书·华北治安战（2）》，第 73 页。

体合并为一体，是华北反共组织的集大成。该同盟的任务是：（1）制定反共计划；（2）组织反共工作团；（3）进行反共训练；（4）领导和监督反共工作；（5）反共宣传；（6）研究对共问题。[①]

日军在对根据地的扫荡中虽然施展了经济封锁和思想战等花招，但都未能奏效。日军所进行的战争是非正义的侵略战争，是野蛮的残酷的战争，因此，它必然遭到除一小撮汉奸之外的绝大多数中华民众的抵抗。而我根据地军民所进行的战争是正义的民族自卫战争，得到了绝大多数中华民众的支持和声援。这是日本帝国主义对我根据地实行经济封锁和思想围剿惨败的根本原因。

第三节　日军在中国的化学毒气战

毒气作为有杀伤力的化学武器登上战争舞台是在第一次世界大战时。1915 年德军在西部战场的伊普雷地区第一次使用了毒气。从此，作战双方争先恐后地研制和使用各种毒气。据统计，一战中大约使用了 30 种毒气 12.5 万吨，死伤协约国军 60 余万人，德军 8 万余人。

鉴于第一次世界大战的这一惨痛教训，1925 年 6 月世界各国在日内瓦签署了禁止使用化学毒气的国际协定。第二次世界大战中，纳粹德国在战场上不敢使用毒气，只在集中营偷偷使用。但是，日本帝国主义在侵华战争中明目张胆地使用了大量的化学毒气。1938 年 5 月 10 日南京国民政府代表顾维钧在国际联盟揭露了日军使用毒气的罪行，并要求国际联盟阻止这一罪恶行动。深受其害的中国人民也曾用报刊、文艺、史书等各种形式揭露和谴责了这一行径。

---

① 《战史丛书·华北治安战（2）》，第 428 页。

在太平洋战争时期，美国也注意到日军在中国战场使用毒气情况，并进行了一些调查。1942年7月，美国总统罗斯福发表声明警告日本说："如果日本在中国或者其他盟国继续使用这种非人道的战争武器，我国政府则把它看作对美国的使用，予以同样的且充分的报复。"

可是，在日本，日军在侵华战争中的这一灭绝人性的罪行一直没有被揭露。太平洋战争结束后，远东国际军事法庭在审理战犯时也未涉及侵犯人道主义之罪的这一问题。

1983年5月下旬，在东京开过关于东京审判的国际会议。在会上，日本立教大学教授粟屋宪太郎做了题为《东京审判的阴暗面》的学术报告。他在报告中探析了东京审判中存在的一些问题，其中涉及了关东军七三一部队的细菌战等问题。粟屋教授为了进一步搞清这些问题，会后远渡重洋，到美国查阅有关东京审判的材料，重点查了检察局的材料。他在美国国家档案馆查到了日本陆军习志野学校编的《七七事变时期化学战例证集》（以下简称《化学战例证集》），和远东国际军事法庭国际检察局以及驻日盟军司令部所调查的有关日军化学战的史料，这是研究日本侵华战争史的新的突破。

这一发现在日本引起了强烈的反响。日本《朝日新闻》于1984年6月14日用头版头条报道了粟屋教授的这一新发现，并揭露了日军在中国战场上使用毒气的具体情况。时任日本外相安倍也对日军使用毒气一事表示遗憾，并于6月20日在众议院外交委员会上表示"日本政府准备对此事进行调查"。

1984年8月，日本中央大学商学部副教授吉见义明又在美国国会图书馆复制的日本军部档案（缩微胶卷）中发现了日军的华中派遣军司令部于1939年11月30日报告陆军省的《武汉攻克战中实施化学战的报告》。该报告详细地记载了1938年8月至10月日军侵占武汉三镇时使用毒气的具体情况，并附录了日军第二和第十一军在这次战役后所写的《武汉攻克战中实施化学战的报告》两份。

此后，有关化学毒气战的资料也陆续发现，如日军第一一六师团编的《关于化学战的调查》、原陆军少将秋山金正于 1955 年 7 月撰写的《陆军科学研究所及第六陆军技术研究所研究化学武器经过概要（第一案）》、原陆军中将久村种树和少将中村陆寿于 1955 年撰写的《日本化学武器技术史年表》等等。而且当时参与或者目睹日军使用化学毒气的人也勇敢地站出来，公开揭露了日军在中国战场上使用毒气的具体情况。

下面，根据《化学战例证集》和近些年日本报刊上所发表的有关文章以及我国的一些资料，将日军在侵华战争中使用毒气问题，做一个揭露。

一、化学毒气的生产与使用

早在 1918 年 5 月，日本陆军省先在其兵器局设置了临时毒气委员会，聘请 22 名委员研制毒气，并研究使用和训练有关人员等问题。第一次世界大战结束后，即 1919 年 4 月日本陆军成立陆军技术本部，在其管辖下又成立了陆军科学研究所，该所第二科是专门研究毒气的。与此同时，陆军派久村种树大佐等去欧洲调查了解一战中使用毒气的具体情况。他们于 1924 年回国，向陆军首脑汇报了其调查结果。他们说："在未来的战争中取胜的秘诀之一是科学性的奇袭（指化学毒气——笔者注）。如其抗衡手段推迟一日，则失去同胞可达数万、数十万。制造毒气是紧急任务。"[①]陆军首脑听了汇报后，第二年即 1925 年 4 月把该研究所第二科升级为第三部，该所的大部分经费都用在第三部的毒气研制上。这一部的任务是既研制毒气，又研究各种毒气对人体、马匹的生理效

①《证言·太平洋战争史》，《历史与人物》1984 年增刊，第 374 页。

果以及毒气原料的来源等问题。可见该部是毒气的综合研究机构，人员也扩大到100余人，并且研制出二苯基乙二酮、法国式芥子气即双氯乙基硫和光气即碳酸氯三种毒气，于1925年进行了第一次野外试验。

1925年6月，世界各国在日内瓦订立了禁止使用化学毒气的协定。日本也签署了这一协定，但最后日本国会未批准。签字国应遵照国际协定，停止研制化学毒气，毁掉其研制设备。但日本不顾国际协定，变本加厉地研制毒气，1927年毒气从研制转入生产。是年11月，日本陆军在离广岛县忠海郡3公里海面上的无人岛——大久野岛上建造毒气厂。该厂称为陆军兵工·火工厂忠海兵器制造所，第一位所长为大岛骏中佐，职工80人，日产芥子气100公斤，而且制造红弹和黄弹等毒气弹。

到1930年，日军开始进行毒气弹的空投试验。是年，驻静冈县浜松的第七飞行联队[①]练习部，用A4式重型轰炸机进行了空投试验。同年10月下旬，在台湾第一次使用了毒气弹。10月27日，台湾雾社地区的高山族群众300余人，奋起反抗日本的残暴殖民统治，袭击日本警察所等殖民机构，杀死敌人100余人。日本出动警察和2000余名军人镇压了这次暴动。在这次镇压中，日军使用了毒气弹的一种绿弹。当时台湾总督府的电文中就有"向山谷集中发射绿弹100发"的记载。

发动九一八事变和七七事变后，日本进一步加大了毒气和毒气弹的生产。此时，大久野毒气厂的职工从建厂时的80余人增加到2045人。大久野岛成为毒气的生产基地，素有"毒岛"之称。到1940年，如下表所示，该岛的毒气厂生产9种毒气，其产量也在剧增。

---

① 联队相当于中国的团。

毒气种类	军用代号	生理作用	持续性	状态	凝固点	月产量
德国式芥子气	黄1号甲（A_1）	糜烂，迟效	持久	油状	14℃	120吨
法国式芥子气	黄1号乙（A_2）	糜烂，迟效	持久	油状	14℃	100吨
不结冻芥子气	黄1号丙（A_4）	糜烂，迟效	持久	油状	-20℃	160吨
路易氏毒气	黄2号（A_3）	糜烂，迟效	持久	流体	-31℃	170吨
二苯基胂化氰	红1号	喷嚏，1分钟后	一时	固体	39℃	175吨
臭味二苯基乙二酮	绿1号	催泪，即效	一时	固体	-3.9℃	}3吨
甲基苯基酮	绿2号	催泪，即效	一时	固体	59℃	
氰酸	褐1号	中毒，即效	一时	液体	-13℃	5吨
光气	青1号	窒息，即效	一时	气体	-118℃	初期制造

此外，1937年4月在福冈县企救郡建立曾根兵器制造所，该所是装填毒气弹的专业厂，是把大久野岛毒气厂生产的毒气装填在炮弹里的工厂。这样，毒气的生产和装填作业分工，毒气弹生产有了新的发展。生产毒气和毒气弹的工厂虽然增加，产量也激增，但满足不了侵华战争中的需要。因此，这些厂一天三班倒，加班加点生产大量毒气。

日军在研制和生产毒气的同时，又着手培养使用毒气的军事干部。1927年陆军科学研究所拟定《化学战勤务编制》，详细地构想了有关军事人员的培训和编制。接着，1933年8月在千叶县津田町开办陆军习志野学校。这一学校是专门培养使用毒气的军事干部的学校。初期设有教育部、研究部和练习队，后来又增添材料厂、干部候补生队、下士候补生队。学员来自各部队，分为甲、乙两种班。甲班是大尉一级的军官，受化学毒气的一般训练；乙班学员受用马匹等工具以人手撒毒的训练。学员受训3～6个月。七七事变后根据侵华战争的需要，又增设一至两个月的短期训练班。随着战争的扩大，这一学校也扩大编制，1941年把练习队改编为教导联队。该联队有5个中队，第一中队是迫击炮队，进行用迫击炮发射毒气弹的训练；第二中队是车辆队，进行用车辆（包括轻型装甲车）撒毒的训练；第三中队是马匹队，进行用马匹撒毒的训练。这种编制是针对中国战场而设的，如用车辆撒毒气主要是针对辽阔的中国平原；用马匹手撒毒气则针对的是山区的抗日根据地。该校的教学只有一小部分是在室内进行的，主要讲述化学毒气战术和各种毒气的性能等等；其余大部分是在室外进行实战训练，直接用各种毒气来进行的。据载，该校开办以来，大约培训了一万余人。这些人结业后，又回到各部队传授和普及化学毒气的使用方法，而且在实践中带头撒放毒气。可见，陆军习志野学校在日军的化学毒气战中扮演了可恶的角色。

二、抗战时期的化学毒气战

化学毒气战是日军侵华战略的重要组成部分。据现有材料揭露，自 1937 年 8 月日军侵占上海至 1945 年 5 月，日军始终在中国战场上使用化学毒气。

据南京国民政府和远东国际军事法庭国际检察局的毛罗（译音）上校的调查，其使用次数如下：

年度	使用毒气次数	年度	使用毒气次数
1937	9	1942	76
1938	105	1943	137
1939	455	1944	38
1940	259	1945	2
1941	231	共计 1312 次	

这一数字是只限于南京国民政府军，不包括对我军和我根据地的使用次数。这一数字虽然是不完整的，但足以说明日军在侵华战争中大规模地使用了毒气。为了大规模的毒气战，日本陆军专门组织毒气部队，派往中国。1937 年 9 月，毒气野战部队派往上海，隶属于上海派遣军；1939 年 9 月第二毒气野战部队（由第六、十三中队和第六、八小队组成）派往中国，隶属于驻扎武汉的第十一军；1941 年 5 个独立毒气中队、一个大队派往中国。1942年 12 月日本发动太平洋战争时，部署在各战场的毒气部队有：迫

击炮联队 1 个，迫击炮大队 6 个，毒气大队 1 个，独立毒气中队 6 个，野战毒气小队 1 个，化学部 1 个，野战化学部 1 个。这表明，日军的化学毒气部队的阵容是庞大的。

那么，日军在侵华战争中如何使用化学毒气呢？《化学战例证集》收集了截至 1942 年 11 月的 56 种化学毒气战战例。这些战例是在阵地战略进攻战、遭遇战、夜间进攻战、防卫战、追击和撤退战、对特殊地区的战斗、对游击队的战斗等 7 种类型的战斗中使用毒气的典型事例，并总结了各种情况下使用毒气的"成功"经验和失败的教训。对此，该书在序中说明其编辑目的时就写道："本例证集尽力辑录了支那事变（即七七事变——笔者注）的化学战例中的特异战例，并用图解简要阐明其经验教训，以资于适应军队现状之瓦斯用法，特别是红筒的快速敏捷之具体运用。"因此，该书能说明日军在侵华战争中的化学毒气战的一侧面。

《化学战例证集》先在绪言中概述了实施化学毒气战的编制装备和战略战术问题：

一、编制装备

步兵随时携带小型发射红筒和同数烟筒以及中型红筒等，各大（中）队装备红筒投射机。其他部队亦应配备此类装置。

二、作战计划之隐诈

在举行大规模正面进攻时，要特别做好作战计划的保密和诈敌行动。不让敌人在我进攻之前退却，此点最为重要。

三、攻击要领

1. 沿要道采取楔状进攻，形成在战场上捕捉敌人之态势，然后从正面突然袭击之……

2. 或沿路佯装追击，途中急速插向侧方，歼灭路外之敌……

3. 或命一部队向敌线内做突进性攻击，以牵制消耗敌兵力,同时以有生力量伺机从侧方协助之,进行捕捉歼灭战……

（注：1.2.3 这些设想适用于支队、兵团乃至军级的各部队之指挥运用。尤其在部分兵力做贯穿性进攻时，利用化学兵，弥补兵力的弱小，增强突破力。）

4. 在主力进攻作战时，后方阵地的守备兵力要大量使用致死剂和持久剂，以消耗敌人战斗力。

5. 进攻作战后撤兵时，上述后方守备部队负责牵制消耗敌人兵力，并协助主力随时转移，进行歼灭战……

根据这一战略战术，日军在中国进行了化学毒气战。《化学战例证集》中的战例，只记载了战斗的时间、地点及其情况，而无年度和使用毒气的部队番号。粟屋教授和一桥大学的藤原彰教授根据日本防卫研究所战史室所编的《战史丛书》，查对了其中的 8 例，下面仅举 5 例：

第一例，在晋南曲沃附近战斗中的毒气战：

南京大屠杀后，日军要攻占徐州。为此，从驻扎山西的第一军中抽调几个师团，南下参加徐州战役。我方军队借敌兵力空虚之际，自 1938 年 5 月中旬起，向驻扎曲沃一带的日军第二十师团发起了猛烈进攻。我方军队切断同浦线，使日军的后勤供应被断绝。日军陷入弹尽粮绝的境地。于是日军第一军速调一批兵力，于 7 月初向我方发起反攻。在这次解围战中使用了大量的毒气。这次日军准备了红筒 1.8 万个，其中多半是中型的，但因气象关系，只使用了 7000 个。[1]其结果，毒气完全遮盖我方军队的前沿阵地，日军借机突破 3 公里防线。侵华战争的初期，日军就能往山西这样偏僻的地区调配 1.8 万个毒气筒，这就说明日军从战争

---

① 《化学战例证集》。

伊始就有组织、有计划、有目的地进行了化学毒气战的战略准备。

第二例，攻占武汉三镇时的毒气战：

攻占徐州后，日军准备攻打武汉三镇。日军第二军第十师团（师团长条塬义男中将）沿着长江以北的京汉线南下，连续占领六安、固始，9 月 17 日攻克光州城。在这次战斗中，日军发射中型红筒 835 个，小发烟筒 116 个。日军随毒烟从该城东门闯入城内，用刺刀杀害中毒的军民 200 余人。在武汉地区作战中，该师在刘台、中山铺、罗山、王家湾也使用了毒气。①

此外，日军第六师团的佐野支队从汉口北部 4 公里的载家山一带进攻汉口。南京政府军在载家山构筑坚固防线，并靠 1000 米宽的黄土湖防守阵地。佐野支队是由步兵第二十三联队和山炮、野炮、坦克、轻型装甲车组成，拥有强大的火力。该支队于 10 月 25 日下午 6 时在火力的掩护下准备渡湖攻占载家山，但日军火炮未能压住南京政府军的火力。于是自 6 时 40 分起，用 43 分的时间，以迫击炮发射了红弹 80 发，压住国民政府军的火力，然后渡湖占领了载家山，打开了攻克武汉的北大门。②

据日军华中派遣军司令部的《武汉攻克战中实施化学战的报告》，在此次战役中日军使用毒气 375 次以上，发射了各种毒气弹 41829 个，其中用迫击炮、野炮、山炮发射的红弹 9667 发，用投射器发的红筒 32162 个。③此外还使用了绿筒 6666 个，发烟筒 26376 个。④使用催泪性的绿筒等的目的是以此掩盖其使用毒气的罪行。

第三例，侵占南昌时的毒气战：

攻克武汉后，日军又要侵占南昌。1939 年 3 月，日军第十一军司令官冈村宁次指挥第六、第一〇一、第一〇六师团等 3 个师

---

① 《化学战例证集》。
② 《化学战例证集》。
③ 中央大学：《学员时报》1984 年 11 月 10 日。
④ 中央大学：《学员时报》1984 年 11 月 10 日。

团，发动对南昌的进攻。一〇一和一〇六师团曾在武汉战役中遭受我方的打击，损失巨大，士气不振。因此，冈村集结野战重炮3个联队、独立野战重炮1个大队，攻城重炮1个大队，加上两个师团的山炮，展开了一次七七事变以来最大的一次炮战，以鼓舞这两个师团的士气。3月20日，万炮齐鸣，3个师团从左右渡修水。这时右军一〇六师团发射红筒1万个，红弹2000发；左军一〇一师团发射中型红筒5000个，红弹1000发，以炮火和毒气压住了正面12公里、纵深两公里的南京政府军的阵地①，然后日军渡河攻克南昌。这是大规模的化学毒气战，冈村宁次在侵华史上留下了又一个可耻的记录。

第四例，对八路军和抗日根据地的化学毒气战：

日军把八路军和抗日根据地视为华北治安的癌，恨不得一举灭之。但我军和我根据地在抗日战争的烈火中不断成长和巩固。于是，日军对我军和我根据地常常使用剧毒的黄剂毒气即芥子气，妄图以化学武器消灭我军和我根据地。

1939年1月，贺龙同志指挥的一二〇师奉党中央的命令，从晋西北挺进冀中，执行巩固和扩大冀中根据地的任务。抵达后，该师七一六团先在河间西北的曹家庄一带歼敌一百四十余人。日军得到献县、任丘的援兵后，于2月4日出动一千余人，前来报复。此时七一六团奉命转移到曹家庄西南四公里的大曹村一带，连续打退了日本的四次冲锋。日军在每次冲锋前，都施放大量毒气。我军没有防毒器材，用小便湿过的手巾蒙住口鼻顽强抵抗，最后发起总反攻，打退了日军的进攻。②

接着该团于4月23日在齐会村与驻扎河间的日军第二十七师团的吉田大队展开了一次歼灭战。23日上午9时，日军包围该团第三营的驻地齐会村，在炮火的配合下发动进攻。我军战士连续

---

① 《化学战例证集》。
② 冀中人民抗日斗争史资料研究会编：《冀中人民抗日斗争资料》。

打退敌人的三次冲锋。日军见硬攻不行，便向我军发射了毒气弹。一团团白色的毒气在头上散开，战士们用水浸湿毛巾捂住口鼻继续战斗，在第一、二营的配合下，歼灭日军七百余人。[①]在这次战斗中，日军向一二〇师师部所在地大朱村发射毒气弹，正在该村村沿指挥作战的贺龙师长和司令部二十余人中毒。[②]

1940 年秋天，我华北的八路军发动了声势浩大的百团大战。日军在我军的突然袭击下处处挨打，狼狈不堪。于是狗急跳墙，使用了大量的毒气。结果我军 2.1 万名战士中毒。我军也在作战中缴获 234 个毒气筒和 51 个防毒面具。这是日军使用毒气的有力证据。

晋东南的太行山区是我八路军总部和一二九师所在的抗日根据地。1942 年 2 月，驻扎山西省境内的日军第一军第三十六师团对这一地区进行了一个多月的扫荡。扫荡之前，该师团组织特种作业队（也称消毒班），在潞安进行了使用毒气的训练。日军对根据地使用毒气是在实行"三光"政策后使用的。日军在扫荡中要和我主力决战，但我军在敌强我弱的情况下，采取灵活的游击战，因此，敌人抓不到我主力。于是以"三光"政策破坏根据地的一切设施和房屋，然后撤走。这时特种作业队用马匹运来大量黄剂毒气，撒在村庄的各个角落。在这次扫荡中，日军撒了黄剂一号甲三百公斤。[③]据曾在该联队任中队长的某人说，那时在水井里也投放了黄剂。后来他调到陆军参谋本部密码科工作，在解读我方密电时看到了"居民饮井水死了，可能撒了毒药"的电文。[④]在该师团任联队长的某人也说，联队撤离村庄时他亲眼目睹了特种作业队撒毒。[⑤]据我方记载，在这次扫荡中 1.3 万多人被日军杀害，

---

① 冀中人民抗日斗争史资料研究会编：《冀中人民抗日斗争资料》。
② 冀中人民抗日斗争史资料研究会编：《冀中人民抗日斗争资料》。
③ 《化学战例证集》。
④ 《朝日新闻》1984 年 6 月 15 日第 3 版。
⑤ 《朝日新闻》1984 年 6 月 15 日第 3 版。

其中包括中毒致死者。《化学战例证集》在这一战例的效果中也写道："敌主力在我撤退后立即返回根据地。经综合分析密探的报告和接受敌无线通信所得的情报可知，敌有数千名瓦斯中毒者，其中约半数死亡。"①惨无人道的日军在总结这次战例的经验时公然写道："对于没有阵地，以窑洞和村落为根据地，以政治工作为主的共军，使用这种瓦斯威力甚大。"②

1942 年 5 月，冈村宁次对冀中地区的五一扫荡时也使用了毒气。5 月 28 日，日军混战第八旅团在定县南部的北町村发现地道后，往地道里施放了毒气，避难在地道的八百余名老百姓都被毒气熏死。③

1943 年 11 月 9 日，日军在山西根据地的井陉县老虎窝村一带扫荡时，该村一百余群众避难在附近的一个山洞内。日军发现后，当即向洞内放射毒气弹，一百余名群众全部被毒害身死。④

黄剂芥子气比重大，从高处往低处流，适合于对地道、窑洞使用，而且它是油状，晚上气温低不蒸发，太阳升起后才化成毒气，毒性也较大。因此，日军在根据地扫荡时常用这种毒气。但日军对根据地的化学毒气战，并不是每次都成功的。1942 年 2 月，日军第三十六师团第二二三联队（联队长高木正实大佐）在晋东南的洪水镇、黄烟筒、黎城、西达城、东崖底一带进行了扫荡。据《化学战例证集》的记载，2 月 13 日该联队攻克东崖底后，特种作业队在村里撒了黄剂一号毒气。这一地区，冬天气温达零下20 多度，油状的黄剂会冻结。因此，为了防止冻结，混杂了三分之一的石油，但黄剂一号依然冻结，没有散发。⑤鉴于此种教训，

① 《化学战例证集》。
② 《化学战例证集》。
③ 河北社会科学院历史研究所编：《晋察冀抗日根据地史料选编》，河北人民出版社1983 年版，第 533 页。
④ 河北社会科学院历史研究所编：《晋察冀抗日根据地史料选编》，第 548 页。
⑤ 《化学战例证集》。

日军研制黄剂一号丙，其毒性虽弱，但不冻结。

第五例，攻占长沙时的化学毒气战：

　　1941 年秋，驻扎在武汉地区的日军第十一军集中兵力要侵占长沙。第六战区的军队为了牵制日军南下，对驻扎宜昌地区的日军十三师团发动了猛烈的攻势。日军完全被围困，全军处于覆灭的境地。其师团长要烧掉军旗，准备自杀。此时，该师团山炮第十九联队二中队发射毒气弹。10 月 7 日至 11 日的五天中发射黄弹 1000 发、红弹 1500 发，击退第六战区军的进攻。[①]对此次化学毒气战，美驻华使馆武官约翰逊上校曾做过调查。据其调查，日军使用了芥子气、路氏毒气等，第六战区的 1600 名官兵中毒，其中 500 人死亡。[②]该战例也在其效果中写道："瓦斯效力极大。"[③]

　　此次长沙战役是华中的日军发动的。为了牵制长江以北地区南京政府军队南下，日军的华北派遣军第三十五师团配合华中日军，渡黄河侵入河南省境内，占领了郑州。长沙战役结束后，该师团撤出郑州，此时南京国民政府军要追击。于是日军在郑州以南的要冲地带撤放了黄剂芥子气 330 公斤，阻止南京政府军的追击，使日军安然撤出。日军从中总结出"脱离战场时，在要冲地带撒小量的黄剂也效果甚大"[④]。

　　除上述地区外，据《化学战例证集》的战例，在中山铺、新嘉店、茶时棚、鸣凤冈、张家岩、贾家山、马家岭、大聚会、南津关、奉新、大例镇、罗山、坍石桥、陈庄、董封镇、洪砦、杨家山、赵村、孙家砦、三桥亭、陈家河、徐庄、野东、王家湾、献嘴、张家岩、行黄泉、陈家坡、南坪里、风火山、大桥岭、汪家岭、青山、熊村、葛岭、棠溪、张家集、唐河、叶家山、桥山、观音堂高地、牛头山、胡村、龟山、歌山村、胜庄、西营镇、李

---

① 《化学战例证集》。
② 《化学战例证集》。
③ 《朝日周刊》1984 年 10 月 26 日，第 43 页。
④ 《化学战例证集》。

家庄等附近的战斗中也使用了各种毒气。据统计，在《化学战例证集》的 56 种战例中所使用的各种毒气筒、毒气弹的使用次数和使用量是：

化学毒气的种类	使用次数	使用量	化学毒气的种类		使用次数	使用量
发射红筒	6	595 个	红弹	山炮	5	2787 个
中型红筒	41	38139 个		迫击炮	3	710 个
小型红筒	3	890 个		野战重炮	2	3050 个
发射发烟筒	4	178 个	掷弹筒发烟弹		1	100 个
小型发烟筒	5	5179 个	山炮黄弹		3	1126 个
			黄剂		2	530 公斤
			黄剂 1 号甲		2	308 公斤

　　1984 年 8 月 3 日《周刊邮报》又揭露刊发了日军第一一六师团于 1940 年 7 月 10 日编的《关于化学战的调查》的材料。一一六师团（师团长筱原诚一郎中将）原驻京都，七七事变后派往长江流域。这一材料共有 17 页，是刻写油印的。其内容有：师团长的实行化学毒气战的命令、化学毒气筒和毒气弹的配备情况、化学毒气战训练及 7 个毒气战战例。这一战例是该师团在侵华战争中所进行的化学战的典型事例，是报给陆军习志野学校的。

　　据该调查表的战例，1939 年 8 月 11 日日军攻占历山时，先发射红筒毒气，然后日兵戴防毒面具闯入我方阵地，用刺刀刺杀中毒的我方军队。1940 年 12 月 20 日，我方攻打驻扎高家冲的日军一小分队，打到离日军碉堡 30 米时，日军放射红筒 10 个，然后进行白刃战，击退我方的进攻。从这些战例中，该师团总结出："使用红筒时，看准时机，戴防毒面具，突进毒烟中，开展白刃战。否则没有使用价值。要把这个[经验]贯彻到一兵一卒。"为贯彻这一经验，该师团曾在安庆举行使用毒气的特别演习。

　　我们在这里揭发的仅仅是日军使用毒气的一少部分，而不是全部。因此，无法搞清楚被日军毒气毒死毒伤的人数。但国际检察局的毛罗大校根据南京国民政府军政部防毒处的记录，曾在《在中国的毒瓦斯战的一般说明》中提出如下的数字（不包括八路军和抗日根据地）：

年度	死伤人数（人）	其中死亡人数（人）	死亡率（%）
1937	70	20	28.6%
1938	3003	293	9.7%
1939	13190	634	4.8%
1940	6359	71	1.1%
1941	5930	930	15.6%
1942	2306	44	1.9%
1943	5051	29	0.5%
1944	1059	65	6.1%
共计	36968	2086	5.64%

（资料来源：《朝日周刊》1984年10月26日，第41页。）

　　日军在中国使用毒气的上述事实，充分说明了日本军国主义的残忍、凶暴和野蛮性，暴露了其与人类为敌的凶恶本性。使用毒气并不能表明其强大，而说明其虚弱。日军在中国尽管使用了大量的毒气，但终究未能逃脱灭亡的命运。这就是历史的辩证法。

第七章　抗日战争与太平洋战争时期的
国际外交

第一节　太平洋战争前夕的日美外交

太平洋战争是太平洋东西两岸的日本和美国争夺霸权的战争。当时日美争霸的态势是日本采取攻势，美国居于守势。美国对于步步南进的日本，采取具有两重性的政策，一面是采取抑制和制裁的措施；一面是推行绥靖政策。结果不但没有能制止太平洋战争的爆发，反而使自己吃了亏。本节试就太平洋战争前夕日本的南进和美国对日所采取的政策，尤其是对美绥靖的一面和为此牺牲中国的远东慕尼黑阴谋及其根源进行论述。

一、日本南进与美国的绥靖政策

东南亚和西南太平洋诸岛，人口众多，资源富饶，盛产石油、橡胶、锡、铝和大米等；同时地处连接太平洋、印度洋及大洋洲的战略要冲，历来是殖民主义者及帝国主义者角逐之地。日本对它早就垂涎三尺。1936年8月7日，广田内阁在《国策基准》中决定，要"确保帝国在东亚大陆地位的同时，向南方海洋发展""海军军备，应配备和充实兵力，足以对抗美国海军，确保西南太平洋制海权"。①这充分表明了日本在鲸吞中国的同时还想独霸东南亚和西南太平洋的野心。毛泽东 1938 年曾预言:"日本打了中国之后,如果中国的抗战还没有给日本以致命的打击,日本还有足够力量的话,它一定还要打南洋或西伯利亚,甚或两处都打。欧洲战争一起来,它就会干这一手。"②果然如此,1939 年 9 月,德国悍然发动第二次世界大战,到次年春夏之交,挥戈西击,英法荷等国在欧洲战场上一败涂地,无暇东顾。日本认为,东南亚和西南太平洋成为"真空地带",正是南进的"天赐良机"。顿时,南进狂潮在日本列岛上喧嚣起来。日本派遣专为南进新编的第四舰队开赴帛琉群岛,耀武扬威,跃跃欲试。

当时,法国政府曾于 1940 年 4 月 16 日建议美英法一致行动,向日本提出联合照会,但美国未加理睬。不仅如此,美国国务卿赫尔怕英国趁荷兰政府流亡伦敦之机占领荷属东印度,成为日本对荷印采取军事行动的借口,遂于 5 月 10 日对英国施加压力,要求"以英国提案的形式,由英美向日本保证荷属东印度地位的不变"③。第三天,罗斯福又向英国提议:"一、立即向日本正式承认英国没有干涉荷印的意图;二、立即[向日本]确认荷兰没有求援英国之必要和企图;三、发表关于登陆西印度群岛的英法军队④早日撤出该群岛的声明。"⑤在这种情况下,英、荷驻日大使只好遵照罗斯福的意旨,先后登门拜访有田外相,作出有关保证。另一方面,美国也针对日本采取了一些相应措施。例如,5 月宣布正在夏威夷海面作例行演习的太平洋舰队将不定期留驻该地,以加强太平洋的海军力量,牵制日本南进,但其真意不是准备对日

---

① 日本外务省编:《日本外交年表及主要文书》,下卷,第 344 页。
② 毛泽东:《论持久战》,《毛泽东选集》合订本,人民出版社 1967 年版,第 477 页。
③ 日本国际政治学会编:《走向太平洋战争之路》,第 6 卷,朝日新闻社 1963 年版,第 323 页。
④ 5 月 10 日荷兰政府请英法联军登陆西印度群岛的荷属两个岛屿。
⑤ 日本国际政治学会编:《走向太平洋战争之路》,第 6 卷,第 323 页。

作战。美陆军部长史汀生承认，他和海军部长诺克斯都认为："在夏威夷的舰队并不是对日本的现实威胁……没有防务上的价值，因为它无力保护菲律宾。"①美国的软弱态度，助长了日本南进的气焰。10 月，日本制定所谓《发展荷属东印度经济的政策措施》，明目张胆地提出"帝国在荷属东印度的优先地位"②，赤裸裸地表露了独吞荷印的贪婪欲望。

　　在此种情况下，美国还对日本推行经济绥靖政策，为日本军国主义输血打气。日本是资源贫乏的国家，其经济在很大程度上仰赖于美国。尤其是扩军备战所需的石油、废铁、飞机零件等多半从美国进口。日本石油自给率仅为 10%，其余都靠进口。仅以 1939 年为例，日本进口石油的 90.8% 都来自美国。至于日本钢铁工业的主要原料废铁，从 1933 年到 1940 年美国输往日本的达 1000 万吨以上，占同时期美国废铁输出总量的 53%。1940 年 7 月 3 日美国国会授予总统对输出物资实行许可制的权力，罗斯福总统也宣布将对武器、军事器材和铝、镁等物资实行输出许可制，但对日本为南进最急需的石油和废铁并没有实行许可制。迟至 7 月 26 日才勉强规定对航空汽油、飞机润滑油以及高质废钢铁实行许可制，而对普通石油和其他废铁依然没有实行。就运往日本的废钢铁而言，至 8 月 19 日为止，申请书的 99% 皆获得美国政府批准。1940 年输往日本的汽油为 391.8 万桶，1941 年截至 8 月初为 222.5 万桶，都超过 1939 年 214.6 万桶的对日输出量。③

　　在美国的姑息之下，日本南进的欲望日趋强烈。1940 年 7 月 22 日，近卫文麿在军部的支持下再次组阁。他上台伊始，就抛出《基本国策纲要》和《适应世界形势发展的时局处理纲要》，宣称"建立以帝国为核心、以日满华的牢固结合为基础的大东亚新秩

---

① 史汀生著：《在和平与战争中的积极服务》，纽约 1947 年版，第 386 页。
② 日本外务省编：《日本外交年表及主要文书》，下卷，第 462 页。
③ 安德森著：《美孚真空石油公司与美国的东亚政策（1933～1941）》，普林斯顿大学出版社 1975 年版，第 136～138、143、224 页。

序"；为此要"在内外诸形势所允许的情况下，抓住良机行使武力"。①接着，外相松冈洋右发表臭名昭著的大东亚共荣圈声明，妄图建立东到新西兰、西到印度、南到澳大利亚、北到中国的大东亚殖民帝国，确立日本在亚洲及太平洋地区的霸权。

为此，日本首先要入侵法属印度支那。印度支那是日本南进的必经之地，是侵入泰国、缅甸、马来西亚及荷印的桥头堡。早在 6 月 19 日即法国向德国投降的第二天，日本便趁势胁迫法国政府封闭中越边界的国际通道。法属印度支那当局立即通过法国驻美大使于 19 和 20 日两次向美告急求援，但美国劝法国屈服，拒绝向法印出售飞机和武器。②法国维希政府屈服于日本的军事压力，于 8 月 30 日签署了松冈——亨利协定，保证向日本"提供军事上的特殊便利"，保障在经济上给日本"较其他第三国优越的地位"。③9 月 9 日，罗斯福召开会议讨论日本侵入印度支那北部问题。摩根索要求对日实行包括石油在内的全面禁运。但罗斯福等仍拒不采纳。美国还拒绝了英国关于美英联合给印度支那以军事援助的建议。9 月 19 日日本向维希政府提出最后通牒，限于 23 日零时前答复日本侵入印度支那北部的要求。在这种情况下，国务卿赫尔才被迫于 19 日的会议上提出了对日实行废铁禁运的意见，却不立即付诸实施，并对石油禁运噤若寒蝉。维希政府在日德的压力下，于 23 日接受了日本的通牒。这样，日军便一口吞下了印度支那北部，在南进的道路上又迈出了新的一步。26 日即日军侵占完毕后，罗斯福才慢腾腾地宣布了对日的废铁禁运。

1940 年 9 月 27 日，日本、德国和意大利在柏林签署了三国军事同盟条约。条约规定："在三个缔约国之中的任何一国受到目前未参加欧洲战争或日中冲突的一国攻击时，三国以一切政治、

① 日本外务省编：前引书，下卷，第436~438页。
② 兰格等：《对孤立的挑战》，纽约1952年版，第598页；琼斯：《日本的东亚新秩序的兴起和崩溃》，牛津大学出版社1954年版，第225页。
③ 日本外务省编：《日本外交年表及主要文书》，下卷，第447页。

经济及军事手段相互援助。"①不言而喻，这一矛头是指向美国的。可是美国政府此时依然不采取果断的应急措施。罗斯福和赫尔于10月初研究决定，"在太平洋避免公开的冲突"②，"敞开讨论和订立协定的大门"等等，妄图以旷日持久的日美谈判阻止日本南进。

于是，从1940年12月起，与各自政府首脑有密切联系的所谓日美民间代表井川忠雄、岩畔豪雄和美国两位神父沃尔希、德劳特开始进行谈判，于1941年4月16日抛出了《日美谅解案》，作为两国政府进一步谈判的基础。其中写道："鉴于日本保证在西南太平洋的活动将不诉诸武力而是用和平手段，日本在该地区所欲得的自然资源例如石油、橡胶、锡、镍等物资的生产和取得，能得到美国的合作和支持。"③在美国一再退让的政策前，日本法西斯势力更加猖狂，在5月12日的提案中公然删去"保证"和"不诉诸武力"等词句，并以强硬的语气要求美国无条件地协助日本在南洋取得资源。

1941年6月22日，德苏战争爆发。日本外相松冈等主张立即北进，配合德国攫取西伯利亚。可是，日本统治阶级中的实权人物却认为，德苏战争解除了日本的北方牵制，是南进"千载难逢"的时机。于是在6月25日联席会议上决定侵占印度支那南部；7月2日的御前会议又决定"做好对英美的战争准备""不辞与英美一战"。④当时，美国内务部长伊克斯认为，"日本利用德苏战争，准备进攻荷印，是应对日全面禁运石油的时候啦"，并建议罗斯福立即实行。⑤罗斯福不予采纳，认为当日本正在选择进攻

　　① 日本外务省编：《日本外交年表及主要文书》，下卷，第459页。
　　② 赫尔著：《科德尔·赫尔回忆录》，纽约1948年版，第911~912页。
　　③ 加濑俊一著：《日本外交史——日美谈判》，第23卷，鹿岛平和研究所出版会1970年版，第70页。
　　④ 同上书，第531页。
　　⑤ 日本国际政治学会编：《走向太平洋战争之路》，第7卷，第400页。

苏联或者荷印时，禁运石油就会促使日本作出南进的决定。[①]这就暴露了他要把日本法西斯的侵略矛头引向苏联的绥靖政策的本质。

在美国的绥靖政策下，日本迈出南进的决定性一步。日本外相松冈7月12日向法国维希政府提出日本在印度支那南部索取8个机场和使用西贡、金兰湾海军基地的强硬要求，并限定在 20日前答复。7月18日和20日美国领导人开会研究对策。摩根索、伊克斯等早就主张对日本立即实行包括石油在内的全面禁运，以严厉的经济制裁警告日本停止南进。但罗斯福认为："现在完全切断石油，大概会激起太平洋战争的爆发和危及英国同澳大利亚及新西兰的交通。"[②]海军作战部长斯塔克等也反对石油禁运，说什么"禁运会促使［日本］对马来西亚、荷印的进攻，使美国参加太平洋战争。美国即使参加太平洋战争，应等到日本对苏开战"[③]。当美国领导人正打着绥靖主义的如意算盘时，日本政府业已命令南进主力二十五军进犯印度支那南部。维希政府在 23 日接受了日本的要求。眼看日本就要鲸吞整个印度支那了，罗斯福才在 25日无可奈何地签发了冻结日本在美资产的命令。28 日，日军大摇大摆地侵入印度支那南部，占据了向东南亚和西南太平洋扩张的桥头堡。迫于形势，美国于 8 月 1 日宣布：对日实行除大米和棉花之外的全面禁运，但仍不敢全面禁运石油。接着，英国、印度、缅甸、荷印等也相继冻结日本资产，废弃通商条约，限制对日贸易。这对疯狂南进的日本是个打击。但为时太迟，日本已为发动太平洋战争贮备了足够用两年的 4270 万桶石油，而且大部分是美国供给的。

---

① 日本国际政治学会编：《走向太平洋战争之路》，第 7 卷，第 400 页。
②《史汀生手稿》，第 387 号函件箱，1941 年 7 月 8 日帕特森致史汀生备忘录，转引自安德森：《美孚真空石油公司与美国的东亚政策》，第 175 页。
③ 美国国会两院联合调查珍珠港事件委员会编：《袭击珍珠港带领年听证会记录》，第 5 卷，第 2382 页。

　　日本的步步南进，日益威胁英国在东方的殖民权益。1940 年以来，英国曾数次要求美国派遣军舰到新加坡。可是美国却认为，"派遣舰队会刺激日本；有促进日本积极行动之虞，此际不应派遣"①，拒绝了英国的要求。1941 年 8 月在大西洋会议上，丘吉尔提出《美英荷政府关于日本太平洋政策的联合宣言草案》，并要求美国发表声明宣布："日本在西南太平洋的任何进一步侵犯会造成一种局势，在这种局势下，美国政府将不得不采取反措施，纵然这些措施可能导致美国和日本之间的战争。"②但美国没有采取这种立场。参加大西洋会议的副国务卿韦尔斯带回美英首脑准备发表的对日警告声明。赫尔和远东司认为声明会招致日本的误解，予以删改。8 月 14 日罗斯福第四次接见野村时，先宣读了警告声明："如果日本政府根据以武力或武力威胁对邻国进行军事统治的政策或方案，采取任何进一步的措施，合众国将不得不立刻采取它认为必要的任何一切手段。"③接着，他又改换语调，宣读了第二个声明，说"日本愿意并能够停止扩张主义者的活动，改变立场，并沿着美国所提出的那些方案和原则的路线参加一项太平洋和平方案，美国政府准备考虑恢复于 7 月中旬中断的非正式的探讨性会谈"④，并且对野村 8 月 8 日提出的日美首脑会谈建议表示兴趣。这样，第二个声明就完全冲淡了所谓警告的意义，使警告声明成了一纸空战言。对此，野村是心领神会的，第二天向外相汇报会见情况时就说："罗斯福是友好的，不是想把日本排出去。警告是参考资料，美国的重点是关于恢复谈判和举行首脑会谈问题。"⑤近卫听到这一汇报后喜出望外，于 26 日亲自给罗斯福写信，

---

　　① 日本防卫厅防卫研究所战史室编：《战史丛书•大本营陆军部•大东亚战争开战经纬（2）》，第 290 页。

　　② 德拉蒙德著：《美国中立的消逝》，密歇根大学出版社 1955 年版，第 281 页。

　　③ 美国国务院编：《美国对外关系文件》（日本，1931～1941），第 2 卷，第 556～557 页。

　　④ 美国国务院编：《美国对外关系文件》（日本，1931～1941），第 2 卷，第 559 页。

　　⑤ 日本国际政治学会编：《走向太平洋战争之路》，第 7 卷，第 421～422 页。

正式提出了日美首脑举行会谈的建议。罗斯福 28 日接到此信时，表示"希望和近卫举行三天左右的会谈"①。这样，由于日本侵占印度支那南部而一度中断的日美谈判重新开张。

日本把日美谈判和首脑会谈问题作为烟幕，积极策划对美英的战争。9 月 6 日御前会议决定："在不辞对美（英、荷）作战的决心下，拟以 10 月下旬为目标，完成战争准备"；"通过外交谈判，到 10 月上旬尚未达到我方要求时，立即下对美（英、荷）开战的决心"。②10 月 16 日，近卫的文官内阁辞职，成立了以陆军大将东条英机为首的战争内阁，11 月 5 日的御前会议上决定，"决心对美、英、荷开战""将发动武装进攻的日期定为 12 月初"。③接着，日本的太平洋联合舰队发出《作战命令第一号》，命令南云忠一指挥的特遣舰队从内地基地出发，经择捉岛的单冠湾，偷袭珍珠港的美国太平洋舰队主力。同时，为了掩护偷袭珍珠港的军事行动，海军军令部次长要求东乡外相："为了增加开战效果，直到开战不要停止谈判。"④

此时，美国也预感日美战争在逼近。美国截获了 11 月 4 日东乡外相就 11 月 5 日御前会议即将通过的甲乙两个方案给野村大使的密电。密电说，"本交涉是最后一次尝试。我方复案无论在形式上或实际上都是最后的方案""如美国政府采取无视帝国的立场，可谓谈判已无余地""两国关系终于面临破裂"。⑤这个密电是战争即将爆发的信号。可是，美国政府还想尽力避免战争。11 月 5 日，美陆军参谋长马歇尔和海军作战部长斯塔克向罗斯福建议，"在远东还在建立防卫力量时期，应该避免美日战争""不应发出对日

　① 《日本外务省档案（1868～1945）》，UD41 卷。
　② 日本外务省编：《日本外交年表及主要文书》，下卷，第 544 页。
　③ 日本外务省编：《日本外交年表及主要文书》，下卷，第 544 页。
　④ 东乡茂德著：《东乡茂德外交手记》，原书房 1967 年版，第 269 页。
　⑤ 东乡茂德著：《东乡茂德外交手记》，第 232 页。

的最后通牒"①，罗斯福企图和日本达成暂时协定，来避免或推迟战争。

美国沉湎于绥靖主义美梦之时，野村于 11 月 20 日向赫尔提出了日本的最后一个方案即乙案。该案要求美国不得向东南亚及太平洋地区实行扩张，解除对日的"经济封锁"，不得阻挠日本对蒋介石的诱降活动，等等。一句话，就是要求美国把整个中国、东南亚及西南太平洋地区统统奉送给日本。美国当然不能接受日本的这一要求，美国国内舆论和英国等盟国也不同意美国过分地姑息日本。同时，美国又获悉日本在印度支那和西南太平洋地区大量增兵的情报。根据这些情况，美国看到谈判已到了最后的时刻。11 月 25 日，罗斯福、赫尔和陆海军首脑召开会议，赫尔起草《美日协定基础概略》即《赫尔备忘录》，并于 26 日交给野村。该备忘录要求日本从中国和印度支那撤出全部军队，废弃三国军事同盟条约，不承认"满洲国"和汪精卫傀儡政权。27 日东条接到该备忘录时说，这"显然是对日本的最后通牒"②，绝对不能接受。日本的乙案和《赫尔备忘录》针锋相对，说明了日美在亚洲及太平洋地区的战争是不可避免的。

11 月 26 日，集结在单冠湾的偷袭珍珠港特遣舰队秘密起航，驶向了夏威夷。12 月 1 日，日本政府决定 8 日对美英荷开战。战火即将烧到美国的门槛上。可是罗斯福在 2 日又提出了致函日本天皇，一同寻求驱散乌云的方法的意见。6 日下午其致日本天皇的信发出。美驻日大使格鲁把信亲自交给东乡外相时，正是东京时间 8 日零时 30 分，日本偷袭珍珠港的飞机从瓦胡岛北部海面上的 6 艘航空母舰上起飞。尤其富有戏剧性的是当日本的战火已烧向美国时，罗斯福还在白宫向蒋介石的大使胡适宣读致日本天皇

---

① 美国国会两院调查珍珠港事件委员会编：前引书，第 14 卷，第 1061～1062 页，转引自菲斯：《通向珍珠港的道路》，纽约 1967 年版，第 302 页。

② 日本国际政治学会编：《走向太平洋战争之路》，第 7 卷，第 362 页。

的信，并对胡适说"这是我的最后一次和平努力"①。话音刚落，由 183 架飞机组成的日本特遣舰队的第一攻击部队像晴天霹雳，偷袭了珍珠港。数以千计的炸弹和鱼雷犹如倾盆大雨，一股脑倾泻在机场和港内。珍珠港浓烟四起，火团升腾，飞机在猛烈燃烧，军舰不断地喷出火舌。瓦胡岛变成了一片火海。美国太平洋舰队在日军 1 小时 50 分钟的狂轰滥炸中，几乎全军覆没。主力舰被击沉 4 艘，重创 1 艘，巡洋舰等其他舰艇被炸沉、炸伤 10 多艘。陆军的 3 个机场全部被摧毁。美国官兵死伤 4500 多名。

与此同时，日本侵略军按既定作战计划，分路进犯泰国、马来西亚、菲律宾、关岛等地，占据战略要地，扩大侵略战果。

美国对日绥靖政策终于在炸弹和鱼雷的爆炸声中破产了。

二、日美对远东的慕尼黑阴谋

当时美国对日政策和美国对中国的政策有着密切联系。太平洋战争前夕，美国一面为了从背后牵制日本的南进，继续"援助中国"，借一点款②，供给军需品，使中国有可能与日本进行消耗战；另一面却又搞牺牲中国的远东慕尼黑阴谋，妄图以出卖中国为诱饵，去满足日本侵略者的欲望，从而达到阻止日本南进，进而使它北进的目的。因此，牺牲中国的远东慕尼黑阴谋是美国对日绥靖政策的重要组成部分。

1940 年底，美国的所谓民间代表即两位神父抵日时，曾向近卫首相进言，"日本有可能从既成事实出发来处理日中战争，可以不用怎样让步，就同美国所主张的门户开放[政策]相协调"③，暗示了出卖中国之意。而急于南进的日本，其陆军总兵力 50 个师的 78%陷入中国人民抗日战争的汪洋大海，急切希望通过美国向蒋

---

① 芦田均著：《第二次世界大战外交史》，时事通信社 1960 年版，第 385 页。
② 截至 1941 年底，美国对中国的贷款有 17150 万美元。
③ 加濑俊一著：《日本外交史——日美谈判》，第 24 页。

介石施加压力，迫使他投降。1941 年春，松冈外相通过美驻苏大使向罗斯福表示："通过罗斯福的斡旋，在蒋介石所希望的时间和所希望的地方，开诚布公地和他谈一谈。至于地点，重庆也可，但华盛顿更好。"[1]日本于 2、3 月先后派井川和岩畔，和德劳特神父进行远东慕尼黑的交易。双方经过秘密谈判，于 3 月 17 日就中国问题提出，"中国领土的地理定义，由日中相互协商而定"[2]。4 月 9 日的方案，干脆要求"承认满洲国"，由罗斯福"请蒋介石政权同日本议和""如果蒋介石政权拒绝罗斯福总统的请求，美国政府将停止对中国人的援助"。[3]经双方讨价还价，4 月 16 日的《日美谅解案》就中国问题规定八项条件，打着"中国独立"的幌子，公然要求"承认满洲国""蒋介石政府和汪政权合并""门户开放"，由日美共同宰割中国。[4]至于停止"援助"中国问题，美国不愿明文规定，因此该案予以删除。

日本接到《日美谅解案》后，18 日开大本营和政府联席会议进行讨论。日本领导人认为："今日之重庆，殆完全依赖于美国，故与重庆交涉，势非以美国为中介不可。"[5]因此同意由罗斯福居中调停。可是，松冈外相在 5 月 12 日提出的方案中，将所谓八项条件完全删去，并以强硬的语气提出：要"美国政府承认近卫声明所示的三原则和基于这一原则同南京政府所缔结的条约以及《日满华共同宣言》所明示的原则，而且相信日本政府的睦邻友好政策，立即对蒋政权进行和平劝告"[6]。这就是说，美国只有迫使蒋介石和日本进行乞降谈判的义务，而没有基于它所同意的条件进行调停的责任，表现了日本独吞整个中国的野心。

① 斋藤良卫著：《被欺骗的历史》，读卖新闻社 1955 年版，第 172～173 页。
② 美国国务院编：《美国对外关系文件》（日本，1931～1941），第 4 卷，第 100～102 页。
③ 美国国务院编：《美国对外关系文件》（日本，1931～1941），第 2 卷，第 400 页。
④ 加濑俊一著：《日本外交史——日美谈判》，第 67～68 页。
⑤ 近卫文麿著：《日本政界二十年——近卫手记》，国际文化服务社 1948 年版，第 103 页。
⑥ 日本外务省编：《日本外交年表及主要文书》，下卷，第 505 页。

对此，美国虽然不满，但赫尔对野村说，日本"不在南洋发动进攻英美属地的战争，如果做到这一点，要美国帮助日本从不幸的中国战争脱身……是不难办到的"[①]。6月21日，美国又要求日本事先给美国通报日中谈判的条件，并替日本列举了和《日美谅解案》大同小异的条件，表示在此条件下"将建议重庆政府为结束敌对行为及恢复和平关系，参加同日本政府的谈判"[②]。对此，松冈断然表示拒绝接受赫尔的方案，不能继续和美国进行谈判。[③]同时，由于日本侵入印度支那南部，谈判于7月下旬一度暂停。

9月6日，日本的御前会议决定，谈判到10月上旬尚不能达到日本提出的目的时，要"立即下对美开战的决心"。9月22日，日本向美国提出《日中和平基本条件》："承认满洲国""蒋政权和汪政权的合一""在中国进行以重要国防物资的开发利用为主的日中经济合作""日本国军队和海军舰队，基于过去的规定和惯例，在必要时期驻扎于一定地区"等等。[④]这时，美国在日美战争一触即发的形势下，更加迫切地希望通过牺牲中国，阻止日本南进。于是，美日的远东慕尼黑阴谋也达到了高潮。11月6日，罗斯福向陆军部长史汀生表示："可以提出停止军事行动六个月，中日两国在此期间议和的方案。"[⑤]10日，罗斯福也对野村提出美日间的暂时协定问题。野村对此心领神会，立即报告国内说，这是"美国政府叫蒋介石向我国政府提议和平交涉的开始，是想起'桥梁'作用"[⑥]。此后，罗斯福和赫尔便指令国务院远东司起草暂时协定草案。该草案写道，美国"将提议中日政府和平解决它们的分歧，

① 美国国务院编：《美国对外关系文件》（日本，1931～1941），第2卷，第416页。
② 美国国务院编：《美国对外关系文件》（日本，1931～1941），第2卷，第475页。
③ 日本国际政治学会编：《走向太平洋战争之路》，别卷资料编，第472页。
④ 加濑俊一著：前引书，第218页。
⑤《史汀生日记》（11月6日），转引自日本国际政治学会编：前引书，第7卷，第439页。
⑥《日本外务省档案（1868～1945）》，WT53卷。

立即进行直接的友好谈判""日本政府向中国政府提出在友好谈判期间休战""在日本休战并进行友好谈判期间，美国停止对中国的军需品供应"。①罗斯福于 17 日接见日本新派来的特使来栖时表示："本政府可以将日本和中国做互相介绍，并告诉他们去进行其余的或详细的调整。"②并且他本人也亲笔起草了如前所述的 6 个月暂时协定。由此可见，直至太平洋战争爆发的前夕，美国确实仍想以牺牲中国来达成日美妥协。对此，连罗斯福的心腹霍普金斯也承认，这是"一笔会使我们在远东很不得人心的交易"③。

那么，为什么美国在东方未能牺牲中国呢？首先是因为中国人民在中国共产党和毛主席领导下，坚持抗战，反对投降，及时揭露和强烈反对远东慕尼黑阴谋。毛主席于 1941 年 5 月 25 日向全党全国人民发出《揭破远东慕尼黑的阴谋》的指示，一针见血地揭露"日美妥协，牺牲中国，造成反共、反苏局面的东方慕尼黑的新阴谋，正在日美蒋之间酝酿着。我们必须揭穿它，反对它"④。中国共产党机关报《解放日报》也从 5 月 16 日起接连发表社论，有力地揭露了远东慕尼黑的阴谋，并严正警告："日益发展着的中国广大人民的抗日战争，是绝对不允许被人出卖的，谁要在太岁头上动土，谁就得准备焦头烂额。"⑤因此，美国在密室里搞交易时，总是担心中国人民的反对。赫尔曾数次对野村说："不希望由于美国政府的行动，在中国发生爆发性事件。"⑥这"爆发性事件"不是别的，就是中国人民反对远东慕尼黑的斗争。

其次，日美争夺中国大陆的矛盾是不可调和的。日本要独吞整个中国，不许美国染指，这是美国不能同意的。

---

① 美国国务院编：前引书，第 4 卷，第 581～582 页。
② 美国国务院编：前引书，第 2 卷，第 742 页。
③ 舍伍德著：《罗斯福和霍普金斯》，纽约 1950 年版，第 429 页。
④ 毛泽东：《揭破远东慕尼黑的阴谋》，《毛泽东选集》合订本，人民出版社 1967 年版，第 762 页。
⑤ 《解放日报》1941 年 5 月 30 日社论《为远东慕尼黑质问国民党》。
⑥ 野村吉三郎著：《出使美国》，岩波书店 1946 年版，第 108 页。

再次，美国在远东慕尼黑阴谋中也有进退维谷的问题。它既想出卖中国，但又怕日本将从中国抽出的军队调转南方，加速南进的步伐。美国还想利用中国的抗日战争牵制日本的南进。

由于这些原因，远东慕尼黑阴谋终于破产了。

三、美国对远东和太平洋的全球战略

"'世界霸权'是帝国主义政策的内容。"①绥靖政策是帝国主义在一定时期争夺霸权的一种策略。太平洋战争前夕，美国对日本所采取的制裁措施是为了争夺亚洲及太平洋地区霸权，绥靖政策是为其在第二次世界大战中，先争夺欧洲后争夺亚洲及太平洋地区的全球战略服务的一种策略。

美国地处大西洋彼岸，1939 年 9 月世界大战爆发时尚未受到德国的直接威胁，采取了"坐山观虎斗"的政策。对此，毛主席1939 年曾深刻地分析指出，在资本主义世界中除了英法和德意日这两大集团外，"还有第三个集团，这就是以美国为首的包括中美洲南美洲许多国家在内的集团。这个集团，为了自己的利益，暂时还不至于转入战争。美国帝国主义想在中立的名义之下，暂时不参加战争的任何一方，以便在将来出台活动，争取资本主义世界的领导地位"②。可是，1940 年欧洲战局的急剧变化，对美国也产生了强烈的影响。当时，法国被打败，英国岌岌可危，于是，美国放弃坐山观虎斗的政策，介入欧战。这样，面对大西洋彼岸的德国法西斯和太平洋彼岸的日本军国主义这两个劲敌，美国先要对付德国，先要争夺欧洲；对日本和太平洋地区则采取绥靖政策，避免对日的战争。赫尔曾经说："总统和我一致认为，对我们来说，我们不能放过避免太平洋战争的任何机会。来自大西洋彼

① 列宁：《论对马克思主义的讽刺和"帝国主义经济主义"》，《列宁全集》，第 23 卷中译本，第 26 页。
② 毛泽东：《关于国际形势对新华日报记者的谈话》，《毛泽东选集》合订本，第 546 页。

岸的希特勒主义的威胁，足以诱导我们采取一切可能的步骤去保持另一翼的和平。"①这就是对日绥靖政策的根源。

欧洲历来是各帝国主义国家争夺的中心。美国陆军部长史汀生也承认："美国外交政策的原则：世界斗争的决定性舞台是欧洲。"②

从美国对欧洲和亚洲的投资和贸易关系来说，美国的主要经济利益显然在欧洲。1940 年美国对外投资共有 70 亿美元，在欧洲 13.2 亿美元，如加上英国自治领加拿大就有 45 亿美元，占 64%③；可是在亚洲主要国家的投资仅有 2.6 亿美元，占 3.7%④。对外贸易，1940 年对欧洲的出口为 16.45 亿美元，占出口总额的 41%；对亚洲是 6.19 亿美元，占 14%。⑤

从战略上说，美国争霸世界的野心虽大，但力不从心，不利于在大西洋和太平洋同时开战。就海军来说，1941 年 12 月太平洋战争爆发时，美国拥有军舰 389 艘 142.6 万吨，而日本拥有 233 艘 97.6 万多吨，占美国的 68%，航空母舰和重轻巡洋舰日美大体相同，日本比美国还多两艘航空母舰。⑥就空军来说，美国海军拥有 3500 架飞机，日本海军也有 3200 多架。⑦从这一比较可以看出，如果美国两面开战，其海上军事力量远不及日本海军。

由于这些原因，美国在军事上主要是加强在大西洋的力量，不重视远东的防务。结果，太平洋战争前夕，以马尼拉为基地的美国亚洲舰队只有包括三艘巡洋舰在内的 45 艘舰艇。1941 年 7 月成立的美国远东司令部只有 4.2 万人和 3 个飞行中队，海军陆

---

① 赫尔著：《科德尔·赫尔回忆录》，第 2 卷，第 985 页。
② 史汀生著：《在和平与战争中的积极服务》，第 383 页。
③ 美国商业部人口调查局编：《美国历史统计——殖民时期至 1957 年》，华盛顿国家出版局 1960 年版，第 556 页。
④ 细谷千博等编：《日美关系史》，第 3 卷，东京大学出版会 1971 年版，第 205 页。
⑤ 美国商业部人口调查局编：前引书，第 550 页。
⑥日本产经新闻出版局编：《开战的原因——太平洋战争证言记录》，产经新闻社 1975 年版，第 251 页。
⑦ 服部卓四郎著：《大东亚战争史》，原书房 1973 年版，第 201 页。

战队 900 人，其余都是本地的国防军。至于以珍珠港为基地的美
国太平洋舰队，其主力的四分之一被调到大西洋，只有航空母舰
3 艘（日本有 9 艘）、战舰 9 艘（日本有 10 艘）、重轻巡洋舰 21
艘（日本有 35 艘）。不仅如此，夏威夷的侦察设备也极不完善。
夏威夷的陆军，原计划配备 180 架 B17 型飞机，但实际上只有 12
架，可供使用的只有 6 架。夏威夷的第十四海军战区，原计划增
补 100 架侦察机，但实际上一架也没有补。罗斯福曾在给伊克斯
的信中说："对美国来说，为了支配大西洋而维护太平洋的和平
是极为重要的。太平洋上出现的小事也会削减大西洋的舰艇。"[①]
这正是欧洲和大西洋第一、亚洲和太平洋第二的战略思想带来的
结果。

　　由于美国在远东及太平洋的军事力量不如日本，它在逐步介
入欧战时，最担心日本遵照三国军事同盟条约所规定的第三条义
务，从背后猛击美国，使它腹背受敌。而日本以三国军事同盟条
约为军事后盾，疯狂南进。因此，三国军事同盟成为日美谈判中
的重要焦点。

　　日本决定对美开战之前，为了引诱美国醉心于搞绥靖和远东
慕尼黑阴谋，曾于 1941 年 9 月 25 日就三国同盟问题对美国表示：
"合众国参加欧洲战争时，日本国对日、德、意间的三国条约的解
释及其义务的履行，完全自主地进行。"[②]弦外之音是日本不受德、
意的影响和压力，但也没有说不履行军事义务。可是，美国却对
此抱有幻想。11 月 17 日罗斯福和赫尔接见野村和来栖时，再三
强调三国同盟问题。对此，来栖写道："在谈判的三个难题中，美
国最重视的是三国同盟问题。如 17 日总统所指出的那样，要订立
一般性协定，应先废除三国同盟，以便今后不论欧洲形势发生任

---

　① 日本国际政治学会编：《走向太平洋战争之路》，第 7 卷，第 400 页。
　② 日本外务省编：《日本外交年表及主要文书》，下卷，第 550 页。

何发展，美国可完全排除它从背后遭到日本一击的担忧。"[①]这说明美国为先争霸欧洲，是直到太平洋战争爆发前还在醉心于对日本实行绥靖主义的。可是此时，日本已决定对美、英开战了。

1941 年 12 月 8 日晨，日本偷袭珍珠港的爆炸声，击碎了美国妄图拆散三国同盟，回避太平洋战争的迷梦，冲击了美国的欧洲和大西洋第一、亚洲和太平洋第二的全球战略。美国在被动挨打中不得不应战，被迫卷入太平洋战争。接着，11 日德国和意大利也遵照三国军事同盟条约的第三条，向美国宣战，欧洲战场和亚洲及太平洋战场联结成一起，成为名副其实的世界大战。

第二节　战争论与抗日战争、第二次世界大战

本节将首先重新讨论战争的定义，对过去的战争加以分类，搞清楚战争的起因和战争爆发的条件。在论述战争论的同时，对中国的抗日战争和世界大战的关系，世界大战和太平洋战争期间中国抗战的位置和作用，以及抗日战争和太平洋战争的性质和命名等诸问题进行考察。

一、战争论

第一，关于战争的定义。战争对于人类来讲并不是值得庆幸的事情，但在某种意义上，人类和世界伴随着战争到达了今天。战争究竟是什么？在科学上应该如何定义呢？战争的定义有多种多样，有下面的各种例子。

（1）"国家这样的政治集团之间的纷争，伴随着长期和大规模的敌对行为和敌意行动的状态。"[②]

---

① 来栖三郎著：《日美外交秘话》，创元社 1952 年版，第 129 页。
② 《大不列颠国际百科事典》，第 11 卷，1974 年版，第 537 页。

（2）"社会学中，只把某种纷争，以社会公认的一定的形式开始和继续的状态才称为战争。战争是具有被习惯或法承认的形式的'制度'（institution）。"①

（3）"军事科学上所谓的战争，指敌我双方的战力没有显著的差别，至少在当初的归属不很明确。"②

（4）"两个以上的国家或集团的以武力抗争，具有相当的规模，并在一定期间内持续的有组织的斗争。"③

（5）"国际法观点的战争定义，是独立主权国家军队间开展的正规的战争。"④

（6）"战争是为了政治目的，利用政治、经济、思想、军事力量进行的政治集团间的较量。"⑤

（7）"国家间的，为了把自国的意识强加于对方而进行的武力抗争的状态。"但是，"现今战争的主体，仅仅局限于国家间的，有组织的武力抗争显得范围太狭窄，所以改定义为二个以上的政治集团间的抗争状态"⑥。

（8）"人类社会集团间，为了一定的政治目的而进行的武力斗争。它是一种特殊的社会历史现象，是用以解决民族与民族、国家与国家、阶级和阶级、政治集团和政治集团之间的矛盾的最高级的斗争形式。"⑦

（9）"战争为国与国间的激烈冲突。此外该字还被用来描述其他类型的冲突——内战、阶级斗争，甚或两性间的战争。但战争主要是一种政治面向。"⑧

---

① 《大不列颠国际百科事典》，第 11 卷，1974 年版，第 537 页。
② 《大不列颠国际百科事典》，第 11 卷，1974 年版，第 537 页。
③ 《国民百科事典》，第 8 卷，平凡社 1979 年版，第 218 页。
④ 《现代政治学事典》，智囊出版株式会社 1991 年版，第 593 页。
⑤ 《平凡社大百科事典》，第 8 卷，平凡社，1992 年版，第 758～761 页。
⑥ 《世界大百科事典》，第 18 卷，平凡社 1978 年版，第 91 页。
⑦ 《中国大百科全书—军事Ⅱ》，中国大百科出版社 1989 年版，第 1243 页。
⑧ 《大美百科全书》，第 28 卷，台北光复书局 1991 年版，第 296 页。

（10）"战争是指两个以上的政治集团，以武装了的军队的形式进行的冲突状态。" ①

上述对战争的定义，来自各种百科事典、百科全书。这些定义既有共同点，又有相异点。

定义是对某种概念所做的科学的、综合的和规范化的文字表述。定义中需要有几个规定的定义要素。作为战争的定义要素，上述诸文列举了战争的主体、目的、形式、期间、规模，以及国际法上的承认，等等。

其共同点是战争的主体和形式。其他的要素在有的事典和全书中写到了，有的没有写。这表明，战争定义中最重要的要素是战争的主体和形式。

战争的主体中，使用了"国家这样的政治集团""国家或社会集团""独立主权国家""政治权力集团""人类的社会集团"等用语。但是，国家或政治集团是历史发展阶段的产物，是随着历史的发展将要从历史上消失的东西。换言之，国家和政治集团并不是从人类历史社会的初期阶段就存在的东西，是人类的历史社会发展到一定的阶段的产物，在社会发展到一定阶段后将随之灭亡。因此，国家政治集团作为人类历史上的一定发展时期内的战争定义的主体很贴切，但对别的时期也存在，或者可能存在的战争现象，这样的主体的定义就不十分准确。比如在原始人的种族和部落的时代，不存在国家和政治集团。但是，这一时代中，种族部落之间由于支配欲、性的冲动、领土的扩张、复仇等原因也会引起小的集团之间发生敌意，攻击对方。这是原始人的战争。冯·克劳塞维茨（Carl Von Clausewitz）把战争定义为暴力的行动本身。原始人的对其他种族部落的攻击是暴力，就此意义上讲，这也是一种战争。

---

① Encyclopaedia Britannica.Vol.23, 1956, p.321.

很难预测几千年以后的社会，像今天的国家和政治集团能原样地持续下去。但即使到了那个时代，由人类的心理因素所引起的欲望仍然存在，在一定的条件具备了以后，就会转变成为十足的敌意，以暴力的形式表现出来。这种暴力也可被称为战争。

对战争有广义的、狭义的以及各种类型和各种各样的观点。战争的定义重要的是追求其普通的共同性、概括性。所以，作为战争的主体，（8）中的"人类的社会集团"最为恰当。

在国家和政治集团存在的时代，不能否定"国家"和"政治集团"是战争的主体。它们作为战争的主体是当然的。但是，这个主体在原始人时代或数千年后不一定还能胜任。

第二，战争的形式、形态。也就是说，战争以什么样式进行的问题。在上述事典、全书中，规定了"敌对行为""依据武力的对抗""斗争""伴随着武力的斗争""武力抗争""抗争""武力斗争""激烈的冲突""以武装的军队形式的冲突状态"等用语。在这些各种各样的用语中，在某种意义上可以说"对抗""斗争""抗争""冲突"等表现了相同的意思。不同点在于是否使用武力以及是否通过军队行使武力。在原始社会，由于生产力不发达，兵器和生产工具没有严格的区别，石头也被用作兵器。如果认为石制的生产工具或者石制的"兵器"可以被称为武器，那么从战争的形式、形态上就可以认为是"武力的行使"。这一点是直至现代共同的、具有普遍性的东西。"武力的行使"根据不同的人，不同的时代有所不同。原始社会中没有军队这样的组织，军队是从奴隶社会后才有。所以，对包括原始社会时代的战争综合定义时，"军队之间""武装部队的"这些用语，对原始社会不适用。"由军队的"的用语，对从奴隶社会以后直到现代的战争做定义时适用，而在包括原始社会的战争时不具有普遍性。

综上所述，普遍的战争的形式、形态应该规定为"伴随着行使武力""斗争""对抗""抗争""冲突""敌对行为"等。

第三，战争的目的。多数的事典没有把战争的目的作为战争定义的要素。一部分事典、全书提到了"为了政治目的""为了政治的、经济的目的"等目的性。战争中，参加的各社会团体各有其目的。目的有多样，不可能用政治经济用语包括那么多种的目的。况且，由于战争的目的与战争的起因和性质有关，在对战争做定义时，明确地说明战争的目的很不容易。因此，一些事典使用了"国家间的为了把本国的意识强加于对方"的用语。这一用语比"政治的、经济的"用语范围广、概括性强。笔者对使用这一用语并不反对，为了更概括地表现多样性目的，对参加战争的社会团体使用"为了达到各自的目的"用语更为恰当。

第四，战争的规模和时间。多数的事典和全书没有把战争的规模和时间作为战争定义的要素，部分事典使用了"长期大规模的"或者"有相当规模的，一定期间继续的"等用语。战争的规模和时间虽有关联，但没有定式。既有大规模而在短期内结束的战争，也有小规模的但长期持续的战争。两者都是战争，不能只把"长期大规模的"作为战争。"武力的行使"是有规模和时间的，如果不恰当地对用语作规定，小的纷争也可能被认为是战争，所以有必要作一个用语规定，使用"一定规模的、一定期间持续的"一语较为恰当。

第五，部分的事典认为应该规定"正规战争"或者"以社会公认的一定形式开始，并且持续的"争战状态为战争。但在历史上，战争往往以多样的形式开始，又以多样的方式进行。故以"正规"或者"一定的形式"作为战争定义的概括性用语，笔者以为不妥。

综上所述，战争的普遍的定义，应该是"人类的社会集团为了达到其自己的目的而进行的有一定规模的、在一定期间内的、伴随着行使武力的行为（对抗、抗争、冲突、敌对行为、暴力）"。

战争的多样化，使对战争的定义也多样化。战争作为一个历史事件、历史现象，也随着历史发生和变化，构成一部战争史。历史可以按时代划分，战争也按照这种划分可以分为原始时代战争、古代战争、中世纪战争、近世纪战争、近代战争、现代战争。当然，按照另一种历史时代划分，战争也可分为原始社会时期的战争、奴隶社会时期的战争、封建社会时期的战争、资本主义社会时期的战争、帝国主义时代的战争等等。

战争还可根据各种不同视点分类和类型化。比如，根据战争进行的地区可分为世界战争、局部战争、周围战争等。从其性质可分为进步的战争、反动的战争、正义战争、非正义战争、革命战争、独立战争、帝国主义战争、宗教战争等。从军事战略上，又可分为攻击性战争、防御战争、心理战争等。另外还有无限制战争和有限制战争。

列举的这些战争，根据分类的视点不同各带有特异性。但这些形式多样的战争中，又都具备了战争定义的普遍要素，在其特异性中包含了普遍性。战争同时具有普遍性和特异性两方面。

战争是复杂的社会、历史现象，有两个或两个以上的社会团体或国家的参加。因此对某一特定的战争，用上述的哪一种战争观都不可能规定出来。即便规定了也与事实不相符合。所以，对某特定的战争，应从不同的角度、地域、动机、目的、规模、期间、性质等分类，得到几种复合的战争名称。参加战争的两个或更多的国家，以其各自的立场对战争加以命名，因此对一场战争的名称，不同的国家或集团命名也是不同的。但是，这并不是说不能以一个类型化了的名称概括交战各方面的名称。比如，根据地域划分的世界战争和局部战争，根据性质分类的无限制战争和有限制战争，根据时间分类的长期战争和短期战争等，适用于交战国的任何一方。

在规定战争的历史范畴时，马克思主义和自由主义有很大区别。马克思主义认为，战争是生产力和生产关系发展到一定时期

的产物，是私有制和阶级产生以及国家形成后发生的现象。在私
有制、阶级和国家消灭以后，战争也随之消失。私有制、阶级和
国家三者中，私有制是根源，由此产生了阶级和国家，所以战争
的根源在于私有制。因此马克思主义认为在没有私有制、阶级和
国家的原始社会里，即使是有冲突，也没有战争。未来的理想的
共产主义社会里也不会发生战争。要消灭私有制和阶级的马克思
主义的政治理念和政治伦理也反映在其战争观上。

　　而自由主义的解释，则正如英国政治学家温泽（Philip
Windsor）所讲，"每场战争是国家发动的，但是战争本身是民众
制造出的"①。这就是既试图从社会制度和社会关系中寻找战争的
原因，同时也从人的本性里寻求战争的起因。它排除了马克思主
义的私有制、阶级等概念，认为战争与人类共存。只要有人类存
在，就有战争。马克思主义强调在战争或战斗中人的因素，认为
人的精神因素决定战争的胜负，而完全忽视了战争起因中的人的
作用因素。这是因为马克思主义本身只是着眼于社会构造、社会
体制的变革，对于战争起因也仅仅从社会构造方面给予解释。

　　战争伴随人类到今天，统计从原始社会至今的战争并非易事。
对于近代战争有各种统计。例如，从 1740 年奥地利继位战争至
1979 年苏联入侵阿富汗为止，主要的战争有 377 起，其中纯粹的
国家间的战争有 159 起（42%），纯粹的国内战争有 218 起
（58%）。②又有一个统计，不包括内战和殖民地的战争的纯粹的国
家间的战争，从 1495 年至 1989 年的 495 年间，共发生 198 件，
平均一年 0.4 件。③另有一个统计，讲 1480 年到 1965 年，485 年
间有 308 起战争④，其中国际战争 152 起，帝国主义或殖民地战争

---

① 入江昭著：《二十世纪的战争与和平》，东京大学出版会 1986 年版，第 3 页。
② 《平凡社大百科事典》，第 8 卷，第 759 页。
③ 山本吉宣、田中明颜编：《战争和国际系统》，东京大学出版会 1992 年版，第 90 页。
④ 《大不列颠国际百科事典》，第 11 卷，第 538 页。

70 起，市民战争 86 起①。这些战争中的生命和财产的损失相当巨大，无法统计。仅仅第一次世界大战就战死将士 1000 万人，负伤 2000 万人，民间死亡 1000 万人。战争期间的疫病和饥饿造成的死亡为 2000 万人。②战争中消费掉的经费 3380 亿美元，其中直接战费推测为 1860 亿美元。③第二次世界大战期间，将士战死 1700 万人，民间死亡 4300 万人，财产损失 1 兆 3480 亿美元，其中直接战争费用推测为 1670 亿美元。④第二次世界大战的费用为第一次世界大战的四倍。

战争的原因究竟是什么？战争为什么爆发？对于战争原因的探究和战争在同时进行。人类从各个角度来探求战争的原因，创立了种种学说。例如，自然主义战争论认为，战争的根源在于人类自身的动物本能和自然环境，战争的存在是自然和永恒的。文化人类学也认为战争的原因在于人类天生具有的攻击性，这种攻击性表现的形式，因文化的构造、价值体系的相异而不同。

把战争解释为超自然神的力量引起的是宗教主义战争论；以为是"优等民族"和"劣等民族"的差别所引起的是种族主义战争论；新马尔萨斯主义认为战争是人口过剩造成的饥饿引起的；心理主义论认为战争的起因存在于人的心理。

上述的各种学说也许能说明某场特定的战争或者是战争起因的某一侧面，但不能解释战争起因的普遍性。分析战争起因的学说大体有两种：一个是自由主义的政治学、社会学，另一个是马克思主义学派。

自由主义的政治学、社会学认为，"在人的本性中，存在着一旦条件被满足就发动和参加战争"的因子。同时还认为"应该在

---

① 《大不列颠国际百科事典》，第 11 卷，第 538 页。
② 《大不列颠国际百科事典》，第 11 卷，第 554 页。
③ 《大不列颠国际百科事典》，第 11 卷，第 554 页。
④ 《大不列颠国际百科事典》，第 11 卷，第 555 页。

各种社会制度和社会关系中寻求"战争起因。①这一学说也认同文明文化论的一部分内容。随着文明的进步，文化的多样化，技术的发展，政治的统一，与其他集团交流的增多，种族集团的道德观念逐渐地向好战的方向发展，交战者确信自己是上层集团的成员。这个上层集团就是组织化了的国家。国家间战争的表面理由，有各国都想生存，粉碎威胁到本国生存的战争准备，等等。但是属于"上层集团"的人们在知道其自身不具有保卫本国的充分组织时，从必须守卫国家的观点出发，实行"权力政治"。战争的原因在于政治权力集中的过大或过小。上层集团政治权力集中到何种程度为适度，取决于集团中各方面关系间的调整。各方面是指运输、通信、经贸、文化和价值观的标准化，及调解纠纷和抑制暴力的各种组织等。这些方面的发展与政治权力集中的程度，相匹配时可以回避战争，反之则会导致战争。②换言之，各交战集团或国家的内部结构，以及周围的环境关系，导致了战争的发生。

伴随文明、文化的发展，战争的起因也出现了很大的变化。在自由主义的研究中，比起集团或国家的作用来，交战方所属人群、社会起的作用更大。这一观点着眼于全面地分析人类社会组织整体，比起从结构上、物质上、客观上分析各种因素，更注重主观精神、道义上的因素。

在近代战争论中，最权威的著作是冯•克劳塞维茨的大作《战争论》。它是以拿破仑战争为历史背景，历时 12 年写就的经典著作。在该书中，冯•克劳塞维茨提出了"战争是其他的政治的继续"③的观点，明确地说明了战争和政治之间的关系。《战争论》指出，战争的起因在于交战双方的政治。政治是"孕育战争的母

---

① 《大不列颠国际百科事典》，第 11 卷，第 539 页。
② 《大不列颠国际百科事典》，第 11 卷，第 539~540 页。
③ 《中国大百科全书——军事 II》，第 1254 页。

体"①。这一见解在近代军事思想中影响甚大。受其影响最大的是马克思主义者。马克思主义的战争论在吸收了黑格尔的历史战争论的同时，也完全采纳了冯·克劳塞维茨的上述《战争论》中的观点，并试图用其解释近代、现代发生的所有战争的起因和性质。列宁、斯大林、毛泽东等也直接引用过冯·克劳塞维茨的观点，列宁还明确表示他全面接受冯·克劳塞维茨的见解。②

马克思主义者进一步发挥了冯·克劳塞维茨的观点，并将其上升到阶级斗争论。如果说"战争比起其他的方面是政治的继续"，那么"政治"并不属于社会全体，而是属于一个阶级和这个阶级所支配的国家，这个阶级的本质决定了这个国家的对内、对外的政治，这个政治的继续即是战争的起因，同时决定了战争的目的和性质。那么阶级又是什么？马克思主义认为阶级产生于原始社会末期私有财产出现之时，私有财产的存在将人分成了有所有和无所有对立的两个阶级。战争是有所有阶级的政治产物；无所有的阶级反对有所有的阶级是革命战争的起因。这种理论认为战争是阶级政治的产物，在阶级消失后，战争也会退出历史舞台。

马克思主义战争论的另一个特色是阐述了战争原因和经济的关系。如果说战争是政治的继续，政治又是经济的集中表现，那么所有战争的敌对各方应存在着紧密的经济关系。所以在阶级社会中的战争的最终原因是某个阶级、民族、政治集团对经济利益的争夺和维持。反映在国家间的战争时，就是以经济利益为中心的、为着国家利益的战争。

在讨论战争的起因时，有时会把战争的内因与外因（主观的、客观的）相混同。有些战争的起因潜在于人类社会中，当满足主观或客观环境条件时便发生作用至战争发起。所以我们有时就会认为某一条件和环境是诱发战争的原因。如果这样的条件和环境

①《中国大百科全书——军事Ⅱ》，第 1253 页。
② 列宁：《战争与革命》，《列宁全集》，第 24 卷，中国人民出版社版，第 368 页。

不具备，那么战争潜在的起因则不发生作用。但这两者是相对的，不是绝对的，有时很难区别。

战争的内因和外因也与战争的必然性、偶然性、选择性密切相关。如上所述，有关战争起因有多种学说。自然主义战争论、文化人类学战争论、心理主义战争论、马克思主义战争论等，都强调战争的必然性。例如，马克思主义战争论断定帝国主义就是战争，认为战争在阶级社会中是不可避免的。但是，这一必然性在何时、何处，以何种形态发生，则伴随着偶然性，这种偶然性是必然性的具体表现。换言之，偶然性中包含着必然性。这样的学说，否定了选择性。但是，自由主义的战争论认为战争与和平是人为的，人类有选择能力。可以放弃战争，选择和平；也可放弃和平，选择战争。关于必然性和选择性笔者认为：必然性是指潜在的战争起因，潜在的必然性总是存在的。而作用于这一潜在必然性则需要主观和客观条件，这个条件人类能够选择。渴望和平的人，就特别强调这一选择性，看重可以避免战争、维持和平的经济国际主义、精神国际主义及知识文化交流，主张通过这些创造建立起防止战争的国际条件。这些都是人类的选择。根据这一选择，可能使潜在战争根源不发挥作用。在历史上的回避战争爆发危机的事实，可以证实这种可能性。

关于战争的研究，很早就开始了。在中国，最古老的象形文字——甲骨文把战争表现为"争""伐""战""征""兵"等字，在战国时代的兵书《吴子》中第一次出现了"战争"这个名词。而后，在中国陆续出现了《孙子兵法》《司马法》《六韬》《尉缭子》《三略》《李卫公问对》等兵书，这些和《吴子》一起统称为"武经七书"。后来还有《虎钤经》《纪效新书》《兵经百篇》等许多关于战争和军事的书籍被刊印。这些兵书以中国国内的战争为背景，对战争起因、性质进行研究。在欧美，公元前3000年的古希腊人用雕刻的形式表现了战斗的场面，为研究古代的战争提供了帮助。

近代的赫伯特·斯宾塞的《战争论》作为一个时代战书的代表，论述了战争的性质、战争的理论、战略、战斗、军队、战争的计划、战术等。而其后出版的他的《社会学原理》一书也是对战争和政治、社会文明关系进行研究的书籍。此外对第一次、第二次世界大战进行实证研究和理论研究的论著更是不胜枚举。

在上述的兵书、战书中，也提及了游击战争的理论。冯·克劳塞维茨的另一观点就是关于抵抗侵略的人民的游击战争论。从20世纪的游击战争的兴起来看，冯·克劳塞维茨的观点是天才的预言。在亚洲，毛泽东的《论持久战》和《中国革命战争的战略问题》等，也是关于游击战争理论的著作。

关于战争理论的研究，应是研究从战争爆发的背景直至终结的全过程。这个过程是一种客观存在，人们通过对这一客观现象的研究，认识、概括战争的法则。战争的法则存在于各种各样的战争之中，即使战争的形态发生变化，法则本身并不变化。当然，特殊的战争有特殊的法则，但其中也包含了普遍法则的东西。这就是战争法则、理论特殊性与普遍性的辩证关系。

战争理论上的进展促进了更多内容的出现。战争是军事行动，受20世纪50年代美国"行动论革命"的影响，战争论研究领域引入了"战争的行动科学研究法"。它以国家间的战争为中心，从国际政治的角度对战争行动进行客观分析，利用自然科学中的统计或数理手法，探求战争的客观法则。此后60年代其在传统主义与行动主义之间引起了关于国际政治和战争分析方法论的大辩论。行动科学研究法轻视或忽视历史、哲学、制度等国际政治学中占主要位置的东西，用"数量的方法"来探讨战争发生的法则。[①] 不过，60年代末出现了对行动科学的批判，70年代相互依存论、世界系统论被提出。这些研究与其说是追究战争的根源，

---

① 山本吉宣、田中明颜编：《战争和国际系统》，第1章。

不如说是着眼于研究诱发战争的潜在条件。从那以后，无论是 70 年代前半期提出的霸权安定论，还是从近代到现代一直存在的势力均衡安定论，都是以国际系统和国际条件为中心来阐明抑制战争、维护和平的课题的。①总而言之，对战争进行研究是为了维护和平，对和平进行研究是为了防止战争。我们不应只是研究战争，还要联系和平问题采取综合研究的方法。

二、抗日战争与第二次世界大战

第二次世界大战已过去多年，我们今天把它作为历史来研究，从研究中得出教训，为维护 21 世纪的和平而努力。中国是第二次世界大战的主要参加国，一直以来对中日战争——抗日战争有着深入的研究，下面简单论述一下笔者的见解。

首先是第二次世界大战的起点问题。一般认为，1939 年 9 月 1 日德国入侵波兰和 9 月 3 日英法对德宣战是二次大战的开端。在中国，有部分学者亦赞同此说。但是在研究抗日战争史的学者中有部分人认为，应把 1937 年 7 月 7 日爆发的抗日战争（即上文所说中日战争）作为二次大战的起点。其理由是：（1）抗日战争的爆发较德国入侵波兰早 2 年 1 个月，并且这一战争持续到太平洋战争直至世界大战。（2）中国与二次大战中的最大敌国日本帝国主义浴血奋战长达 8 年。（3）中国的抗日战争对联合各国取得大战的胜利作出了很大的贡献。在与大战前被德、意占领的埃塞俄比亚等国和大战中被轴心国侵略和占领的国家相比，中国是战斗到最后，直到取得最终胜利的大国之一。中国在综合国力上比其他列强弱，比起日本来在经济和军事上也是弱国。德、意、日三国首先侵略弱国，之后才向英、法等强国开战。相对弱的中国同强大的对手日本帝国打了 8 年，获得了最后的胜利，可称为二

---

① 山本吉宣、田中明颜编：《战争和国际系统》，第 1 章。

次大战中的一个奇迹。

　　但能否依上述事实，就说抗日战争是第二次世界大战的起点呢？抗日战争与太平洋战争相关联，是二次大战的一个重要组成部分。中国参加 1943 年 11 月的《开罗宣言》也可以充分说明，抗日战争和太平洋战争以及欧洲战局的连续性，但是不能因此就强调抗日战争是世界大战的开端。世界上发生过两次世界大战，探明两次世界大战爆发的共同点，可以搞清世界大战的起点问题。第一次世界大战以奥地利皇太子夫妇被暗杀为导火索，1914 年 7 月 28 日奥地利向塞尔维亚宣战，双方各有同盟。同年 8 月 1 日德国对俄罗斯，8 月 4 日英国对德国，8 月 23 日日本对德国陆续宣战。随后 1915 年 5 月 24 日意大利、1917 年 4 月 6 日美国、8 月 14 日中国亦对德宣战。这样，世界上重要国家的参战，形成了世界大战。第二次世界大战中，1939 年 9 月 1 日德国入侵波兰，9 月 3 日英、法对德国宣战，11 月苏联出兵芬兰；1940 年德国攻占挪威、丹麦，同年 5 月占领荷兰，6 月意大利对英、法宣战，9 月意军进入埃及；1941 年 6 月德国对苏宣战，12 月 8 日日本对英、美宣战，随后 9 月中国对日、德、意宣战，11 日德、意对美宣战，至此，第二次世界大战全面爆发。

　　比较两次世界大战，有一个共同特点，即局部的战争爆发后，交战双方的同盟国陆续参战。这一现象不是偶然的，因为在战争爆发之前，交战国家之间的矛盾和对立已经相当激化，一触即发。战争是矛盾和对立激化的连锁反应。这一连锁反应迅速地波及全世界时，两国间或几国之间的战争就成了世界大战的开端。而在中国的抗日战争爆发时，没有上述的连锁反应。这是因为在东亚，由战争引起的列强间的对立并没有十分激化，同时欧美列强间的矛盾反而限制了列强在东亚的行动。事实上，在 1937 年，中国并没有成为列强争夺的重点，这也是抗战未能发展成世界大战的一个原因。这些事实足以说明抗日战争并非二次世界大战的起点。

　　中国的部分学者强调抗战与太平洋战争的连续性，借以来论证世界大战的起点说。的确，两个战争有连续性。例如，日本认为因为有英、美列强的支援，所以中国不向日本投降，对英、美开战是为了结束中日战争。但是日本为了南进，也希望早日终结中日战争。日本发动太平洋战争是利用了1940年春天以来欧洲战况的变化，争夺暂时成为真空地带的东南亚和西太平洋地区的殖民地，试图在这一区域建立霸权。中日战争和太平洋战争中间间隔4年又5个月，没有即时的连锁反应性。在亚洲和太平洋地区宣战的连锁性是1941年12月8日日本偷袭珍珠港引起的。由此而言，亚洲太平洋地区的世界大战的起点应该定为12月8日。

　　欧洲和亚洲及太平洋地区的战争，使大战成了名副其实的世界大战。但是这两个战争的爆发之间有两年又三个月的时间间隔，两个战争不是同时爆发的。第二次世界大战中，世界主要大国参战的时间也有所不同。事实说明，世界大战并不是世界上的主要国家（第一次世界大战15个国家，第二次世界大战25个国家）同期开战，而是首先有几个国家开战，在2～3年后其他国家才参战，形成了世界大战。这里面有同盟、协定的连锁性和连续性。在中日战争和太平洋战争的关系上，连续性要强于连锁性，这是中日战争并没有形成太平洋战争的主要原因，也是中日战争不能称为世界大战起点的一个理由。

　　中日战争和太平洋战争、世界大战是经过了什么样的过程，怎么相联系，成为世界大战的一个重要组成部分的呢？中国的抗日战争在世界大战中的地位和作用又是怎样的呢？这些问题需要从中国与日本及欧美列强的相互关系中加以考察。到19世纪末为止，中国以明、清帝国为中心，在亚洲维持着所谓的"华夷秩序"，这个秩序被由从鸦片战争开始的欧美和日本的侵略打破。中国失去了首领地位，逐步沦为了列强的半殖民地，与列强形成了被侵略和侵略、反殖民和殖民化的关系。日本和欧美列强在侵略中国方面有着二重关系：侵略中国时，互相协力、互相支持；而在瓜分势力范围、扩大权益时，则互相争夺、互相牵制对方。日俄战争后，日本在中国的势力范围、殖民权益急剧扩大，其与欧美列强的矛盾和对立也日益激化，欧美开始牵制日本。华盛顿体制和《九国公约》就是这种矛盾、对立和牵制的典型表现。日本制造了九一八事变和七七事变，同欧美列强一样公然在中国掠夺，并开始在中国打破牵制，侵犯和排除欧美的殖民权益。这使得其与欧美的矛盾和对立更加激化。1937 年 11 月在布鲁塞尔召开的多国会议便表明了这种矛盾。这个会议是九国会议，可日本拒绝参加，欧美八国由于各自的内外部原因，未能对日本侵略中国的行为采取完全否定的态度，会议没有任何成效。换言之，这是围绕着日本侵略中国的日本外交对英美外交的"胜利"。日本在欧美对其牵制减弱后，1940 年 6 月要求英国闭锁援华物资运输的缅甸公路，9 月向法殖民地法属印度支那进攻，同时缔结了以美国为目标的日、意、德三国同盟，使在亚洲太平洋地区的日美矛盾进一步激化。而日本军队是否应从中国撤军，这个问题被提到 1941 年春开始的日美交涉之中，中日战争在日美矛盾激化的情况下成了亚洲太平洋地区国际关系的焦点。若日本不南进，或不缔结三国同盟，太平洋战争至少 2～3 年内不会发生，中日战争也许联系不上世界大战。亚洲太平洋地区的日本与美国、欧洲列强间的对立和争夺的激化，使中国人民的抗日战争在世界上的地位和意义进一步得到提高。太平洋战争爆发后的抗战所发挥的作用也由此得到说明。抗日战争作为世界反法西斯战争的一个组成部分，给予日军极大打击，大大牵制了其南进和北进的战程，为联合国军的最终胜利作出了重大贡献。同时，太平洋战场上美国等联合国军的作战，也积极地支援了抗战的胜利。

　　第二次世界大战爆发以前的中日战争，在二次大战史上应居什么位置呢？第二次世界大战首先是局部战争，然后扩大为世界大战。在欧洲和亚洲太平洋地区这一点是相同的。在欧洲，1935年意大利并吞埃塞俄比亚，1938年德国并吞奥地利，1939年德国占领了波斯米亚、摩拉维亚，同年意大利占领了阿尔巴尼亚等，相继发生了德、意侵略的局部战争。在亚洲地区，在1931年这些战争和侵略行为发生时，预见到这将要导致世界大战，或认为这将是世界大战的起点的人只有极少数，而且即便是这些人，也不能断定世界大战一定会爆发，只不过是有所警惕。第二次世界大战在1939年9月欧洲爆发时，没有人认为中日战争与欧洲大战有关联，而且将会成为其中一部分。但是希望中日战争与世界大战联系起来的中国人有许多。他们希望欧美介入，以便使中日战争早日得到解决。由此看来，局部战争和侵略行为本身与世界大战有所关联是世界大战爆发后的事情，其也可以称为世界大战的战前史。

第二次世界大战由欧洲战场和亚洲太平洋战场组成。亚洲太平洋战场受欧洲战场的影响颇深，但欧洲战场受亚洲太平洋战场的影响并不很大。为什么会出现这一现象呢？这与亚洲太平洋地区在世界上的位置有关。亚洲太平洋诸国从18、19世纪起，逐渐沦为欧美列强的殖民地和半殖民地。日本在改革发展后虽然成为主权国家，但在列强中仍属二流。在某种意义上仍要看欧美列强的眼色行事。近代文明首先在欧美发展，然后影响至亚洲太平洋地区，这些都造成了近代世界的中心是在欧美，而亚洲太平洋地区在某种意义上不过是欧美的从属。二次大战是"有所有国家"同"无所有国家"重新瓜分世界的战争，亚洲太平洋地区的殖民地除满洲、台湾、朝鲜以及赤道以北的南洋诸岛外，都属于欧美。因此在此地区的殖民地再瓜分，必然是"无所有的国家"日本与"有所有的国家"欧美之间的争夺战，是双方在此地区的支配权、霸权的争夺战。所以，亚洲太平洋地区大战的爆发原因和胜负结果，与欧美有着直接联系。而欧洲地区的再瓜分和霸权问题，与亚洲太平洋地区没有直接的关系。这种关系也是决定亚洲太平洋地区大战性质的一个重要原因。

综上所述，某一特定的战争是类型化了的各种战争的综合。敌对双方的战争目的和动机，决定了不同的战争名称和性质。抗日战争（中日战争）和太平洋战争已过去了半个多世纪，我们应该把它作为历史，自由、独立地进行研究。但是，这场战争又没有完全风化为历史。各国家势力、政治集团压力、阶级利益等各方面仍干涉着对该段历史的研究，在论述这场战争的性质时，仍旧存在着政治问题。前些年日本国会和政界围绕战后50年"不战宣言"的对立，就体现了这种政治性。

抗日战争——中日战争，这场战争就德、意、日的世界法西斯战争的性质而言，是法西斯和民主主义的较量。就殖民地主义的观点而言，是殖民地战争与民族解放的战争。而从阶级和意识形态的角度看，还有其他性质。在当时的中国，国民党和共产党组成了抗日民族统一战线，共同对抗日本的侵略。但两党由于阶级的对立，分属不同阵营，一方是苏联支持，一方是美国支持。抗日战争后这股暗流逐渐显露出来，发展成为中国的内战。之后又转变为战后冷战的一环，成为以美、苏为中心的两个阵营在东亚的焦点。由此而言，抗日战争还兼有阶级和意识形态斗争的性质。

现在来谈一下中日战争中的"十五年战争论"的问题。"十五年战争论"是日本的一些学者提出的，在中国也有部分学者赞同这一观点，即指从九一八事变到1945年十五年间的战争。从九一八事变到七七事变的连续性和必然性看，可以这样讲，而且这样讲还能说明两事变之间的内在关系。但是，历史的发展既有连续性，又有阶段性，九一八事变后，又经过了华北分离阶段，才发生了七七事变。这个阶段性从前述的战争定义看，从1933年5月《塘沽协定》签订到1937年7月发生七七事变，中间没有再发生什么像样子的战争。就战争的定义而言，1933年5月至1937

年 7 月，战争有阶段性的断绝，因此称中日战争为"十五年战争"有些不妥。在中国，一般把中日战争一段称为"八年抗战"或"八年抗日战争"，之所以这么称还有另外一个理由。九一八事变时，以中国南方江西省为中心，国民党和共产党正在内战，抗日的只是在满的东北军的一部分，以及国民党中央军的一部分。共产党的红军没有直接参加。中国国共两党的抗日固然有其连续性，但其中也有阶段性的断绝。因此在大陆和台湾，绝大多数人都讲"八年抗战"。在中国主张十五年抗战的人在东北地区的学者好像多一些。

　　一些日本学者认为，从 1894 年的日清战争到中日战争，其间是 50 年战争。这一主张如同上面提到的，是指日本对中国侵略行为的连续性，而不是指战争的连续性。若要是认为这也算是连续性就与战争的定义不相符。因此"中日 50 年战争论"我们以为不能成立。

　　太平洋战争的性质是什么呢？这场战争是亚洲太平洋地区的国际秩序中的主体国家间的战争，对发动战争的日本和美、英等帝国主义国家来说，是重新瓜分这一地区殖民地的帝国主义战争、殖民地主义战争以及争夺这一地区的霸权主义战争。太平洋战争作为世界反法西斯战争的一环，也是反法西斯主义、保卫民主主义的战争。但这不是意味着保卫这一地区殖民地的民主主义，而是日本的法西斯主义对欧美的民主主义。从殖民地国家来看，这场战争是民族解放、民族独立的战争，可以认为是民族主义的战争。不过，这里的民族解放战争有双重含义。在太平洋战争爆发前后，这一地区的民族主义者和民族解放运动正在反抗各自的殖民地宗主国。因此，其一时对日本有所期待，并在日本的"支援"或"协力"下，同欧洲的宗主国对抗。这种现象就曾在缅甸和印度尼西亚出现。究其原因：（1）日本南进缅甸、印度尼西亚时大讲"黄白人种论"，讲黄种人从"白人"支配下的"解放"，讲"大东亚共荣圈"。(2)这一地区的民族协力还很弱,单靠自己的力量不可能战胜宗主国,所以其试图利用日本的侵入及与原宗主国之间的对立和矛盾,打破原宗主国的支配,获得民族的独立和解放。但是,日本占领这一地区后,在那里实行军政,不履行其支持这一地区自由独立的诺言,把这一地区又变成了日本殖民地。这意味着这一地区的人民从白人的统治下又转到了日本人的统治下。因此,这一地区的民族势力在大战的中期和末期不得不同新殖民主义者日本开战。这就出现了日本压迫下的民族解放运动和战后的国家独立运动。

综上所述,亚洲太平洋地区的大战是多样的、复杂的战争,很难用一个特定的名称给予概括。有人说应该称为"亚洲太平洋战争",这样就可以把该地区的战争都包括在内,比单讲太平洋战争要好。但是虽然战争的规范化名称在战争史的研究中很重要,可一般来说这又是习惯性很强的东西,很难用规范化名称取代惯用名称。若是各国也能习惯"亚洲太平洋战争"这一名称,用这个名称也很好,但这并不妨碍各国根据自己的立场使用本国对该战争的叫法。亚洲太平洋地区的战争名称中,普遍性和特殊性共存也是合情合理的。

战争给了我们很多教益,但过去的战争不是为了要规定现代的战争才存在,我们了解过去的战争可以更好地分析现代的战争,以便收获更多的经验、教训。而研究和了解过去的战争的最终目的也是为了超越战争,寻求和平。

第八章　日本的战后改革与
美国的对日占领政策

第一节　日本的战后改革

　　1945 年 8 月日本帝国主义无条件投降后，反法西斯盟国对日本实行军事占领，对日本的政治、经济、军事、教育、司法等进行改革。史称此次改革为战后改革。对这次改革，日本史学界众说纷纭，莫衷一是。20 世纪 50 年代，日本史学界一般都否定或者低估战后改革的历史意义，侧重于揭露改革的局限性。60 年代，日本经济高速增长，成为位居资本主义世界第二位的经济大国。于是，日本史学界重新回顾战后改革的全过程，重新分析战后改革的性质及其在资本主义发展史上的历史地位，但依然存在着不同观点的对立和争论。争论的主要问题为战后改革的性质是资产阶级民主主义革命，还是国家垄断资本主义的一次变革？是具有质变的革命，还是仅仅有量变的改革？

　　本节拟就日本战后改革的内容、性质、意义、动力及其和占领政策的关系等问题，加以论述。

一、宪法、政治、经济等方面的改革

　　反法西斯盟国在军事占领时期，对日本的宪法、土地制度、

财阀、司法、教育等进行了一系列的改革。这是一次带有资产阶级民主主义性质的改革，使日本的历史从法西斯军国主义的时代跨入资产阶级民主主义的时代，在日本资本主义社会的发展史上具有划时代的意义。

宪法是国家的大法。它规定了一个国家政治、经济、军事制度的基本原则。明治维新后，日本没有立即制定宪法，在自由民权运动的冲击下，1889 年才制定了《大日本帝国宪法》。这一宪法是钦定宪法，带有浓厚的封建残余和军国主义色彩。因此，1945年 10 月，盟军最高司令官麦克阿瑟指令当时日本首相币原喜重郎修改这部宪法，1946 年 11 月 3 日公布了新的《日本国宪法》，翌年 5 月 3 日正式生效。通过修改宪法，日本的政治制度发生了新的变化。

过去总揽统治大权的天皇，变成象征性的天皇。天皇是日本古代的统治者。后来，由于武士阶级的兴起，天皇的统治大权旁落，幕府相继掌权，天皇的统治已徒具形式。可是到 19 世纪 60年代，西南诸藩的下级武士们，推翻德川幕府的武家统治，建立新政府，宣布由天皇亲自执政。1889 年制定的《大日本帝国宪法》规定，"大日本帝国是由万世一系的天皇统治""天皇是国家的元首，总揽统治权""天皇神圣不可侵犯""统帅陆海军"，并拥有裁决法律、拟定法律的权力。[1]天皇类似于古代统治者皇帝，在世界各国的资产阶级革命中，除少数的国家之外，类似于天皇的皇帝都被推上断头台。但在日本的明治维新中，由于倒幕派力量的微弱，把天皇当作"王"，借天皇的旗号，推翻了德川幕府封建统治，而且给予天皇以统治国家的大权。天皇的这种统治大权是终身的，而且是世袭的，因此称它为万世一系的统治。这是封建皇帝所拥有的权力在维新政权中的重新出现，是明治维新不彻底的产物，

---

[1]《日本国宪法·附录大日本帝国宪法》，有斐阁 1961 年版，第 28 页。

是日本政治制度中的封建残余。

随着日本资本主义的发展和资产阶级力量的壮大，应对带有封建残余的天皇制进行改革。但是，30年代日本的法西斯分子却利用天皇制，建立天皇制法西斯统治，更加强了天皇的专制主义统治，并以天皇的名义发动侵华战争和太平洋战争。这样天皇进一步成为日本法西斯军国主义的精神支柱和发动侵略战争的工具，给亚洲各国人民和日本人民带来了深重的灾难。于是战后改革天皇制成为迫不及待的问题。

在修改宪法时，如何改革天皇制成为争论的焦点。日本统治者以种种理由要保留天皇制，维护天皇总揽大权的政体。而美国则要在保存天皇制的形式下，加以改革。结果，按着美国的意见对它进行了重大的改革。

通过修改宪法，剥夺了天皇总揽统治大权的权力，天皇变成国家的象征。新宪法第一条就规定："天皇是日本国的象征，是日本国民整体的象征，其地位，以主权所属的全体国民的意志为依据。"①宪法虽然规定天皇行使公布宪法修改案、法令和政令及条约、召集国会、解散众议院等有关国事的行动的权力，但又严格地规定这些权力的行使须"根据内阁的建议与承认"，而不得擅自行使。这就说明，天皇行使国事是形式上的、礼仪性的，天皇本身不拥有行使国事的大权。而且辅佐天皇的枢密院、贵族院等天皇专制主义的特权机构也都被废除，天皇专制主义的支柱——军部也被摧毁，只剩了象征性的天皇。裕仁天皇本人也于1946年1月1日发表所谓"人格宣言"，宣布自己是人，而不是下凡到人间的神，自我否定了天皇拥有的神权。

这是对明治以来的天皇制的重大改革，具有资产阶级民主主义性质。这一改革不仅革除了类似于封建皇帝的天皇专制主义大

---

① 《日本国宪法》，第4页。

权，而且革除了封建血缘家族的世袭统治，为日本政治制度的"近代化"开辟了道路。

随之，对日本的议会制度也进行了改革，战前的日本议会分为众议院和贵族院。贵族院是身份议会，由皇族、华族的男性和天皇任命的议员组成。他们都是封建公卿和领主遗老，有封建身份的特权阶级。众议院是由 25 岁以上的男子选举产生的议员组成的，其权限极为有限。贵族院的权力大于众议院，如众议院通过的议案遇到贵族院的反对或者否决时，此案就无效。众议院中占据多数议席的政党，无权组织自己的内阁。议会不是对选民负责，而是对天皇负责，是辅佐天皇的机构，是天皇专制主义的装饰品，而且常常受到军部的牵制。到 40 年代，随着日本法西斯体制的建立，议会也变成大政翼赞会的"翼赞"议会，成为天皇制法西斯主义体制的附属品，法西斯分子聚集的场所。因此，战前日本虽然有议会，1924 年至 1932 年曾一度实行过所谓的议会政治，但还没有确立较为完整的资产阶级议会制，议会制度中依然夹杂着封建的残余和军国主义的、法西斯主义的因素。

通过修改宪法，革掉了封建的残余和军国主义的、法西斯主义的因素。首先取消了贵族院，建立众议院和参议院。两院均由国民选举产生，横扫了血缘的、身份的封建关系。而且众议院的权力大于参议院。其次，取消了天皇以敕令、敕语立法的权力和天皇对议会的控制。宪法第四十一条明确规定，"国会是国家的最高权力机关，是国家唯一的立法机关"，修改宪法、制定法律、审议预算、任命内阁总理大臣等国家的一切重大问题，均由国会讨论决定。[①]这样，通过战后改革建立了较为完整的资产阶级议会制度。

议会制度的改革必然引起内阁制度的改革。战前，日本的总

---

① 《日本国宪法》，第 12～16 页。

理大臣是由元老和重臣会议提名，由天皇任命的。这种内阁被称为天皇的"敕令内阁"。这样建立的内阁理所当然地对天皇负责。而且内阁的成立和权力常常受到统帅于天皇的军部的干涉和牵制，军部不支持或者反对的内阁不是流产就是倒台。日本自 1885 年成立第一届内阁以来的 60 年中，在 43 届内阁、30 个总理大臣中，有 15 人是陆、海军人，政党出身的首相为数很少。这是军国主义日本特有的现象，是军国主义在政治体制上的反映。这种内阁不是资产阶级的议院内阁，而是一个从属于天皇、军部的行政机构。

通过修改宪法，内阁成为议院内阁，众议院中占据多数席位的政党组织内阁，一般由众议院议员中人数最多的政党的总裁任内阁总理大臣。宪法第六十五条和六十六条规定，"行政权属于内阁""内阁行使行政权，对国会负连带责任"。内阁除执行一般的行政事务外，执行法律，总理国务，处理外交，缔结条约，掌管有关官吏的事务，提出预算，制定政令，决定大赦、特赦，有关行政的一切问题均由内阁处理。[①]这样，内阁变成名副其实的资产阶级内阁。

与此同时，对天皇专制主义的中央集权制也进行了改革。宪法第八章规定地方自治。实行地方自治后，都、道、府、县、市、町、村在宪法和法律规定的范围内实行自治，地方的各级领导人均由居民直接选举，中央和上级机构无权任命。在地方设议会，制定预算，甚至制定地方性的法律。这一改革调动了地方的积极性，在日本政治制度史上是颇有意义的。

改革司法制度，健全了资产阶级法制。战前，日本司法机关根据宪法的规定，"以天皇的名义"进行审判。天皇高于法律，司法机关是从属于天皇制的一个机构，而不是和国会、内阁鼎立的

① 《日本国宪法》，第 17～19 页。

独立的机构。经改革，最高法院成为和国会、内阁并列的独立机构，废除控制司法部门的司法省，扩大司法机关的自治权。最高法院有权审议法律及法令是否符合于宪法规定的权力，一切司法权属于最高法院及下级法院。废除法院对检察官和辩护士（律师）的统制，扩大他们的独立性。

通过修改宪法，扩大了日本国民的资产阶级民主权利。宪法规定，"国民享有的一切基本人权不能受到妨碍"，"保障集会、结社、言论、出版及其他一切表现的自由"。①日本国民享有的这种民主自由，虽然不是无产阶级性质的，但和法西斯专制主义时期相比，确实要民主得多，自由得多。

通过修改宪法，改革了日本政治制度中的封建专制主义、法西斯军国主义的因素，确立了立法、司法、行政三权分立的资本主义政治体制，建立了与资本主义共和制相近的君主立宪制。这是明治维新以来的一次重大的改革，完成了明治维新未能完成而遗留下来的历史任务，从此日本建立了较为纯粹的、较为完整的资本主义政治体制。这在日本资本主义政治制度发展史上无疑是进步而不是倒退。

日本的教育制度也进行了相应的改革。明治维新后，虽然对德川时期的以国学、儒学为主体的封建教育实行了改革，"破旧来之陋习""求知识于世界"，学习西方教育，引进西方科学技术，为日本的资本主义发展培养了各种人才。但是，另一方面，战前教育明显地具有封建的、军国主义的、法西斯国家主义教育的性质，直接为天皇专制主义统治和对外侵略战争服务。为了铲除日本法西斯军国主义，对这种教育进行了改革。1945 年 10 月 10 日盟军总司令部发布《关于日本教育制度的政策》的备忘录，"禁止普及军国主义的和极端的国家主义思想，废除军事教育学校和军

---

① 《日本国宪法》，第 7～12 页。

事训练"①。接着 30 日又发布《关于教员和教育行政官的调查、解职、任命问题》的指令，要立即罢免具有军国主义思想和过激的国家主义思想以及反对占领政策的教职员工，不许从军队中复员的人在学校任职。12 月 15 日，盟军总司令部又发出指令，把宗教尤其是神道与国家分离，禁止用神道进行军国主义和国家主义宣传，禁止用神道欺骗群众进行侵略战争。紧接着，31 日又宣布了停止充满神道和法西斯军国主义思想的修身课、日本历史和日本地理课的指令。

在此基础上，1947 年 3 月 31 日制定《教育基本法》，建立了以个人为中心的资本主义教育体系。《教育基本法》规定教育的目的是："教育必须以完成陶冶人格为目标，培养出作为和平的国家及社会的建设者，爱好真理和正义，尊重个人的价值，重视劳动与责任，充满独立自主精神的身心健康的国民""为此目的，采取'尊重学术自由'，在生活实践中培养自发精神，互相尊敬和合作，努力为文化创作和发展作出贡献的方针"②。以资本主义的个人主义取代封建的、军国主义的、法西斯主义的教育，具有相对的进步意义。其次，相对地贯彻教育机会均等的原则，规定"所有国民都应当有按其能力接受教育的机会，不能根据人格、信仰、性别、社会身份、经济地位、门第等给予差别教育"，"国民对其受保护的子女，有义务实行九年普遍教育"③，实行男女同校。同时，改革中央集权的教育体制，实行和地方自治相适应的地方分权制。文部省由历来的监督机关变为行政指导机关，由民选的各级教育委员会负责学校设置、教职员任免等具体行政工作，调动了地方的积极性。日本文部省于 1950 年 8 月提出的《日本教育改革的进展》的报告指出，通过教育改革彻底铲除了国家主义的、封建的、

---

① 海后宗臣编：《战后二十年资料——教育、社会》，日本评论社 1973 年版，第 2 页。
② 海后宗臣编：《战后二十年资料——教育、社会》，第 17 页。
③ 海后宗臣编：《战后二十年资料——教育、社会》，第 17、29 页。

神话般的错误，把教育的基本点"确立在民主主义的、近代的、科学的、自由主义的理想之上"①。战后的教育改革，利用教育开发"人的资源"，使日本的资本主义经济得到长足发展。

作为一次改革仅仅对上层建筑实行改革是不够的，必须对其经济基础也进行相应的改革。日本的政治制度、文化教育等上层建筑中所存在的封建的、军国主义的、法西斯主义的因素，有其牢固的经济基础。如不铲除其经济基础，就不能彻底达到改革的目的，而且不能巩固改革的成果。因此，盟军对日本的上层建筑进行改革的同时，对其经济基础也进行了改革。

解散财阀是改革日本经济的重要措施。财阀是日本特有的垄断资本集团，是德川时期的封建的特权商人在维新后与明治政权结合而形成的。它不是封建社会末期从工场手工业发展起来的产业资本，而是以血缘和家族的主从关系形成的。例如三井财阀是以三井家族为中心，三菱财阀是以岩崎家族为中心的。这些家族以它所拥有的股票控制财阀的总公司和子公司，建立总公司和子公司间的金字塔形的主从关系，形成一种康采恩式的垄断集团。这显然是由于幕府末期日本资本主义发展不成熟而造成的，以血缘为基础的家族关系是封建社会的残余，与近代化的垄断资本主义是不相称的。但它作为垄断集团，成为了日本法西斯军国主义的经济基础、对外经济侵略的急先锋。例如，三菱重工业公司在七七事变后的 8 年中生产各种军用飞机 1.8 万多架，占同时期军用飞机总产量的四分之一；其生产的军舰占同时期私人企业生产的军舰总量的 40%。同时，它还对中国、东南亚地区大肆进行经济侵略。所以，要铲除日本的法西斯军国主义，不仅要解散日本的军队，废除军事机构，还要摧毁其经济基础。美国财阀调查团团长科温·爱德华兹说得清楚，"解散财阀，目的在于从心理上和

---

① 海后宗臣编：《战后二十年资料——教育、社会》，第 17、29 页。

制度上破坏日本的军事力量"①。

解散财阀是分为两个阶段进行的：第一阶段是成立控股公司整理委员会（1946 年 8 月），指定三井、三菱、住友、安田等 83 家公司为控股公司（所属子公司为 4500 家），又指定三井、三菱、住友等十大财阀的家族 56 人为财阀家族，并且勒令他们交出手中的股票。结果，83 家公司和 56 个财阀家族交出价值达 75.71 亿日元的 1.6567 亿多股票。交出的股票由整理委员会转售处理。财阀和财阀家族失去了股票，就失去了资本，他们占有一半左右股份的总公司也被解体，靠股票和家族关系来对子公司进行控制的统辖关系就被切断了，金字塔形的控股主从关系彻底瓦解。另外，财阀的家族一律退出财界，财界的 1800 名领导人相继被整肃。

第二个阶段是防止日本垄断资本的复活。盟军总部指令日本政府于 1947 年 7 月发布《关于禁止垄断和保证公平交易的法律》（简称《禁止垄断法》），同年 12 月又发布了《经济力量过度集中排除法》（简称《集排法》），其目的是禁止用卡特尔协定之类的形式进行垄断，排除经济力量过度集中的企业。根据这一法律，325 家公司被指定为经济力量过度集中的企业，理应分散。

解散财阀的第一个阶段的工作较为彻底，而第二个阶段的工作则虎头蛇尾。

解散财阀具有两重性质：一方面革掉了日本垄断资本主义中的血缘的、家族的、带有封建因素的前近代的关系；另一方面，革掉了财阀家族以股票垄断经济的控股关系即垄断关系，并且预防垄断的再次复活。这一改革显然具有反封建的、反垄断的性质。第二次世界大战后，盟军在联邦德国也进行了反垄断的改革，但没有采取日本这样的形式，它是按地区分散垄断资本，具有纯粹的反垄断的性质，而没有反封建的因素。

---

① 楫西光速等著：《日本资本主义的发展》，下卷，东京大学出版会 1953 年版，第 456 页。

解散财阀的工作虽然执行得不彻底，但对日本的经济发展产生了积极的影响。家族的、保守的财阀家族退出或者被整肃后，具有实际管理能力的中上层管理人员登上财界的领导岗位。他们不拥有或者拥有少量的股票，这样资本和经营结合成一体的体制变成资本与经营相对分离的新体制。这一变革，在日本称为"经营者革命"，对改善日本的经营管理起了良好的作用。同时，由于控股关系被切断，子公司成为独立公司。它拥有独立性和灵活性，对战后日本产业结构的变化即重化工业的发展，起了良好的作用。

对日本的土地制度也进行了改革。当时日本的土地状况据1945 年 11 月的统计，地主出租的土地有 220.9 万多町步（占耕地面积的 43.46%）。[①]有 5 町步以上的地主仅占土地所有者的 3.2%，但却占有耕地总量的 30%；而不满五反地的农民虽占土地所有者的 49.6%，但只占耕地总量的 15.5%[②]，无地或者少地的 101.6 万户农民替地主耕种出租地，交纳五至八成的高额地租，受着和封建年贡差不多的剥削。这种残酷的剥削不仅使农民过着饥寒交迫的生活，而且无法进行扩大再生产，严重地阻碍了农业生产的发展。由于地主的剥削，农民的消费力低，国内市场狭小，这使日本军国主义向外扩张的欲望更加强烈。而且农村是日本军国主义兵源地，大部分士兵来自农村。对此，美国陆军部长罗亚尔说道："在战争结束和战前长时期内，土地所有权一直在少数人手里。这种制度类似于过去一些世纪的封建制度。在日本，土地贵族运用他们的权力来鼓励战争。"[③]因此要铲除日本军国主义非改革地主土地所有制不可。加上战后日本爆发了空前的粮食危机，土地和粮食问题变得更为尖锐，农民运动和城市人民的粮食斗争风起云涌。

---

① 农地改革记录委员会编：《农地改革颠末概要》，农政调查会 1957 年版，第 600 页。
② 同上书，第 596 页。
③ 辻清明编：《战后二十年史资料——政治》，日本评论社 1970 年版，第 58 页。

在这种形势下，日本政府于 1946 年 10 月制定第二次农地改革法，实行农地改革。农地改革法规定：（一）由国家征购下列土地：不在村地主的全部出租地；在村地主的 1 町步以上的出租地（北海道为 4 町步）；虽然是自耕地但农地委员会认为不宜耕种的土地；出租地和自耕地超过 3 町步（北海道为 12 町步）以上的土地；虽然不是耕地但系经营上所需的房地、草地、未开垦地。（二）国家将征购来的土地卖给佃农。（三）成立由地主 3 人、自耕农 2 人、佃农 5 人组成的市町村农地委员会；（四）残存出租地的地租改为货币地租，地租率是水田 25%以下，旱田 15%以下。[①]

根据农地改革法，日本政府征购了地主、寺院、教会、神社的土地 174.19 万多町步，加上旧军用地和其他国有地，成为改革对象的土地共有 196.8 万多町步。[②]

在农地改革中，176 万户地主的土地被征购，475 万多户佃农或半佃农买到了 193.8 万多町步的土地。[③]结果，不在村地主阶级完全被消灭，在村地主也基本上被消灭。据统计，改革后，拥有 1 町步以内租地者有 118 万户，土地总数 44 万町步，拥有租地 1 町步者有 26 万户 22 万町步，两者共计 144 万户 66 万町步，一户平均不到半町步，而且租地只占耕地总面积的 10%多一点。[④]与此相反，自耕地大幅度增大，1950 年增长到 551.4 万多町步，占耕地面积的 88%。[⑤]

随着土地所有制的变化，农村阶级关系也发生了很大变化。自耕农和以自耕为主、佃耕为辅的农户显著增长，两者共有 541.1 万多户，占农户总数的 87%。佃农和以佃耕为主、自耕为辅的农

① 东京大学社会科学研究所战后改革研究会编：《战后改革——农地改革》，第 6 卷，第 184 页。
② 有泽广巳、稻叶秀三编：《战后二十年史资料——经济》，日本评论社 1970 年版，第 126 页。
③ 《战后改革——农地改革》，第 6 卷，第 66 页。
④ 农地改革记录委员会编：前引书，第 594 页。
⑤ 农地改革记录委员会编：前引书，第 658～659 页。

户 72.2 万户，只占 13%。农地改革后，自耕农继续增加，佃农继续减少。这样，日本农民中耕种 1 町步以内的占 73%，从而建立了以自耕农为主的小农经济。

农地改革，消灭了寄生地主及半封建的土地所有制，建立了以自耕农为主的小农经济。但农地改革不是消灭私有制的社会主义革命，而是建立耕者有其田的资产阶级的民主主义改革。它改革了日本农村中半封建的生产关系，解放了生产力，促进了日本农业的发展。日本农业于 1950 年恢复到战前水平，改革后的十年里农业产量增长 60%。同时为日本工业的发展提供了劳动力，如仅 1951 年至 1965 年的十五年中，便提供了 571 万个劳动力。[①]同时，农业的机械化和农民消费水平的提高，也为日本工业发展提供了广阔的市场。

此外，对家族制度、选举法、警察等问题也进行了相应的民主主义改革。对这些问题，不拟一一涉及。

社会历史发展是具有连续性的，任何改革都是社会历史发展中的一个阶段，和改革前的历史发展紧密联系在一起的。战后改革是明治维新后日本近代化的继续和发展，是和明治维新联系在一起的。因此，对明治维新的不同看法，就会导致对战后改革的不同评价。这是必然的。如果认为明治维新是资产阶级革命，那么战后改革是日本垄断资本主义从 20 世纪 30 年代开始向国家垄断资本主义发展中的一次变革，而不是对社会结构的一次改革，更不是一次革命。[②]如果认为明治维新是不彻底的资产阶级革命，那么就会认为战后改革革除了其不彻底的残余。如果认为明治维新是资产阶级革命与改良，那么就会认为战后改革革除了其因改良而产生的遗留问题。如果认为明治维新是资产阶级改革运动或

①　东京大学社会科学战后改革研究会编：前引书，第 6 卷，第 375 页。
②　东京大学经济学部大内力教授就主张此说，并把它说成"机能论"，认为战后改革是由于国家垄断资本主义机能起作用的结果，是国家垄断资本主义发展的一个阶段。

者资产阶级变革而不是一次革命，那么就会认为战后改革革除了改良或者变革所遗留的问题。总之，战后改革革除了由于种种原因而遗留的历史问题。所谓遗留问题无非是封建残余或半封建的东西。由于这些残余和因素的存在，日本在政治、经济、文化教育等各个领域未能建立起较为完整的资本主义政治制度和经济体制。不仅如此，这些封建的或者半封建的东西在特定的历史条件下，和资本主义结合成为军国主义，进而发展为法西斯主义。这样日本最后成为军事封建的法西斯帝国主义。这个军事封建的法西斯帝国主义，对内实行残暴的法西斯统治，阻碍日本社会历史的发展；对外发动大规模的侵略战争，给日本人民、亚洲各国人民带来了深重的灾难。

战后改革是明治维新最终的归宿，完成了维新以来日本近代化的历史过程，因此它在日本历史上是个划时代的改革。其改革的性质是反封建、反军国主义、反法西斯的资产阶级民主改革。在垄断资本主义的历史阶段里进行一次资产阶级民主改革，按垄断资本主义发展的阶段性来说是不好理解的，但是具有特殊性的日本垄断资本主义在战败的特定历史条件下进行资产阶级民主改革，不能不说是一种例外的独特的历史现象。但它革除了封建的、军国主义的、法西斯主义的因素，搬掉了日本社会发展史上的绊脚石，铲除了亚洲及太平洋地区不安宁的军国主义，使军事封建的法西斯帝国主义国家日本，变成资产阶级民主主义的国家，日本的历史也从法西斯军国主义阶段跨入资产阶级民主主义阶段。这无疑是日本资本主义发展史上的进步而不是倒退，是日本资本主义发展史上的一个里程碑。因此，日本的一些史学家把战后改革称为日本现代史的起点，说战后日本是在战后改革的基础上建立起来的。

二、改革的动力与领导

推动战后改革的动力是什么？又是由谁来领导这一改革的？

如前所述，战后改革是资产阶级民主主义改革，理应由日本的资产阶级民主主义者来领导并完成。他们曾经开展自由民权运动、大正民主运动，力图改革日本的政治制度。不过这种努力虽然直接或者间接地推动了日本社会的发展，但未能完成这一改革的历史使命。这是因为日本的资产阶级民主主义力量薄弱，以天皇和军部为中心的顽固势力强大，封建的、军国主义的势力反对和阻碍这一改革。

20 世纪 20 年代，新崛起的无产阶级登上了日本的政治舞台。1922 年 7 月建立了日本共产党。日本共产党在 1922 年纲领（草案）、1927 年纲领、1932 年纲领中把实现资产阶级民主革命作为最低纲领，为实现资产阶级民主革命进行了可歌可泣的斗争。但是由于天皇专制主义和法西斯主义的镇压，未能完成这一历史使命。

这就说明，在日本应该完成资产阶级民主主义改革或者革命的资产阶级民主主义者和无产阶级尚未成长到完成这一改革或者革命的程度。但是，历史的发展是不等人的，它按照自己发展的规律，不停地向前发展。那么，又是由谁来推动这一历史发展的呢？

这一推动力，首先是由苏、美、英、法和中国等组成的国际反法西斯联盟。1929 年至 1932 年的世界经济危机后，德国和日本相继变为法西斯国家，并跟意大利结成法西斯三国同盟，成为世界战争的策源地。日本法西斯是和天皇专制主义及军国主义相结合而成的，因此它又被称为天皇制法西斯或者军部法西斯。反法西斯盟国的共同任务是消灭法西斯，铲除法西斯的一切政治、经济和军事势力。因此，反法西斯盟国从对日战争的第一天起就肩负着铲除日本封建的、法西斯军国主义的历史使命。而且反法西斯盟国对日战争的军事胜利，为实现这一历史使命创造了条件。如果没有这一胜利，没有日本法西斯军国主义的战败，战后改革是根本不可能的。这是战后改革的历史前提。从这种意义上来说，战后改革是反法西斯战争胜利的直接产物。

1945 年 8 月 15 日日本投降后，反法西斯盟国对日本实行军事占领。美国占领本州、北海道、四国、九州；苏联占领千岛群岛和库页岛南部；英联邦的军队驻扎四国、中国（日本地区名）一带。日本未像德国那样被大块地分割占领，而主要是由美国占领。反法西斯盟国进驻日本后成立盟军驻日占领军总司令部，占领军总司令部与其说是盟国驻日占领军总司令部，还不如说是美军总司令部。总司令部的司令官和具体工作人员均由美军担任。美国总统杜鲁门任命美国太平洋陆军司令官麦克阿瑟为盟国驻军的最高统帅，并授予他至高无上的特权："天皇和日本政府统治国家的权限，隶属于作为盟国最高司令官的贵官。贵官可行使为执行其使命而认为适当的贵官的权限""贵官的权限是最高的"。①麦克阿瑟也得意扬扬地说，"我对日本国民事实上具有了无限的权力。历史上，任何殖民总督也好，征服者也好，总司令官也好，都没有拥有过我对日本国民所拥有的那样程度的权力"，"我是八千多万日本国民的绝对统治者"。②这样，麦克阿瑟君临于日本，美军掌握了对日军事占领的主导权。

麦克阿瑟和美国首先铲除日本军国主义的武装力量。美军用了不到两个月的短暂时间，就解除了在日本本土和海外的 711 万日军武装，使他们解甲归田。同时解散大本营、陆军省、海军省、军需省、陆军参谋本部、海军军令部、军事参议院、教育总监部等军事机构，废除《兵役法》《国防保安法》《国家总动员法》等

---

① 末川博编：《战后二十年史资料——法律》，日本评论社 1971 年版，第 13 页。
② 福井林二郎著：《麦克阿瑟的两千日》，中央公论社 1974 年版，第 88 页。

有关军事法令，禁止军事科学研究和军需生产。总司令部还设立远东军事法庭，逮捕东条英机等 108 名战犯，整肃曾经猖狂鼓吹和积极支持侵略战争的法西斯军国主义分子 20 余万人；取缔法西斯军国主义团体 147 个；而且在教育、文化、宣传领域中铲除了法西斯军国主义思想及其鼓吹者。不仅如此，在宪法还规定，日本"永远放弃作为国家主权发动战争、武力威胁或使用武力解决日本国际争端的手段"，为此日本"不保持陆海空军及其他战争力量，不承认国家的交战权"。①可见，美军在占领初期铲除日本军国主义的政策是较为彻底较为坚决的。

日本军国主义武装力量是维护天皇专制主义的支柱。天皇统帅军队，依靠军事警察力量来巩固其专政，维护日本政治、经济、军事、文化教育中封建的、军国主义的、法西斯主义的因素。因此，铲除军国主义武装力量就是铲除了天皇专制主义的支柱，使日本统治者屈服于美军，使他们对美国占领军唯命是从。在这种前提下，美国对日本未像德国那样实行军政，而是实行间接统治，向日本政府发出一系列改革命令，并且迫使他们实行。如果日本政府不接受或者拖延，美国便施加强大的压力。这一压力便是推动战后改革的动力。下面举例说明美国是如何推动战后改革的。

1945 年 10 月麦克阿瑟接见日本首相币原喜重郎时，指令日本政府修改《大日本帝国宪法》。要修改宪法就必然牵涉到天皇制问题。币原内阁想原封不动地保存天皇制，因此迟迟不动手，消极怠工。后在美国的敦促和压力下，日本成立以国务大臣松木熏治为首的宪法调查委员会，起草宪法草案，于 1946 年 2 月 8 日呈报总司令部。该草案仅对旧宪法做了词句上的修改，依然保留了天皇及其特权。例如把旧宪法中的"天皇神圣不可侵犯"改为"最高不可侵犯"；把"天皇统帅陆海军"改为"天皇统帅军队"。②并

---

① 《日本国宪法》，第 6 页。
② 末川博编：《战后二十年史资料——法律》，第 62 页。

在草案说明中写道，"日本国由天皇统治的事实，是自从日本国历史开始以来不断地继承下来的。而且认为维持这一制度是我国多数国民的不可动摇的坚定信心"，因此"要保持天皇总揽行使统治权制度"。[①]对此草案，美国非常不满意，并谴责道："修改草案不过是对明治宪法的最温和的修改""天皇的权威及权利事实上没有什么更动""天皇制依然保存下来了"。[②]美国对天皇的态度是"希望对天皇制实行民主改革，但反对废除"[③]，把天皇变成象征性的天皇。总司令部民政局随后起草了和日本草案针锋相对的草案。该草案写道，"皇帝是国家的象征，又是国民统一的象征""不拥有政治上的权限""皇帝关于国事的一切行动，需要内阁的辅弼及协助"。[④]该草案还规定，日本"绝对不允许设置陆军、海军、空军及其他战斗力""废弃作为国家主权的战争"。[⑤]2月13日，民政局局长惠特尼把这一草案交给日本国务大臣松本及外相吉田茂，并以恫吓的口气说："如果拒绝此草案，对天皇的人格则进行重大的变更。"[⑥]可是日本政府不仅不接受，反而于18日向总司令部提出《关于修改宪法案的补充说明》，坚持己见。对此总司令部不仅不理睬，还威胁日本政府说："对松本方案没有再考虑的余地。是否有按司令部的方案起草［宪法］之意？请于20日前予以回答。如不答复，则要公布司令部方案。"[⑦]在盟军总部的压力下，日本政府无路可走，不得不接受民政局起草的方案，重新起草宪法草案，并对神圣不可侵犯的天皇制进行了改革。该草案经总司令部的审查，3月6日公布于世。

对于农地改革，日本政府在战后粮食危机深重和城市人民运

---

① 末川博编：前引书，第63页。
② 末川博编：前引书，第65～66页。
③ 朝尾直弘等编：《岩波讲座·日本历史》，第22卷，岩波书店1977年版，第66页。
④ 末川博编：前引书，第68页。
⑤ 末川博编：前引书，第68页。
⑥ 信夫清三郎著：《战后日本政治史》，第1卷，劲草书房1972年版，第257页。
⑦ 信夫清三郎著：《战后日本政治史》，第1卷，278页～279页。

动蓬勃兴起的形势下采取主动，于 1945 年 12 月抢在司令部之前，制定了第一次农地改革法。该法规定，成为改革对象的是地主的 5 町步以上的土地，5 町步以内的依然由地主所有。根据这个法案，地主仍可以拥有总量为 160 万町步的出租地[①]，成为改革对象的土地只占出租地的 37.5%。这与其说是改革，还不如说是重新确认地主和土地所有权。

对这种改革方案，总司令部表示不满意，于 12 月 9 日发表了关于农地改革的备忘录，指出了日本农业的五大祸根，并要求铲除它。但日本政府依然坚持第一次改革法，只是把 5 町步改为 3 町步。于是总司令部经对日理事会的讨论，于 1946 年 6 月 17 日又发表了关于农地改革的第二次劝告：地主"拥有出租地的限度是内地平均1町步，北海道4町步""限度以上的土地将强制征购"；把实物地租改为货币地租，地租率为水田 25% 以下，旱田 15% 以下；限日本政府两年内完成。[②]日本政府在这一敦促和压力下，按总司令部的劝告起草第二次农地改革法，并于 10 月 21 日公布。

至于解散财阀也是总司令部即美国占领军来推动的。1945 年 10 月 20 日，总司令部指令三井、三菱等 15 家财阀向其提交有关营业内容和资本结构的报告书，并于 11 月 2 日冻结了它们的资产。对此日本政府和财阀一开始就进行了抵制。币原内阁的外相吉田茂说："解散这些财阀究竟对国民是否有利还是个疑问。"三菱财阀的头头岩崎弥太郎也说，"三菱绝没有和军部勾结挑起战争的事……不易承认解散的理由。"[③]但是在总司令部的压力下，11 月 4 日日本政府发表了《关于解散控股公司的备忘录》，表示同意解散财阀。接着三井等财阀也发表了解散计划，并交出手中的股票，退出了财界。

①　东京大学社会科学研究所战后改革研究会编：《战后改革——农地改革》，第 6 卷，第 120 页。
②　有泽广巳、稻叶秀三编：《战后二十年史资料——经济》，第 123 页。
③　历史学研究会编：《战后日本史》，第 1 卷，青木书店 1964 年版，第 113 页。

　　美国之外的其他反法西斯盟国，虽然没有直接参加盟国驻日占领军司令部，但通过远东委员会和对日理事会，对美国的占领政策和战后改革也起了敦促的作用。就修改宪法问题来说，美国之所以迫不及待迫使日本政府接受民政局草案，就是因为背后有中国、苏联、菲律宾、澳大利亚等国的敦促。这些盟国坚决主张废除天皇制，他们都是远东委员会的成员国。远东委员会于1946年2月26日召开第一次会议，要行使其职权，而这必然会给美国保存天皇制带来麻烦。因此，美国抢先在会议之前，以新宪法的形式把天皇制确定下来，以便将这一事实强加给远东委员会。麦克阿瑟2月21日对登门的币原首相说："远东委员会对日本造成极为不利的形势。苏维埃和澳大利亚……最为激烈地反对天皇制。我是想维持天皇制的。因此日本政府现在必须早日接受[美国的]这一宪法的基本原则。"[①]币原心领神会，向天皇上奏宪法问题的交涉始末。天皇同意麦克阿瑟的意见，接受了美国起草的草案。如果没有远东委员会的压力和推动，日本是不会立即接受民政局的草案的。

　　在农地改革中，苏联和英国起了积极的作用。日本政府的第一次改革方案流产后，对日理事会从4月13日至6月17日讨论农地改革问题四次。苏联代表在5月29日的理事会上提出改革方案：由国家征购1945年9月2日前地主出租的一切土地和不在村地主的全部土地；3～6町步的租地，以公定价格的二分之一征购；6町步以上的无偿没收；征购的土地，由国家以公定价格的一半优先卖给佃农或者少地的农民。这一方案虽然没有被接受，但无疑对美国和日本是一种压力。6月12日的理事会上英国代表提出了改革方案。美国则接受了英国的方案。第二次农地改革是以英国方案为蓝本的。这就说明英国推动了美国，进而推动了第二次

---

　　① 家永三郎等编：《昭和的战后史》，第1卷，汐文社1976年版，第72页。

农地改革法的制定。我们不可忽视这些盟国的作用。由此可见，如果没有其他反法西斯盟国的压力和敦促，战后改革也是不可能实现的。

那么，战后改革是美国占领军和反法西斯盟国强加给日本的吗？答案是否定的，就算是强加的话，那也是日本政府不接受改革指令时才强加的。从日本社会发展的历史来说，这并不是强加的，而是符合日本社会发展的客观规律的。如果美国占领军和反法西斯盟国违背这一客观规律，硬把改革强加于日本的话，那么军事占领结束时，即外部压力消失时，日本社会自然地又会回到旧的、原来的社会体制下去。但是，事过几十年的今天，日本仍然保留和发展了战后改革的成果，并取得了经济的高度发展。可以说，如果没有战后的改革，日本是不可能实现这种高度发展的。

美国占领军和反法西斯盟国是外因。外因是通过内因起作用的。所谓内因就是日本本身所具有的改革的要求和因素。这种要求和因素是在日本近代化过程中由于社会内在矛盾运动而自然地形成的。就以农地改革而论，它是战后改革中最深刻的改革，是带有质变性质的经济结构的改革。维新后确立的寄生地主土地所有制，从日俄战争前后起，即日本资本主义进入帝国主义阶段起，就与资本主义发展产生了显著矛盾。1918 年米骚动和 20 年代农民运动的蓬勃兴起就是这一矛盾激化的表现。为了解决这一矛盾，日本政府于 1926 年 5 月制定《建立、维持、补助自耕农规则》，力图在不变更地主土地所有权的情况下，增加自耕农，减少佃农。此后，又制定《农地调整令》（1938 年 4 月）、《地租统制令》转变（1939 年 12 月）、《临时农地管理令》（1941 年 12 月）、《粮食生产奖励金规则》等一系列法令，限制地主，减轻佃农的负担。其目的是为战争多生产粮食，但是客观上限制了地主的剥削，使地主权益有所下降。1945 年 12 月，日本政府拟定的第一次农地改革法是日本政府战前所执行的土地政策的继续和发展。这是一个缓慢的量变过程。美国占领军和反法西斯盟国就以外部压力加快了这一量变的进程，直至它成为带有质变性质的变革。日本政治体制的改革也是这样，20 世纪 20 年代的大正民主运动就是改革政治体制，实现议会政治，建立政党内阁。这是日本资产阶级随着其经济实力的增长，要求提高其政治地位的表现。但是由于其力量微弱，运动只能打着护宪的旗号进行，因此运动极为不彻底。尽管如此，大正民主运动还是反映了日本的资产阶级民主主义者改革或者改良天皇专制主义的一定要求。这便是修改宪法、改革政治体制的前提，两者具有一定的内在联系。以上这些例子都说明了战后改革的内因和外因的关系。

　　唯物史观认为，人民群众是推动历史发展的动力。日本的战后改革，如果只有美国占领军和反法西斯盟国的推动，而没有广大日本人民的斗争，是不可能实现的。美国占领军也认为，占领政策成功与否在于对劳动群众的政策，"工人和其他各阶级［地位］的提高是将来防止军国主义和侵略复活的最好的保证之一"[1]，因此鼓励工人成立工会，开展工人运动。至于工人的斗争形式，"作为司令部，不论采取何种斗争形式，只要不威胁盟国的占领目的，就采取不予干涉的方针"[2]。对于农民运动，美国占领军和反法西斯盟国为了推行农地改革，支持农民的斗争，同时释放了包括日本共产党领导人在内的一切政治犯。

　　就制定宪法来说，日本政府对总司令部修改宪法的指令消极怠工。当时负责宪法调查委员会工作的国务大臣松本说，"胸无成竹，仅作调查就是了"，不立即动手。可是当时对天皇制的议论四起，以日本共产党为首的革命力量要求废除天皇制。在这种形势下，松本等认为，现在要求废除天皇制的人虽然不多，但今后必定是有增无减，因此趁早修改宪法，以便把天皇制问题以宪法的

---

　① 末川博编：《战后二十年史资料——法律》，第 270 页。
　② 大河内一男编：《战后二十年史资料——劳动》，日本评论社 1971 年版，第 6 页。

形式规定下来。于是，他们才动手起草宪法。在修改宪法的过程中，日本各政党都发表了宪法草案或者修改原则。日本共产党则发表了《日本共和国宪法草案》，主张废除天皇制，建立人民共和国。草案写道，"日本人民共和国的主权在人民""废除封建的寄生土地所有制，解散垄断财团。对重要企业及金融机关，由人民共和国加以民主主义的限制"。[①]这一草案反映了广大日本人民的民主主义要求，对日本政府来说是一个强大的革命压力，总司令部便利用这一压力，敦促日本政府。当日本政府不接受总司令部民政局起草的宪法草案时，民政局局长惠特尼就威胁日方说，"如果你们无意支持这种形式的宪法草案，麦克阿瑟元帅将越过你们直接诉诸日本国民"[②]，终于迫使日本政府接受了该草案。由此可见，日本人民在修改宪法中起了推动作用。

在农地改革中农民所起的作用更为明显，更为突出。在农地改革中，地主阶级采取强行夺佃的形式，抵制或者逃避农地革命。据统计，截至1947年5月，地主夺佃的事件竟然发生了50万次；公然违反农地改革法的事件，截至1948年6月发生了11700多起。以佃农为主体的日本农民奋起反击地主的猖狂反扑，推进农地改革。据不完全统计，1945年8月至1947年底，他们进行了反对夺佃的斗争93500多次，仅1948年就进行了3万多次。[③]在这一斗争中，山形县出羽村的农民，成立土地管理委员会，夺回地主半泽强行收回的23户佃户出租地。长野县盐尻村农民也成立了土地管理委员会，把全部租地置于农民的共同管理之下，如无管理委员会的同意，不得动用这些土地。此外，冈山县藤田农场、青森县田部村、新潟县佐渡、福井县栗野村的农民也进行了可歌可泣的斗争。日本农民的这种斗争对农地改革起了推动作用。因此，

---

① 末川博编：《战后二十年史资料——法律》，第77页。
② 井上清等著：《战后日本》，世界知识出版社1955年版，第55页。
③ 东京大学社会科学研究所战后改革研究会编：《战后改革——农地改革》，第6卷，第79页。

日本农林大臣在对各地事务局局长的训令中指出："实行它（指农地改革——笔者注）的主体是农民，没有农民的自觉，彻底实行改革是难以指望的，因此领导的重点必须放在让农民自己彻底地实行它。"①

可是，日本农民尚未成长到独自进行农地改革的程度，农民只有在其他阶级的领导下才能解决自己的土地问题。日本共产党第四次、第五次代表大会都提出过无偿没收地主土地，将之无偿分配给农民的彻底的土地纲领，领导农民进行土地斗争，等等。但其力量有限，不可能成为主导的力量。至于日本统治阶级，如前所述，由于第一次农地改革法的流产，就丧失了对农地改革的领导权。

农民是小私有者，它具有两重性：一方面作为劳动者，它可以接受无产阶级的领导，在无产阶级领导下进行土地斗争；另一方面，它作为小私有者，又可以接受资产阶级的领导，在资产阶级领导下进行争取土地的斗争。这就必然引起资产阶级和无产阶级对农民的争夺。在这一争夺战中，美国占领军以君临于日本民族之上的特权，掌握了对农民的领导权，压制日本无产阶级对农民的领导和影响，破坏工农联盟的形成，进而把农民拉到自己一边。负责农地改革的总司令部官员拉德金斯基曾直言不讳地说："在普遍地建立自耕农方面取得成就的日本农村，简直成为共产主义不能渗透的金城汤池，使金字塔形的巨大根基从过去的脆弱变为强大，'给无地者以土地'这个共产党的保证对农民再也没有吸引力了。"②麦克阿瑟也说，农地改革形成的"这一体制成为阻止共产主义向日本农村渗透的强有力的堤防"③。事实证明，通过农地改革，美军和日本统治阶级压制了日本共产党等革命势力领导的

① 东京大学社会科学研究所战后改革研究会编：《战后改革——农地改革》，第6卷，第188页。
② 山崎春成著：《农地改革和日本农业》，大月书店1957年版，第91页。
③ 福井林二郎著，前引书，第194页。

农民斗争，在农村建立了它的稳固的统治体制，从此日本农民运动陷入了低潮。

不仅如此，当日本人民的斗争超出美国占领政策容忍的限度，直接威胁美国占领军和日本统治阶级利益时，他们就和日本统治阶级一起镇压人民运动。1946 年 4 月 7 日，美军出动第一骑兵师的 6 辆坦克和宪兵的吉普车，镇压围住币原首相官邸的群众；5 月，美国代表艾奇逊发表"不欢迎共产主义"的叫嚣；1947 年，公然镇压"二一"大罢工。

美国在日本所进行的改革是美国对日本占领政策的重要部分，也是反法西斯盟国对日占领政策的重要内容。那么，这两者具有什么关系呢？

反法西斯盟国的共同目标是打败日、德、意法西斯，铲除法西斯主义，使它们变成爱好和平的民主国家。盟国签署的《波茨坦公告》基本上反映了反法西斯盟国的这一共同目标。美国是反法西斯盟国的成员国之一，为打败日本帝国主义起过重要的作用。《波茨坦公告》是美国起草的，而且得到了其他反法西斯盟国的同意。美国政府从太平洋战争的第二年起，就成立了专门机构，研究对日政策。占领日本后，于 1945 年 9 月 24 日便发表了《战后初期的对日政策》。这是美国对日占领政策的纲领性文件。这一政策的第一部分规定了占领政策的最终目的："甲、日本确实不再成为美国的威胁和世界和平及安全的威胁；乙、最终建立和平的、负责任的政府，即尊重他国的权利，支持联合国宪章的理想和原则所显示的美国目的的政府。"①当时的美国陆军部长罗亚尔曾解释美国的占领政策："根本思想是预防未来的日本侵略，解除军备，进行直接的预防；建立一个不再发动侵略战争的政府，进行间接

---

① 日本外务省特别资料部编：《日本占领及管理重要文书集》，第 1 卷，东洋经济新报社 1949 年版，第 92 页。

的预防。"①应当看到，美国的这一政策具有两重性：一方面，美国作为反法西斯盟国的成员，反映了《波茨坦公告》所规定的反法西斯联盟各国要铲除日本法西斯军国主义，将日本变成和平民主国家的共同任务；另一方面，美国作为帝国主义从它自身的利益和目的出发，消灭在太平洋和亚洲大陆上跟它争夺霸权的劲敌日本帝国主义，以便在这一地区建立自己的霸权。这种两重性和太平洋战争的性质是一致的。太平洋战争，一面是反对日本法西斯的战争，一面是日美帝国主义争霸太平洋及亚洲大陆的战争。美国之所以在占领初期基本上执行《波茨坦公告》所规定的政策，是因为执行《波茨坦公告》对其有益无害，以此装饰门面，名正言顺；既可标榜它是在执行《波茨坦公告》，又可达到消灭其劲敌日本帝国主义的目的，可谓一箭双雕。

可是，在实现反法西斯盟国对日占领政策的基本目标过程中，美国却公然追求其帝国主义目的，推行冷战政策，争夺世界霸权。为此，美国重新复活日本垄断资本，建立军队，镇压革命运动，逐渐转变对日的占领政策，把日本变成了从属于美国的附庸国，变成了反对社会主义中国、苏联、朝鲜及亚洲民族解放运动的"反共堡垒"和"远东工厂"。从这一转变中可以看出，贯彻占领政策始终的是美国的帝国主义目的，而这也是美国对日占领政策的本质。

人类历史的发展进程并非简单的机械运动，而是错综复杂的矛盾运动。当年美国的占领政策和战后改革的主要目的是消灭其争霸劲敌日本帝国主义，但这一目的却客观上促进了日本社会的发展。如今日本虽在军事上受美国的保护，但在经济上却与美国形成竞争之势，不仅与美国争夺东南亚市场，还打入了美国国内市场，与其国内资本进行竞争。这些后果是美国没有想到的。这

---

① 辻清明编：前引书，第58页。

便说明，动机和效果在一定的历史条件下不仅不一致，而且是相互矛盾的。

第二节 占领政策的转变

近年来，在美国和日本，关于美国对日占领政策的研究很多，而争论最大的是占领政策是否有转变的问题。美国的彼得·弗罗斯特等认为，美国对日占领政策没有转变。当年参加对日占领并执行过占领政策的人也赞同弗罗斯特的意见，但不少日本学者则认为对日政策有转变。本书认为，美国的对日占领政策有转变，但不是所有的政策都变了，而是转变中有不变，不变中又有变。在变和不变的错综现象中，美国争夺世界和亚太地区霸权的全球战略和远东战略始终没有变，这就是美国对日占领政策的实质。

一、衡量转变的标准

在研究占领政策是否转变时，首先要解决的是怎样衡量转变的标准问题。我们认为，考察美国的对日政策是否有转变应参考反法西斯盟国和美国的对日占领初期政策。这是因为初期政策较客观地规定了反法西斯盟国对日占领政策的基本原则，反映了反法西斯盟国人民的一致愿望。初期政策主要体现在以下三个文件之中：第一是《波茨坦公告》①。该公告是美国起草并经修改得到其他盟国同意的。第二是美国政府 1945 年 9 月 22 日宣布的《战后初期的对日政策》②。这是美国单独发表的对日占领政策文件，是美国占领政策的纲领性文献。第三是 1947 年 6 月 19 日（发表

---

① 详见世界知识出版社编：《日本问题文件汇编》，1955 年版，第 6～7 页。
② 日本外务省特别资料部编：《日本占领及管理重要文书集》，第 1 卷，第 92～108 页。

于 7 月 11 日）远东委员会制定的《投降后的对日基本政策》。①这一文件把《波茨坦公告》的内容更加具体化了。这一文件和美国的《战后初期的对日政策》大同小异。例如《战后初期的对日政策》第一部分规定占领政策的最终目的为："甲、日本政府确实不再成为美国的威胁和世界和平及安全的威胁；乙、最终建立和平的、负责任的政府，即尊重他国的权利，支持联合国宪章的理想和原则所显示的美国目的的政府"。②远东委员会制定的《投降后的对日基本政策》第一部分规定的占领政策的最终目标也有两项："（甲）保证日本不再成为世界和平与安全之威胁。（乙）尽速树立一民主和平之政府，以履行其国际责任，尊重他国权利并支持联合国之目标。"③这就说明，这时期美国和其他反法西斯盟国对日占领的目标基本上是一致的。可是，美国对日的占领政策具有帝国主义性质。太平洋战争是日美帝国主义争霸的太平洋及亚洲大陆的战争。因此，美国和其他反法西斯盟国之间又有显然不同的目的，两者的对日占领政策具有本质上的区别。但虽然如此，在短暂的历史时期内，两者在铲除日本法西斯军国主义，建立和平民主国家这一点上是一致的。因此，在衡量美国的对日占领政策是否有转变时，应从包括美国在内的反法西斯盟国的一致目标来衡量，从上述三个文件的精神来衡量。

　　上述三个文件主要体现了非军事化和民主化精神。非军事化是占领政策的核心，指应铲除日本法西斯军国主义军事力量，解散一切军事机构，拆散军火工厂，肃清战犯和军国主义分子。大家对非军事化的概念和衡量它是否转变，看法大体一致。但对民主化则有分歧。反法西斯盟国中既有资本主义国家，又有社会主义国家，因此衡量民主化的根据必然不同。而新的民主制度，由

---

　　①《日本占领及管理重要文书集》，第 1 卷，第 180～200 页；世界知识出版社编：《日本问题文件汇编》，第 12～19 页。

　　② 日本外务省特别资料部编：《日本占领及管理重要文书集》，第 1 卷，第 92 页。

　　③ 世界知识出版社编：前引书，第 13 页。

于当时日本的具体历史条件的限制和美国的单独占领，不可能是无产阶级的，而是资产阶级的。因此衡量美国民主化政策是否转变的标准是初期政策所体现的这种资产阶级民主主义。

有人说，美国对日的占领政策是美国的政策，而不是反法西斯盟国的政策，因此，应从美国一国的对日政策来衡量。这是否有道理？美国是对日作战的主要盟国之一，因此，它在对日军事占领和执行盟国所规定的对日政策中起重要作用。但其他反法西斯盟国也为打败日本法西斯军国主义作出了应有的贡献，并通过对日理事会和远东委员会对占领政策发生一定的影响。而且，《波茨坦公告》和《投降后的对日基本政策》是由包括美国在内的反法西斯盟国共同制定的。因此，如果以美国一国的对日政策来衡量，那势必是站在美国的立场，而不是站在反法西斯盟国一致的立场上，必然得出错误的结论。

下面，按上述标准讨论一下美国对日占领政策是否有转变。

二、美国对日占领政策的转变

军事上铲除日本法西斯军国主义是反法西斯盟国对日占领政策的重要组成部分，对日占领政策的三个文件就此分别作了明确的规定。美国占领军在占领初期，仅用两个来月时间就解除了七百多万日军的武装，解散了大本营、陆军省、陆军参谋本部、海军省、海军军令部等一切军事机构，废除了《兵役法》《国防保安法》等军事法令，摧毁了日本军国主义的武装力量。而且以宪法第九条明确规定日本"不保持陆海空军及其他战争力量，不承认国家的交战权"①。可见，美国在占领初期基本上执行了三个文件所规定的有关非军事化的诸项要求。可是，朝鲜战争后，美国重新成立了日本的军事武装力量。1950 年 7 月 8 日，美国政府通过

---

① 《日本国宪法》，第 6 页。

麦克阿瑟指令吉田内阁成立了 7.5 万人的国家警察预备队，增加海上保安厅人员 8000 人，并给了 12 亿日元的军费。接着，1952年 10 月又把预备队改称保安队，1954 年 7 月进一步改编为自卫队。这显然是对占领初期政策的改变，违背了日本国宪法的第九条。

　　这种转变，是否已倒退到战前的日本军国主义？建立警察预备队，不是历史现象的简单重复，而是在铲除日本法西斯军国主义的基础上发生的。美国一度想利用服部卓四郎等旧军人来建立警察预备队。而服部等有借此复活昔日皇军的倾向。因此，美国没有依靠他们，而是另起炉灶，从文官中招募预备队的干部。军队的指挥权是决定军队性质的重要因素。因此，美国在建立警察预备队之初，就非常重视对它的指挥权。日美《安全条约》草案就写道："在日本领域发生敌对行为时，根据合众国政府的决定，警察预备队及日本的其他一切武装部队……将置于合众国政府任命的最高司令官指挥的统一司令部之下。"①这便说明，警察预备队或自卫队名义上是日本的，但实际上是附属于美军，为美国的战略服务的。在建立日本的武装力量时，美国对昔日劲敌——战前的日本军国主义是有警惕的。美国曾经考虑缔结包括日本、东南亚、大洋洲的太平洋安全条约，其目的之一就是为了防范日本再次变成侵略性国家。因此，建立警察预备队或自卫队不是复活昔日的日本法西斯军国主义，因此不能说是倒退。

　　日本赔偿盟国在战争中的损失，是铲除日本法西斯军国主义的重要措施，成为占领政策的重要组成部分。美国根据鲍莱中间赔偿计划，1946 年 1～8 月，先后指定 1100 多家企业为拆迁赔偿对象。可是到 1949 年 5 月美国不顾中国、菲律宾等反法西斯盟国的反对，根据美国国家安全会议的 NSC-13/3 文件的决定，公然

---

　　①《朝日周刊》，1981 年 5 月 22 日，第 24 页。

停止中间赔偿计划。其结果，只拆迁了 5 万台机械。这仅占赔偿总额的 7%[①]，应被拆迁的 850 多个工厂原封不动地保存下来。停止拆迁就意味着美国的占领政策已经从铲除军国主义转向恢复日本经济。

关于严惩战犯问题，占领政策的三个文件都作了明确规定。占领初期，美国和反法西斯盟国设立远东国际军事法庭，逮捕东条英机等甲级战犯嫌疑分子，整肃 21 万法西斯军国主义军政人员。可是，1948 年 11 月 12 日远东国际军事法庭只判决东条英机等 7 人绞刑，无期徒刑者 16 人，有期徒刑者 2 人。12 月 2 日又释放起诉的甲级战犯 19 人。设在中国、缅甸等地的军事法庭也在美国的唆使下释放大量的战犯。1949 年 1 月，美国指令蒋介石释放侵华军司令冈村宁次等 260 余名侵华战犯。接着，1949 年底和1950 年初又以"行为良好，减轻罪行"为借口，提前释放了业已判决的战犯。被整肃的军国主义分子，至 1951 年除 5700 人之外，先后都被解除。美国提早释放战犯，提早解除对军国主义分子的整肃，这显然是新的变化。

美国对日占领政策的转变在军事上又表现在把日本列岛变成其军事基地和美军继续驻扎在日本的问题上。占领政策的三个文件规定，包括美国在内的盟国对日本实行军事占领的目的是为铲除日本军国主义，建立和平民主的日本。完成这两项任务后，占领军理应撤出日本。可是美国在单独媾和过程中，为使美军继续驻扎日本，把日本变成美国的军事基地，进行种种活动。美国的这种活动显然违背盟国最初的对日政策，必然遭其他盟国的强烈反对。因此，负责对日讲和的特使杜勒斯 1951 年 1 月 25 日和4 月 16 日专程来日两次解决这一问题。杜勒斯和吉田茂会谈后，决定签订和约后美军继续驻扎日本，并在日本建立军事基地。于

---

① 小林义雄著：《战后日本经济史》，日本评论社 1964 年版，第 30 页。

是 1951 年 9 月 4 日在签订对日和约即《旧金山和约》的同时，根据该和约第五、第六条又签订了《日美安全条约》。该条约第一条规定，"在和约和本条约生效之日，由日本授予、并由美利坚合众国接受在日本国内及其周围驻扎美国陆、空、海军之权利"[1]，而且未经美国的同意，不得把基地提供给第三国。1952 年 2 月 28 日，根据《安全条约》第三条，又签订了《日美行政协定》，具体规定了美军驻扎日本的具体事宜。这样，签订和约后应该撤走的美军继续留驻日本，应该恢复国家主权的日本却成为美军的军事基地。这无疑是美国对日占领政策转变的结果。

在经济方面，占领政策的三个文件都要求铲除日本军国主义经济基础，建立和平、民主的经济体制。为此，美国在日本采取解散财阀、农地改革、制定《禁止垄断法》和《经济力量过度集中排除法》（简称《集排法》）等一系列措施。这些措施在摧毁日本法西斯军国主义经济体制上无疑起了积极的作用。可是后来在执行中有变化。

财阀是日本军国主义的经济支柱。因此，美国开始解散财阀的决心很大，指定 83 家财阀为被解散对象，并指定三井、三菱、住友等十大财阀的 56 人为财阀家族。可是在执行中只解散了三井、三菱、住友等 42 家[2]，其余的则没有被解散。可见解散财阀的工作，由于占领政策的转变，没有执行到底。但被解散的主要财阀业已解体，他们交出的 75.71 亿日元的 1.6567 亿股票也转售处理，财阀家族的 56 人也退出财界。这说明解散财阀的工作只执行了一半。

为了防止日本垄断资本的复活，美国指令日本政府 1947 年 4 月和 12 月分别制定《禁止垄断法》和《集排法》。根据《集排法》，325 个企业被指定为经济力量过度集中的企业，理应分散。可是，

---

① 斋藤真等编：《战后日美关系资料》，日本评论社 1970 年版，第 35 页。
② 楫西光速著：《续日本资本主义发达史》，有斐阁 1957 年，第 327 页。

1948 年 5 月美国政府又派五人委员会重新审核《集排法》。其结果，被指定分散的大部分企业先后被解除指令。最后只分散改组了三井矿山、日立制造所等 11 家企业。1949 年 1 月和 6 月又先后指令王子造纸和三菱重工业分散改组为三个企业。至于垄断法，由于占领政策的转变，1949 年 6 月修改一次，缓和了一些限制，并允许日本输入外资。但在 1950 年日本希望更大幅度修改该法时，美国则不同意。

至于农地政策，美国则始终坚持占领初期拟定的农地改革法。农地改革基本上消灭了寄生地主制，建立了以自耕农为主的小农经济。1952 年 7 月还制定了《农地法》，以新的法律维护农地改革的成果。这是因为农地改革具有两重性：其一，它是铲除日本军国主义的一种经济措施，是和占领初期美国摧毁日本军国主义的政策是一致的；其二，它又是复兴和发展日本经济必不可缺的，因此，它和占领后期美国复兴日本经济的政策又相吻合，所以无须改变农地改革的政策。

关于复兴日本经济问题，美国初期政策和其他文件都没有作具体的规定，只是允许日本发展非军事的、和平的、民主的经济。美国政府 1945 年 11 月制定的《占领初期的基本指令》还规定，盟军司令官麦克阿瑟"对复兴日本经济或加强日本经济不负任何责任"[①]。可是到 1948 年下半年，美国却公然干预，而且积极复兴日本经济。12 月 18 日，美国提出《稳定经济九原则》。该原则要求：（1）平衡预算；（2）加强税收；（3）严格限制贷款的发放；（4）稳定工资；（5）控制物价；（6）加强对外贸易和外汇管理；（7）改善物质分配；（8）增加重要的国产原料和制成品的生产；（9）改善征粮。[②]麦克阿瑟在下达《九原则》时强调指出，日本政

---

① 小林义雄著：《战后日本经济史》，日本评论社 1964 年版，第 22 页。
② 有泽广巳、稻叶秀三编：《战后二十年史资料——经济》，日本评论社 1970 年版，第 68 页。

府"对此不能容许从思想、立场上加以反对",要求无条件地执行。①美国为贯彻这一原则,指派底特律银行的道奇专程来日,拟定 1949 财政年度预算,实行财政紧缩政策。接着又派索普改革日本的税制。其结果,年年巨额赤字的日本财政预算从 1949 年度起变成黑字,同时恶性通货膨胀也基本被制止。这样,日本经济以《稳定经济九原则》为起点,逐渐走上稳定和复苏的轨道。这是战后日本经济的一个转折点,是美国对日经济政策转变的结果。

在政治方面,美国通过新宪法的制定,改革天皇制、议会、内阁、司法及地方行政机构,建立了资产阶级民主政治体制。这是占领初期政策和战后改革的成果。这种成果,如今依然保存下来,没有什么变化。

可是,对人民运动的态度却发生了变化,宪法中有关国民权利的条款虽然没有修改,但对人民运动尤其是对日共和左翼团体却采取了公然镇压的措施。占领初期日本政府成立了整肃军国主义分子的特别审查室。1948 年 10 月吉田内阁上台后把它升级为特别审查局,其任务正如吉田所说,"是管辖以对付共产党为中心的治安问题"②。把整肃军国主义分子的机构变成了镇压日共和左翼团体的机构。1949 年 4 月,吉田内阁公布《团体等规正令》。根据这一法令,美军和日本政府迫使日共和左翼团体登记其党员、会员以及领导人和组织情况。1950 年美国发动侵朝战争前后,日本政府于 6 月 6 日根据该法令整肃德田球一等 24 名日共领导人,26 日查封《赤旗报》,并整肃该报编辑 17 人。接着整肃日共党员和党的同情者,截至 1950 年 11 月被整肃的有 12151 人。③被查封的报刊,截至 1951 年 7 月达 1700 多种。他们不仅镇压日共,而且镇压左翼工会。这些措施和镇压显然是剥夺了日本国宪法所规

---

① 袖井林二郎著:《麦克阿瑟的两千日》,中央公社 1974 年版,第 270 页。
② 吉田茂著:《十年回忆》,第 2 卷,新潮社 1958 年版,第 137 页。
③ 历史学研究会编:《太平洋战争史》,第 6 卷,青木书店 1977 年版,第 267 页。

定的国民的资产阶级民主权利，和占领初期的政策形成鲜明的对
照。占领初期，美军迫使日本政府释放德田球一等在狱中 18 年的
日共领导人，在资产阶级民主所允许的范围内支持工人和农民成
立工会和农会，开展工人运动和农民运动。当时美国这样做的目
的是利用群众的力量，对日本统治者施加压力，迫使他们在政治、
经济、文化教育等领域按美国的要求实行改革。可是美国达到占
领初期的目的后，则反过来镇压人民。这显然是美国对日占领政
策的转变。1946 年 4 月 7 日，美军派 6 辆坦克和吉普车，协助日
本警察驱散围住币原首相官邸的群众。1947 年 2 月 1 日，日本工
人阶级和政府机关的公务员要举行 600 万人参加的全国性罢工，
这时占领军司令麦克阿瑟亲自出面镇压即将爆发的这一罢工。
1948 年下半年起美国和吉田内阁继续采取反共反人民的措施。

从以上分析中可以看出，美国对日的占领政策，如农地改革、
对日本政治制度的改革等确实没有变化；而重建日本的武装部队、
镇压日共和人民运动确有变化；解散财阀，限制垄断资本的复活
等政策，变了一半又维持了一半。

在变和不变的错综复杂的占领政策中，始终不变的是美国对
亚洲及太平洋地区的霸权主义。占领初期的政策也好，占领后期
的政策也好，都是为达到这一目的服务的。从这种意义上来说，
后来转变的占领政策是初期政策的继续和发展。继续就是连续性，
但连续性是在不间断的阶段性中实现的。没有变化则没有连续和
发展，当这种变化构成阶段时，这一变化就称为转变。

三、在转变中的不变

美国的对日占领政策为什么会产生这种转变？在转变中为什
么又有不变？对这种现象如何解释？

在第二次世界大战中，德、意、日三个法西斯国家遭到溃败，
英、法大为削弱，而美国却依仗其在战争中膨胀起来的经济、军

事实力，爬上了资本主义世界霸主的地位。1946 年 4 月 6 日，杜鲁门在芝加哥公开叫嚷："美国今天是个强大的国家，没有任何一个国家比它更强大了。这不是自吹自擂……这意味着，我们拥有这样的力量，就得挑起领导的担子并承担责任。"①所谓挑起领导的担子或"承担责任"就是称霸世界的同义语。美国的全球战略由三个部分组成。毛泽东同志说："美国侵略政策的对象有好几个部分。欧洲部分、亚洲部分、美洲部分，这三个是主要的部分。"②

欧洲历来是帝国主义角逐之地，是美国全球战略的重点，是美国抗衡社会主义阵营的前哨基地。因此美国对德的占领政策的转变，比对日政策的转变早一两年，且其深度和广度都超过日本。

那么，在全球战略中如何处理欧亚关系？当时，以周以德为中心的共和党议员主张"欧亚并重"论，甚至以"援助亚洲"为重点。周以德宣称："我们必须在亚洲取胜，否则我们最终将丢掉欧洲。"③麦克阿瑟也说："与欧洲可能发生的任何事情相比，中国共产党的胜利，对美国来说是一个更大的威胁。"④可是杜鲁门、马歇尔等美国实权人物把欧洲作为全球战略的重点，竭力主张优先"援助欧洲"，以便既争夺欧洲，又抗衡苏联和社会主义阵营。因此，美国是在优先"援助欧洲"的前提下才对蒋介石提供"援助"的。而中国人民解放军 1948 年 9 月至 1949 年 1 月发动震撼世界的辽沈、平津、淮海战役，在短短的四个月歼敌 154 万，沉重地打击了美、蒋。美国企图把蒋介石统治下的中国变成其反对社会主义阵营和称霸亚洲的前哨基地及反共堡垒的远东战略即将崩溃。在这种紧迫形势下，美国不得不重新考虑日本在美国远东战略中的地位。1948 年 12 月即将派道奇来日时，杜鲁门总统召见他，并谈了中国形势和美国改变对日占领政策的关系。他说：

①《基辛氏当代文献（1946～1948）》，第 7826 页。
②《毛泽东选集》，第 4 卷，第 1380 页。
③ 邹傥著：《美国在中国的失败——1941～1950》，第 449 页。
④ F.R. 杜勒斯著：《美国对中共的政策》，第 75 页。

"中国事态的进展，使日本的重要性倍增。"①而道奇 1949 年在国会作证时也说："过去一年，尤其是最近在这一地区事态的倾向，就强调了我们加强在日本的地位的必要性。我们将来的远东政策的发展，要求把日本作为今后向远东地区援助扩张的跳板和供应基地加以利用。"②这样，日本取代蒋王朝在远东的地位，成为美国在远东推行其战略的前哨基地和反共堡垒。对此，麦克阿瑟也直言不讳地说，"日本成为维护美英两国权益的前线基地"③，成为"拦住共产主义东进和南进的壁垒"。④

从以上分析中可以看出，美国全球战略和远东形势的变化，使日本在美国战略中的地位也相应地发生了变化。这一变化要求改变对日的占领政策，使它更符合于美国的新的远东战略。于是在占领政策中，和这种变化相吻合的部分没有发生变化，而与此相违背的则要改变。这样就出现了占领改革的转变中有不变，不变中又有变的复杂现象。

另外，美国对日占领政策的转变也是反法西斯盟国关系破裂的必然结果。苏联和美英等结成盟国的基础是打败共同的敌人德、意、日法西斯，铲除这三国的法西斯军国主义。反法西斯战争的胜利和战后对这些国家实行的改革，使反法西斯盟国达到了预期的共同目的。苏联和美英等结盟的基础也就随之消失。于是反法西斯盟国内部存在的固有矛盾，即苏联和美英的矛盾，由于美国在世界各地争霸而逐渐激化，成为世界的主要矛盾。这一矛盾随着两个阵营的形成，又变成社会主义阵营和资本主义阵营的矛盾。

反法西斯盟国关系的破裂和利用昔日劲敌日、德反对昔日盟国苏联及社会主义阵营各国的政策，相辅相成，有其发展的过程。早在 1946 年年底，美国商务部长哈里曼（前驻苏大使）就强调复

① 朝尾直弘等编：《岩波讲座·日本历史》，第 22 卷，岩波书店 1977 年版，第 340 页。
② 冈义武编著：《现代日本的政治过程》，岩波书店 1978 年版，第 211 页。
③ 信夫清三郎：《战后日本政治史》，第 3 卷，第 923 页。
④ 信夫清三郎：《战后日本政治史》，第 3 卷，第 981 页。

兴德国和日本的经济在美国战略中的重要性。1947年3月美国海军部长福莱斯特尔又提出振兴日、德经济在美国抗衡苏联中的重要性。同月，杜鲁门抛出杜鲁门主义时也暗示把日、德纳入反苏阵营的用意。4月29日参谋长联席会议战略委员会提出的报告，在强调德国在欧洲的重要性的同时，认为在亚洲能遏制意识形态上的敌人的唯一国家是日本，因此应对复兴日本经济和军事力量予以最大的关心。[①]在这种叫嚣中，7月22日美国国务院和陆军部分别向国务院、陆军部、海军部协调委员会提出《日本经济的再复兴》和《美国关于日本经济问题的单独行动》的报告。这些报告都强调复兴日本经济的重要性和迫切性，但两者在是否和远东委员会协调的问题上有分歧，国务院强调和该委员会协调，而后者则反对。可见，陆军部的态度比国务院更为强硬。

　　如上所述，这时期美国对日政策中较为突出的是复兴日本经济问题。这有两个原因：第一，这时期美国对外争霸的一种形式，犹如马歇尔计划一样，是以"经援"的形式进行的。第二，日本工矿业生产指数，如假设1930年至1934年平均为100，1948年则为64.4，恶性通货膨胀，物价飞涨。这就引起日本工人和广大群众要求提高工资、改善生活的斗争，这一斗争日益威胁日本统治阶级和美国对日占领政策。因此，美国允许日本从1947年8月开始实行民间的对外贸易，以便复兴经济。

　　重新开放日本的民间贸易后，美国大企业的顾问丁·加夫曼于同年8月赴日考察，回国后便提出一项报告。他在报告中说，经济领域中所实行的整肃和《集排法》等阻碍日本经济的复兴，盟军总司令部所实行的民主化政策使日本接近"社会主义理想"，日本有共产化和亲苏化的倾向。他建议美国政府修改对日的民主化政策。加夫曼把这一报告散发给美国政府要人，进行政治性煽

---

① 中村隆英编：《占领时期的日本经济与政治》，东京大学出版会1979年版，第40页。

动，引起了美国政府的重视。美国政府便派陆军部副部长德雷珀抵日，重新考察加夫曼报告的真伪。经考察，德雷珀完全赞同和支持加夫曼的意见。于是政策设计委员会主席凯南①，于 10 月 31 日向国防部长福莱斯特尔提出日本可能"社会主义化"的警告。翌日，福莱斯特尔立即指令陆军部长罗亚尔重新估计日本经济在美国军事战略上的地位和作用。接着，凯南于 11 月 5 日向国务卿马歇尔提出《世界形势摘要》的报告，1948 年 2 月 24 日又提出《对现状趋势的探讨》的报告。他在报告中说，日本是美国在亚洲可以依赖的唯一国家，是美国的桥头堡，为遏制苏联及社会主义国家，应利用日本潜在的工业力量。他认为，现行的对日政策，在解除军国主义方面颇有成效，但对遏制苏联和共产主义则没有予以充分的考虑，因此应该重新研究对日政策。②

凯南于提出第二个报告后的第三天，即 2 月 26 日飞抵东京，就有关对日占领政策，和麦克阿瑟进行了会谈。第二次会谈中，凯南便提出：一、准备日本的"对外防备"力量；二、建立有效的经济复兴政策；三、为恢复日本政府的自主性，缓和占领政策。③在会谈中，凯南和麦克阿瑟在日本是否有"共产主义威胁"等问题上虽有分歧，但在限制远东委员会的活动等方面达成了一致意见。

凯南回国后，3 月 25 日向国务卿马歇尔提出一份报告。他认为，日本有"共产主义化"的危险，因此应采取遏制政策。为此他建议：一、永久性地占据冲绳；二、重建一定限度的军备；三、为防止共产主义化，加强警察力量；四、恢复日本政府复兴经济的权利；五、限制远东委员会的权利；六、缓和赔偿；七、不提

---

① 政策设计委员会是美国国务院的"参谋部"，在美国制定对外政策中起重要作用。凯南是该委员会主席。他曾任美国驻苏大使馆馆员及代办。1947 年 4 月，他在《外交季刊》上发表《苏联行为的根源》一文，极力主张遏制政策。

② 《美国的外交关系》1948 年第 1 卷，第 2 期，第 525 页。

③ 中村隆英编：前引书，第 72 页。

出新的民主化措施，对已实施的不加压力；八、整肃军国主义分子和排除经济力量过度集中，会阻碍日本经济的复兴，因此应该批评修改；九、缓和对新闻的检查；十、及早发现和处理乙级、丙级战犯嫌疑中的无罪分子；十一、日本文化的亲美化。[①]凯南的报告，从政治、经济、军事方面都提出了改变对日占领政策的具体意见。这意见成为在对日政策转变中的主导性意见。这样，以凯南为中心的美国国务院掌握了这一政策转变中的主导地位。

美国陆军部也不甘落在国务院后头。4月底，陆军部便提出比凯南报告更激烈的意见：一、无限期地推迟对日媾和；二、允许日本再军备；三、停止远东委员会的职能；四、关于缩减总司令部人员、排除经济力量过度集中的政策，对总司令部提出协助意见。[②]这样，陆军部的意见从单纯的经济复兴扩大到政治、军事方面。此后，陆军部副部长德雷珀于5月中旬又提出报告。其报告除重整军备问题之外，和国务院的意见大致相同。

可是，国务院和陆军部在赔偿和远东委员会的问题上发生分歧。陆军部主张大幅度地减轻赔偿，而国务院坚持赔偿原赔偿总额的30%。对远东委员会问题，国务院虽然主张限制远东委员会的职权，但表面上和远东委员会保持一定的协调关系。而陆军部则要明确宣布远东委员会的工作业已完成，没有存在的必要。远东委员会是根据1945年12月苏美英三国外长会议的决定成立的。它由11个反法西斯盟国组成，是决定对日占领政策的决策性机构，是维护战后盟国关系的纽带。当美国单独改变对日政策时，它却变成障碍。因此，极力主张转变对日政策的陆军部索性要取消它，进而使盟国关系最后破裂。而负责美国外交的国务院虽然同意限制该委员会的职权，摆脱战时形成的盟国关系，但为保持美国的所谓国际信义，主张和它协调。

---

① 中村隆英编：前引书，第74～76页。
② 中村隆英编：前引书，第76页。

　　为了早日解决对日政策的转变，政策设计委员会在重新研究各方意见的基础上又草拟了《美国对日政策的劝告》，即 NSC-13号文件，并于 5 月 28 日向国家安全委员会提出。这一报告基本上继承了凯南 3 月 25 日的报告内容，在对日媾和及远东委员会问题上没有采纳陆军部的意见，对赔偿问题也采取暂时回避的态度。国务卿马歇尔和陆军部长罗亚尔，8 月底至 9 月初进行数次会谈，力图调整和统一两个部门的分歧，但没有得出统一意见。于是，国务院和陆军部于 9 月 24 日分别向国家安全委员会提出各自的报告，即 NSC-13/1 号。在这一报告中，国务院虽然同意结束战时形成的盟国关系，但依然主张和远东委员会进行协调。

　　这时，在欧洲，美苏就柏林问题的矛盾更加激化。在远东，中国人民解放军发起了辽沈战役，中国革命形势开始发生根本转变。在这种转变形势下，美国国家安全委员会从 9 月以来一直把中国问题和日本问题一并进行研究，并于 10 月 9 日通过了转变对日占领政策的 NSC-13/2 号文件。NSC-13/2 号文件，基本上继承了以凯南 3 月 25 日报告为蓝本的 NSC-13 号文件精神，只是把远东委员会和赔偿等问题暂时搁置。可是，时隔不久，中国人民解放军又发动平津和淮海战役，并获得了伟大胜利。在中国人民解放军节节胜利的新形势下，国民党要举行和平谈判。但两党的北京和谈，于 4 月 20 日破裂，百万雄师横渡长江天险，相继解放南京、上海。在这一新形势下，美国国家安全委员会于 1949 年 5 月又通过了 NSC-13/3 号文件，就搁置的远东委员会和赔偿问题，完全同意了陆军部的意见。

　　NSC-13/2、NSC-13/3 号文件标志着美国和苏联、中国等反法西斯盟国关系的破裂和美国对日占领政策的正式转变。从此美国不顾反法西斯盟国的反对，大力推行对日的单独媾和。1951 年9 月 4 日在旧金山召开有 52 个国家参加的对日和会。结果占反法西斯盟国总人口 70% 的 12 亿人民没有参加或者拒签和约。这样，旧金山和约成为名副其实的单独媾和。这是反法西斯盟国关系破裂和美国转变对日占领政策的必然结果。

　　这里有一个问题是美国对日占领政策的转变时间和标志问题。通常把 1948 年 1 月 6 日美陆军部长罗亚尔在旧金山的演讲作为美国转变对日占领政策的时间和标志。罗亚尔说："广泛的非军事化的原来概念同建设一个自立国家的新目标之间出现了不可避免的冲突。"他结束演讲时说，希望日本"能充当对今后远东可能出现的任何其他极权主义战争威胁的障碍物"①，即成为美国称霸亚洲的前哨基地。他的这次演讲虽反映了美国政府，尤其是军部力图改变对日占领政策的企图，但并不是美国政府最后的决定性意见。这时，以凯南为中心的国务院也正在研究对日政策的转变，其意见和陆军部尚有分歧。而且这时日本问题由国务院和陆军部的职能机构在研究，还没有提到美国政府首脑部。美国首脑这时主要处理欧洲和德国问题，无暇顾及远东问题。此外，决定美国对日占领政策转变因素之一的中国人民解放战争，虽然从 1947 年夏天开始进入战略进攻阶段，但决定战争全局的三大战役尚未开始，因此，这时美国虽然在研究对日政策的转变，但还没有作出最后的决定。如上所述，美国正式决定对日政策的转变是 1948 年 10 月 9 日国家安全委员会通过 NSC-13-2 号文件之时，因此把 1948 年 1 月 6 日罗亚尔的演讲作为转变的时间和标志是不恰当的。

---

① 辻清明编：《战后二十年史资料——政治》，日本评论社 1970 年版，第 59 页。

后 记

本书是我历年研究近现代中日外交史、日本现代外交史的成果合集，是在以往发表的论文的基础上整理而成的。书中主要论述了辛亥革命、五四运动时期的中日外交关系，孙中山、黄兴与日本的关系，九一八事变时期的中日外交关系等。此外，还涉及了日本对华侵略战争罪行和战后日本改革及美国对日占领政策的问题。由于本书的基础主要是论文，所以章节之间联系并不紧密，望读者谅解。

近些年由于身体欠佳，工作力不从心。本书得以出版，是与许多同志的帮助分不开的，尤其宋志勇教授和孙香兰教授不辞辛苦，帮助整理校对书稿，在此向他们表示衷心的感谢。南开大学日本研究院的一些老师和研究生，也对本书的出版给予了很多帮助，在此一并表示谢意。同时也向对本书的出版给予了热情支持的天津古籍出版社刘文君社长、任世江编审和豆艳荣编辑表示感谢。

本书的出版，得到了南开大学日本研究院江口圭一日本研究基金的资助，在此表示感谢。

著 者

2006 年 3 月 18 日